VOM POL ZUM ÄQUATOR

Die
abenteuerlichen
Reisen der
großen Entdecker
und
Eroberer

Reader's Digest

DEUTSCHLAND · SCHWEIZ · ÖSTERREICH

Fridtjof Nansen

In Nacht und Eis

Die norwegische
Polarexpedition
1893–1896

Einleitung

Dem norwegischen Polarforscher, Zoologen und Philantropen Fridtjof Nansen lag das Abenteuer im Blut. 1882 reiste er mit einem Seehundsfänger zu Forschungszwecken zum ersten Mal in grönländische Gewässer, und 1888 durchquerte er mit 27 Jahren als Erster die Inlandeisdecke Grönlands. Danach fasste Nansen einen anderen kühnen Plan: Er glaubte, dass es quer durch das Nordpolarmeer eine westwärts führende Strömung gäbe, die von Sibirien direkt über den Pol nach Grönland führte. Seine Theorie gründete auf dem Untergang des amerikanischen Schiffes Jeanette. *Dieses war im Juni 1881 nördlich der Beringstraße vom Packeis zermalmt worden. Teile des Schiffes wurden später an der Küste Südostgrönlands gefunden, 2900 Seemeilen von der Unglücksstelle entfernt. Um seine Theorie zu beweisen, ließ Nansen ein Schiff bauen, die berühmte* Fram, *die stark genug war, dem Druck der riesigen Eismassen standzuhalten. Mit ihr wollte er sich einfrieren lassen, um sich dann durch die Drift mit dem Eis über den Nordpol nach Westen treiben zu lassen.*

Nansens Plan wurde in die Tat umgesetzt, und 1893 brach er mit seiner Mannschaft auf zu den Eiswüsten des Nordens. Die Expedition sollte zwei Jahre dauern, für fünf Jahre waren Vorräte an Bord. Alles war mehrfach abgesichert. Wie vorgesehen, ließen sie sich in der Nähe der Neusibirischen Inseln einfrieren, doch die Drift verlief nicht wie geplant. Es war abzusehen, dass der Nordpol mit der Fram *nicht erreicht werden würde. Also beschloss Nansen, mit seinem Kameraden Hjalmar Johansen, zwei Schlitten und einigen Hunden zu Fuß dem Pol entgegenzuziehen. Doch auch dieses Abenteuer sollte nicht zum Erfolg führen; der Marsch wurde zur Qual. Die Vorräte schwanden, die Hunde mussten einer nach dem anderen getötet werden, und die*

Kleidung der Männer fror zu einem knisternden Eispanzer. Schließlich gaben sie auf und kehrten um, nachdem sie am nördlichsten Punkt der Erde gestanden hatten, den je ein Mensch erreicht hatte. Der Rückweg zog sich aufgrund schlechter Wetterbedingungen in die Länge, und die beiden Männer wurden gezwungen, im ewigen Eis zu überwintern. Mit Walross- und Eisbärenfleisch hielten sie sich am Leben, bis sie schließlich inmitten der Eiswüste auf eine britische Expeditionsmannschaft trafen, die sie mit zurück nach Norwegen nahm.

Fridtjof Nansen machte sich jedoch nicht nur mit seinen waghalsigen Expeditionen einen Namen. So waren seine Forschungen, besonders im Polarmeer, richtungsweisend für die Wissenschaft, und in späteren Jahren engagierte er sich für die internationale Flüchtlingshilfe. Hierfür wurde er im Jahre 1922 mit dem Friedensnobelpreis ausgezeichnet.

Der Plan

Willst du den menschlichen Geist in seinem edelsten Kampf gegen Aberglauben und Finsternis sehen, so lies die Geschichte der arktischen Reisen, lies die Geschichte von Männern, die zu Zeiten, da ein Überwintern in der Polarnacht sicherer Tod schien, mit fliegenden Fahnen hinauszogen ins Unbekannte! Nirgends ist wohl Wissen mit größeren Entbehrungen, Nöten und Leiden erkauft; aber der menschliche Geist wird nicht rasten, ehe nicht jeder Fleck auch dieser Gebiete zugänglich gemacht und jedes Rätsel dort oben gelöst ist. Meile für Meile, Breitengrad für Breitengrad hat man sich unter Aufbietung aller Kräfte vorwärts geschlichen. Langsam tagt es; aber noch befinden wir uns nur im Morgengrauen, und Finsternis schwebt immer noch über großen, öden Strecken dort oben am Pol.

Auf vielen Wegen hat die Menschheit versucht, in dieses Reich des Todes einzudringen. Anfangs geschah es nur zu Wasser. Die Schiffe waren damals noch ungeeignet, den Kampf mit dem Eis aufzunehmen, und man ließ sich daher ungern auf ihn ein. Die Wikingerschiffe der alten Norweger, deren Planken aus Tannen- und Fichtenholz dachförmig übereinander griffen, waren nicht zweckmäßiger als die kleinen, plumpen Karavellen der ersten englischen und holländischen Polarfahrer. Nach und nach lernte man jedoch, die Fahrzeuge den Verhältnissen besser anzupassen, und immer kühner steuerte man sie zwischen die gefürchteten Eisschollen.

Inzwischen war von den Polarvölkern ein anderes, sicheres Mittel, diese Gegenden zu bereisen, entdeckt worden: der von Hunden gezogene Schlitten. Dieses vorzüglichen Beförderungsmittels bediente sich die Polarforschung zuerst in Sibirien. Schon im siebzehnten und achtzehnten

Jahrhundert unternahmen die Russen ausgedehnte Schlittenexpeditionen und fertigten Karten der sibirischen Küste von der Grenze Europas bis zur Beringstraße. Ja, sie fuhren nicht nur an den Küsten entlang, sondern wagten sich über das Treibeis bis zu den Neusibirischen Inseln, sogar noch nördlich davon, und schwerlich haben Männer irgendwo so viele Leiden ausgestanden und so viel Ausdauer bewiesen.

Die große Bedeutung der Hunde für Schlittenreisen war mir schon vor meiner Grönlandfahrt klar, und wenn ich sie dort nicht benutzte, so nur deswegen, weil ich keine brauchbaren Hunde auftreiben konnte.

Der Weg, auf dem in späteren Zeiten am häufigsten der Zugang zum Pol gesucht wurde, ist der Smith-Sund, und der Grund hierzu war wohl besonders der, dass amerikanische Forschungsreisende etwas übereilt behauptet hatten, dort das offene Polarmeer gefunden zu haben, das sich angeblich unbegrenzt nach Norden ausdehnte. Alle Expeditionen wurden jedoch von schweren Eismassen aufgehalten, die südwärts trieben und gegen die Küsten gepresst wurden. Die wichtigste Expedition auf diesem Wege war die englische, die 1875/76 unter Nares' Leitung stand und mit großen Geldopfern ausgerüstet worden war. Nares' Begleiter, Commander Markham, gelangte bis zur höchsten Breite, die bis dahin erreicht worden war, nämlich 83° 20', aber es kostete große Anstrengungen und Entbehrungen, und Nares glaubte für alle Zeiten nachgewiesen zu haben, dass es unmöglich ist, den Nordpol auf diesem Wege zu erreichen.

Im Meer zwischen Grönland und Spitzbergen sind verschiedene Versuche gemacht worden, in die Geheimnisse der eisigen Regionen einzudringen. Längs der Ostküste Grönlands versuchte schon Henry Hudson im Jahr 1607 den Pol zu erreichen, wo er ein offenes Becken und eine Durchfahrt Richtung Südsee zu finden hoffte. Er wurde indessen schon unter 73° nördliche Breite am weiteren Vordringen gehindert, an einem Punkt der Küste, den er „Hold with Hope", „Halten mit Hoffnung", nannte. Die deutsche Expedition 1869/70 unter Koldewey, die dasselbe Gewässer befuhr, gelangte mithilfe von Schlitten bis 77° n. Br. Wegen der großen Eismassen, die der Polarstrom längs dieser Küste nach Süden treibt, ist hier gewiss eine der ungünstigsten

Gegenden für eine Seefahrt nordwärts. Besser ist es bei Spitzbergen. Wegen des warmen Stroms, der an der Westküste nach Norden geht, bleibt die See eisfrei, es ist dies sicher die Stelle, an der man am besten und leichtesten hohe Breiten in eisfreiem Fahrwasser erreichen kann. Nördlich von Spitzbergen machte deshalb auch Edward Parry seinen Versuch im Jahre 1827.

Weiter nach Osten sind die Eisverhältnisse ungünstiger, und wenige Polarexpeditionen haben daher ihren Weg durch diese Gegenden genommen. Die österreichisch-ungarische Expedition unter Weyprecht und Payer 1872–74 hatte sich ursprünglich als Ziel gesetzt, die Nordostpassage zu suchen, wurde aber schon bei ihrer ersten Begegnung mit dem Eis an der Nordspitze von Nowaja Semlja festgesetzt, trieb nordwärts und entdeckte Franz-Joseph-Land, wo Payer versuchte, mit Schlitten nach Norden vorzudringen, und 82° 5' n. Br. auf einer Insel erreichte, die er Kronprinz-Rudolf-Land nannte. Nördlich davon glaubte er eine ausgedehnte Landmasse zu sehen, die er auf ungefähr 83° verlegte und Petermann-Land nannte.

Durch die Beringstraße sind nur wenige Versuche gemacht worden. Der erste war Cooks Expedition im Jahre 1776, der letzte die *Jeannette*-Expedition in den Jahren 1879–81, geführt von De Long, Leutnant in der amerikanischen Marine. Gerade diese Expedition hat für meine Fahrt die größte Bedeutung gehabt. Wie De Long selbst in einem Brief an Gordon Bennett, den Mäzen der Expedition, sagt, habe man unter drei Routen zu wählen, dem Smith-Sund, der Ostküste von Grönland und der Beringstraße; er baute am meisten auf Letztere, die schließlich auch gewählt wurde. Der Hauptgrund war der Japanische Strom, der, wie man vermutete, nach Norden durch die Beringstraße ging und weiter längs der Ostküste von Wrangel-Land, das sich, wie man annahm, weit nach Norden ausdehnte. Man behauptete, dass das warme Wasser dieses Stromes einen Weg längs der Küste bahnen würde, vielleicht direkt bis zum Pol. Die Walfänger hatten die Erfahrung gemacht, dass sie, jedes Mal wenn ihre Fahrzeuge hier im Eis festsaßen, nordwärts trieben; daraus musste man schließen, dass der Strom im Allgemeinen in diese Richtung ging. „Dies würde Entdeckungsreisenden erlauben, hohe Breiten zu erreichen; aber aus demselben Grund würde es die Schwierigkeiten zurückzukommen vermehren", sagte De Long selbst, und auf eine traurige Weise sollte er die Wahrheit seiner Worte beweisen. Die *Jeannette* blieb am 6. September 1879 südlich von Wrangel-Land im Eis stecken – das, wie sich inzwischen zeigte, nur eine kleine Insel war – und trieb zwei Jahre lang um sechs Längengrade mit dem Eis nach Westnordwest, bis sie am 12. Juni 1881 nördlich von den Neusibirischen Inseln in 77° n. Br. und 154° 59' ö. L. sank.

BEIM Studium der Geschichte der arktischen Forschung wurde es mir frühzeitig klar, dass es schwierig sein würde, auf den bisherigen Routen und in der bisherigen Weise den inneren unbekannten Eisgebieten ihre Geheimnisse zu entreißen. Aber wo lag der Weg?

Es war im Herbst 1884, als ich zufällig im norwegischen *Morgenbladet* einen Artikel von Professor Mohn las, der davon handelte, dass an der Südwestküste Grönlands einige Gegenstände gefunden worden seien, die von der *Jeannette* stammen müssten. Mohn nahm an, dass sie auf einer Eisscholle quer übers Polarmeer getrieben sein müssten. Es wurde mir sofort klar, dass dies der richtige Weg sein musste! Konnte eine Eisscholle quer durch das Unbekannte treiben, so musste sich diese „Drift" auch im Dienste der Forschung anwenden lassen können – und der Plan war gefasst. Es vergingen jedoch mehrere Jahre, bis ich endlich im Februar 1890, nach meiner Rückkehr von der Grönlandfahrt, meinen Plan der Geographischen Gesellschaft zu Christiania in einem Vortrag darlegte. Ich sagte dabei Folgendes:

„Aus dem Ergebnis vieler Versuche scheint deutlich hervorzugehen, dass es auf keinem Weg möglich ist, den Pol mit dem Segelschiff zu erreichen; überall ist das Treibeis ein unüberwindliches Hindernis. Boote über dieses unebene Treibeis zu ziehen, das unter dem Einfluss von Strom und Wind ständig in Bewegung ist, ist ebenso schwierig. Das Eis legt solche Hindernisse in den Weg, dass es kaum vorstellbar erscheint, mit der Ausrüstung und dem Proviant, die zu einem solchen Unternehmen erforderlich sind, vorwärts zu kommen.

Viele meinen möglicherweise, dass man mit der Untersuchung von so schwierigen Gegenden, wie die Polarregionen es sind, warten sollte, bis man imstande ist, sich neue Transportmittel zu verschaffen. Ich habe andeuten hören, dass man eines Tages im Luftballon zum Pol fliegen werde, und da sei es nutzlose Mühe zu versuchen, dorthin zu gelangen, bevor dieser Tag kommt. Selbst wenn es sich denken lässt, dass man über kurz oder lang diese häufig ausgesprochene Idee verwirklichen könnte, im Luftschiff zum Pol zu fliegen, so würde eine solche Fahrt, so interessant sie auch sein mag, bei weitem nicht die wissenschaftliche Ausbeute liefern können wie Expeditionen, die in der hier angedeuteten Weise ausgeführt würden. Größere wissenschaftliche Ausbeute in vielerlei Hinsicht kann nur durch fortwährende Beobachtungen während eines längeren Aufenthalts in diesen Gegenden gewonnen werden, während Beobachtungen auf einer Ballonexpedition unvermeidlich oberflächlich sein müssen.

Wir müssen also versuchen, ob es nicht andere Wege gibt, und ich glaube, dass dies der Fall ist. Wenn wir auf die sich in der Natur selbst findenden Kräfte Acht geben und versuchen, mit ihnen und nicht gegen sie zu arbeiten, glaube ich, dass wir den sichersten und leichtesten Weg zum Pol finden werden. Es nützt nichts, gegen den Strom zu arbeiten wie die früheren Expeditionen; wir müssen sehen, ob sich ein Strom findet, mit dem wir arbeiten können. Die *Jeannette*-Expedition ist meiner Meinung nach die einzige, die auf dem richtigen Weg gewesen ist, obschon wider Wissen und Willen.

Die *Jeannette* trieb zwei Jahre lang von der Wrangel-Insel bis zu den Neusibirischen Inseln. Drei Jahre nach dem Untergang des Schiffes nördlich der Neusibirischen Inseln wurden jenseits des Pols, auf dem Treibeis in der Nähe von Julianehaab an der Südwestküste Grönlands, einige Gegenstände gefunden, die nach untrüglichen Kennzeichen von dem gesunkenen Fahrzeug stammen und im Eis eingefroren sein müssen. Es muss daher als Tatsache angesehen werden, dass eine Eisscholle mit Gegenständen von der *Jeannette* von der Stelle, an der sie sank, nach Julianehaab getrieben ist.

Auf welchem Weg ist nun diese Eisscholle zur Westküste Grönlands gekommen? Professor Mohn hat bereits im November 1884 nachgewiesen, dass dieses auf keinem anderen Weg als über den Pol möglich sein kann. Gibt es noch andere Beweise dafür, dass ein Strom über den Nordpol geht, vom Beringmeer auf der einen zum Atlantischen Ozean auf der anderen Seite?

Dr. Rink hat bei Godthaab von einem Grönländer ein merkwürdiges Holzstück erhalten; es wurde unter Treibholz an der Küste gefunden. Es ist ein Wurfholz, wie es die Eskimos für ihre Vogelpfeile benutzten, aber ganz verschieden von den Wurfhölzern der Eskimos an der Westküste Grönlands. Dr. Rink nahm daher an, dass es möglicherweise von Eskimos an der Ostküste Grönlands herrührt. Bei späteren Untersuchungen zeigte sich indessen, dass es von der Küste von Alaska aus der Nähe der Beringstraße stammen müsse, da dies die einzige Stelle ist, wo Wurfhölzer von ähnlicher Form benutzt werden. Ja, es sind sogar chinesische Glasperlen in das Holz eingefügt, genau dieselben, wie sie der Alaska-Eskimo von den asiatischen Völkern erhandelt, um seine Wurfhölzer damit zu schmücken.

Es scheint somit, dass wir mit Sicherheit behaupten dürfen: Dieses Stück Holz ist von der Westküste Alaskas nach Grönland hinübergetrieben worden von einem Strom, den wir in seiner ganzen Ausdehnung noch nicht kennen, der aber vermutlich dem Nordpol sehr nahe oder irgendwo zwischen diesem und Franz-Joseph-Land fließt.

Es finden sich noch mehr Beweise dafür, dass ein solcher Strom existiert. In Grönland wachsen bekanntlich keine Bäume, die zur Herstellung von Booten, Schlitten und anderen Gerätschaften gebraucht werden können. Das Treibholz, das mit dem Polarstrom an der Ostküste Grönlands herunterkommt und die Westküste entlang nordwärts schwimmt, ist daher für den grönländischen Eskimo lebensnotwendig. Aber woher kommt dieses Treibholz?

Ich habe selbst Gelegenheit gehabt, große Massen von Treibholz an der Westküste wie an der Ostküste von Grönland zu untersuchen; ich habe auch Stücke davon im Meer, fern von den Küsten treibend, gefunden. Und wie andere Reisende vor mir, bin auch ich zu der Überzeugung gelangt, dass der größte Teil davon nur aus Sibirien gekommen sein kann; denn man findet darunter die Kiefer, die sibirische Lärche und auch nordische Baumarten, die schwerlich anderswoher gekommen sein können. Interessant sind in dieser Beziehung die Funde, die an der Ostküste Grönlands von der zweiten deutschen Nordpolfahrt gemacht wurden. Von 25 Stücken Treibholz gehörten 17 der sibirischen Lärche an, fünf einer nordischen Kiefernart, zwei einer Erlenart und eins einer Pappelart, Holzarten, die alle in Sibirien vorkommen. Zum Glück für die Eskimos werden jährlich so große Massen solchen Treibholzes an den Küsten von Grönland angeschwemmt, dass man meiner Meinung nach zu der Annahme gezwungen ist, dass sie von einem dauernden Strom dorthin getrieben werden.

Dass dieses Treibholz südlich um Franz-Joseph-Land und um Spitzbergen getrieben wird, ist ebenso wenig anzunehmen, wie dass die Eisscholle mit den Gegenständen von der *Jeannette* diesen Weg gemacht haben sollte. Als Beweis dagegen lässt sich außerdem anführen, dass sibirisches Treibholz nördlich von Spitzbergen gefunden worden ist, in dem stark südwärts gerichteten Strom, gegen den Parry vergebens kämpfte. Man sieht also, dass wir auch aus diesem Grunde annehmen müssen, dass ein Strom über den Pol oder nahe an ihm vorbeigeht.

Fassen wir alles zusammen, so scheint sich daraus mit Notwendigkeit die Schlussfolgerung zu ergeben, dass irgendwo zwischen dem Pol und Franz-Joseph-Land ein Strom vom sibirischen Eismeer zur grönländischen Ostküste geht. Es liegt also nahe, in diesen Strom, wo er nach Norden geht, in die Polregion einzudringen zu versuchen und mit seiner Hilfe in jene Gegenden zu gelangen, die alle, die früher gegen den Strom arbeiteten, vergebens zu erreichen sich bemühten.

Mein Plan ist folgender: Ich beabsichtige, ein Schiff bauen zu lassen, so klein und so stark wie möglich; es soll gerade groß genug sein, um Kohlenvorrat und Proviant für zwölf Mann auf fünf Jahre zu fassen. Ein Fahrzeug von ungefähr 170 Tonnen (brutto) wird vermutlich ausreichen. Es soll eine Maschine haben, so stark, dass es in der Stunde sechs Seemeilen* zurücklegen kann, außerdem soll das Schiff auch volle Segeltakelung besitzen.

---

* Eine Seemeile entspricht 1,852 Kilometern.

Das Wichtigste bei diesem Fahrzeug ist, dass es nach einem Prinzip gebaut wird, nach dem es den Druck des Eises aushalten kann. Es muss so schräge Seiten erhalten, dass das Eis bei den Pressungen keinen festen Halt gewinnt, wie dies der Fall war mit der *Jeannette* und anderen Fahrzeugen arktischer Expeditionen, sondern das Eis soll es stattdessen in die Höhe heben. Dass man einem Schiff leicht eine Form, wie hier angedeutet, geben kann, wird niemand bezweifeln, der ein Fahrzeug während einer Eispressung gesehen hat. Aus demselben Grund muss das Schiff auch klein sein; denn abgesehen davon, dass man damit leichter manövrieren kann, wird es während der Pressungen auch leichter gehoben, gleichwie es auch eher gelingt, es besonders stark zu machen. Es muss selbstverständlich aus ausgesuchtem Material gebaut werden.

Hat man erst ein solches Fahrzeug sowie eine Besatzung von zehn, höchstens zwölf kräftigen, sorgfältig ausgesuchten Männern, dazu auf fünf Jahre berechnete Ausrüstung, so glaube ich, dass das Unternehmen keine unkalkulierbaren Risiken birgt. Zuerst dachte ich daran, von der Beringstraße aus westwärts längs der Nordküste von Sibirien zu den Neusibirischen Inseln vorzudringen. Doch bei näherer Untersuchung kamen mir Zweifel, und ich entschloss mich für den kürzesten Weg durch das Karische Meer und nördlich um das Kap Tscheljuskin.

Bei den Neusibirischen Inseln angelangt, gilt es, die Zeit aufs Beste zu nutzen, um die Strom- und Eisverhältnisse zu untersuchen, und dann den günstigsten Augenblick abzuwarten, in eisfreiem Fahrwasser am weitesten nordwärts zu gelangen. Dies kann nach den Berichten der amerikanischen Walfänger über die Eisverhältnisse nördlich von der Beringstraße voraussichtlich im August oder Anfang September geschehen. Ist die rechte Zeit gekommen, so durchqueren wir das Eis nordwärts, so weit wir kommen. Dass wir auf diese Weise über die nördlichsten der Neusibirischen Inseln hinauskommen können, darf man unter anderem aus der *Jeannette*-Expedition schließen. Während die Expedition im Eis nördlich von der Bennettinsel trieb, vermerkte De Long in seinem Tagebuch, dass sie dort ‚dunklen Wasserhimmel' – das heißt einen Himmel, der den dunklen Widerschein von offenem

Wasser zeigt – auf allen Seiten um sich sahen. Es muss folglich für ein starkes Eisfahrzeug möglich sein durchzukommen.

Dann muss man bedenken, dass die Expedition von der Bennettinsel bis zur sibirischen Küste in Booten fuhr, teilweise in offenem Wasser. Es ist also wahrscheinlich, dass wir imstande sein werden, bei den Neusibirischen Inseln nordwärts zu dringen, und sind wir einmal so weit, dann sind wir auch mitten in dem Strom der *Jeannette*; es gilt dann nur, sich weiter nach Norden durchzuarbeiten, bis man im Eis festsitzt. (Wie ich später in meinem Vortrag in London auseinander setzte, wollte ich längs der Westküste der Neusibirischen Inseln nach Norden gehen, da ich glaubte, dass das aus der Lena stammende warme Wasser die See hier offen halten müsse.)

Dann wählt man einen geeigneten Platz, vertäut das Fahrzeug gut und lässt das Eis sich ringsherum auftürmen, so viel es mag – je mehr, desto besser; das Schiff wird dadurch nur gehoben und sicher und fest sitzen. Dass es sich unter der Eispressung auf die Seite legen sollte, ist bis zu einem gewissen Grad möglich, aber kaum von Bedeutung. Von jetzt an besorgt der Strom die Beförderung, während das Schiff zum Quartier wird, in dem man reichlich Zeit hat, wissenschaftliche Beobachtungen anzustellen.

Auf diese Weise wird die Expedition wahrscheinlich über den Pol und weiter ins Meer zwischen Grönland und Spitzbergen treiben. Hier werden wir, wenn wir den 80. Breitengrad erreichen, oder sogar früher, wenn es Sommer ist, Aussicht haben, das Schiff frei zu machen und nach Hause zu segeln. Sollte das Schiff jedoch vor der Zeit zerstört werden – was möglich ist, mir aber unwahrscheinlich erscheint, wenn es auf die angedeutete Weise gebaut wird –, so wird die Expedition dennoch nicht misslungen sein; denn die Rückreise muss trotzdem mit dem Strom über den Pol bis zum nordatlantischen Becken gehen. Es ist Eis genug vorhanden, um darauf zu treiben, und eine solche Fahrt haben wir früher schon versucht. Hätte die *Jeannette*-Expedition Proviant genug gehabt und wäre sie auf der Eisscholle geblieben, auf der sie die später gefundenen Gegenstände zurückließ, der Ausgang der Expedition wäre sicherlich ganz anders geworden, als er tatsächlich war!

Das Fahrzeug kann bei einer Eispressung nicht so schnell sinken, dass nicht Zeit genug bliebe, um mit der Ausrüstung und dem Proviant auf eine starke Eisscholle überzusiedeln, die man schon im Voraus für diesen Fall ausgewählt hat. Um uns Proviant und Ausrüstung zu erhalten, sammeln wir sie nicht an einer Stelle, sondern verteilen sie übers Eis und legen sie auf Holzflöße, die wir aus Brettern und Balken gebaut haben. Hierdurch wird vermieden, dass etwas von der Ausrüstung sinkt, wenn die Scholle brechen sollte. Infolge des Berstens einer Scholle verloren die Männer der *Hansa*, die über ein halbes Jahr lang an der Ostküste von Grönland entlangtrieben, einen Teil ihrer Ausrüstung.

Damit eine solche Fahrt gelingt, bedarf es nur zweier Dinge: guter Kleidung und vieler Nahrung, und dafür können wir sorgen. Wir werden uns somit auf der Eisscholle ebenso sicher fühlen wie auf unserem Fahrzeug und ebenso gut zum Grönländischen Meer gelangen. Dort angekommen, werden uns unsere Boote sicher bis zum nächsten Hafen bringen.

Ich glaube demnach, dass eine solche Fahrt gelingt.

Manche werden einwenden: ‚In allen Strömungen befinden sich Gegen- und Nebenströme. Gesetzt den Fall, dass ihr in einen solchen hineingeratet oder vielleicht auf ein unbekanntes Land am Pol stoßt und dort festliegen bleibt, was wollt ihr dann machen?' Darauf kann ich nur antworten: Was den Gegenstrom betrifft, so müssten wir doch einmal aus ihm herauskommen, ebenso sicher, wie wir hineingeraten sind, und wir haben Proviant für fünf Jahre! Und was die zweite Möglichkeit betrifft, so würde ein solches Ereignis mit Freuden begrüßt werden; denn es ließe sich wohl kaum ein anderer Flecken auf der Erde von größerem wissenschaftlichem Interesse finden. Wir würden in dem entdeckten Land so viele Beobachtungen sammeln wie möglich. Sollten wir mit dem Schiff nicht wieder in die Drift kommen, und sollte die Zeit verstreichen, so würde nichts anderes übrig bleiben, als es zu verlassen und zu versuchen, mit den Booten und der notwendigen Ausrüstung in den nächsten Strom zu gelangen.

Wie lange wird nun eine solche Reise dauern? Die von der *Jeannette*-Expedition herrührenden Sachen können höchstens zwei Jahre gebraucht haben, um auf demselben Weg bis zum 80. Breitengrad hinabzutreiben; dort dürfen wir also darauf rechnen, vom Eis loszukommen. Dies würde einer täglichen Fahrt von ungefähr zwei Seemeilen entsprechen.

Wir dürfen also erwarten, im Laufe von zwei Jahren das Ziel zu erreichen; es ist ja auch möglich, dass das Schiff schon in höheren Breiten, als hier vorausgesetzt, loskommt. Der auf fünf Jahre berechnete Proviant muss daher reichlich genügen.

Aber ist die Winterkälte dort nicht so groß, dass ein Aufenthalt unmöglich sein wird? Dies ist nicht wahrscheinlich, ja, wir können sogar ziemlich sicher sagen, dass es am Pol selbst im Winter nicht so kalt ist wie zum Beispiel in Nordsibirien, das ja bewohntes Land ist, oder im nördlichen Teil der Westküste Grönlands, der gleichfalls bewohnt ist. Meteorologen haben ausgerechnet, dass die mittlere Temperatur am Pol im Januar ungefähr 36 Grad unter null sein wird, während sie zum Beispiel in Jakutsk minus 42, in Werchojansk minus 48 Grad beträgt. Man muss bedenken, dass der Pol wahrscheinlich von Meer bedeckt ist, dessen Wärmeausstrahlung viel geringer ist als die so großer Landmassen, wie es die Ebenen Nordasiens sind. Die Gegend um den Pol hat somit aller Wahrscheinlichkeit nach ein ozeanisches Klima mit verhältnismäßig milden Wintern.

Die Kälte kann also kein Hindernis sein. Eine Schwierigkeit, mit der viele der früheren Expeditionen zu kämpfen hatten und die auch hier nicht übersehen werden darf, ist indessen der Skorbut. Während eines längeren Aufenthalts in einem kalten Klima wird sich diese Krankheit unstreitig leicht einstellen, wenn man keine Gelegenheit hat, frischen Proviant zu bekommen. Ich bin jedoch überzeugt, dass die kräftigen Nahrungsmittel, die wir in luftdicht verschlossenen Konserven besitzen, und unsere Kenntnis über das, was der Körper benötigt, in den Stand setzen werden, die Gefahr des Skorbuts fern zu halten. Außerdem wird es uns an frischem Proviant vor Ort nicht mangeln; wir können sicher darauf rechnen, Eisbären und Seehunde noch hoch im Norden, wenn nicht sogar beim Pol, zu finden. Außerdem gibt es gewiss jede Menge von kleinen Tieren, die wir im Notfall essen können.

Man sieht also, dass alle denkbaren Schwierigkeiten durch sorgfältige Zusammenstellung der Ausrüstung, durch glückliche Wahl der Mitglieder und durch planmäßige Leitung der Expedition überwunden werden können. Wir werden darum zuversichtlich in den *Jeannette*-Strom bei den Neusibirischen Inseln gelangen und ebenso sicher das offene Meer zwischen Grönland und Spitzbergen erreichen.

Aber wenn nun dieser *Jeannette*-Strom nicht gerade über den Pol führt, wenn er zum Beispiel zwischen diesem und Franz-Joseph-Land hindurchgeht, wie früher angedeutet, was tut die Expedition dann, um den Pol zu erreichen? Hier scheint in der Tat die Achillesferse des Planes zu stecken; denn wird das Fahrzeug in einer Entfernung von mehr als einem Grad (60 Seemeilen) am Pol vorbeigeführt, so kann es als höchst unklug oder unsicher erscheinen, das Schiff mitten im Strom zu verlassen, um mit Schlitten über raues, ebenfalls in der Drift befindliches Meereis einen so weiten Weg zurückzulegen. Selbst wenn man den Pol erreicht, heißt das noch lange nicht, dass man das Schiff bei der Rückkehr wieder findet. Ich meine jedoch, dass dies von geringer Bedeutung ist; wir ziehen nicht hinaus, um den mathematischen Punkt zu suchen, der das nördliche Ende der Erdachse bildet – denn diesen Punkt zu erreichen hat an und für sich nur geringen Wert –, sondern um Untersuchungen in dem großen, unbekannten Teil der Erde anzustellen, der den Pol umgibt. Diese Untersuchungen werden nahezu die gleich große wissenschaftliche Bedeutung haben, ob die Reise über den mathematischen Pol selbst führt oder ein Stück davon entfernt bleibt."

In diesem Vortrag hatte ich die wichtigsten Daten, auf die mein Plan sich gründete, dargelegt. In den folgenden Jahren fuhr ich fort, die Verhältnisse in den nördlichen Meeresteilen zu studieren, und erhielt fortwährend neue Beweise dafür, dass meine Annahme einer Drift quer durch das Polarmeer richtig sein musste. In einem Vortrag, den ich am 28. September 1892 in der Geographischen Gesellschaft zu Christiania hielt, erwähnte ich einige:

Ich betonte, dass schon beim Betrachten der Dicke und Mächtigkeit des Treibeises auf beiden Seiten des Pols auffällt, dass das Eis nördlich der sibirischen Küste verhältnismäßig dünn ist (das Eis, in dem die *Jeannette* trieb, war durchschnittlich 2,2–3,1 Meter dick), obgleich dieser Meeresteil zu den kältesten Gegenden der Erde gehört, während das auf der anderen Seite aus dem Norden kommende Eis im Meer zwischen Grönland und Spitzbergen auffallend stark ist. Dies konnte meines Erachtens nur dadurch erklärt werden, dass das Eis ständig von der sibirischen Küste über das Polarbecken zur Ostküste Grönlands und nach Spitzbergen treibt und während dieser Drift durch das unbekannte und kalte Meer Zeit hat, seine große Dicke teils durch Gefrieren, teils durch fortwährendes Zusammenstauen während der Eispressungen zu erlangen.

Ich erwähnte ferner, dass auch der Schlamm, den man auf diesem Treibeis gefunden hat, auf sibirischen Ursprung deutet. Dr. Törnebohm in Stockholm kam bei der Untersuchung der mineralischen Bestandteile dieses Schlammes zu dem Schluss, dass er zum großen Teil aus sibirischem Flussschlamm bestehen müsse. Er fand ungefähr 20 verschiedene Minerale darin. „Die Menge verschiedener Mineralbestandteile deutet darauf hin", sagt er, „dass sie von einem ausgedehnten Landgebiet herrühren, und da liegt es nahe, an das nördliche Sibirien zu denken."

Außerdem bestand der Schlamm mehr als zur Hälfte aus Humus oder Sumpferde. Interessanter als der Schlamm selbst waren aber die darin gefundenen einzelligen Algen (Diatomeen), die von Professor Cleve in Uppsala untersucht wurden. Er sagt darüber:

„Die Diatomeen sind entschieden marinen Ursprungs (d. h., sie stammen aus Salzwasser), abgesehen von einzelnen wenigen Süßwasserformen, die mit dem Wind vom Land gekommen sind. Die in diesem Staub enthaltene Diatomeenflora ist ganz eigentümlich und sehr verschieden von der, die ich in den vielen tausenden von mir untersuchten Proben gefunden habe, mit Ausnahme einer einzigen, mit der sie vollständige Übereinstimmung zeigt, nämlich mit einer Probe, die von Kjellman während der *Vega*-Fahrt auf einer Eisscholle bei Kap Wankarem in der Nähe der Beringstraße gesammelt wurde."

Cleve konnte 16 Arten von Diatomeen bestimmen: Diese kommen

alle auch im Staub von Kap Wankarem vor, und 12 sind nur von dort bekannt und von keinem anderen Fleck der Erde. Dies war eine auffällige Übereinstimmung zwischen zwei so fern liegenden Punkten, und Cleve hat sicherlich Recht, wenn er fortfährt: „Es ist sehr bemerkenswert, dass die auf Eisschollen gefundene Diatomeenflora aus der Nähe der Beringstraße und an der Ostküste Grönlands so vollständig übereinstimmt und sich von allen anderen unterscheidet; dies deutet auf eine Verbindung zwischen den Meeren östlich von Grönland und nördlich von Asien."

„Durch diese Verbindung", so schloss ich meinen Vortrag, „wird also Treibeis jährlich quer über das unbekannte Polarmeer geführt. Auf ebendiesem Eis muss eine Expedition denselben Weg machen können."

ALS DIESER mein Plan vorgelegt wurde, fand er freilich auf manchen Seiten Ablehnung. Kräftig unterstützt wurde er von Professor Mohn, der ja durch seine Erklärung der Drift der Reste der *Jeannette*-Expedition den Anstoß dazu gegeben hatte. Aber wie zu erwarten, stieß er meist auf Widerspruch, auch außerhalb Norwegens, und die Mehrzahl der Polarreisenden und der arktischen Fachleute erklärten mehr oder weniger offen, dass es „der reine Wahnsinn" sei. Im Jahr vor unserer Ausfahrt, im November 1892, legte ich meinen Plan der Geographischen Gesellschaft in London in einem Vortrag dar, bei dem die bedeutendsten Polarreisenden Englands zugegen waren.

Nach dem Vortrag entspann sich eine Aussprache, die deutlich zeigte, in welch starkem Widerspruch ich stand zu den allgemein anerkannten Ansichten über die Verhältnisse im Innern des Polarmeeres, über die Navigation im Eis und darüber, wie eine Polarexpedition unternommen werden müsse. Der Polarforscher Admiral Sir Leopold M'Clintock eröffnete die Diskussion mit der Bemerkung: „Ich glaube sagen zu dürfen, dass dies der kühnste Plan ist, von dem die Geographische Gesellschaft jemals Kenntnis erhalten hat." Er räumte ein, dass die Tatsachen für die Richtigkeit meiner Theorien sprächen, zweifelte jedoch sehr, ob der Plan sich verwirklichen lassen würde. Besonders die Gefahr, vom Eis erdrückt zu werden, war seiner Meinung nach zu groß.

Fridtjof Nansen (1861–1930)

Wie die meisten anderen nahm er als sicher an, dass es nicht wahrscheinlich sei, die *Fram* wiederzusehen, nachdem das Schiff sich einmal dem unbarmherzigen Polarkreis anvertraut habe. Er schloss mit den Worten: „Ich wünsche dem Herrn Doktor ein volles, glückliches Gelingen. Aber es wird für seine vielen Freunde in England eine Erleichterung sein, wenn er zurückgekehrt ist!“

Admiral Sir George Nares sagte: „Als anerkannter Grundsatz für eine glückliche Fahrt in den Gebieten des Eises gilt, sich dicht an eine Küstenlinie zu halten; je weiter wir uns von der Zivilisation entfernen, desto wünschenswerter ist es, sich eine vernünftige, sichere Rückzugslinie freizuhalten. Völliges Außer-Acht-Lassen dieses Grundsatzes ist der leitende Gedanke Nansens, sein Schiff freiwillig ins Packeis zu führen – das Schiff, auf das die ganze Hoffnung der Expedition gesetzt werden muss, wenn die Fahrt einigermaßen glücken soll. So wird der Führer, anstatt die Bewegungen des Fahrzeugs zu beherrschen, gezwungen sein, sich hilflos umhertreiben zu lassen, einfach den natürlichen Bewegungen des Eises folgend. Vorausgesetzt, dass die Meeresströmungen so sind, wie Nansen glaubt, wird die Zeit, die für die Drift mit dem Eis durch das Polargebiet angesetzt werden muss, mehrere Jahre betragen. In dieser Zeit wird das Eis um das Schiff herum gewiss niemals in Ruhe sein, es sei denn, dass man auf neue Länder stößt, und das Schiff selbst wird niemals vor der Gefahr sicher sein, von der Eispressung erdrückt zu werden. Um sich dagegen zu schützen, soll es ungewöhnlich stark werden und eine Form haben, die es besonders geeignet macht, gehoben zu werden, wenn das Eis gegen seine Seiten gepresst wird. Dieser Gedanke ist durchaus nicht neu. Aber wenn man erst im Polareis eingefroren ist, hat die Form des Schiffes keinerlei Bedeutung. Es ist unverrückbar eingeschlossen und bildet einen Teil des Eisblocks, der es umgibt."

Was die vermutete Drift des Polareises anbelangt, erklärte Admiral Nares, mit mir in der Hauptsache nicht übereinzustimmen. Er betonte, dass die herrschenden Winde die Drift wesentlich bestimmen, und sagte: „Mit Rücksicht auf die wahrscheinliche Driftrichtung kann die *Fram*, wenn sie von einem Punkt in der Nähe der Lena-Mündung ausläuft, erwarten, nicht sehr viel weiter nördlich als 76° 30' auf die Hauptmasse des Packeises zu treffen. Ich bezweifle, dass Nansen weiter nach Norden kommt, ehe er eingeschlossen wird. Nach eingehendem Studium aller vorhandenen Berichte glaube ich, dass die Winde das Schiff eher nach Westen als nach Osten treiben werden. Bei einem eiserfüllten Meer im Norden und offenem Wasser oder neu gebildetem Eis im Süden sind die Aussichten einer nördlichen Drift, wenigstens im Anfang, gering, und dann kenne ich keine Naturkräfte, die das Schiff in absehbarer Zeit viel weiter von der sibirischen Küste abtreiben werden als die *Jeannette*. Während dieser ganzen Zeit wird es unbeweglich im Eis eingeschlossen und dessen wohl bekannten Gefahren ausgesetzt sein, es sei denn, dass es von neu entdeckten Ländern geschützt wird. Kein Zweifel ist, dass es eine Meeresverbindung über die Gegend weg gibt, deren Untersuchung beabsichtigt ist."

(Nach unserer Rückkehr hat Admiral Nares mich übrigens in ritterlicher Weise in einem Brief beglückwünscht und ausgesprochen, die denkwürdige Reise der *Fram* durch das Polarmeer beweise, dass meine Theorie richtig, seine Zweifel aber unberechtigt gewesen seien.)

Sir Allen Young sagte unter anderem, dass die Form des Schiffes „nicht von großer Bedeutung ist; denn wenn ein Schiff erst einmal Pressungen ausgesetzt ist, ist es die Frage, ob irgendeine Dünung oder Bewegung im Eis vorhanden ist, die das Fahrzeug heben kann. Ohne Dünung muss das Eis das Schiff zerdrücken, wie immer es auch gebaut sein mag.“

Einige Fachleute erklärten sich jedoch für meinen Plan. Es waren dies der Polarreisende Admiral Sir E. Iglefield und der Chef des englischen Hydrographischen Amts, Kapitän Wharton.

In einem Schreiben an die Geographische Gesellschaft sagte Admiral Sir George Richards aus Anlass meines Vortrags: „Ich bedauere, mich über den Plan absprechend äußern zu müssen; aber ich glaube, dass jeder, der als Fachmann auftreten kann, seine Meinung geradeheraus sagen muss, wenn so viel auf dem Spiele steht.“ Richards kann „keinen Grund zur Annahme finden, dass von den Neusibirischen Inseln ein Strom nach Norden über den Pol geht, wie Dr. Nansen hofft und glaubt“. Er fährt fort:

Es ist meine Ansicht, dass, wenn man sich wirklich innerhalb dessen befindet, was man den inneren Kreis nennen könnte, sagen wir, in ungefähr 78° n. Br., eine geringe Strömung, sofern überhaupt vorhanden, in dem dichten Eis keinen Einfluss auf ein Schiff hat. Erst wenn wir außerhalb dieses Kreises hinauskommen in die offenen, weiten Kanäle, wo das Eis lose ist, werden wir den Einfluss der Strömung erfahren, und hier ist das Eis im Herbst naturlich dünner und brüchiger, also für ein Schiff weniger gefährlich. Aus dem inneren Kreis dringt vermutlich nicht viel Eis hinaus, es wird von Jahr zu Jahr älter und mächtiger und hindert wahrscheinlich die Fortbewegung des Schiffes vollständig. Dies ist das Eis, das nach Admiral Nares' Winterquartier am Nordende des Smith-Sundes, in ungefähr 82° 30' n. Br., trieb; dies ist das Eis, gegen das Commander Markham auf seiner Schlittenreise kämpfte und dem keine menschliche Macht widerstehen kann.

In einem Schreiben an die Geographische Gesellschaft erklärt der berühmte Botaniker Sir Joseph Hooker unter anderem:

Ist denn, abgesehen von der Möglichkeit des Skorbuts, gegen den man kein sicheres Mittel hat, der niederdrückende und zerstörende Einfluss auf den Gemütszustand der Mannschaft gebührend in Betracht gezogen? Alles, was die lange Gefangenschaft auf engem Raum während der vielmonatigen Dunkelheit, was äußerste Kälte, Untätigkeit, Langeweile, die beständige Gefahr und die unablässig zehrende Ungewissheit über die Zukunft bedeuten? Die nebensächlichen Pflichten und Beschäftigungen sind auf Dauer nicht geeignet, diese grundlegende Situation zu ändern; sie mildern sie kaum, verschärfen sie vielmehr, wie man weiß. Ich halte es nicht für unmöglich, dass Dr. Nansen sein Ziel mit den ihm zu Gebote stehenden Mitteln erreicht, finde aber, dass selbst ein günstiger Ausgang des Unternehmens keine Rechtfertigung dafür ist, kostbare Menschenleben aufs Spiel zu setzen.

General Greely in Amerika, der Leiter einer dortigen unglücklichen Expedition in den Jahren 1881–84, schrieb in der amerikanischen Zeitschrift *The Forum* (August 1891) unter anderem:

Ich finde es überraschend und beinahe unglaublich, dass der Plan von Dr. Nansen Ermunterung oder gar Unterstützung findet. Er scheint mir auf falschen Vorstellungen über die physischen Verhältnisse in den Polargebieten zu beruhen. Wenn er ausgeführt wird, verspricht er nutzlose Ergebnisse, abgesehen davon, dass den Teilnehmern Leiden und Tod bevorstehen. Soviel ich weiß, hat Dr. Nansen keine arktischen Erfahrungen; seine Reise durch Grönland ist, obschon schwierig, nicht mehr Polararbeit als die Besteigung des Elias-Berges. Es ist zweifelhaft, ob ein Hydrograf im Ernst seine Theorie über die Polarströmungen erörtern oder ob sich ein arktischer Reisender dem ganzen Vorhaben anschließen würde.

Es gibt vielleicht ein Dutzend Männer, deren arktische Erfahrung so groß ist, dass ihre Unterstützung des Planes dem Unternehmen Achtung und Vertrauen verschaffen könnte. Ich würde ohne weiteres behaupten, dass nicht zwei von diesen Männern an die Möglichkeit von Nansens Gedanken glauben: ein Schiff so zu bauen, dass es in dem schweren arktischen Eis, in das er das Fahrzeug hineinführen will, standhalten und darin gesteuert werden kann.

Nansens zweiter Gedanke ist noch gewagter; er setzt seine Drift von mehr als 2000 Seemeilen in gerader Linie durch ein unbekanntes Gebiet voraus, und während dieser wohl zwei oder mehrere Jahre dauernden Drift will die Expedition, wie es scheint, nur Boote mitnehmen, auf einer Eisscholle wohnen und leben, während sie hinübertreibt.

Vorbereitungen

Obwohl der Plan tollkühn zu sein schien, fand er bei der norwegischen Regierung und dem König tatkräftige Unterstützung. Im Storting, der norwegischen Nationalversammlung, wurde eine königliche Vorlage eingebracht, 200 000 Kronen zu bewilligen, ein Betrag, der etwa zwei Drittel der Ausgaben decken sollte. Das letzte Drittel glaubte ich selbst beschaffen zu können, da ich von mehreren Seiten Beiträge zugesagt erhalten hatte. Schon bei meiner Rückkehr aus Grönland hatte mir Konsul Axel Heiberg 10 000 Kronen für eine neue Reise zur Verfügung gestellt. Ihm ist auch die Anregung zur späteren Sammlung zu verdanken. Am 30. Juni 1890 wurde die Summe, um die ich nachgesucht hatte, vom Storting bewilligt, das dabei den Wunsch ausdrückte, die Expedition möchte eine norwegische werden. Im Januar 1891 gingen Großhändler Thomas Fearnley, Konsul Axel Heiberg und Brauereibesitzer Ellef Ringnes ans Werk, um die noch fehlende Summe zu sammeln, und in wenigen Tagen war sie überzeichnet. König Oskar bewilligte 20 000 Kronen. Die Royal Geographical Society in London bewies mit 300 Pfund Sterling ihre Sympathie für das Unternehmen.

Während der Ausrüstung zeigte es sich, dass die erste Kostenschätzung zu niedrig war. Das Schiff, das 150 000 Kronen kosten sollte, wurde schließlich ungefähr 100 000 Kronen teurer. Wo so viel auf dem Spiel stand, glaubte ich kein Recht zu haben, auf Ausgaben Rücksicht zu nehmen. Die drei Herren, die sich an die Spitze des ersten Komitees gestellt hatten, übernahmen auch die Leitung des Expeditionskomitees. Um einen Teil des Fehlbetrages zu decken, veranstalteten sie im Verein mit einigen Herren aus der Direktion und dem Rat der norwegischen Geographischen Gesellschaft eine neue private Sammlung in ganz Norwegen und stellten sich später an die Spitze einer Nationalsubskription. Ferner suchte ich beim norwegischen Storting um weitere 80 000 Kronen nach, und aufs Neue bewies unsere Nationalversammlung ihre

Sympathie für das Unternehmen, indem sie am 9. Juni 1893 den Betrag bewilligte. Schließlich deckten Konsul Axel Heiberg und Herr C. J. A. Dick mit je 6000 Kronen sowie ich selbst das letzte Defizit, das sich bei der Abreise herausstellte.

Der wichtigste Teil der Ausrüstung war das Schiff, das uns durch die gefürchteten Eisgebiete bringen sollte. Sein Bau wurde mit mehr Sorgfalt ausgeführt, als wohl je auf irgendein Schiff, das arktische Gewässer durchfahren hat, verwendet worden war. In dem norwegischen Schiffsbaumeister Colin Archer fand ich einen Mann, der die Aufgabe vollständig begriff und ihr seine ganze Tätigkeit, Umsicht und eine seltene Sorgfalt widmete. Und wenn unsere Fahrt geglückt ist, so verdanken wir es in nicht geringem Maße diesem Mann. Sollte die Expedition drei Jahre dauern, so nahmen die Vorbereitungen dazu nicht weniger Zeit in Anspruch.

Entwurf auf Entwurf lieferte Archer, ein Modell nach dem andern wurde verworfen. Immer neue Verbesserungen und Veränderungen. Die Form, für die wir uns endlich entschieden, ist vielleicht nicht schön; aber dass sie gut und zweckmäßig ist, das, meine ich, hat unsere Fahrt bewiesen. Was besonders angestrebt wurde, war, wie schon erwähnt, dem Schiff solche Seitenwände zu geben, dass es während der Eispressungen leicht gehoben werden konnte, ohne zwischen den Schollen zerdrückt zu werden. Colin Archer spricht es in einem Artikel in der norwegischen *Zeitschrift für Seewesen* (1892) folgendermaßen aus: „Bei der Konstruktion des Schiffes ist vor allem zu berücksichtigen, dass erstens der Rumpf so geformt ist, dass er dem Angriff des Eises eine so wenig wie nur möglich verwundbare Fläche bietet, und dass zweitens das Schiff so fest gebaut wird, dass es imstande ist, dem größtmöglichen, in beliebiger Richtung von außen erfolgenden Druck zu widerstehen."

So wurde das Schiff auch gebaut, weniger berechnet auf Geschwindigkeit und Segeltüchtigkeit als darauf, einen sicheren und warmen Zufluchtsort während der Drift im Eis zu bieten.

Wie erwähnt, war beabsichtigt, das Schiff so klein wie möglich zu machen, weil ein kleineres Schiff selbstverständlich leichter ist als ein großes und im Verhältnis zu seinem Gewicht stärker werden kann. Ein kleines Schiff ist auch günstiger für die Fahrt im Eis; es ist in kritischen Augenblicken leicht zu manövrieren und in einen sicheren Hafen zwischen die sich auftürmenden Eisschollen zu bringen. Ich glaubte, dass ein Fahrzeug von 170 Registertonnen genügen würde. Aber die *Fram* wurde bedeutend größer; sie hatte 420 Bruttoregistertonnen und eine Tragfähigkeit von netto 307 Tonnen. Es wurde auch angestrebt, das Schiff kurz zu machen, damit es sich leichter durch die Eisschollen winden konnte; Länge ist Schwäche während der Eispressungen. Aber damit ein Schiff, das stark ausliegende Seiten hat, die notwendige Tragfähigkeit erhält, muss es breit sein, und die Breite wurde demnach ungefähr ein Drittel der Länge. Noch ein wichtiger Punkt war, die Schiffsseiten möglichst glatt, ohne hervorstehende Kanten zu machen; außerdem wurde versucht, ungebogene Flächen in der Nähe der Punkte zu vermeiden, die am ehesten Angriffen ausgesetzt sind. Der Rumpf erhielt daher runde, volle Formen; Bug, Heck, Kiel – alles wurde abgerundet, damit das Eis nirgends einen Angriffspunkt fand. Aus diesem Grund wurde auch der Kiel so in die Schiffswände hineingebaut, dass nur sieben Zentimeter herausragten, die Kanten aber wurden abgerundet. Die Absicht war: Das Fahrzeug sollte glatt wie ein Aal aus der Umarmung des Eises gleiten.

Das Hinterschiff bekam eine besondere, eigentümliche Konstruktion, indem auf jeder Seite von Ruder- und Schraubensteven, beide 65 cm stark, ein schwerer, eichener Heckbalken gelegt war, der der Krümmung des Hecks bis aufs Oberdeck folgte, sodass also gewissermaßen ein doppelter Hintersteven entstand. Auf die Außenseite des Heckbalkens kam dann die Beplankung.

Zwischen den beiden Balken am Achterende war für die Schraube und für das Ruder je ein Tunnel, durch den beide auf Deck geheißt werden konnten. Solche Schrauben sind auf den Seehundfängern allgemein üblich, sodass sie also leicht ausgewechselt werden können, wenn sie durchs Eis zertrümmert werden; dagegen ist dies dort mit dem Ruder nicht der Fall. Während wir mit unserer kleinen Mannschaft und mithilfe des Gangspills im Fall einer plötzlichen Pressung oder dergleichen das Ruder im Lauf weniger Minuten auf Deck bringen konnten,

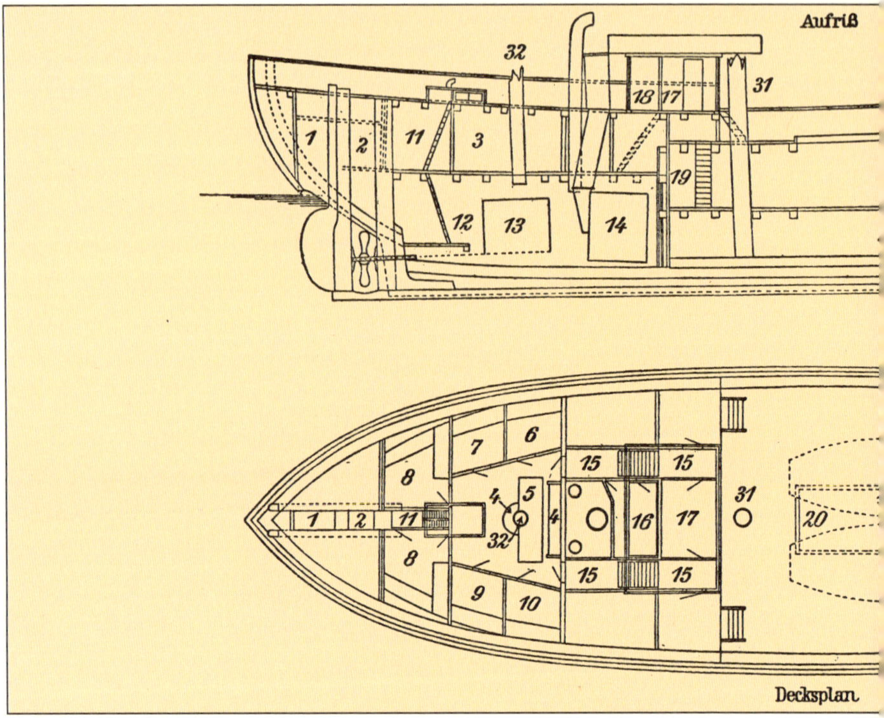

habe ich gesehen, dass dies an Bord von Seehundfängern mit über 60 Mann Besatzung mehrere Stunden, ja sogar einen Tag dauerte.

Im Ganzen ist das Heck die Achillesferse der Eismeerfahrer. Hier kann das Eis am leichtesten Schaden anrichten, zum Beispiel das Ruder zertrümmern.

Um das Ruder zu schützen, war es so tief angebracht, dass man es von außen über dem Wasser nicht sah. Wenn eine Eisscholle von hinten gegen das Fahrzeug stieß, traf sie den starken Steven und kaum das Ruder selbst.

Um die Schiffsseiten stark zu machen, war selbstverständlich alles Mögliche getan. Die Spanten waren aus vorzüglichem italienischem Eichenholz, das ursprünglich für die norwegische Marine bestimmt gewesen und 30 Jahre lang in Horten unter Dach gelegen hatte. Es war alles gewachsenes Krummholz, 25–28 Zentimeter stark. Die Spanten

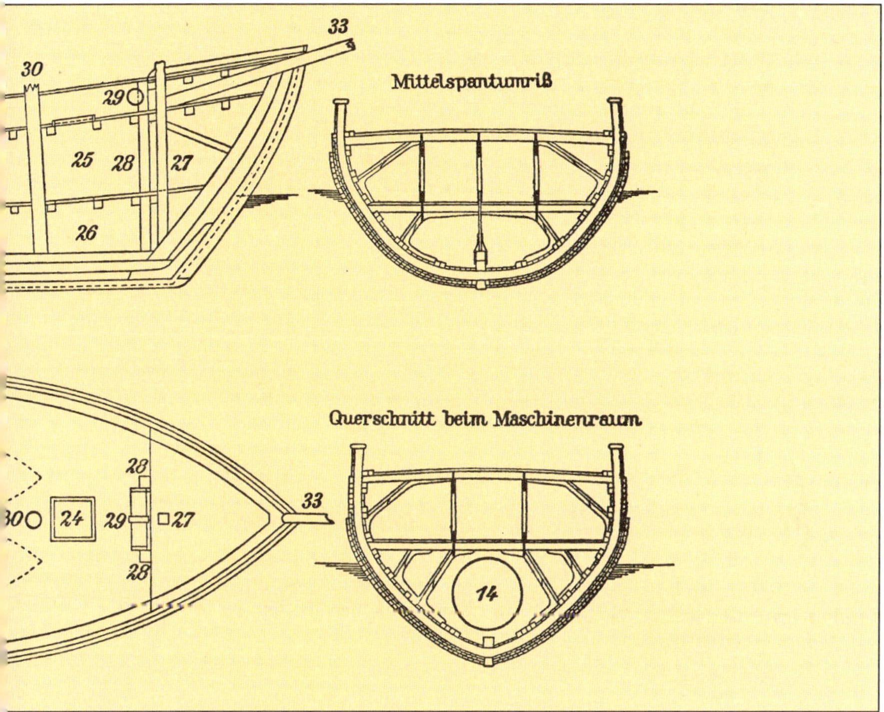

Aufrisse und Grundriss der „Fram“
1 Steuertunnel. 2 Schraubentunnel. 3 Salon. 4 Sofa im Salon. 5 Tisch im Salon. 6 Sverdrups Kajüte. 7 Blessings Kajüte. 8 Kabinen für 4 Mann. 9 Scott-Hansens Kajüte. 10 Nansens Kajüte. 11 Niedergang zur Maschine. 12 Maschinenraum. 13 Maschine. 14 Kessel. 15 Aufgänge vom Salon. 16 Küche. 17 Kartenhaus. 18 Arbeitskabine. 19 Platz für die Dynamomaschine. 20 Großluk. 21 Großboote. 22 Großraum. 23 unterer Großraum. 24 Vorderluk. 25 Vorderraum. 26 unterer Vorderraum. 27 Pallstütze. 28 Spillbetinge. 29 Ankerspill. 30 Fockmast. 31 Großmast. 32 Besanmast. 33 Bugspriet.

wurden in zwei Lagen gebaut, genau zusammengefügt und durch Bolzen verbunden. Auf die Spanten wurden von außen drei Plankenlagen gelegt, außerhalb dieser kam dann die Eishaut aus Greenheart, die bis zum Kiel hinabreichte. Sie wurde mit Nägeln und Bolzen mit Widerhaken, nicht mit durchgehenden Bolzen aufgesetzt, sodass das Eis die ganze Eishaut hätte abschinden können, ohne dass der Rumpf dadurch größeren Schaden gelitten haben würde.

Die Schiffsseite hatte im Ganzen eine Stärke von 70–80 Zentimentern und bestand aus einer festen, wasserdichten Holzmasse. Es versteht sich, dass eine gebogene Schiffsseite solcherart schon an und für sich dem Eis großen Widerstand leisten kann. Um diesen aber noch stärker zu machen, wurde sie auf der Innenseite auf alle mögliche Weise gestützt, und das Fahrzeug sah innen aus wie ein Spinnengewebe aus Balken, Stützen und Streben. Im Hinterraum musste die Balkenlage etwas gehoben werden, um Platz für die Maschine zu schaffen. Deshalb wurde das Kajütdeck nach hinten etwas höher als das Hauptdeck, und das Fahrzeug erhielt eine „Poop" oder ein Halbdeck, unter dem die Kabinen und die Küche ihren Platz fanden.

Der Kiel bestand aus zwei schweren Balken aus amerikanischem Ulmenholz, 35 Zentimeter auf jeder Seite; dieser wurde so hineingebaut, dass nur 7 Zentimeter unter der äußersten Bekleidung hervorschauten. Die Seiten des Rumpfes rundeten sich nach unten gegen den Kiel, sodass der Querschnitt bei dem mittleren Spant stark an eine durchgeschnittene halbe Kokosnuss erinnerte.

Je mehr das Schiff aus dem Wasser gehoben wird, desto schwerer wird es natürlich, und desto stärker wird der Druck gegen das Eis, aber desto leichter wird es dem Eis, es eben wegen dieser Form zu heben. Um zu vermeiden, dass sich das Schiff zu sehr auf die Seite legt, wenn der Rumpf sehr hochgehoben wird, wurde der Boden flach gemacht. Das erwies sich als sehr zweckmäßig. Durch Proben versuchte ich die Reibung des Eises auf Holz zu bestimmen. Danach berechnete ich die Stärke des Schiffes und kam zu dem Ergebnis, dass sie mehr als hinreichend war, um dem zur Hebung des Schiffes nötigen Druck zu widerstehen. Diese Berechnung hat sich in der Praxis als richtig erwiesen.

Die wichtigsten Maße des Schiffes waren: Länge im Kiel: 31 Meter, Länge in der Wasserlinie: 34,5 Meter, Länge über den Steven beim Deck: 39 Meter, größte Breite ohne Eishaut: 11 Meter, Raumtiefe: 5,25 Meter, Tiefgang mit leichter Last: 3,25 Meter, Wasserverdrängung bei 4,75 Meter Tiefgang: 800 Tonnen. Das Schiff hatte dann einen Freibord von ungefähr einem Meter. Der Rumpf mit gefüllten Kesseln war darauf berechnet, ungefähr 420 Tonnen zu wiegen, bei 800 Tonnen

Wasserverdrängung sollte also eine Tragfähigkeit von 380 Tonnen für Kohlen und andere Lasten übrig bleiben. Außer dem Proviant für Menschen und Hunde auf mehr als fünf Jahre konnten wir Kohlen für vier Monate bei voller Fahrt der Maschine führen.

Das Wichtigste bei der Takelung war, sie so einfach und stark wie möglich und gleichzeitig so einzurichten, dass sie dem Wind einen möglichst geringen Widerstand bot, wenn das Schiff unter Dampf ging. Bei der kleinen Mannschaft, die wir hatten, war es von größter Bedeutung, dass die Takelung leicht vom Deck aus zu manövrieren war. Die gesamte Segelfläche betrug gegen 600 Quadratmeter.

Die Maschine wurde mit besonderer Sorgfalt gebaut. Sie konnte bei gutem Wetter mit leichter Last 6–7 Seemeilen in der Stunde leisten. Die Schrauben, von denen wir zwei in Reserve hatten, besaßen zwei Flügel und waren aus Gusseisen. Die Reserveschrauben wurden ebenso wenig gebraucht wie ein Reservesteuer, das wir mitgenommen hatten.

Die Wohnräume lagen, wie erwähnt, nach hinten, unter dem Halbdeck, und waren so eingerichtet, dass unser Gemeinschaftssalon, in dem wir aßen und uns aufhielten, in der Mitte lag, auf beiden Seiten von den Schlafkabinen umgeben. Dies waren vier Einbett- und zwei Vierbettkabinen. Diese Anordnung bezweckte, den großen Raum gegen Kälte von außen zu schützen. Außerdem waren Decken, Fußböden und Wände durch viele Schichten dicht und wärmeisolierend gemacht worden. Dem warmen Raum zunächst wurde überall luftdichtes Linoleum gelegt, um zu verhindern, dass sich die warme, feuchte Kajütluft an den Seiten niederschlug und dort Feuchtigkeit absetzte, die bald zu Eis gefrieren musste. Die Seiten des Schiffes waren mit geteertem Filz bedeckt, darauf folgte Korkfüllung, dann eine Vertäfelung aus Tannenholz, dann wieder eine dicke Filzlage, dann luftdichtes Linoleum und schließlich wieder eine Täfelung. Die Decken des Salons und der Kabinen bestanden unter Deck aus vielen verschiedenen Lagen: Luft, Filz, Tannenholz, Linoleum, Rentierhaarfüllung, Täfelung, Linoleum, Luft und wieder Täfelung; mit den Deckplanken von 10 Zentimeter Stärke waren sie alles in allem ungefähr 40 Zentimeter dick. Auf dem Fußboden des Salons wurden auf die Deckplanken 15–18 Zentimeter

Korkfüllung gelegt, darauf ein dicker Holzfußboden und zuoberst Linoleum. Das Deckfenster, durch das die Kälte besonders leicht eindringen konnte, wurde durch dreifache Scheiben geschützt.

Eine der größten Schwierigkeiten des Lebens auf den Schiffen früherer Polarexpeditionen hat darin bestanden, dass sich die Feuchtigkeit an den kalten Außenwänden der Räume niederschlug und entweder sofort zu Reif gefror oder in Bächen herabrann. Die Matratzen waren meist mehr oder weniger Eisklumpen. Durch die genannten Vorkehrungen vermieden wir diese Unannehmlichkeit. Wenn im Salon geheizt war, gab es keine Spur von Feuchtigkeit an den Wänden, nicht einmal in den Schlafkabinen. Vor dem Salon lag die Küche, rechts und links davon führten Aufgänge zum Deck.

Zum Schutz gegen Kälte waren in jedem Aufgang vier kleine, feste Türen angebracht, die alle passiert werden mussten, wenn man hinauswollte, und die aus mehreren Lagen Holz mit Filz dazwischen bestanden. Um die kalte Luft abzuhalten, waren die Türschwellen außerdem ungewöhnlich hoch. Oben auf dem Halbdeck über der Küche zwischen dem Großmast und dem Schornstein befanden sich ein Kartenhaus auf der Vorderseite und eine kleinere Arbeitskabine hinten.

Als Verbesserung gegenüber früheren Expeditionen ist zu erwähnen, dass die *Fram* mit elektrischer Beleuchtung versehen war. Zur Beleuchtung hatten wir für den Fall, dass nicht genügend Kraft für das elektrische Licht vorhanden war, ungefähr 16 Tonnen Petroleum mit, das auch zum Kochen und teilweise zum Heizen bestimmt war.

Das Schiff besaß im Ganzen acht Boote, wovon zwei besonders groß, nämlich 8,8 m lang und 2,1 m breit waren. Diese waren für den Fall bestimmt, dass das Schiff trotz aller Vorsichtsmaßregeln zerstört werden sollte. Dann wollten wir mit ihnen die Drift im Eis fortsetzen und darin wohnen. Sie waren groß genug, die Mannschaft samt Proviant für viele Monate zu fassen. Die vier kleineren Boote waren von der Form, wie sie die Seehundfänger im Allgemeinen benutzten. Sie waren besonders stark und leicht gebaut, zwei aus Eichen- und zwei aus Ulmenholz. Das siebente Boot war ein kleiner Kahn, das achte ein Boot mit einem Petroleummotor; es hat sich nicht bewährt.

Auf unsere Verproviantierung wurde besondere Sorgfalt verwendet, da darin ohne Zweifel die gefährlichste Quelle des Skorbuts und sonstigen Elends liegt. Alle hierher gehörenden physiologischen Fragen wurden mit Professor Torup erörtert, der mir unermüdlich mit Rat und Tat zur Seite stand.

Das Ergebnis unserer Erwägungen war, dass bei lang dauernden arktischen Expeditionen die Konservierung von Fleisch und Fisch durch Salzen, Räuchern oder unvollständiges Dörren ungeeignet ist. Der leitende Gedanke bei der Verproviantierung muss sein, die Lebensmittel entweder durch Dörren oder durch Einkochen vor Verderben zu schützen. Ferner trachtete ich danach, nicht allein nahrhaften und gesunden Proviant zu bekommen, sondern auch für so viel Abwechslung wie möglich zu sorgen. Wir nahmen Fleisch von allen Sorten in luftdicht verschlossenen Büchsen mit; gedörrte Fische und Fischkonserven; Kartoffeln, gedörrt und in Büchsen; allerlei konserviertes und gedörrtes Gemüse; gekochtes und gedörrtes Obst, Eingemachtes und Marmelade in großer Menge; gezuckerte und ungezuckerte kondensierte Milch, konservierte Butter, getrocknete Suppen verschiedener Art und viele andere Dinge. Unser Brot war meist norwegisches Schiffsbrot aus Roggen und Weizen und englischer Schiffszwieback. Außerdem hatten wir viel Mehl zum Backen von frischem Brot. Jedes Nahrungsmittel wurde chemisch untersucht, ehe wir es nahmen, und es wurde sorgfältig verpackt. Selbst Brot, getrocknetes Gemüse und so weiter wurde zum Schutz gegen Feuchtigkeit in Zinkkisten eingelötet.

Unsere Getränke beim Frühstück und Abendessen waren Schokolade, Kaffee und Tee, zuweilen auch Milch; beim Mittagessen hatten wir im ersten halben Jahr Bier, später Zitronensaft mit Zucker oder Sirup. Außer Bier und einigen Flaschen Malzextrakt führte die Expedition keine geistigen Getränke mit sich. Einige Teilnehmer hatten zum privaten Gebrauch einige wenige Flaschen Wein und Kognak mitgenommen. Als über ein Jahr vergangen war und die hygienischen Verhältnisse an Bord sich als gut erwiesen, gestattete ich bei festlichen Gelegenheiten einen Grog aus Maulbeeren- oder anderem Fruchtsaft mit Zusatz von Alkohol. Tabak hatten wir reichlich, zum Rauchen und auch zum Kauen.

Von großer Bedeutung bei der Fahrt war eine gute Bibliothek. Dank der Verleger und Freunde der Expedition in Norwegen und im Ausland waren wir in dieser Beziehung sehr gut ausgerüstet.

Sehr wichtig sind natürlich die Instrumente für die wissenschaftlichen Beobachtungen; ihnen galt unsere besondere Aufmerksamkeit. Außer der Sammlung, die ich von der Grönlandreise her besaß, wurde eine Menge neuer Instrumente angeschafft, und nichts wurde gespart, um sie so gut und vollständig wie möglich zu bekommen. Zu den meteorologischen Beobachtungen wurden außer gewöhnlichen Thermometern, Barometern, Aneroiden, Psychrometern, Hygrometern, Anemometern und so weiter auch selbstregistrierende Instrumente mitgenommen. Von besonderer Bedeutung waren ein selbstregistrierendes Aneroidbarometer (Barograf) und ein paar selbstregistrierende Thermometer (Thermografen). Für astronomische Bestimmungen besaßen wir ein großes Universalinstrument zum Gebrauch während der Drift und zwei kleinere, für Schlittenexpeditionen bestimmte Theodoliten sowie mehrere Sextanten von verschiedener Größe. Ferner hatten wir vier Schiffschronometer und verschiedene Taschenchronometer. Für die magnetischen Beobachtungen besaßen wir eine vollständige Ausrüstung, um Deklination, Inklination und horizontale und totale Intensität zu bestimmen. Dazu ein Spektroskop, besonders für Nordlicht berechnet, ein Elektroskop, um die Luftelektrizität zu bestimmen, sieben größere und kleinere fotografische Apparate und einen fotogrammetrischen Apparat zur Aufnahme von Karten.

Zum Sammeln von Tieren und Pflanzen führten wir natürlich Käscher und Schleppnetze und so weiter mit uns.

Im Ganzen war die wissenschaftliche Ausrüstung völlig gelungen, und dies verdanke ich zum wesentlichen Teil den vielen Männern der Wissenschaft, die mir zur Seite standen.

Für verschiedene Fälle war es von größter Bedeutung, gute Schlittenhunde zu haben. Deshalb fragte ich meinen Freund Baron Eduard von Toll in Sankt Petersburg, ob ich aus Sibirien brauchbare Hunde bekommen könnte. Er antwortete, dass er selbst die Sache für mich in die Hand nehmen wolle, da er gerade im Begriff sei, seine zweite wissenschaftliche Reise nach Sibirien und zu den Neusibirischen Inseln anzutreten. Er schlug vor, die Hunde nach Chabarowa an der Jugor-Straße schicken zu lassen. Auf seiner Reise durch Tjumen im Januar 1893 veranlasste er dort Alexander Trontheim, 30 ostjakische Hunde zu kaufen und zur Jugor-Straße zu bringen. Aber Baron Toll begnügte sich nicht damit. Er hielt es für wichtig, auf den Neusibirischen Inseln einige Depots anzulegen für den Fall, dass die Expedition nach Verlust der *Fram* auf diesem Wege heimkehren müsste.

Wichtig war endlich, Kohlen so weit wie möglich vorauszusenden, damit wir möglichst viel einnehmen konnten, bevor wir die Verbindung mit der übrigen Welt abbrachen. Ich mietete die Jacht *Urania* aus Brönösund in Nordland, um eine Kohlenladung nach Chabarowa an der Jugor-Straße zu bringen.

SOBALD der Plan bekannt wurde, liefen aus allen Himmelsgegenden, aus Europa, Amerika, selbst aus Australien, trotz der vielen warnenden Stimmen, die sich gegen die Expedition erhoben, hunderte von Gesuchen ein von Leuten, die teilnehmen wollten. Es war nicht leicht, unter all den mutigen Männern eine Wahl zu treffen. Selbstverständlich musste jeder kräftig und gesund sein, niemand wurde deshalb endgültig angenommen, bevor er nicht sorgfältig von Professor Hjalmar Heiberg in Christiania untersucht worden war.

Die Mitglieder der Expedition waren:

Otto Neumann Sverdrup, Führer der *Fram*, geboren 1855 zu Bindalen in Helgeland. Mit siebzehn Jahren ging er zur See, machte 1878 sein Steuermannsexamen und fuhr einige Jahre als Kapitän. 1888/89 nahm er an meiner Grönlandreise teil. Sobald er von dem Plan zur neuen Polarfahrt hörte, meldete er sich. Ich wusste, dass ich die *Fram* schwerlich besseren Händen übergeben konnte. Er ist verheiratet und Vater eines Kindes.

Sigurd Scott-Hansen, Premierleutnant in der norwegischen Marine, übernahm die meteorologischen, astronomischen und magnetischen Beobachtungen. Er ist 1868 in Christiania geboren. Nachdem er die Marineschule in Horten besucht hatte, wurde er 1889 Offizier und 1892 Premierleutnant.

Cand. med. Henrik Greve Blessing, Arzt und Botaniker der Expedition, geboren 1866 in Drammen. Er wurde 1885 Student und im Frühjahr 1893 Kandidat der Medizin.

Theodor Claudius Jacobsen, Steuermann der *Fram*, geboren 1855 in Tromsö, wo sein Vater Kapitän war. Im Alter von fünfzehn Jahren ging er zur See und machte vier Jahre später sein Steuermannsexamen. 1886–90 fuhr er als Eismeerschiffer mit einer Jacht von Tromsö. Er ist verheiratet und hat ein Kind.

Anton Amundsen, Erster Maschinist der *Fram*, ist 1853 in Horten geboren. 1877 wurde er Maschinist. Im Dienst der Marine wurde er Obermaschinist. Er ist verheiratet und hat sieben Kinder.

Adolf Juell, Proviantverwalter und Koch der *Fram*, geboren 1860 im Distrikt Skåtö bei Kragerö. Sein Vater war der Schiffsreeder Claus Nielsen Juell. Im Jahre 1879 machte er sein Steuermannsexamen; er ist mehrere Jahre lang Schiffsführer gewesen. Er ist verheiratet und Vater von vier Kindern.

Lars Pettersen, Zweiter Maschinist der *Fram*, geboren 1860 in Borre bei Landskrona in Schweden von norwegischen Eltern. Er ist gelernter Schmied und Maschinenarbeiter und war in dieser Eigenschaft mehrere Jahre bei der norwegischen Marine. Er ist verheiratet und hat vier Kinder.

Reserveleutnant Fredrik Hjalmar Johansen, geboren 1867 in Skien, wurde 1886 Student. In den Jahren 1891 und 1892 besuchte er die Kriegsschule und wurde dann Reserveoffizier. Da kein anderer Platz frei war, musterte er als Heizer an. An Bord war er meist meteorologischer Assistent.

Harpunierer Peder Leonard Hendriksen, geboren 1859 zu Balsfjorden in der Nähe von Tromsö. Von Kindheit an auf See, fuhr er 14 Jahre lang auf dem Eismeer als Harpunierer und Schiffer. Im Jahre 1888 erlitt er bei Nowaja Semlja Schiffbruch mit der Jacht *Enigheden* von Kristiansund. Er ist verheiratet und hat vier Kinder.

Bernhard Nordahl ist 1862 in Christiania geboren. Im Alter von 14 Jahren trat er in die Marine ein und wurde zum Konstabel befördert. Später hat er die verschiedensten Beschäftigungen gehabt, unter anderem mehrere Jahre lang als Elektrotechniker. An Bord war er für die

Die Messung
der Sonnenhöhe
(Johansen links und
Scott-Hansen)

Kapitän Sverdrup
in seiner Kajüte

Dynamomaschine und das elektrische Licht verantwortlich, war außerdem als Heizer tätig und eine Zeit lang Gehilfe bei den meteorologischen Beobachtungen. Er ist verheiratet und Vater von fünf Kindern.

Ivar Otto Irgens Mogstad, geboren 1856 zu Aure in Nordmöre. 1877 machte er das Examen als Forstbeamter. Seit 1882 war er Oberwärter an der Irrenanstalt zu Gaustad. An Bord war er zu allem nützlich, vom Uhrmacher bis zum Hundewärter.

Bernt Bentsen, geboren 1860, ist mehrere Jahre zur See gefahren. Im Jahr 1890 bestand er das Steuermannsexamen und hat seitdem als Steuermann das Eismeer bereist. Er wurde in Tromsö angeworben. Dies ging ziemlich schnell; um halb neun Uhr kam er an Bord, um mit mir zu sprechen, und um zehn Uhr ging die *Fram* in See.

Die Abreise

Es war am Johannistag 1893. Grau und traurig brach er herein; nun hieß es Abschied nehmen – unwiderruflichen Abschied. Die Tür schloss sich hinter mir. Zum letzten Mal ging ich vom Haus durch den Garten nach dem Strand hinab, wo an der Bucht das kleine Motorboot der *Fram* wartete. Hinter mir lag alles, was ich im Leben lieb hatte. Was lag vor mir? Und wie viele Jahre mochten vergehen, ehe ich alles das wiedersah? Oben im Fenster saß Liv, mein Töchterchen, und klatschte in die Händchen. Glückliches Kind, du ahnst noch nicht, wie wunderbar verwickelt und wechselvoll das Leben ist!

Wie ein Pfeil schoss das Boot durch die Luft von Lysaker hinaus auf die Fahrt, deren Einsatz das Leben war, wenn nicht mehr.

Endlich ist alles fertig. Der Augenblick ist gekommen, auf den jahrelange angestrengte Arbeit gerichtet war, mit ihm das Gefühl, dass alles so vorbereitet ist, dass sich das Gehirn endlich ausruhen darf. Dampfschnaubend liegt die *Fram* in der Bucht von Piperviken und wartet auf das Signal, während die Barkasse am Dyna-Leuchtfeuer vorüber summend herankommt und anlegt.

Das Deck ist voller Menschen, die uns Lebewohl sagen wollen; jetzt müssen sie von Bord. Dann lichtet die *Fram* den Anker; schwer und tief geladen setzt sie sich langsam in Bewegung. Die Kais sind voller Menschen, die Hüte und Taschentücher schwenken. Schweigsam und still wendet die *Fram* den Bug nach dem Fjord und steuert behutsam und sicher an Bygdö und Dyna vorbei in das Unbekannte hinaus, umschwärmt von Booten, Jachten und Dampfern.

Nun ein letzter Gruß dem heimatlichen Haus dort auf der Landzunge. Vorn der glänzende Fjord, Tannen- und Fichtenwald ringsum, lachendes Wiesenland und lang gezogene, waldbedeckte Gipfel dahinter. Durchs Fernrohr sehe ich eine weiße Gestalt auf der Bank unterm Fichtenbaum. Das war der schwerste Augenblick der ganzen Fahrt. Hinaus in den Fjord! Es fängt an zu regnen, eine trübe Stimmung breitet sich über die vertraute Landschaft.

Erst am Vormittag des nächsten Tages (25. Juni) glitt die *Fram* langsam in die Bucht von Raekvik hinein, wo ihre Wiege, Archers Werft bei Laurvik, lag und wo manch goldener Traum von ihrer siegreichen Laufbahn geträumt worden war. Hier sollten wir die beiden Großboote an Bord nehmen und auf die Klampen setzen, dazu noch verschiedenes andere Material.

Ehe alles fertig war, verstrich der Tag und ein guter Teil des nächsten. Am 26. gegen drei Uhr sagten wir Raekvik Lebewohl. Bei Fredriksvärn sollte es in See gehen. Archer steuerte sein Kind, die *Fram*, diese letzte Strecke, ehe er von Bord ging. Dann wurden ohne viel Worte die Hände zum allerletzten Abschied geschüttelt. Archer, meine Brüder und mein Freund stiegen ins Boot, während die *Fram* schwerfällig vorwärts glitt – die Bande waren zerrissen. Ein seltsam wehmütiges Gefühl, diese Letzten aus der Heimat zu sehen, dort in dem Boot auf der großen blauen Fläche, dahinter ein Kutter mit weißen Segeln und etwas weiter entfernt Laurvik. Ich glaube beinahe, es glänzte eine Träne in dem alten, prächtigen Antlitz, wie er da aufrecht im Boot stand und mit einem Hoch auf uns und die *Fram* von uns schied. Ob ihm das Schiff nicht wirklich ans Herz gewachsen ist? Dass er festes Vertrauen zu ihm hat, weiß ich. So gaben wir für Archer die ersten Salutschüsse mit den Kanonen der *Fram* ab, würdiger konnten wir sie nicht einweihen. Volldampf voraus! – Und während die Abendsonne übers Land schien, steuerte die *Fram* in dem stillen, klaren Sommerwetter dem bläulichen Meer zu, um in den langen Dünungen ihr erstes Wellenbad zu nehmen.

Bei gutem Wetter ging die Fahrt die Küste entlang, an Kristiansand vorüber. Am nächsten Abend (27. Juni) waren wir draußen bei Lindesnäs. Bis in die Nacht hinein saß ich und plauderte mit Scott-Hansen. Er war Kapitän für die Strecke von Christiania bis Drontheim, wo Sverdrup zu uns stoßen sollte. Während wir im Kartenhaus saßen, schlug plötzlich bei zunehmendem Rollen des Schiffes eine Welle die Tür auf, und Wasser strömte herein. Wir eilten auf Deck. Das Schiff schlingerte wie ein Balken; die Wellen brachen auf beiden Seiten über die Reling herein, und nach und nach kamen alle Mann auf Deck. Am meisten fürchtete ich, dass die schlanken Stützen unter den Großbooten nachgaben, die Boote über Bord gehen und vielleicht einen Teil der Takelage mitnehmen könnten. Als dann 25 leere Paraffintonnen, die auf Deck festgebunden waren, loskamen, hin und her geschleudert und allmählich mit Wasser gefüllt wurden, sah es wahrlich nicht heiter aus; aber schlimmer wurde es, als schließlich noch ein Haufen Bretter dieselbe Wanderung begann und die Stützen unter den Bootsklampen wegzuschlagen drohte. Es war ein kummervoller Augenblick. Seekrank stand ich auf der Kommandobrücke und opferte den Meeresgöttern. Die Mannschaft mühte sich vorn auf Deck ab, zu bergen, was zu bergen war. Oft sah ich nur einen Wirrwarr von Wellen, treibenden Planken, Armen, Beinen und leeren Fässern. Hier schlug die grüne See einen zu Boden, dass das Wasser um einen spritzte, dort sprangen die braven Leute über wirbelnde Balken und Fässer hinweg, damit ihnen die Füße nicht eingeklemmt wurden. Sie hatten gewiss keinen trockenen Faden am Leibe.

Juell hatte im „Grand Hotel“ – wie wir das eine Großboot nannten – gelegen und geschlafen. Er erwachte und hörte unter sich die See gleich einem Wasserfall. „Da oben ist’s nicht mehr sicher, besser die paar Lumpen retten!“, rief er, nahm sein Bündel unter den Arm und barg seine Schiffskiste, die auf dem Vordeck munter in der salzigen See schwamm; er schleifte und schleppte sie hinter sich her nach hinten, während sich eine Sturzwelle nach der anderen über ihn ergoss.

Einmal tauchte die *Fram* mit dem ganzen Bug ins Wasser und bekam die Wellen über Back. Da hing einer und zappelte am Ankerdavit über dem weißen Strudel. Das war schon wieder Juell.

Wir hatten große Not, unsere Sachen zu bergen. Alle die schönen Paraffingläser mussten wir über Bord werfen, ein prächtiger Balken nach dem anderen ging denselben Weg; ich sah ihnen betrübt nach, wie sie von dannen schwammen. Der Rest der Decklast wurde auf dem Halbdeck aufgestapelt. Ich fürchtete, die Aktien der ganzen Expedition standen in diesem Augenblick sehr niedrig.

In die Nähe des Landes wagten wir uns des Nebels wegen nicht; wir mussten den Kurs seewärts beibehalten, bis sich der Nebel endlich gegen Morgen lichtete und der Lotse bei Farsund und Hummerdus Land in Sicht bekam. Am Nachmittag kamen wir bei schwerem Regen und starker Brise nach Ekersund hinein und ankerten in der Hovlandsbucht, wo unser Lotse seine Heimat hatte.

Am nächsten Morgen wurden die Bootsklampen und alles andere ordentlich seeklar gemacht. Die *Fram* war zu sehr überlastet, um sich auf See gut zu halten. Daran war aber nun nichts zu ändern. Dass Fahrzeug und Takelage halten würden, wussten wir.

Es war am letzten Tag des Juni spät am Abend, als wir bei Kvarven eine Wendung machten und in der dämmernden Nacht auf Bergen zuhielten. Sonnig und prächtig lag der Hafen am anderen Morgen (1. Juli) vor mir, als ich auf Deck kam. Es war ein wahres Sonnenfest in der Luft, die Berge Ulriken, Flöien und Lövstakken glitzerten und funkelten – ein von früher her vertrauter Gruß. Ein wunderbarer Ort, diese alte Hansestadt!

Am Abend sollte ich einen Vortrag halten. Als ich im Begriff war, mich dazu umzukleiden, liefen eine Menge Rechnungen ein. Wenn ich die Stadt als solventer Mann verlassen wollte, musste ich bezahlen, und das Publikum musste warten. Schlimmer war es, dass der Salon voll der ewigen reisenden Fragezeichen war. Eine ganze Gesellschaft Engländer belagerte die Tür meiner Kabine; sie wollten durchaus *shake hands with the doctor*, dem Doktor die Hand schütteln.

Wir waren in der Tat an allen Orten, die wir anliefen, wie wilde Tiere in einer Menagerie. Man ging ungeniert umher und beschaute uns in den Kabinen wie Bären und Löwen in Käfigen.

Am nächsten Vormittag (2. Juli) um elf Uhr dampften wir mit vielen Freunden an Bord bei sonnigem Wetter durch den Fjord von Bergen nach Norden. Nördlich im Herlö-Fjord, bei den Schären draußen im Meer, schieden die Freunde von uns; Hüte und Taschentücher wurden geschwenkt. Draußen rollte die See im Sonnendunst, und drüben lag das flache Mangerland mit allen Erinnerungen an einen der größten Naturforscher Norwegens, Michael Sars, der dort als einsamer Pfarrer fern von dem Getriebe der Welt seine großen Entdeckungen gemacht hat. Hier hatte ich selbst die ersten tastenden Schritte auf der schmalen Bahn der Naturforschung gemacht.

So fuhren wir, meist bei schönem Wetter, seltener in Regen und Nebel, zwischen Sunden und Inseln hindurch längs der norwegischen Küste nach Norden. Welch ein herrliches Land! Ich möchte wissen, ob es in der ganzen Welt ein Fahrwasser gibt wie hier. Unvergesslich sind diese Morgenstunden, wenn die Natur aus ihrem Schlummer erwacht, Nebelheim weiß und silberglänzend auf den Bergen liegt, deren Gipfel wie Meeresinseln darüber emporragen.

Dieser strahlende Tag über den weißen, schimmernden Schneebergen! Und dann die Abende mit ihrem Sonnenuntergang und dem bleichen Mond, Berge und Inseln schweigend und träumend. Hin und wieder geht es vorüber an freundlichen Gärten und Häusern inmitten grüner Bäume. Man mag über Naturschönheiten die Achseln zucken, es ist doch herrlich für ein Volk, ein schönes Land zu besitzen, wenn es auch arm ist. Nie ist mir dies klarer geworden als in dem Augenblick, da ich es verlassen sollte.

Abschied von Bergen

Ab und zu ein Hurra vom Lande, bald von Kindern, bald von Erwachsenen; meist sind es staunende Bauern, die lange dem seltsamen Schiff nachschauen. Und in Jachten und Ruderbooten sitzen Frauen und Männer in ihren roten Hemden; sie hören auf zu rudern, um nur zu sehen und zu staunen. Aus den Städten, an denen wir vorbeifuhren, kommen Dampfer voller Menschen, um uns mit Musik, Gesang und Salutschüssen zu begrüßen. Es ist ein drückendes Gefühl, Gegenstand solcher Huldigungen zu sein, ehe noch etwas vollbracht ist.

Rührend war das Interesse und die Huldigung armer Fischer und Bauern. Dies setzte mich oft in Erstaunen; ich fühlte, sie verfolgten uns mit Spannung. Eines Tages stand nördlich von Helgeland eine ältere Frau auf einem nackten Felsvorsprung und winkte.

„Ich möchte wissen, ob die uns zuwinkt“, sagte ich zum Lotsen, der neben mir stand.

„Ja, freilich.“

„Wie kann sie etwas über uns erfahren haben?“

„Oh, hier kennen sie die *Fram* und ihre Fahrt schon in jedem Stübchen, und sie werden auch drauf warten, dass ihr wieder zurückkommt, darauf könnt ihr euch verlassen!“

Am Abend saß ich auf Deck und schaute hinaus in die Gegend. Hütten lagen hier und dort verstreut auf Landzungen und Inseln. Dort verbringt das norwegische Volk sein einsames, mühevolles Dasein im Kampf mit dem Gestein, im Kampf mit dem Meer. Dieses Volk sendet uns in das große wagnisreiche Unbekannte – dieses Volk, das in den Fischerbooten steht und der *Fram* staunend nachschaut.

Da die Zeit kostbar ist, fuhr ich nicht, wie ursprünglich bestimmt, bis Drontheim, sondern nur bis Beian, wo Sverdrup zu uns stieß. Darauf wandten wir uns nach Norden, an dem herrlichen Nordland entlang. An einigen Plätzen hielten wir an, um gedörrte Fische für die Hunde an Bord zu nehmen, unter anderem, schon weit draußen im Meer, an den Lofoten. Eine kühne Riesenformation wilder und schöner als die andere. Es ist eine Märchenwelt für sich, ein Traumland.

Am 12. Juli kamen wir nach Tromsö, wo wir Kohlen und sonstige Ausrüstung einnehmen sollten: Pelze der Lappen (Päsken), Schuhe aus Rentierfell (Komager), Finnenschuhe, Sennegras (Carex vesicaria), gedörrtes Rentierfleisch und vieles andere. Tromsö empfing uns kalt: Es stürmte heftig aus Nordwest mit Regen und Schneetreiben. Berge, Felder und Dächer waren am nächsten Tag mit Schnee bedeckt. Es waren die ungemütlichsten Julitage, die ich je erlebt habe. Die Bewohner von Tromsö behaupteten, sich eines solchen Julis nicht entsinnen zu können. Das geschah aber vielleicht aus Furcht, der Ort möge in schlechten Ruf geraten; denn in einer Stadt, in der man am Johannistag Skirennen abhält, kann man auf allerhand gefasst sein.

 Östlich vom Nordkap oder Magerö bekamen wir in der Nacht zum

16. Juli so heftige See und so viel Wasser über Bord, dass wir in den Kjölle-Fjord einliefen, um die Lasten der *Fram* nochmals besser zu verteilen, indem wir Kohlen und so weiter hinten in den Bunkern unterbrachten. Zwei Tage waren wir damit beschäftigt, uns völlig seeklar für die Reise nach Nowaja Semlja zu machen.

Um zehn Uhr abends lichteten wir den Anker und kamen in Vardö am nächsten Abend an, wo man uns großartig empfing. Ein ganzes Musikkorps auf der Mole, der Fjord voll von Booten; Flaggenschmuck und Salutschüsse. Man hatte seit dem Abend zuvor auf uns gewartet, ja, sogar Leute aus Vadsö waren gekommen, um uns zu sehen. Bei dieser Gelegenheit wurde eine Sammlung veranstaltet, um dem städtischen Musikkorps „Nordpol" eine große Trommel zu verschaffen. Ehe wir Norwegen das letzte Lebewohl sagten, gab man uns zu Ehren ein Fest, bei dem Reden und Champagner in Strömen flossen.

Die letzte Arbeit, die nun wieder mit der *Fram* vorgenommen werden musste, war die Reinigung des Schiffes von Muscheln und Wasserpflanzen, um eine möglichst schnelle Fahrt zu erzielen. Dazu stellte uns das Hafenamt Taucher zur Verfügung.

Aber auch unsere eigenen Körper bedurften eines letzten Reinigungsfestes, ehe das Leben als „Wilde" begann. Das städtische Bad ist ein kleines Blockhaus, der Baderaum selbst niedrig. Während man auf Bänken liegt, wird man von heißen Dämpfen in Schweiß gebracht, die dadurch entstehen, dass glühende Steine in einem der Hölle würdigen Badeofen mit Wasser begossen werden. Dabei wird man von jungen quänischen Mädchen mit Birkenreisern gepeitscht, dann geknetet, gewaschen und abgetrocknet. Die ganze Prozedur ist ebenso reinlich wie behaglich.

Abschied von Norwegen

In einer seltsamen Stimmung saß ich die letzte Nacht und schrieb Briefe und Telegramme. Wir hatten unseren prächtigen Lotsen Johann Hågensen, der uns von Bergen hierher geführt, verabschiedet. Jetzt waren nur noch die 13 Teilnehmer der Expedition und mein Sekretär Christofersen an Bord, der uns bis hierher begleitet hatte und auch noch bis zur Jugor-Straße mitfahren sollte. Alles war so still. Nur die Feder kratzte das Lebewohl an die Heimat, an die Freunde aufs Papier. Unten lagen alle Mann und schliefen.

Ich sandte meinen Sekretär mit Telegrammen und Briefen an Land. Als er zurückkam, war es drei Uhr morgens (21. Juli). Ich weckte Sverdrup und ein paar andere Kameraden. Wir lichteten den Anker und verließen den Hafen von Vardö in der stillen Morgenstunde.

Die Stadt lag noch in tiefem Schlummer. Alles war so friedlich und schön ringsum. Nur etwas Lärm von erwachender Arbeit auf einem Dampfer im Hafen. Aus der Luke eines Ruderbootes steckte ein schlaftrunkener Fischer den Kopf und sah uns nach, als wir an der Mole vorüberdampften; auf dem Zollkutter stand ein Mann und fischte.

Es war just die rechte Stimmung, Norwegen zu verlassen. So wohltuend friedlich und still! Eben brach die Sonne durch den Nebel und beleuchtete den Strand, der hart und kahl im Morgennebel lag; hin und wieder sah man Häuschen und Fahrzeuge – und dahinter das ganze Norwegen …

Während die *Fram* langsam dem Meer zusteuerte, unserem fernen Ziel entgegen, entschwand das Land am Horizont. Was mag sich alles ereignen, ehe wir dich wiedersehen? Bald kam der Nebel und entführte alles. Und durch Nebel, immer nur Nebel dampften wir vier Tage lang. Aber als ich am Morgen des 25. Juli auf Deck kam: klares Wetter! Die Welt ringsum war wieder blau; die Sonne schien aus wolkenlosem Himmel, und ein blaues, glänzendes Meer wiegte sich in schwacher Dünung.

Am Vormittag sichteten wir das Gänseland auf Nowaja Semlja, auf das wir zusteuerten. Die Jagdgewehre wurden hervorgeholt, und schon freuten wir uns auf Gänsebraten und schweres Wildbret. Aber als wir nahe heran waren, kam der Nebel schwer und wollig aus Südosten und verschluckte alles. Wiederum war die Welt um uns versunken. Wir wendeten und steuerten ostwärts auf die Jugor-Straße zu; Gegenwind zwang uns bald, unter Dampf und Segel zu kreuzen. Dieser unendlich zähe Eismeernebel! Wenn er seine Decke senkt und das Blaue über dir und das Blaue um dich verhüllt, wenn alles tagaus, tagein zu grauem, nassem Nebel wird, dann bedarf es der ganzen Spannkraft der Seele, um nicht von der nasskalten Umarmung erdrückt zu werden. Nebel und nichts als Nebel, wohin wir die Blicke wenden. Er legt sich auf die Takelung und tröpfelt nass auf jeden Fleck des Decks. Er legt sich auf die Kleidung und durchnässt sie. Er legt sich auf Sinn und Gemüt, und alles wird grau in grau.

Am 27. Juli, immer noch im Nebel, trafen wir abends ganz unerwartet auf Eis, freilich nur auf einen kleinen Streifen, den wir leicht durchquerten. In der Nacht stießen wir auf mehr, auf ein breiteres Stück, das wir ebenfalls passierten. Am Morgen des nächsten Tages weckte man mich mit der Nachricht, dass wir schweres, altes Eis vor uns hätten. Hm, sollten die Eisschwierigkeiten schon jetzt beginnen, dann sah es traurig aus. Doch das sind Überraschungen, wie sie das Eismeer mehr als genug bereithält. In die Kleider hineinfahren und hinauf in die Ausgucktonne war das Werk eines Augenblicks.

Das Eis erstreckte sich, so weit das Auge durch den dünner gewordenen Nebel reichte. Es war nicht schwach, doch war es anfangs ziemlich offen, und wir gingen unserer Losung getreu „vorwärts", *fram*. Lange fand ich offenen Weg. Aber dann begann das Eis dichter zu werden. Wir trafen auf schwere Schollen. Bei schwierigem Eis im Nebel zu fahren ist nicht klug. Man weiß nicht, wohin es geht, und leicht hat man sich ganz festgefahren. Wir hielten an und warteten ab. Dass wir schon in diesem sonst zur selben Jahreszeit ganz eisfreien Fahrwasser so viel Eis antrafen, weissagte nichts Gutes. Bereits in Tromsö und Vardö hatten wir schlechte Nachrichten erhalten. Das Weiße Meer habe sich erst vor kurzer Zeit geöffnet, hieß es, und ein Segler habe vor dem Erreichen der Jugor-Straße des Eises wegen umkehren müssen.

Mit Bangen dachten wir an das Karische Meer. Was mochte auf uns warten? Für die *Urania* mit den Kohlen war dies Eis genauso schlimm; sie kam nur durch, wenn sie weiter südlich an der russischen Küste entlang Fahrwasser fand.

Gerade als wir einen Rückzug aus dem dichten Eis beschlossen, kam Sverdrup mit der Freudenbotschaft, dass der Nebel sich lichte und man freies Wasser vorn im Osten auf der anderen Seite des Eises erblicken

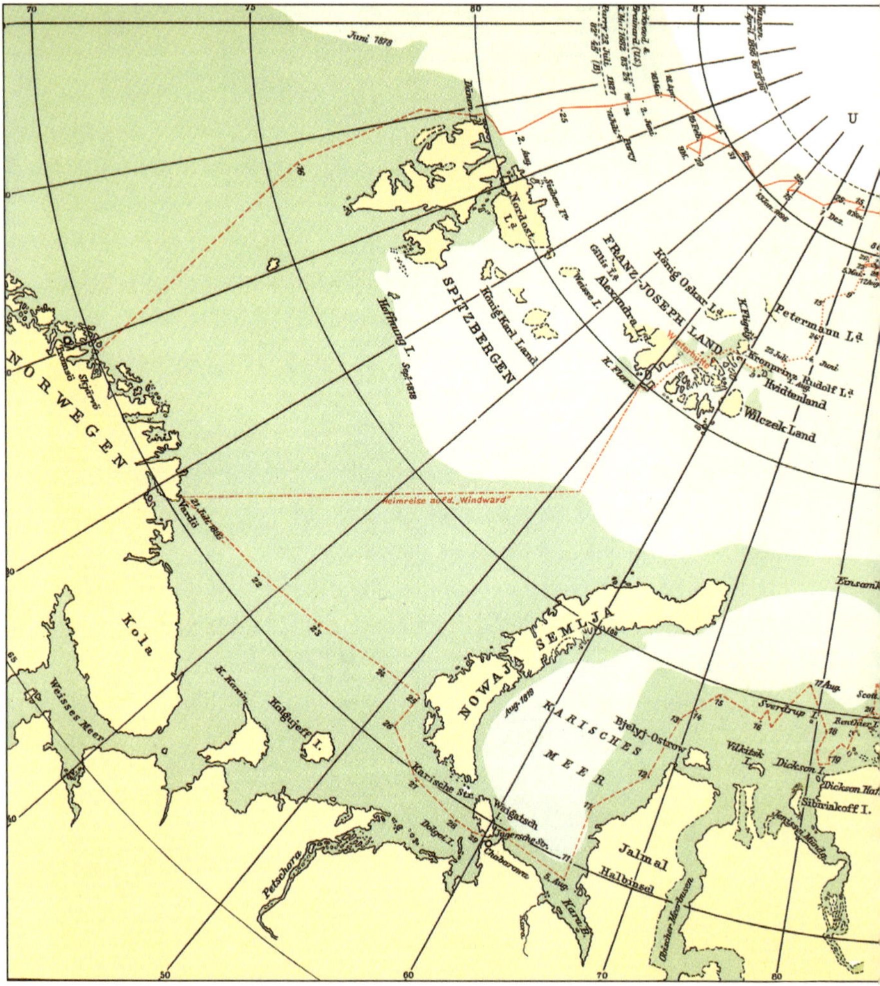

könne. Wir zwängten uns einige Stunden lang durch schwere Eisschollen hindurch und kamen in der Tat wiederum in offene See. Schon hier, im ersten Scharmützel mit dem Eis, wurde uns klar, dass die *Fram* ein vortreffliches Eisfahrzeug war. Es ist ein Vergnügen, sie in schwierigem Eis zu manövrieren. Sie wendet und dreht sich herum „wie ein Kloß auf dem Teller". Und keine Rinne zwischen den Eisschollen ist ihr zu krumm, keine Scholle zu störrisch.

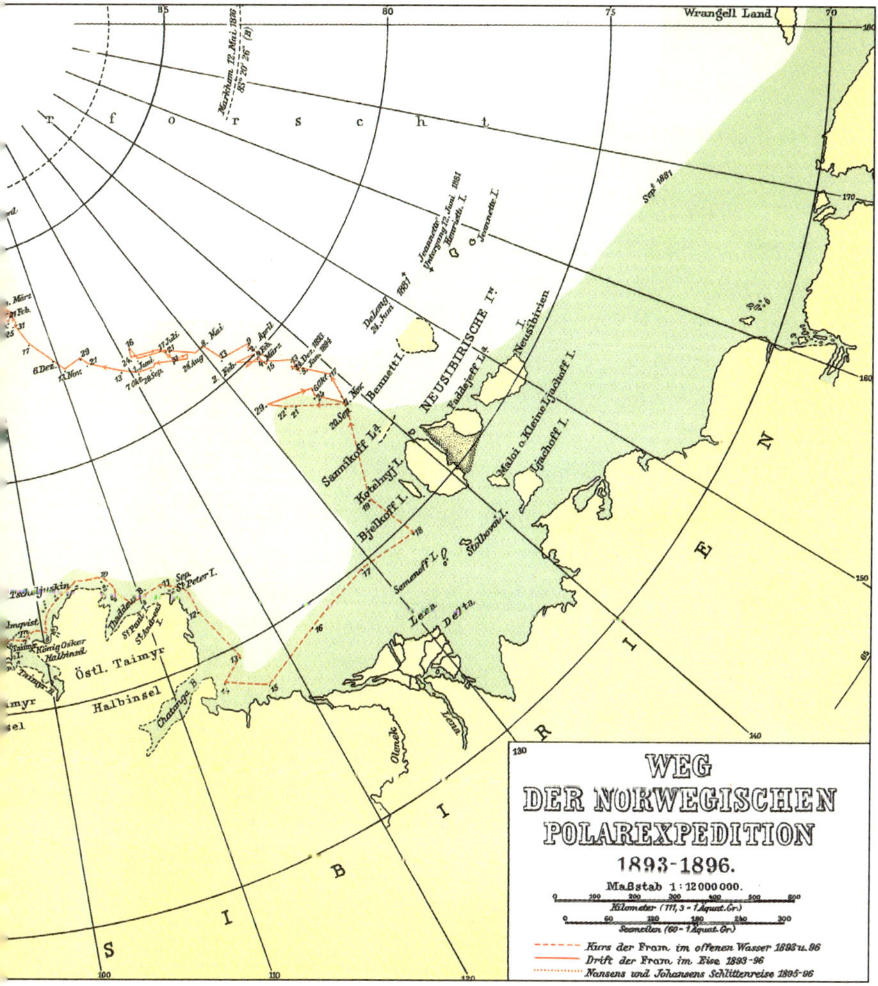

Aber anstrengend ist es für den Mann am Steuer. Hart steuerbord! Stütz! Hart backbord! Recht so! Hart steuerbord! So geht es unaufhörlich. Er dreht das Rad, schwitzt und dreht wieder; das Steuerrad geht wie das Rad im Spinnrocken. Und die *Fram* windet sich zwischen den Eisschollen, ohne sie zu berühren, auch wenn das Loch nur gerade so groß ist, dass sie eben hindurchkommt. Wo sie das Eis doch trifft, rennt sie mit schwerer Fahrt den schrägen Bug aufs Eis hinauf, stößt es unter sich und sprengt die Schollen auseinander. Und wie stark ist die *Fram*! Ob sie auch mit voller Fahrt drauflosstürmt, kein Knarren, keinen Laut gibt sie von sich, kaum dass sie ein wenig zittert.

Am Sonnabend (29. Juli) ging es wieder ostwärts auf die Jugor-Straße zu, so rasch, wie Dampf und Segel vermochten. Die offene See lag vor uns; es war schönes Wetter mit gutem Wind. Später am Tag näherten wir uns der Jugor-Straße. Es wurde nach Land ausgespäht und ausgespäht, aber nichts war zu erblicken. Stunde auf Stunde verstrich, und wir glitten in guter Fahrt vorwärts; aber immer noch kein Land! Es soll freilich nicht hoch sein; aber dies war trotzdem sonderbar.

Doch, an Backbord voraus ist's wie ein niedriger Schatten über dem Meeressaum! Das ist Land, es ist die Insel Waigatsch! Bald sehen wir mehr, auch querab und achteraus an Backbord, bald auch das Festland auf der Südseite der Straße. Schnell wächst es herauf. Alles niedrig, eben; keine Spitzen, keine Abwechslung außer der Mündung der Straße vor uns. Von dort aus erstreckt es sich nördlich und südlich in eine weiche, flache Wellenlinie. Dies ist der Eingang zu dem endlosen asiatischen Tiefland.

So fuhren wir in die auf beiden Seiten von niedrigen Klippenrändern begrenzte Straße. Die Felsschichten sind steil aufgerichtet, geknickt und gebogen, trotzdem an der Oberfläche überall abgeschliffen und glatt. Wer über die grünen Ebenen und Tundren wandert, ahnt nichts von den zerstörten und zerrissenen Schichten des Felsbodens darunter.

Wir schauten nach Chabarowa aus. Auf der Nordseite des Sundes gewahrten wir ein Anzeichen. Auf dem Strand lag ein Wrack, wohl eine norwegische Fangjacht. Auf der Südseite eine Flaggenstange mit einer roten Flagge. Dahinter musste Chabarowa liegen. Endlich entdeckten wir hinter einer Landspitze ein paar Gebäude; bald lag der ganze Ort vor uns, mit Zelten und wenigen Häusern.

Auf einem Vorsprung uns zunächst stand ein großes rotes Gebäude mit weißen Türpfosten von auffallend heimatlichem Aussehen. Es war ein norwegischer Speicher, den Sibiriakoff aus Finnmarken nach Chabarowa überführt hatte. Im seichten Wasser mussten wir behutsam vordringen, um nicht festzufahren. Unaufhörlich wurde gelotet. Wir hatten zehn und acht Meter Wasser; das war nicht viel mehr, als wir brauchten. Dann ging es auf sieben und sechs Meter herab; das war sehr wenig.

Jetzt sahen wir ein Boot, das sich langsam vom Land her näherte. Ein Mann von mittlerem Wuchs, mit einem offenen, freundlichen Gesicht und gelbrotem Bart kam an Bord. Seinem Aussehen nach hätte er gut ein Norweger sein können. Ich ging ihm entgegen und sagte auf Deutsch, dass ich annähme, er sei Trontheim. Allerdings, das war er.

Das Erste, wonach ich Trontheim fragte, waren die Eisverhältnisse. Er erzählte, dass die Jugor-Straße seit längerer Zeit offen sei und dass er seitdem Tag für Tag auf uns gewartet habe mit steigender Angst, dass wir nicht kommen würden. Die Ureinwohner und die Russen hätten schon angefangen, über ihn zu lachen, da die Zeit verstrich und keine *Fram* zu erblicken war. Jetzt war er eitel Sonnenschein. Die Eisverhältnisse im Karischen Meer sollten nach dem Bericht von Samojeden, die vor ein paar Tagen in der Nähe des östlichen Ausgangs der Straße auf dem Fang gewesen waren, gut sein. Darauf ließ sich freilich nicht bauen, es reichte aber hin, dass wir uns ärgerten, nicht früher gekommen zu sein.

Dann kam die Reihe an die *Urania*. Sie hatte niemand gesehen.

Über die Hunde hörten wir, dass alles in schönster Ordnung sei. Trontheim hatte zur größeren Sicherheit vierzig Hunde gekauft, obschon ich nur um dreißig gebeten hatte. Einige waren auf der Reise verunglückt und verendet; 34 lebten und waren guter Dinge; wir konnten sie an Land heulen und bellen hören.

Während dieser Unterredung waren wir Chabarowa nahe gekommen, und um sieben Uhr abends (29. Juli) fiel der Anker in ungefähr sieben Meter tiefem Wasser.

Beim Abendessen erzählte uns Trontheim seine Abenteuer. Auf dem Weg vom Ural zur Petschora erfuhr er, dass dort die Hundepest ausgebrochen war. Er reiste daher direkt vom Ural zur Jugor-Straße. Schließlich schwand der Schnee, und in Begleitung einer Rentierkarawane zog er mit seinen Hunden vorwärts über kahle Felder, über Stock und Stein. Aber auf Schlitten fuhr er trotzdem.

Die Samojeden und die Ureinwohner im nördlichen Sibirien kennen kein anderes Fuhrwerk als den Schlitten. Dass es auf der Sommerbahn nicht gerade glatt geht, ist selbstverständlich.

Nach dem Abendessen gingen wir an Land und wurden an dem flachen Strand von Chabarowa von neugierigen Russen und Samojeden umringt. Das Erste, was unsere Aufmerksamkeit auf sich zog, waren die beiden Kirchen; ein alter, ehrwürdiger rechtwinkliger Holzschuppen und ein achteckiger Pavillon, der den Lusthäuschen oder Gartenlauben glich, wie ich sie daheim gesehen habe. Das eine Gebäude diente dem alten Glauben, das andere dem neuen.

Dann besuchten wir das Lager der Hunde, das in einer Ebene lag, etwas von den Häusern und Zelten entfernt. Je näher wir kamen, desto ärger wurde das Geheul. Schon aus der Ferne hatte ich eine norwegische Flagge erkannt, die von der Spitze eines Flaggenmastes wehte. Trontheims Gesicht strahlte vor Freude, als wir sie betrachteten. Seine Expedition, sagte er, sei unter derselben Flagge wie unsere unternommen worden.

Da standen die Hunde fest angebunden auf dem Feld und machten einen ohrenzerreißenden Lärm. Einige sahen aus wie reine Rassehunde, langhaarig, blendend weiß mit aufrecht stehenden Ohren und spitzer Schnauze. Mit ihren sanften, gutmütigen Gesichtern schmeichelten sie sich sofort bei uns ein. Andere glichen eher Füchsen mit kürzerem Haar; einige waren schwarz oder gefleckt. Es waren augenscheinlich mehrere Hunderassen beisammen, und ein paar verrieten durch ihre herabhängenden Ohren europäisches Blut. Gierig verschlangen sie rohe Fische, und es ging dabei nicht ohne Zank ab.

Es war uns natürlich zunächst darum zu tun, die Eisverhältnisse im Nördlichen Eismeer kennen zu lernen. Wir waren entschlossen, so bald wie möglich abzureisen, mussten zuvor aber den Kessel reinigen und verschiedene Rohre und Ventile der Maschine ausbessern. Am nächsten Morgen zogen darum Sverdrup, Peder Hendriksen und ich in dem kleinen Petroleumboot von dannen, um zum Ostende der Jugor-Straße zu fahren und uns mit eigenen Augen vom Eis im Osten ein Bild zu machen.

Es waren vier Meilen bis dorthin. Von Osten her trieb etwas Eis durch die Straße. Da wir nördliche Brise hatten, gingen wir sofort nordwärts, um an die Küste der Insel Waigatsch zu kommen, wo wir offenes Fahrwasser vermuteten. Ich hatte die undankbare Aufgabe, gleichzeitig Steuermann und Maschinist zu sein. Das Boot ging wie ein junger Gott und machte ungefähr sechs Seemeilen in der Stunde. Alles ließ sich heiter an. Aber leider ist das Glück selten von Dauer und gleich gar nicht, wenn man mit Petroleumbooten zu tun hat. Ein Fehler an der Zirkulationspumpe stoppte bald die Maschine, und wir konnten nur ganz kurze Strecken auf einmal fahren, bis wir das nördliche Land erreichten. Dort brachte ich die Maschinen einigermaßen in Ordnung. Weiter ging die Fahrt, nordöstlich durch den Sund, zwischen treibenden Eisschollen hindurch. Von Zeit zu Zeit gab es neue Aufenthalte, wenn die tückische Maschine aussetzte; viel Spaß machte es uns dann, wenn der starke Peder das Rad der Maschine andrehte und es einen Rückschlag gab, dass ihm die Arme beinahe aus den Gelenken gerissen wurden und er kopfüber hinfiel.

Wir hatten uns bisher an der Insel Waigatsch entlang gehalten, setzten jetzt aber nach der Südseite der Straße über. Ungefähr in der Mitte wurde ich plötzlich gewahr, dass wir den Grund unter uns sehen konnten, und beinahe wäre das Boot auf eine Untiefe gefahren. Es war nicht einmal ein Meter Wasser vorhanden. Die Strömung ging wie ein reißender Fluss darüber hin. Untiefen und Klippen gibt es auf allen Seiten, zumal auf der Südseite der Jugor-Straße, und man muss sehr vorsichtig sein, wenn man mit einem Fahrzeug durchkommen will.

In einer kleinen Bucht am Ostende der Straße legten wir an und zogen das Boot an Land. Dann ging es mit der Flinte über der Schulter landeinwärts auf einige Höhen zu, über dasselbe wellenförmige Flachland mit niedrigen Hügeln, wie wir es an der Jugor-Straße überall schon gesehen hatten.

Über die Ebene breitete sich ein braungrüner Teppich aus Moos und Gras, der mit Blumen von seltener Schönheit durchwirkt ist. Während des langen, kalten sibirischen Winters liegen mächtige Schneemassen über der Tundra. Noch ist die Sonne mit ihnen nicht fertig geworden, da sprießt auch schon eine ganze Welt von kleinen nordischen Blumen unter der schwindenden Schneeschicht hervor und öffnet verschämt die Kelche, errötend im glänzenden Sommertag, der die Ebene in seinem Lichte badet. Großblumige Steinbrecharten, gelbweißer Feldmohn stehen in leuchtenden Gruppen beisammen; da und dort schimmern blaue Vergissmeinnicht und weiße Brombeerblüten, auf einzelnen sumpfigen Stellen breitet das Wollgras seine wogende Daunendecke aus, an anderen Plätzen stehen blaue Glockenblumen, und ihre Blüten läuten leise an den schlanken Stängeln. Es sind keine ansehnlichen Blumen, die wenigsten von ihnen sind einige Zoll hoch, aber in dieser Umgebung zieht ihre stille Schönheit doppelt an. Hier, wo das Auge auf der unendlichen Fläche vergeblich einen Ruhepunkt sucht, lächeln einem die schüchternen Blumenkelche entgegen und halten das Auge gefangen.

Über diese Ebenen, die sich gegen Osten von Horizont zu Horizont über die mächtige Tundra Asiens ins Unendliche erstrecken, treibt der Nomade seine Rentierherden. Ein herrliches, freies Leben! Wo es ihn gelüstet, schlägt er sein Zelt auf; sobald er es wünscht, zieht er mit den Rentieren weiter. Ich beneide ihn – kein Ziel, keine Qualen, nur leben! Ich wünschte fast, an seiner Stelle ein solch ruhiges Leben mit Frau und Kind in den endlosen Ebenen zu führen, frei und froh.

Als wir etwas weitergekommen waren, erblickten wir eine weiße Gestalt, die auf dem öden, steinigen Abhang eines Höhenzuges saß. Bald sahen wir in anderen Richtungen noch mehrere. Ich zählte acht. Sie machten einen gespenstischen Eindruck, wie sie so still und unbeweglich dasaßen. Es waren Schneeeulen. Sie lauerten gewiss auf Lemminge, die es dort, nach den vielen Gängen zu urteilen, massenhaft gab.

Von der Höhe aus hatten wir nach Nordosten Aussicht über das Karische Meer. Durchs Fernrohr sahen wir überall Eis am Horizont, das ziemlich dicht und schwer zu sein schien; aber zwischen ihm und der Küste war eine breite Rinne, offenes Wasser, so weit wir im Südosten sehen konnten.

Mehr konnten wir hier nicht erfahren, es war im Grunde auch genug. Es hatte wenigstens den Anschein, dass wir durchkommen würden, und zufrieden kehrten wir zum Boot zurück. Hier machten wir aus Treibholz ein Feuer an und kochten einen herrlichen Kaffee.

Als der Kessel summte, wir uns daneben ausstreckten und eine Pfeife rauchten, fühlte sich Sverdrup in seinem Element; da wurde ihm die Zunge gelöst, und eine Anekdote folgte der andern. War das Land auch noch so trist und öde, wenn er nur genug Treibholz am Strand fand, sodass er ein ordentliches Feuer in Gang brachte, dann glänzten seine Augen. Deshalb gefiel ihm auch später die sibirische Küste so gut. Ein richtiger Ort zum Überwintern, meinte er.

Auf dem Heimweg fuhren wir mit voller Fahrt auf eine unterseeische Klippe. Das Boot stampfte ein paarmal und glitt hinüber, aber im selben Augenblick, als es auf die andere Seite fiel, schlug die Schraube an den Felsen, sodass das Achterende hoch in die Luft flog und die Maschine sich mit rasender Geschwindigkeit umdrehte; alles dies in weniger als einer Sekunde. Ich kam zu spät, um zu stoppen. Unglücklicherweise war der eine Schraubenflügel abgeschlagen; wir setzten mit dem anderen die Fahrt, so gut wir es vermochten, fort. Es ging etwas holprig, aber wir kamen vorwärts.

Gegen Morgen näherten wir uns der *Fram* und kamen an zwei Samojeden vorüber, die ihr Boot auf eine Eisscholle gezogen hatten und dort auf Seehunde warteten. Ich hätte wissen mögen, was sie sich dachten, als wir mit dem Boot, ohne Dampf, ohne Segel und Ruder vorbeifuhren. Wir sahen auf diese „armen Wilden“ mit dem selbstzufriedenen Mitleid des Europäers herab, während wir weitersausten.

Aber Hochmut kommt vor dem Fall. Wir waren noch nicht weit gekommen, als plötzlich – srrrrr! – ein entsetzlicher Spektakel entstand; Stücke von zerbrochenen, stählernen Federn flogen mir um die Ohren: Da hatten wir die Bescherung! Nicht von der Stelle zu bringen war das Boot, weder vorwärts noch rückwärts.

Durch die zitternden Stöße der einflügeligen Schraube war die Lotleine in das Schwungrad gerast und hatte sich gründlich in der Maschine verwickelt. Gedemütigt ruderten wir zu unserem Schiff zurück, das uns schon lange mit seinen Fleischtöpfen gelockt hatte.

Die Ausbeute des Tages waren verhältnismäßig gute Nachrichten aus dem Karischen Meer, Gänse und Eisenten, ein Seehund und ein kampfunfähiges Boot. Amundsen und ich setzten es wieder instand. Bei dieser Gelegenheit zerstörte ich leider für immer mein Ansehen bei den Russen und Samojeden dieser Gegend. Einige waren vormittags an Bord gewesen und hatten mich in Hemdsärmeln schweißtriefend im Boot gesehen, Gesicht und Arme mit Öl beschmiert. Sie kamen zu Trontheim und sagten, ich könne unmöglich ein großer Herr sein, da ich solche Schmutzarbeit verrichte und schlimmer als ein Vagabund aussähe.

Abends gingen wir an Land, um die Hunde zu erproben. Trontheim spannte zehn an einen Samojedenschlitten. Kaum hatte ich mich aufgesetzt, erblickte das Gespann einen fremden Hund in der Nähe, und los ging es mit der ganzen Meute samt mir und dem Schlitten auf ihn zu. Es gab einen Höllenlärm. Wie wilde Wölfe warfen sich alle zehn auf das unschuldige Tier, bissen und zerrten es, Blut floss in Strömen. Trontheim flog wie ein Rasender umher und schlug mit seinem Stecken nach rechts und links. Samojeden und Russen kamen schreiend von allen Seiten herbei. Ich selbst saß als Zuschauer im Schlitten mitten darin, stumm vor Entsetzen, und es dauerte lange, bis mir klar wurde, dass es vielleicht auch für mich etwas zu tun gäbe. Mit lautem Geheul warf ich mich auf die schlimmsten Raufbolde, bis der überfallene Hund sich aus dem Staub machte.

Das Gespann war während der Schlacht in Verwirrung geraten, und es dauerte geraume Zeit, die Leinen wieder zu ordnen. Endlich war alles fertig. Trontheim knallte mit der Peitsche und rief: „Prrr, prrr!" – und in wilder Fahrt jagten wir davon über Gras, Lehm und Steine bis an die Lagune der Flussmündung. Ich stemmte die Füße ein und hielt die Tiere aus Leibeskräften zurück, wurde aber mitgeschleppt. Mit knapper Not gelang es schließlich, die Hunde anzuhalten, gerade als sie ins Wasser wollten, obgleich wir *„Sass, sass!"* („Halt, halt!") riefen, sodass es über ganz Chabarowa widerhallte. Wir bekamen Hochachtung vor der Stärke der Hunde, als wir sahen, wie leicht sie ein paar Männer auf dieser, gelinde gesagt, schlechten Bahn zogen. Zufrieden kehrten wir an Bord zurück, um eine Erfahrung reicher, nämlich dass das Fahren mit Hunden Geduld erfordert.

Das sibirische Hundegeschirr ist primitiv; ein dickes Tau oder ein Riemen aus Segeltuch um Rücken und Bauch des Tieres. Oben wird das Tau durch eine Leine festgehalten, die an das Halsband geknüpft wird. Der Zugstrang ist unter dem Bauch befestigt und geht zwischen den Beinen durch; er verursacht den Tieren gewiss oft Beschwerden. Mit Ausnahme von vier Hunden waren alle kastriert. Für mich war dies ein Strich durch die Rechnung, da ich auf Vermehrung unterwegs gerechnet hatte. Nun musste ich diese Hoffnung nur auf vier Hunde setzen. Ich hatte eine Hündin Kvik mitgebracht, eine Kreuzung von Eskimohund und Neufundländer, geboren während der dänischen Expedition Leutnant Ryders nach Ostgrönland 1891/92. Er hatte sie mir geschenkt, sie war eine vorzügliche Schlittenhündin.

Am nächsten Tag war in Chabarowa eine große kirchliche Feier, das St.-Elias-Fest. Samojeden aus nah und fern hatten sich mit ihren Rentiergespannen eingefunden, um in die Kirche zu gehen und sich dann völlig zu betrinken. Schon vom frühen Morgen an waren die Weiber in ihrem schönsten Putz erschienen. Glänzende Farben, Kleiderröcke mit vielen Falten und Stufen, Zöpfe, die weit über den Rücken hinabhingen und mit großen, farbigen Schleifen geschmückt waren.

Am Nachmittag begann der Lärm, und je später es wurde, desto arger wurde er. Jetzt fing der ernsthafte Teil des Festes an. Ein paar Samojeden fuhren mit ihren Rentiergespannen wie rasend auf der Ebene umher. Sie konnten im Schlitten nicht mehr sitzen, sondern lagen oder wurden hinterdreingeschleppt und heulten nur. Männer und Weiber ohne Ausnahme waren betrunken und taumelten über den Platz.

Am nächsten Tag war nicht ein einziger Mann aufzutreiben, um Kohlen zu tragen; die meisten schliefen den ganzen Tag. Wir mussten uns selbst helfen; aber am Abend waren wir noch nicht fertig, und ich wurde ungeduldig. Die kostbare Zeit verstrich. Die *Urania* hatte ich aufgegeben. (Sie erreichte Chabarowa erst am 7. August. Sie war durch das Eis aufgehalten worden.)

Wir brauchten ja auch keine Kohlen mehr. Der Wind war seit mehreren Tagen günstig. Es herrschte Südwind, der das Eis sicherlich nach

Norden ins Karische Meer trieb, und Sverdrup war nun ganz sicher, dass wir in offenem Wasser bis zu den Neusibirischen Inseln fahren konnten.

Beim Abendessen überreichten wir Trontheim feierlich König Oskars Verdienstmedaille in Gold als Anerkennung für die Sorgfalt, mit der er seine Aufgabe gelöst, und für die Hilfe, die er dadurch der Expedition geleistet hatte. Er strahlte, als er die hübsche Medaille mit dem farbigen Seidenband betrachtete.

Am nächsten Tag (3. August) waren wir endlich zur Abreise fertig, und am Nachmittag wurden die 34 Hunde unter großem Lärm an Bord gebracht. Sie wurden auf dem Verdeck angebunden und sorgten anfangs für mehr musikalische Unterhaltung, als uns lieb war.

Am Abend wurde der Kessel geheizt, alles war bereit. Dichter Nebel verhüllte das Land. Mein Sekretär Christofersen, unser letzter Freund, ging von Bord. Wir gaben ihm Lebensmittel und unsere letzten Briefe für die Heimat. Dann ein letzter Händedruck, er und Trontheim stiegen ins Boot, und bald waren sie im Nebel verschwunden.

Allein lagen wir im Nebelmeer. Von jetzt an dürfte schwerlich eine Botschaft von uns die Welt erreichen, bevor wir selbst Nachrichten über unser Glück oder Unglück brachten. Welche Zeiten der Sorge für die daheim lagen dazwischen!

Durch das Karische Meer

Ziemlich spät stachen wir in der Nacht vom 3. zum 4. August in See. Um Mitternacht klarte es auf. Ich fuhr im Petroleumboot voraus, um das Fahrwasser auszuloten. Scott-Hansen stand vorn mit dem Handlot. Zunächst ging es nordwestwärts bis zur Spitze der Insel Waigatsch, dann weiter durch die Straße, an der Insel entlang. Die Tiefe war nicht bedeutend; wir hatten beständig nur neun und zehn Meter, dann wurden es acht und schließlich sieben. Das war zu wenig. Wir wendeten und gaben der *Fram* Zeichen zum Stoppen. Darauf hielten wir weiter vom Lande ab und bekamen tieferes Wasser, sodass die *Fram* wieder mit voller Fahrt vorwärts fahren konnte.

Bald waren wir außerhalb der Jugor-Straße. Der Nebel schwand, und wir sahen das niedrige Land um uns, weiter draußen das Meer und in der Ferne das Treibeis. Um vier Uhr morgens am 4. August glitten wir an der Sokolij- oder Falken-Insel vorüber und hinein in das gefürchtete Karische Meer. Jetzt sollte sich unser Schicksal entscheiden.

Bevor ich die Heimat verlasse, hatte ich stets gesagt: „Wenn wir nur erst glücklich durch das Karische Meer und am Kap Tscheljuskin vorbeigekommen sind, dann ist das Schlimmste überstanden." Die Aussichten waren nicht schlecht: Nach Osten eine offene Rinne am Land entlang, soweit man von der Ausgucktonne aus sehen konnte.

Anderthalb Stunden später waren wir an der Eiskante. Das Eis war so dicht, dass wir uns nicht hineinwagten. Gegen Nordwesten schien es loser zu sein, und es zeigte sich viel blaue Luft am Himmel. Das weiße Eis wirft einen hellen Widerschein an den Himmel, sodass dieser dort, wo Eisfelder sind, eine weißliche Färbung hat; überall, wo offenes Wasser ist, ist der Widerschein blau oder dunkel. Der Eismeerfahrer erkennt also an der Farbe des Himmels, wie das Fahrwasser in der Ferne beschaffen ist.

Wir fuhren darum in südöstlicher Richtung am Land entlang durch zerteiltes Eis, hielten uns aber am Vormittag mehr seewärts, da blaue Luft im Osten und Nordosten auf offenes Fahrwasser deutete. Um drei Uhr nachmittags wurde das Eis jedoch so dicht, dass wir wieder in die Rinne am Land hineinlenkten. Es wäre wohl möglich gewesen, den Durchgang durch das dichtere Eis zu erzwingen, wir hätten aber auch festsitzen können, und uns dieser Gefahr auszusetzen, war es noch zu früh.

Am 5. August gelangten wir vor die Mündung des Kara-Flusses und hielten nun Kurs auf die Halbinsel Jalmal. Bald sichteten wir dieses Tiefland, kamen aber am Nachmittag in Nebel und dichtes Eis. Am nächsten Tag war es nicht besser. Wir machten dann das Schiff an einem großen Toross fest, der am Strand von Jalmal lag. Torossen (aus dem Russischen) sind Trümmer des Meereises, die, übereinander geschoben und allmählich an den Kanten abgerundet, zu ungeheuren Blöcken zusammengefrieren.

Am Abend gingen einige von uns an Land. Das Wasser war so seicht, dass das Boot ein gutes Stück vom Ufer entfernt auflief und wir an Land waten mussten. Es war ein flacher, glatt gewaschener, sandiger Strand, den das Meer zur Flutzeit ganz überspülte; dahinter erhob sich ein steiler Abhang, 10, 12, stellenweise 20 Meter hoch.

Wir streiften ein wenig umher. Flach und kahl überall. Alles Treibholz, das ich vorfand, war vom Sand begraben und völlig nass. Einige Schnepfen strichen über uns hinweg. Wir kamen an einen Teich, und im Nebel hörte ich eine Lumme, sah sie aber nicht; Fährten von Rentieren gab es genug, aber nur von den zahmen Tieren der Samojeden. Dies ist ja das Land der Samojeden. Öde und traurig!

Am Vormittag des 9. August kehrten wir wieder an Bord zurück. Das Eis schien jetzt im Norden etwas lockerer geworden zu sein. Um acht Uhr abends setzten wir die Fahrt nordwärts fort. Wir fanden leicht passierbares Eis, und drei Tage später kamen wir endlich in offenes Fahrwasser.

Am Sonntag (13. August) steuerten wir ins offene Karische Meer an der Nordspitze der Halbinsel Jalmal und an Bjelyj-Ostrow (Weiße Insel) vorüber. Nirgends sahen wir Eis. An den folgenden Tagen hatten wir ständig starken Ostwind. Wir kreuzten unser Segel, um ostwärts zu kommen, aber die *Fram* ist bei Gegenwind kein guter Segler, da sie breit und ohne Kiel ist. Die Strömung war stark, und wir kamen kaum vorwärts. Im Schiffsjournal heißt es fortwährend: Gegenwind, Gegenwind.

Am 19. August sichteten wir die südlichste der Kamennyj-Inseln (Felsige Inseln). Wir steuerten darauf zu, entdeckten aber keinerlei Tiere. Die Insel erhebt sich auf allen Seiten gleichmäßig aus dem Meer. Die Ufer bestehen zum größeren Teil aus Felsen, die bald als festes Gestein, bald als verwitterte Trümmer zutage treten. Dem Anschein nach war es ein geschichtetes Gestein mit stark schräg liegenden Schichten. Der Spitze der Insel zunächst verläuft eine besonders deutliche Standlinie, die sich auf der West- und Nordseite als scharfer Absatz zeigt und sich wie ein dunkles Band quer über die Länge der

Insel erstreckt. Näher am Strand laufen noch mehr Strandlinien. Alle gleichen der obersten mit ihren steilen Absätzen und sind offenbar durch die Einwirkung der See und des Eises gebildet.

Für den, der die Geschichte der Erde studiert, sind diese Spuren eines früheren Meeresniveaus sehr interessant, weil sie eine Hebung des Landes oder eine Senkung des Meeresspiegels seit ihrer Bildung andeuten, wie dies bei der ganzen Nordküste Sibiriens und der Küste Skandinaviens nach der großen Eiszeit geschah. Wir sahen in diesen Gegenden ein paar Schwärme wilder Gänse, mehrere Raubmöwen und einige andere Möwen und Seeschwalben.

Sonntag (20. August) war das Wetter so schön wie selten. Blaues Meer, glänzender Sonnenschein und schwacher Wind, immer noch aus Nordost. Am Nachmittag langten wir bei den Kjellmann-Inseln an, die wir aus Nordenskiölds Karte nach ihrer Lage erkannten. Südlich davon fanden wir aber viele unbekannte Inseln. Alle haben runde Formen und gleichen Holmen, die von den Gletschern der Eiszeit abgescheuert worden sind. Die *Fram* ging auf der Nordseite der größten Insel, die wir später Rentier-Insel nannten, vor Anker. Der Kessel nahm Wasser ein. Als der Steuermann von der Tonne aus Rentiere entdeckte, kam Leben in die Gesellschaft, alle Mann wollten an Land zur Jagd.

Erst im Boot fanden wir Zeit, uns nach den Rentieren des Steuermanns umzuschauen. Vergebens, keine Spur lebender Wesen! Doch, am Strand sahen wir einen Schwarm wilder Gänse, und schon vermutete man, dass der Steuermann Gänse gesehen habe. Anfangs wies er diesen Verdacht verächtlich von sich, nach und nach sank seine Zuversicht aber. Was ich zuerst sah, als ich an Land sprang, waren alte Rentierfährten. Schon stieg das Selbstvertrauen des Steuermanns wieder; er flog von Spur zu Spur und schwor darauf, dass er doch Rentiere gesehen habe.

Nach langer, ermüdender Jagd gelang es uns im Morgengrauen, zwei Rentiere zu erlegen. Hendriksen und Johansen hatten inzwischen etwas weiter im Süden einen Bären geschossen.

Wir weideten die Rentiere aus und wollten dann den Bären holen. Als wir ungefähr zu der Stelle gekommen waren, an der er liegen sollte, erblickten wir einen weißen Haufen, aber Hendriksen versicherte, dass dies nicht der tote Bär sei. Wir kamen näher – kein Lebenszeichen. Ich warf einen verstohlenen Blick auf Hendriksens ehrliches Gesicht, um mich zu überzeugen, dass er keinen Spaß trieb, aber er starrte unverwandt den Bären an. Dann knallten gleichzeitig ein paar Schüsse, und erschrocken fuhr der totgeglaubte Bär in die Höhe. Wahrlich eine unsanfte Art, geweckt zu werden! Noch ein Schuss, und er lag leblos auf dem Rücken. Wir versuchten zuerst, beide Bären zu ziehen, aber sie waren zu schwer. Wir hatten Mühe genug, sie abzubalgen, zu zerlegen und die einzelnen Stücke ins Boot hinabzutragen, das wir hierher geholt hatten. So unangenehm es auch war, schweren Bärenschinken auf der Schulter über den weichen Lehmboden zu tragen, am Strand harrte unser noch Schlimmeres.

Das Wasser war gestiegen und die Brandung stärker geworden. Das Boot war gekentert und voll Wasser; jede Welle ging darüber hinweg. Alle unsere Habseligkeiten, Büchsen und Munition lagen im Wasser; das Brot, unser einziger Proviant, schwamm umher, und das Butterfass lag auf dem Grund. Es kostete viel Mühe, das Boot aus der Brandung herauszubekommen. Glücklicherweise bestand der Strand aus weichem Sand. Das Boot hatte keinen Schaden gelitten, aber der Sand war überall eingedrungen, selbst in die Gewehrschlösser. Das Traurigste bei der ganzen Sache war der Proviant; denn wir waren jetzt hungrig wie die Wölfe. Mit Todesverachtung aßen wir das Brot, wie es war, durchweicht von Seewasser und mit Sand vermengt.

Es war ziemlich schwierig, das Wild in dieser Brandung von dem flachen Strand aus an Bord zu bringen. Wir mussten mit dem Boot draußen liegen, es an einer Stelle halten und mit einer Leine die Felle und das Fleisch an Bord holen; ein guter Teil Wasser folgte mit. Aus Leibeskräften ruderten wir dann gegen Wind und Wellen am Strand entlang.

Der Wind war stärker geworden, und wir kamen kaum vom Fleck. Seehunde tauchten rund um uns auf, Weißwale kamen und gingen; aber wir hatten jetzt keine Augen für sie. Nach schwerer Mühe gelangten wir in die Bucht, in der wir die Rentiere holen wollten.

Das Ufer war hier flach und sandig und so seicht, dass sich die Wellen in ziemlicher Entfernung vom Land brachen. Wir steuerten so weit wie möglich hinein. Dann sprangen wir ins Wasser und wateten an Land. Aber es war nicht möglich, die Rentiere ins Boot zu bringen. So schwer es uns fiel, nach allen Mühsalen auf die herrlichste Fleischkost zu verzichten, ließen wir die Beute doch fahren und nahmen Kurs auf die *Fram.*

Das wurde die anstrengendste Ruderfahrt, die ich jemals mitgemacht habe. Anfangs ging es gut. Wir hatten die Strömung mit uns und entfernten uns schnell vom Land. Aber die Brise nahm zu, und der Strom wurde schwächer. Welle auf Welle brach sich über uns. Bei aller Mühe entdeckten wir jetzt, dass wir das Boot gar nicht vorwärts brachten. Außer der Brise und dem Seegang hatten wir reißenden Gegenstrom. Der Wind pfiff uns um die Ohren, und der Wogenschaum spritzte über uns. Es war ärgerlich, so nahe dem Schiff zu sein und nicht weiterzukommen. Wir ruderten nun wieder näher nach dem Land hin, wo wir den Strom mit uns hatten, strengten uns an, bis wir ungefähr in der Höhe der *Fram* waren, und steuerten aufs Neue drauflos. Aber kaum gerieten wir in den Gegenstrom, als wir auch schon wieder leewärts getrieben wurden. Wir wiederholten das Manöver – mit demselben Ergebnis. Jetzt ließen sie vom Schiff eine Boje herab. Wenn wir nur diese erreichten, waren wir geborgen. Aber auch das gelang nicht!

Es waren gerade keine Segenswünsche, die wir gegen die Gefährten an Bord vom Stapel ließen. Weshalb, zum Henker, kamen sie nicht herunter und halfen uns, da sie doch sahen, wie verzweifelt wir uns anstrengten? Oder warum lichteten sie nicht wenigstens den Anker und ließen sich uns entgegentreiben?

Noch ein letzter, verzweifelter Versuch! Wir nahmen alle unsere Kräfte zusammen; jetzt galt es nur, die Boje zu erreichen. Da sahen wir erbittert, dass sie eingeholt wurde. Wir ruderten ein Stück, um uns quer vor die *Fram* zu legen, dann hielten wir wieder die Richtung auf sie ein. Diesmal kamen wir mehr als je ins Lee vom Schiff.

Aber immer noch wurde keine Boje ausgeworfen, kein Mensch war auf Deck zu erblicken. Wir schrien wie rasend nach der Boje; jetzt wollten wir an Bord. Wir heulten wie die Wilden. Da kamen sie endlich aufs Hinterdeck gelaufen, die Boje wurde ausgeworfen und uns entgegengefiert. Wir ruderten mit dem letzten Aufgebot unserer Kräfte, und bald waren wir längsseits der *Fram*.

An Bord begriffen wir erst richtig, was wir durchgemacht hatten. Wie ein reißender Fluss ging der Strom am Schiff entlang. Das seichte Wasser hatte die *Fram* gehindert, uns entgegenzufahren. Es war Abend geworden, und es war herrlich, warmes Essen zu bekommen und dann die Glieder in einer warmen, trockenen Koje auszustrecken. Nach zweitägiger Plackerei war es uns gelungen, zwei Rentiere zu schießen, die wir nicht bekamen, und zwei Bären zu erwischen, für die wir keine Verwendung hatten.

Am nächsten Tag versuchte ich, die *Fram* unter Dampf gegen Brise und Strömung vorwärts zu zwingen. Wir mussten mit dem Ruder behutsam sein. Gaben wir der *Fram* nur im Geringsten zu viel, so zeigte sie Lust, seitwärts zu drehen, und auf allen Seiten waren Untiefen und Klippen. Es wurde unaufhörlich gelotet. Eine Weile ging es erträglich, und wir glitten langsam vorwärts; aber dann mit einem Mal machte das Schiff eine Wendung zur Seite und gehorchte dem Steuer nicht mehr. Das Senkblei zeigte Untiefen an. Rasselnd ging der Anker auf den Grund. Da lagen wir mit sieben Meter Wasser unter dem Heck und 17 Meter Wasser unter dem Bug. Es war gerade im letzten Augenblick.

Es gelang uns, die *Fram* wieder richtig gegen den Wind zu legen, doch vorwärts ging es nicht mehr. Es war noch möglich, durch den Sund weiterzukommen; aber dort war es sehr seicht, und man musste überall Klippen erwarten.

Wir hätten mit dem Boot voranfahren und loten können, aber in einer solchen Strömung zu rudern hatte ich mehr als satt. Vorläufig hieß es, zu bleiben, wo wir waren, und uns fleißig mit der Salbe zu schmieren, die Geduld heißt, ein Mittel, von dem jede Polarexpedition große Mengen mit sich führen muss. Wir hofften auf Veränderung, aber die Strömung war und blieb dieselbe, und die Brise wurde nicht besser. Es war zum Verzweifeln: nur wegen dieses unglücklichen Stromes hier liegen zu bleiben, mit der offenen See vor uns, die vielleicht gar bis Kap Tscheljuskin reichte!

Als ich am nächsten Morgen (23. August) hinaufkam, war der Winter gekommen. Schnee auf Deck und in der Takelung, wo er Schutz vor dem Wind gefunden hatte, Schnee drüben auf dem Land und Schneeflocken in der Luft! Aber Wind und Strom sind fast unverändert. Im Laufe des Tages wächst der Wind zum Sturm, der mit schweren Stößen durch das Takelwerk der *Fram* saust.

Am folgenden Tag (24. August) war ich fest entschlossen, auf irgendeinem Wege vorwärts zu kommen. Der Wind hatte sich ein wenig gelegt, und auch die Strömung war nicht mehr so reißend. Man durfte es beinahe mit dem Rudern wagen, jedenfalls konnte man das Boot nach hinten an einer Leine fieren und unausgesetzt loten, während wir die *Fram* mit dem eben vom Grund gehobenen Anker wegtreiben ließen. Ehe wir diesen letzten Ausweg benutzten, versuchte ich noch einmal, gegen Wind und Strom anzugehen. Die Maschine erhielt den Befehl, so viel Dampfdruck zu schaffen, wie sie überhaupt wagen durfte. Mit höchster Geschwindigkeit fuhr die *Fram* los. Und siehe, es ging, es ging gut. Bald waren wir aus dem Sund heraus und steuerten unter Dampf und Segel vorwärts. Wie gewöhnlich hatten wir Gegenwind und wie gewöhnlich unsichtiges Wetter.

Während der folgenden Tage kreuzten wir fortgesetzt nach Norden zwischen der Eiskante und dem Land. In dieser Zeit kamen wir an vielen unbekannten Inseln und Inselgruppen vorüber. Hier hätte man Zeit haben müssen, eine Karte der Küste aufzunehmen. Unser Ziel aber war weiter gesteckt, und unsere kartografische Arbeit beschränkte sich auf mehr zufällige Messungen.

Nachdem wir eine Menge neuer Inseln und Holme passiert hatten, kamen wir am 29. August an der Taimyr-Insel entlang in offenes Fahrwasser und dampften bei stillem Wetter durch den Sund in nordöstlicher Richtung. Um sechs Uhr nachmittags sah ich von der Tonne aus vor uns festes Eis. Es hielt uns auf und erstreckte sich bis zu den Inseln draußen. Auf dem Eis lagen allerorten bärtige Seehunde und außerdem ein Walross. Wir hielten auf die Eiskante zu, um zu vertäuen; aber die *Fram* hatte Totwasser und wollte fast nicht vom Fleck, obwohl die Maschine mit voller Kraft arbeitete. Mittlerweile glitt die *Fram* nur langsam bis zur Eiskante. Im Augenblick kamen wir nicht weiter. Freilich trennten uns nur ein paar Meilen festes Eis von dem wahrscheinlich offenen Taimyr-Meer, aber dieses Eis zu durchbrechen war unmöglich, es war zu stark, und Öffnungen fanden sich nirgends. Es ging so langsam, dass ich im Boot vorausruderte, um Seehunde zu schießen.

Hier, wo Nordenskiöld auf seiner berühmten Fahrt am 18. August 1878 durchgekommen war, ohne die geringsten Hindernisse anzutreffen, hier sollten unsere Hoffnungen vielleicht schon scheitern, wenigstens für dieses Jahr? Dass das Eis jetzt noch schmolz, ehe der Winter hereinbrach, war undenkbar. Das Einzige, was uns retten konnte, war ein tüchtiger Südweststurm.

Wir unternahmen mit Kajak und Boot einen Ausflug und schossen dabei einige Seehunde. Dann machten wir uns auf, um in einer etwas südlicher gelegenen Bucht zu ankern, in der wir vielleicht auch Schutz vor Sturm fanden. Dort wollten wir den Kessel gründlich reinigen. Wir brauchten mehr als vier Stunden, um die wenigen Seemeilen zurückzulegen, die wir in einer halben Stunde oder weniger hätten rudern können. Wir kamen des Totwassers wegen fast nicht vom Fleck; wir schleppten die ganze Meeresoberfläche mit uns.

Ein eigentümliches Phänomen, dieses Totwasser! Hier hatten wir mehr Gelegenheit, es zu studieren, als wünschenswert war. Es scheint nur da vorzukommen, wo eine Süßwasserschicht über dem salzigen Meerwasser liegt. Das Fahrzeug schleppt das Süßwasser mit und gleitet dabei über die schwerere Meerwasserschicht wie über eine feste Unterlage. Der Unterschied zwischen den beiden Schichten war hier so groß, dass wir der Meeresoberfläche Trinkwasser entnehmen konnten, während das durch den Bodenkran der Maschine aufgeholte Wasser selbst für den Kessel zu salzig war.

So weit hatte uns also der August gebracht. Der September kam mit stillem, trübem Schneewetter. Das öde, trostlose Land mit seinen flachen Anhöhen verschwand unter einem Leichentuch. Zu sehen, wie der Winter jetzt nach einem allzu kurzen Sommer lautlos seinen Einzug hielt, war keineswegs geeignet, uns heiterer zu stimmen. Am 2. September war der Kessel endlich gereinigt, Süßwasservorrat von der Meeresoberfläche ergänzt. Wir machten uns zum Aufbruch klar. Abends fuhren wir in südlicher Richtung, aber das Totwasser folgte uns unausgesetzt. Nach Nordenskiölds Karte waren es nur 20 Seemeilen bis zum Taimyr-Sund; wir brauchten die ganze Nacht, um diese Strecke zurückzulegen.

Erst um sechs Uhr morgens (3. September) kamen wir in dünnes Eis, das uns vom Totwasser befreite. Der Übergang war fühlbar. Im Augenblick, als die *Fram* durch die Eiskruste schnitt, machte sie einen Satz nach vorn und glitt von da an mit gewöhnlicher Fahrt vorwärts.

Das, was nach der Karte der Taimyr-Sund war, fanden wir ganz von Eis versperrt; wir steuerten daher weiter nach Süden, um zu sehen, ob sich nicht dort irgendein Sund fände, durch den wir schlüpfen konnten. Wir fanden einen schmalen Fjord und steuerten hinein. Der Fjord erstreckte sich landeinwärts. Bald wurde er enger, bald weiter. Es wurde immer rätselhafter.

War es vielleicht doch der Taimyr-Sund? Vollständige Windstille. Nebel über dem Land ringsum. Fast unmöglich, die glatte Wasserfläche vom Eis zu unterscheiden und dieses wiederum vom schneebedeckten Land. Alles verschwimmt ineinander. Alles ist so seltsam still und ausgestorben. Die Hoffnung steigt und sinkt mit jeder Krümmung des Fjords durch das schweigende Nebelland. Bald ist offenes Wasser voraus, bald mehr Eis. Ist dies wirklich der Taimyr-Sund? Kommen wir durch? Es gilt ein Jahr!

Nein, da ist es vorbei, vorn ist alles Eis! Nein, es ist eine blinkende Wasserfläche und Schneeland, das sich in ihr spiegelt! Es muss der Sund sein! Aber jetzt zeigten sich vorn einige große Eisschollen, an denen wir uns nicht vorbeigetrauten. Wir ankerten bei einer Landzunge in einem guten, sicheren Hafen und warteten ab. Colin-Archer-Hafen nannten wir später den Platz.

Wir entdeckten jetzt, dass eine starke Gezeitenströmung die Eisschollen mit sich trieb. Wir lagen also zweifellos in einem Sund. Am Abend ruderte ich aus, um Seehunde zu schießen, und führte meine stolzeste Waffe mit mir, eine doppelläufige Expressflinte, Kaliber .577. Als wir gerade ein Seehundsfell an Bord nahmen, kippte das Boot. Ich verlor das Gleichgewicht und glitt rückwärts auf das Eis, im gleichen Augenblick ging die Flinte über Bord, ein trauriges Ereignis. Hendriksen und Bentsen, die mich ruderten, nahmen es sich so zu Herzen, dass sie für lange Zeit die Sprache verloren. Endlich meinten sie, es ginge doch nicht an, die kostbare Waffe in zehn Meter Tiefe liegen zu lassen. Wir ruderten also an Bord, holten geeignete Geräte und suchten dann mehrere Stunden in der düsteren Nacht. Dabei wurden wir beständig von einem bösartigen Seehund umkreist, der verwundert dreinschaute und seinen großen Kopf bald auf der einen, bald auf der anderen Seite emporstreckte, immer näher, als ob das Tier ergründen wollte, mit welcher nächtlichen Arbeit wir beschäftigt waren. Wir gaben die ganze Suche schließlich auf.

Um zu erkunden, ob es möglich war, durch den Sund zu dampfen, unternahm ich mit ein paar Gefährten am nächsten Tag eine Bootsfahrt nach Osten. Es war kalt geworden, und in der Nacht war Schnee gefallen. Dickes Schneeeis bedeckte das Meer rings um die *Fram*. Es kostete gehörige Anstrengung, mit dem Boot in offenes Wasser durchzubrechen.

Ich vermutete, dass das Land, das wir auf der Nordseite des Sunds vor uns hatten, zur Aktinia-Bai gehörte, wo die *Vega* geankert hatte. Doch forschte ich vergebens nach dem „Steinwahrzeichen“, das Nordenskiöld dort errichtet hatte. Ich entdeckte, dass es überhaupt nur eine kleine Insel war und dass wir uns auf der Südseite des Haupteingangs zum Taimyr-Sund befanden, der hier sehr breit war.

Hungrig geworden, wollten wir essen, ehe wir von dieser Insel weiterruderten, aber die Gesichter wurden lang, als sich herausstellte, dass wir die Butter vergessen hatten. So würgten wir trockenen Schiffszwieback hinunter und zerbrachen uns fast die Zähne an Stücken, die wir von einem getrockneten Rentierbug absägten.

Gefahr zu verhungern war hier freilich nicht; überall fanden sich frische Fährten von Bären und Rentieren, und im Wasser gab es genug Seehunde; aber ich hatte Sorge, die *Fram* aufzuhalten, falls sich da oder dort Wege öffneten. Gegen starken Wind arbeiteten wir uns heimwärts und waren am nächsten Morgen wieder auf der *Fram*, nicht zu früh, denn bald brach ein Unwetter los.

Der 5. September brachte Schneegestöber und eine steife Brise, die beständig zunahm. Gegen Abend sauste es mächtig durch die Takelung, und wir freuten uns, an Bord zu sein; heute wäre es nicht leicht gewesen, mit dem Boot zurückzukommen. Unsere Lage gefiel mir übrigens nicht. Freilich war es möglich, dass dieser Wind das Eis im Norden auflockerte, und nach den Erfahrungen vom Tag zuvor hoffte ich wohl, dass wir im Notfall durch den Sund kamen; doch jetzt führte der Wind immer größere Eismassen an uns vorüber, und es beunruhigte mich, dass der Winter offenbar nahe war; ja, er konnte leicht da sein, ehe wir einen Durchgang gefunden hatten.

Ich machte mich bereits mit dem Gedanken an eine Überwinterung in dieser Gegend vertraut und stellte schon einen vollständigen Plan unserer Fahrten im kommenden Jahr auf. Außer einer Untersuchung der Küste, die sicherlich genug Aufgaben zu lösen gab, sollten sich Erkundungen des unbekannten Inneren der Taimyr-Halbinsel bis zur Mündung des Chatanga-Flusses erstrecken. Mit unseren Hunden und Schneeschuhen konnten wir weit umherstreifen, sodass das Jahr für die Geografie und Geologie sicher nicht verloren war. Aber mich damit aussöhnen – nein! Ein Jahr des Lebens war ein Jahr, und unsere Expedition mochte ohnedies lange genug dauern.

Was mich am meisten peinigte, war der Gedanke: Hindert das Eis uns jetzt, wer bürgt uns dafür, dass es nicht im nächsten Jahr ebenso sein wird? Wie oft hat man schon erlebt, dass mehrere ungünstige Eisjahre aufeinander gefolgt sind! Und dieses Jahr erwies sich deutlich als keins von den besten!

So kam der 6. September, ein Mittwoch – mein Hochzeitstag. Als ich am Morgen erwachte, war ich abergläubisch genug zu fühlen, dass dieser Tag eine Veränderung bringen müsse. Der Sturm hatte nachgelassen, die Sonne schaute zuweilen ein wenig hervor, und das Leben wurde heiterer. Am Nachmittag legte sich der Wind vollständig; es wurde still und schön. Den Sund im Norden, der bisher von festem Eis versperrt war, hatte der Sturm frei gefegt. Ich hoffte, dass jetzt auch das Eis zwischen dem Kap Lapteff und den Almqvist-Inseln aufbrach. Wir dampften um halb sieben Uhr abends nach Norden, um aufs Neue unser Glück zu versuchen.

Es war immer noch schön, und wir freuten uns an der Sonne. Wir waren jetzt so wenig an sie gewöhnt, dass Nordahl am Nachmittag beim Kohlenschaufeln im dunklen Raum einen Strahl, der im Kohlenstaub leuchtete, für einen Balken hielt. Er lehnte sich daran und war ziemlich verdutzt, als er sich plötzlich im Raum zwischen Eisengerümpel wiederfand.

In der schweren Luft und der hereinbrechenden Nacht sahen wir das weiter entfernte Land nicht. Es mochte vielleicht gewagt sein draufloszudampfen, aber die Gelegenheit war zu günstig. Wir verminderten die Geschwindigkeit ein wenig und setzten während der Nacht den Weg nach der Küste fort, bereit zum Wenden, sobald der Mann im Ausguck Land voraus meldete. Da Sverdrup die Wache hatte, kroch ich ohne Sorge in die Koje.

Am nächsten Morgen (7. September) um sechs Uhr meldete Sverdrup, dass wir die Taimyr-Insel oder Kap Lapteff um drei Uhr nachts passiert hätten, uns nun in der Taimyr-Bucht befänden, aber dichtes Eis und eine Insel vor uns hätten.

Nach dem Frühstück stieg ich in die Tonne hinauf. Es war glänzender Sonnenschein. Ich fand, dass Sverdrups Insel das Festland sein musste. Es war eine lange, sandige Landzunge. Nördlich von ihr sah ich klares Wasser; einiges Eis sperrte uns davon ab, aber die *Fram* zwängte sich hindurch. Wir hielten den Kurs östlich und nordöstlich in der Rinne zwischen Eis und Land. Am Nachmittag wurde die Rinne so schmal, dass wir ganz an die Küste herankamen, und am Abend mussten wir stoppen, da das Eis bis an den Strand heranreichte.

Das Land hatte große Ähnlichkeit mit Jalmal. Das gleiche niedrige Flachland, das sich wenig übers Meer erhebt und aus größerer Entfernung nicht zu sehen ist. Nur dass es hier vielleicht etwas hügeliger ist, ja an ein paar Stellen landeinwärts sogar Hohenzüge zeigt. Aber der Strand scheint überall aus Sand- und Lehmschichten zu bestehen, die jäh zum Meer abstürzen.

Auf den Ebenen landeinwärts sah ich viele Rentiere. Am nächsten Morgen (8. September) ging ich zur Jagd an Land und schoss eines. Dann machte ich eine überraschende Entdeckung: Ich sah einen großen Fjord, der nördlich von mir ins Land schnitt. Er erstreckte sich ostwärts breit und mächtig ins Land, so weit mein Auge reichte, bis zu einigen blauen Bergen in weiter, weiter Ferne; diese Berge schienen am äußersten Horizont zum Wasser hinabzureichen; hinter ihnen konnte ich weder von Land noch von Bergen etwas erkennen.

Meine Fantasie erwachte. War das ein Sund, der sich quer durchs Land erstreckte und die Tscheljuskin-Halbinsel zu einer Insel machte? Oder war es nur ein Fluss, der sich nahe der Mündung zu einem breiten See erweiterte, wie man es ähnlich bei mehreren sibirischen Flüssen findet? Auf den Lehmflächen, die ich überkletterte, lagen überall verstreut mächtige erratische Blöcke aus verschiedenen Gesteinsarten. Sie müssen von den mächtigen Gletschern der Eiszeit hierher gebracht worden sein.

An lebenden Wesen gab es außer Rentieren nur ein paar Bergschneehühner, einige Schneesperlinge und Schnepfen; dann sah ich noch Spuren von Füchsen und Lemmingen. Dieser nördliche Teil Sibiriens ist ganz unbewohnt und wird wohl kaum von Nomaden besucht.

Wie doch Licht und Schatten in diesem arktischen Lande wechseln! Als ich am nächsten Morgen (9. September) in die Tonne kam, sah ich, dass das Eis vom Land aus gegen Norden locker geworden war, und ich vermochte eine Rinne zu verfolgen, die zum offenen Wasser nach Norden führt. Sofort gab ich Befehl anzuheizen. Das Barometer war unstreitig niedrig, ja so niedrig wie bisher noch nie auf der ganzen Fahrt; es war bis auf 733 Millimeter gefallen. Der Wind kam in steifen Böen vom Land und jagte in heftigen Stößen über die Ebene, Wolken von Sand und Staub aufwirbelnd. Sverdrup meinte, es sei am sichersten, liegen zu bleiben, wo wir waren; aber es wäre zu ärgerlich gewesen, diese prächtige Gelegenheit nicht auszunutzen. Die Sonne schien so schön, und der Himmel sah so Vertrauen erweckend aus. Ich ließ die Segel setzen, und bald ging es durchs Eis nach Norden unter Dampf und allen Segeln. Jetzt musste Kap Tscheljuskin überwunden werden.

Nie hatte die *Fram* eine solche Fahrt gemacht; die Geschwindigkeit betrug über acht Seemeilen in der Stunde. Es war, als verstünde das Schiff, was es jetzt galt. Es dauerte nicht lange, und wir waren durch das

Eis hindurch und hatten offenes Wasser am Land entlang, so weit das Auge reichte. An einer Landzunge nach der anderen fuhren wir vorüber; neue Fjorde und Inseln tauchten auf, und bald glaubte ich, durchs Fernrohr einige Berge weit im Norden auszumachen. Sie mussten in der Nähe von Kap Tscheljuskin sein.

Und endlich, endlich war die Stunde da, dass wir den Punkt passieren sollten, der uns so lange mit Sorge erfüllt, die zweite Schwierigkeit, vor der ich mich auf dieser Fahrt gefürchtet hatte. Die *Fram* zog in der düsteren, wehmütigen Nacht am nördlichsten Punkt der Alten Welt vorbei.

Gegen Morgen waren wir an der Stelle, die wir für die nördlichste Landzunge hielten. Wir steuerten auf das Land zu, und gerade beim Ablösen der Wache, Schlag vier Uhr, wurden die Flaggen gehisst, und unsere letzten drei Kartuschen sandten einen donnernden Ehrengruß übers Meer. Im selben Augenblick kam die Sonne zum Vorschein.

Nun lag der Weg offen vor uns bis zu unserm Ziel, dem Treibeis nördlich von den Neusibirischen Inseln. Alle Mann wurden geweckt, eine Fruchtbowle und Zigarren verschönten den denkwürdigen Augenblick. Bei einem solchen Anlass geziemte sich selbstverständlich ein außergewöhnlich schwungvoller Trinkspruch. Ich ergriff das Glas: „Ja, prosit Kinder, und Glück auf Tscheljuskin!“ Dann spielte einer auf dem Harmonium. Ich stieg in die Tonne und warf einen letzten Blick auf das Land.

Das Fahrwasser lag weiter vorwärts offen; draußen im Meer sahen wir die Kante des Treibeises.

In der folgenden Nacht gingen wir unter Dampf und Segel südwärts. Hin und wieder trafen wir auf etwas Eis, aber wir schlüpften leicht hindurch.

Am 11. September sichteten wir gegen Morgen hohes Land voraus und mussten den Kurs in östliche Richtung verändern, die wir den ganzen Tag beibehielten. Als ich vormittags auf Deck kam, sah ich ein herrliches Bergland in unserer Nähe mit hohen Gipfeln und Tälern dazwischen. Es war auf der ganzen Reise seit Vardö das erste Mal, dass wir Berge sahen, und es war ein erfrischender Anblick nach dem einförmigen Flachland, an dem wir uns monatelang entlanggetastet hatten. Im Laufe des Tages verloren wir das Land aus den Augen, und wir sahen es sonderbarerweise auch nicht wieder; auch nicht die Paulus- und Petrus-Inseln, obschon unser Kurs den Karten nach gerade über sie führte.

Dienstag, 12. September. Heute Morgen sechs Uhr weckte mich Hendriksen, Walrösser lägen auf einer Scholle dicht bei uns. Ich war im Nu in den Kleidern.

Es war ein schöner Morgen mit prächtigem Wetter. Man hörte das Schnauben der Walrosse über der klaren Eisfläche. Sie lagen auf einer Scholle landeinwärts vor uns. Endlich waren die Harpunen geschliffen, Büchsen und Patronen bereit, und Hendriksen, Juell und ich zogen aus. Es wehte ein schwacher Wind aus Süden, und wir ruderten nördlich um die Tiere herum, um ihnen aus dem Wind zu kommen. Ab und zu hob das Tier, das auf Wache stand, den Kopf, sah uns aber schwerlich, und wir glitten weiter. Bald waren wir so nahe, dass wir vorsichtig rudern mussten. Juell führte die Ruder, Hendriksen hielt sich mit der Harpune bereit, und ich stand mit der Büchse hinter ihm.

Sobald das Wachttier den Kopf hob, hielt Juell die Ruder an, und wir erstarrten; dann sank der Kopf wieder, und neue Ruderschläge brachten uns vorwärts.

Es waren schwere Fleischkolosse. Ab und zu fächelte sich eine der Damen mit dem Schweif hin und her über die Fleischmasse; dann lag sie wieder still auf dem Rücken oder auf der Seite. „Das gibt viel Fleisch!“, meinte Juell, unser Koch. Leise glitten wir näher. Hendriksen fasste mit festem Griff den Schaft der Harpune. Als das Boot gegen die Scholle stieß, erhob er sich, und die Harpune sauste durch die Luft, traf aber zu hoch, prallte an der zähen Haut ab und tanzte über die Rücken der Tiere.

Jetzt kam Leben in die Gesellschaft. Zehn bis zwölf ungeheure, hässliche Köpfe erhoben sich gegen uns, die Fleischberge drehten sich mit unbegreiflicher Schnelligkeit herum und näherten sich watschelnd und hohl bellend dem Rande der Eisscholle, an der wir lagen. Es war ein imposanter Anblick.

Ich riss die Büchse an die Backe und brannte auf einen der größten Köpfe los. Es gab einen Ruck, das Tier taumelte und fiel vornüber ins Wasser. Dann einem zweiten Tier eine Kugel durch den Kopf; es brach ebenfalls zusammen und wälzte sich mit Mühe in die Flut. Dann warf sich die ganze Gesellschaft ins Wasser, sodass es ringsum hoch aufspritzte. Alles geschah in Sekunden.

Bald kamen sie wieder zum Vorschein, ums Boot herum, ein Kopf immer größer und hässlicher als der andere, die Jungen dicht daneben. Sie standen aufrecht im Wasser, bellten und lärmten, warfen sich nach vorn auf uns zu, auf die Seite und wieder in die Höhe. Sie wälzten sich herum, verschwanden mit gewaltigem Rauschen und kamen wieder an die Oberfläche. Das Wasser kochte und schäumte weit hinaus; mit einem Schlag war die bisher so schweigsame Eiswelt in kochende Raserei versetzt.

Wieder suchte ich mir meine Opfer aus. Die getroffenen Tiere bellten und grunzten, und das Blut strömte ihnen aus Maul und Nase. Noch eine Kugel, und wieder stürzte ein Tier und schwamm auf dem Wasser; dann eine Kugel nach dem zweiten, das auch nicht unterging. Hendriksen stand mit den Harpunen bereit und brachte beide Tiere in Sicherheit. Ich schoss noch ein drittes Tier, doch hatten wir keine Harpune mehr und mussten einen Robbenhaken einschlagen, um das Walross über Wasser zu halten. Der Haken glitt aber ab, und das Tier sank. Wir schleppten unsere Beute zu einer Eisscholle.

Bald darauf kam die *Fram* herbeigedampft und nahm die erlegten Tiere an Bord. Dann setzten wir die Fahrt längs der Küste fort. Nachmittags schossen wir noch zwei Walrosse, und wir hätten noch viel mehr erlegen können, wenn wir Zeit gehabt hätten. Auch Nordenskiöld hat hier einige Herden Walrosse angetroffen.

DER ÖSTLICHE Teil der Taimyr-Halbinsel ist ein verhältnismäßig hohes, gebirgiges Land, aber mit einem niedrigen, ebenen Streifen zwischen den Bergen und der See. Am 14. September stand die *Fram* nahe an der Küste zwischen dem Chatanga- und dem Anabara-Fluss.

Am 15. September kamen wir in gutes, offenes, aber seichtes Wasser von 12–13 Meter Tiefe. Wir hörten im Osten das Getöse der Wogen; in dieser Richtung musste also offenes Wasser sein. Offenbar wirkte hier schon der Lena-Strom mit seiner mächtigen Masse warmen Wassers. Die See war bräunlich und augenscheinlich mit schlammigem Flusswasser vermischt; auch der Salzgehalt war gering.

Sonnabend, 16. September. Wir halten nach dem Kompass einen nordöstlichen Kurs durch offenes Wasser ein und sind ziemlich weit nach Norden gekommen, sehen aber kein Eis. Der Himmel ist nach Norden hin dunkel. Es ist verhältnismäßig warm, fast zwei Grad Celsius. Wir haben die Strömung gegen uns.

Am nächsten Tag trafen wir Eis an und hielten etwas südlich, um davon freizukommen. Ich fürchtete schon, dass wir nicht so weit gelangten, wie ich gehofft hatte. Aber in meinen Aufzeichnungen für den 18. September steht: „Ein herrlicher Tag. Richteten den Kurs nordwärts, westlich von der Bjelkoff-Insel. Offene See, schöner Wind aus Westen, guter Fortgang, Wetter klar. Nachmittags etwas Sonnenschein.

Nun kommt der entscheidende Augenblick. Um 12.15 Uhr nehmen wir den Kurs Nord zu Ost. Jetzt muss sich zeigen, ob meine Theorie, auf der die ganze Expedition beruht, richtig ist: ob wir nördlich von hier eine nach Norden gerichtete Strömung finden!

Bis jetzt ist alles besser gegangen, als ich erwartet habe. Wir stehen auf 75° 30' n. Br. und haben im Norden und Westen noch offenes Wasser und dunklen Himmel. Abends wurde voraus und über dem Steuerbordbug am Himmel der Widerschein von Eis sichtbar. Gegen sieben Uhr glaubte ich Eis zu sehen, das jedoch in so regelmäßigen Linien aufstieg, dass es mehr Ähnlichkeit mit Land hatte; es war aber zu dunkel, um genau zu unterscheiden. Es konnte die Bjelkoff-Insel sein, und ein großer heller Fleck weiter nach Osten wäre dann der Widerschein der schneebedeckten Kotelnyj-Insel gewesen.

Gern wäre ich hier angelaufen, einmal, um etwas von dieser interessanten Insel zu sehen, zum andern, um den Proviant zu untersuchen, der, wie wir wussten, von Baron von Toll dort für uns niedergelegt war. Aber die Zeit war kostbar, und nach Norden hin schien die See offen vor uns zu liegen. Die Aussichten waren glänzend, und wir segelten stetig nach Norden, neugierig, was der nächste Tag uns bringen würde, Enttäuschung oder Hoffnung. Wenn alles gut ging, würden wir Sannikoff-Land erreichen, ein Gebiet, das noch kein Mensch betreten hatte.

Es war ein seltsames Gefühl, so in dunkler Nacht nach unbekannten Ländern zu fahren, über ein offenes, wogendes Meer, das noch kein Schiff, kein Boot getragen hatte. Wir glaubten in Gewässern hunderte von Meilen südlicher zu schwimmen, so mild war es."

Dienstag, 19. September. Noch nie habe ich eine so herrliche Segelfahrt gemacht. Weiter geht es nach Norden, stetig nach Norden mit gutem Wind, so schnell Dampf und Segel uns führen, und auf offener See, Meile auf Meile, Wache um Wache durch diese unbekannten Gebiete. Fast könnte man sagen: Es wird freier und immer freier von Eis! Wie lange wird dies dauern? Immer wenn man auf der Brücke auf und ab schreitet, wendet sich das Auge nach Norden, blickt es in die Zukunft. Und voraus ist stets derselbe dunkle Himmel, der offenes Wasser anzeigt.

Mein Plan bestand die Probe. Seit dem 6. September war uns das Glück zur Seite. Wir sahen „nichts als reines Wasser", wie Hendriksen mir jedes Mal aus der Tonne antwortete, wenn ich ihn anrief. Als er später am Ruder stand und ich auf der Brücke, sagte er plötzlich: „Zu Haus in Norwegen glauben sie jetzt kaum, dass wir in freiem Wasser gerade auf den Pol lossegeln!"

Und ich hätte es selbst nicht geglaubt, wenn mir jemand das noch vor vierzehn Tagen gesagt hätte. Alle meine Erwägungen über die Frage des offenen Sibirischen Meeres wurden bestätigt, und das machte mich glücklich; denn nur selten erweisen sich die Eingebungen der Menschen als so richtig.

Nach keiner Richtung hin stand der Widerschein von Eis am Himmel, nicht einmal jetzt am Abend! Wir sahen den Tag über kein Land, aber wir hatten den ganzen Vormittag dichten Nebel, sodass wir mit halber Kraft fuhren, weil wir irgendwo aufzustoßen fürchteten. Wir waren jetzt beinahe auf 77° n. Br. Wie lange wird das so weitergehen? Ich würde mich freuen, wenn wir 78° erreichten; allein Sverdrup ist weniger leicht befriedigt, er sagt: „Über 80°, vielleicht 84° oder 85°." Er spricht sogar ernsthaft von dem offenen Polarmeer, von dem er einmal gelesen hat, und kommt immer wieder darauf zurück, obwohl ich ihn auslache.

Fast muss ich mich fragen, ob ich nicht träume. Man muss gegen den Strom gekämpft haben, um zu wissen, was es bedeutet, mit dem Strom zu fahren.

Lebendiges ist hier kaum zu sehen. Heute beobachtete ich in der Ferne einen Alk und später eine Seemöwe. Als ich abends einen Eimer Wasser aufzog, um das Deck abzuspülen, phosphoreszierte das Wasser stark. Man könnte meinen, im Süden zu sein.

Mittwoch, 20. September. Fast 78° sind erreicht. Aber rau wurde ich aus meinem Traum geweckt! Als ich elf Uhr vormittags in die Karte blickte und daran dachte, dass mein Kelch wohl bald voll sein würde, luvte das Schiff plötzlich an, und ich stürzte hinaus. Vor uns schimmerte die Eiskante durch den Nebel, lang und fest. Ostwärts schien das Eis weiter nach Süden zu reichen. Wahrscheinlich würden wir eine höhere Breite gewinnen, wenn wir westlich hielten; also steuerten wir in diese Richtung. Die Sonne kam einen Augenblick durch, und wir nahmen eine Beobachtung, die 77° 44' n. Br. ergab.

Wir steuerten jetzt nordwestlich am Rand des Eises entlang. Vögel verschiedener Art, die wir beobachteten, deuteten auf Landnähe. Ein Zug Schnepfen oder Stelzvögel begegnete uns, folgte uns eine Zeit lang und flog dann nach Süden davon. Sicherlich kamen die Vögel von einem Land im Norden. Wir sahen nichts. Hartnäckig lagerte der Nebel über dem Eis. Am nächsten Tag war es klarer, doch immer noch kein Land in Sicht. Wir standen jetzt eine gute Strecke nördlich von der Stelle, auf die Baron von Toll auf der Karte die Südküste von Sannikoff-Land verlegt hat. Wahrscheinlich ist jedes Land also nur eine kleine Insel, und jedenfalls kann es sich nicht weit nach Norden ausdehnen.

Am 21. September hatten wir dichten Nebel. Wir segelten nordwärts bis zum oberen Ende einer Bai im Eis, kamen nicht weiter und beschlossen, hier klares Wetter abzuwarten. Nach meiner Berechnung waren wir jetzt auf etwa 78° 30' n. Br. Im Laufe des Tages loteten wir mehrmals, erreichten aber mit 400 Meter Leine den Grund nicht!

Heute entdecke ich, dass Wanzen an Bord sind. Sehr angenehm! Wir müssen den Kampf gegen sie aufnehmen.

Freitag, 22. September. Wieder heller Sonnenschein und glänzend weißes Eis voraus. Zuerst lagen wir im Nebel still, weil wir keinen Weg sahen; jetzt ist es klar, aber wir sind nicht klüger geworden. Es sieht aus, als ob wir uns an der nördlichen Grenze des offenen Wassers befinden. Nach Westen scheint sich das Eis wieder südwärts auszudehnen. Nach Norden ist es fest und weiß und zeigt nur hier und dort kleine, offene Rinnen oder einen Teich, und der Himmel ist überall am Horizont bläulich weiß.

Wir sind von Osten hergekommen, haben dort aber nur wenig gesehen; da wir nichts Besseres zu tun haben, werden wir einen Ausflug in jene Richtung machen und Öffnungen im Eis suchen. Das Meer wird bald zufrieren, und wir wollen nicht Gefahr laufen, an einer ungünstigen Stelle einzufrieren.

Früher hielten es arktische Forscher für nötig, sich in der Nähe einer Küste zu halten. Gerade das aber wollte ich vermeiden. Ich wollte vielmehr in die Drift des Eises gelangen, und was ich am meisten fürchtete, war die Fesselung der *Fram* durch Land. Geschah dies, so würden wir weit schlechter fahren, als wenn wir uns dort, wo wir waren, dem Eis überließen, vor allem da unser Ausflug nach Osten bewiesen hatte, dass wir bald wieder südwärts gedrängt werden würden, wenn wir der Eiskante in jener Richtung folgten. Wir liegen in offenem Wasser mit nur wenigen großen Schollen hier und dort, aber ich habe das Gefühl, als ob dies unser Winterhafen sein wird.

Heute großer Wanzenkrieg. Wir richten den dicken Dampfschlauch auf Matratzen, Sofakissen und alles, was unserer Meinung nach die Feinde beherbergen könnte. Alle Kleidungsstücke werden in ein Fass getan, das mit Ausnahme der Stelle, an der der Schlauch hineingeleitet ist, fest verschlossen wird. Dann wird Volldampf angesetzt. Im Innern zischt und pfeift es, ein wenig Dampf dringt durch die Fugen, und unserer Meinung nach muss es recht hübsch heiß für die Tiere sein. Aber plötzlich explodiert das Fass, und der Dampf entweicht. Noch hoffe ich, dass es ein großes Abschlachten war. Es sind schreckliche Feinde.

Sonnabend, 23. September. Wir liegen noch an derselben Stelle vertäut und trimmen Kohlen. Ein unangenehmer Gegensatz – alles an Bord, auch die Menschen und die Hunde, ist schwarz und schmutzig, und rund herum erglänzt alles weiß im schönsten Sonnenschein. Viel Eis treibt herein.

Sonntag, 24. September. Noch immer beim Kohlentrimmen. Morgens Nebel. Im Laufe des Tages klart es auf. Wir entdecken dabei, dass wir auf allen Seiten von ziemlich dickem Eis dicht umlagert sind. Zwischen den Schollen liegt Schlammeis, das fester und fester wird. Von der Tonne aus erkennen wir mit dem Fernrohr noch das Meer jenseits des Eises im Süden. Ich glaube, „man“ will uns einschließen! Nun, wir müssen selbst das Eis willkommen heißen.

Eine tote Gegend hier; nirgends ein Anzeichen von Leben, außer einer einzigen Robbe im Wasser; auf der Scholle neben uns sieht man eine alte Fährte von einem Eisbären. Wieder loten wir, kommen aber nicht bis zum Grund: Merkwürdig, dass das Meer hier so tief ist!

Man kann sich kaum eine schmutzigere Arbeit denken als Kohlentrimmen. Bedauerlich, dass ein so nützlicher Stoff wie die Steinkohle so schwarz sein muss! Wir tun weiter nichts, als die Kohlen aus dem Raum hissen und die Bunker damit auffüllen. Jeder Mann an Bord muss dabei helfen, und alles ist voll Schmutz.

Die einen stehen auf dem Kohlenhaufen im Raum und füllen die Eimer, und die andern hissen sie auf. Jacobsen eignet sich für das Hissen besonders gut; mit seinen kräftigen Armen zieht er Eimer auf Eimer herauf, als ob es Zündholzschachteln wären. Die Übrigen gehen mit den Eimern zwischen der großen Luke und dem Halbdeck hin und her und schütten die Kohlen in die Bunker, und unten steht Amundsen, schwarz wie ein Neger, und verstaut sie. Selbstverständlich fliegt der Kohlenstaub über das ganze Deck; die Hunde verkriechen sich, schwarz und zerzaust, in die Ecken.

Einiges Vergnügen schafft uns der gräuliche Anblick unserer Gesichter mit der dunklen Farbe, den schwarzen Streifen an den unwahrscheinlichsten Stellen und den durch den Schmutz hindurch schimmernden Augen und weißen Zähnen. Wer mit seiner Hand zufällig die weißen Wände in der Kajüte berührt, hinterlässt einen schwarzen, fünffingrigen Abdruck. Die Türen sind im Überfluss damit gesegnet. Die Sitzkissen auf den Sofas werden mit der unteren Seite nach oben gedreht, weil sie sonst dauernde Spuren eines anderen Körperteils tragen würden, und das Tischtuch – nun, glücklicherweise besitzen wir ein solches Ding nicht.

Kurz, das Kohlentrimmen ist das schmutzigste, jämmerlichste Geschäft, das man sich in dieser hellen und reinen Umgebung denken kann. Ein Gutes ist dabei, dass man reichlich frisches Wasser hat, sich zu waschen; man findet es in jeder Aushöhlung auf den Schollen, und so hoffen wir, mit der Zeit doch wieder sauber zu werden, wir hoffen ferner, dass dies unser letztes Kohlentrimmen ist.

Montag, 25. September. Fester und immer fester eingefroren! Prächtiges, stilles Wetter; in der letzten Nacht 25 Grad Celsius Kälte. Jetzt kommt der Winter.

Die Winternacht

Es sah wirklich aus, als ob wir jetzt endgültig eingefroren wären, und ich erwartete nicht, dass die *Fram* eher aus dem Eis wieder herauskam, als bis wir auf der anderen Seite des Pols waren und uns dem Atlantischen Ozean näherten. Der Herbst war schon ziemlich weit vorgeschritten, die Sonne stand von Tag zu Tag niedriger am Himmel, und die Temperatur fiel stetig.

Die lange Winternacht kam heran – die gefürchtete Nacht. Uns blieb nichts zu tun übrig, als uns auf sie vorzubereiten, und so verwandelten wir das Schiff, so gut wir konnten, in ein behagliches Winterquartier. Gleichzeitig trafen wir alle Maßregeln, uns gegen die Kälte, das Treibeis und sonstige Naturkräfte zu sichern, denen wir, wie uns prophezeit war, unterliegen müssten.

Wir holten das Steuerruder in die Höhe, um zu verhindern, dass es durch die Eispressungen zermalmt würde. Das Gleiche wollten wir auch mit der Schraube tun, allein, da sie mit ihrer eisernen Umkleidung

Die Schmiede an Bord

sicher das Achterende des Schiffs und besonders den Ruderpfosten verstärkte, so ließen wir sie an ihrer Stelle.

Auch mit der Maschine hatten wir viel Arbeit; jeder einzelne Teil wurde herausgenommen, geölt und für den Winter weggelegt; Schieber, Kolben und Wellen wurden untersucht und gründlich gereinigt. Amundsen sorgte für die Maschine, als ob sie sein eigenes Kind wäre; früh und spät war er unten, und wir pflegten ihn zu necken, nur um ihn sagen zu hören: „Ihr könnt meinetwegen reden, aber es gibt keine zweite solche Maschine in der Welt, und es wäre eine Schande, nicht gut für sie zu sorgen."

Im Raum machten wir Platz für eine Tischlerwerkstätte; die Mechanikerwerkstätte hatten wir im Maschinenraum, die Schmiede war anfänglich auf Deck und später auf dem Eis; die Klempnerarbeiten wurden meist im Kartenzimmer, die Schuhmacher- und Segelarbeiten im Salon vorgenommen.

Von den empfindlichsten Instrumenten bis zu den groben Holzschuhen und Axtstielen – alles wurde an Bord der *Fram* gemacht. Als wir eine neue Lotleine brauchten, wurde auf dem Eis eine großartige Reepschlägerei eingerichtet.

Jetzt stellten wir auch die Windmühle auf. Sie sollte die Dynamomaschine treiben und uns elektrisches Licht liefern. Solange das Schiff in Fahrt war, wurde die Dynamomaschine von der Schiffsmaschine getrieben. Allein, schon seit langer Zeit hatten wir uns in unseren dunklen Kabinen mit Petroleumlampen begnügen müssen. Die Windmühle wurde an der Backbordseite auf dem Vordeck zwischen der großen Luke und der Reling errichtet, doch dauerte es mehrere Wochen, ehe sie betriebsfähig war.

Es gab immer etwas, was uns beschäftigte, und es war auch nicht schwer, für jeden Arbeit zu finden, die ihm genügend Bewegung und so viel Ablenkung verschaffte, dass ihm die Zeit nicht unerträglich lang wurde. Da war die Sorge für das Schiff und die Takelung, die Untersuchung der Segel und des Tauwerks und so weiter; Proviant aller Art musste aus den Kisten im Raum zum Koch gebracht werden; Eis, gutes, reines Süßwassereis, musste gesucht und in die Küche geschafft werden, wo es zu Koch- und Waschwasser geschmolzen wurde.

In den verschiedenen Werkstätten gab es immer zu tun. Einmal musste „Schmied Lars“ (Pettersen) die Davits des Großbootes, die im Karischen Meer durch die Wogen verbogen worden waren, wieder gerade machen; dann musste ein Haken, ein Messer, eine Bärenfalle geschmiedet werden. Der Klempner, wiederum „Schmied Lars“, hatte einen Blecheimer zum Eisschmelzen für die Küche zusammenzulöten. Der Mechaniker, Amundsen, war beauftragt, das eine oder andere Instrument, vielleicht einen neuen Strommesser, herzustellen; der Uhrmacher, Mogstad, hatte einen Thermografen zu reinigen oder eine neue Feder in eine Uhr zu setzen, während der Segelmacher angewiesen war, Geschirre für die Hunde anzufertigen.

Ferner musste jeder sein eigener Schuhmacher sein und sich selbst

Segeltuchstiefel mit dicken, warmen Holzsohlen nach dem neuesten „Modell Sverdrup“ nähen. Dann kam wieder für den Mechaniker Amundsen der Befehl, aus Zinkblech einen Vorrat von neuen Notenscheiben für das Harmonium zu schaffen, die eine nagelneue Erfindung des Leiters der Expedition waren. Dann hatte der Elektriker die Akkumulatorenbatterien, die einzufrieren drohten, zu reinigen.

Als endlich die Windmühle fertig war, musste sie bedient und nach dem Wind gestellt werden. Und wenn dieser zu stark war, musste einer an der Mühle hinaufklettern und die Segel reffen, bei dieser Winterkälte keine sehr angenehme Beschäftigung, die man nur mit vielem Hauchen auf die Finger und Reiben der Nasenspitze schadlos überstand. Hin und wieder mussten wir auch das Schiff auspumpen. Diese Arbeit wurde freilich immer seltener nötig, da das Wasser rund herum und in den Fugen des Schiffes gefror, und von Dezember 1893 bis Juli 1895 wurden die Pumpen überhaupt nicht angerührt.

Zu diesen mannigfaltigen Beschäftigungen kamen nun noch als die wichtigsten von allen die wissenschaftlichen Beobachtungen, die vielen von uns ständig Arbeit verschafften.

Die meteorologischen Beobachtungen wurden Tag und Nacht alle vier Stunden und lange Zeit sogar alle zwei Stunden angestellt; sie hielten einen, manchmal auch zwei Mann den ganzen Tag in Tätigkeit. Scott-Hansen hatte die Oberaufsicht über diesen Bereich, und sein Assistent war Johansen, an dessen Stelle im März 1895 Nordahl trat.

Jeden zweiten Tag machten Scott-Hansen und sein Assistent, wenn das Wetter klar war, eine astronomische Beobachtung, durch die der Schiffsort bestimmt wurde, eine Arbeit, die alle Mitglieder der Expedition mit höchster Spannung verfolgten, und es war durchaus nicht ungewöhnlich, dass die Kabine Scott-Hansens, während er rechnete, von müßigen Zuschauern belagert wurde, die wissen wollten, ob und wie weit wir seit der letzten Beobachtung nach Norden oder Süden getrieben waren. Von diesem Ergebnis hing in hohem Maße die Stimmung an Bord ab.

Für den Schiffsarzt bot sich weniger Beschäftigung. Er wartete lange und vergeblich auf Patienten, gab schließlich die Hoffnung auf und machte sich in seiner Verzweiflung an die Behandlung der Hunde. Einmal im Monat nahm er wissenschaftliche Untersuchungen vor, wog jeden Mann, zählte die Blutkörperchen und schätzte die Stärke des Blutpigments, um die Zahl der roten Blutkörperchen und die Menge des roten Farbstoffs, des Hämoglobins, im Blut eines jeden festzustellen. Diese Arbeit wurde ebenfalls, und zwar mit ängstlicher Spannung verfolgt, da jeder aus dem Ergebnis schließen zu können meinte, wie lange es noch dauerte, bis ihn der Skorbut befiel.

Von unseren wissenschaftlichen Aufgaben erwähne ich noch die Messung der Wassertemperatur und des Salzgehaltes in verschiedenen Tiefen, die Sammlung und Untersuchung der Meerestiere, die Bestimmung der Elektrizitätsmenge in der Luft, die Beobachtung der Formen, des Wachstums und der Stärke des Eises sowie der Temperatur der verschiedenen Eisschichten, die Untersuchung der Meeresströmung unter dem Eis und so weiter. Die Oberaufsicht über diesen Bezirk hatte ich.

Endlich nenne ich die regelmäßige Beobachtung des Nordlichts, das wir ausgezeichnet studieren konnten. Als ich im März 1895 das Schiff verließ, übertrug ich Blessing alle Beobachtungen, die mir oblagen.

Einen nicht unbedeutenden Teil unserer wissenschaftlichen Arbeiten bildeten das Loten und das Fischen mit dem Scharrnetz. Bei größeren Tiefen war das eine Aufgabe, bei der jeder mithelfen musste. Eine einzige Lotung beschäftigte uns manchmal mehrere Tage.

An Bord unterschied sich ein Tag nur sehr wenig vom anderen. Um acht Uhr standen wir auf und frühstückten: Hartbrot (Roggen- und Weizenbrot), Käse (holländischen achtpfündigen, Chester, Schweizerkäse und Mysost oder Molkenkäse), in Büchsen eingemachtes gesalzenes Rind- oder Hammelfleisch, Frühstücksschinken, in Büchsen konservierte Zungen aus Chicago oder geräucherten Speck, Kabeljaukaviar, Anschovisrogen, ferner Hafermehl- oder englisches Schiffsbrot, Orangenmarmelade und anderes Fruchtgelee. Dreimal in der Woche hatten wir auch frisch gebackenes Brot und oft Kuchen.

Im Anfang der Reise gab es täglich Kaffee und Schokolade, später Kaffee nur zweimal, Tee zweimal und Schokolade dreimal wöchentlich.

Nach dem Frühstück versorgten einige Leute die Hunde, sie machten sie los und gaben ihnen Futter (für jedes Tier einen halben Stockfisch oder ein paar Hundekuchen). Die übrigen Kameraden machten sich an ihre verschiedenen Aufgaben.

Jeder musste der Reihe nach eine Woche in die Küche, um beim Abwaschen zu helfen, den Tisch zu decken und aufzuwarten. Gleich nach dem Frühstück entwarf der Koch einen Speisezettel für das Mittagessen. Einige pflegten einen Spaziergang über die Eisschollen zu machen, frische Luft zu schöpfen und den Zustand und den Druck des Eises und so weiter zu untersuchen.

Um ein Uhr versammelten sich alle zum Mittagsmahl, das gewöhnlich aus drei Gängen bestand: aus Suppe, Fleisch und Nachtisch oder manchmal auch nur aus Fisch und Fleisch. Zum Fleisch hatten wir stets Kartoffeln und entweder frisches Gemüse oder Makkaroni. Wir waren uns einig, dass die Verpflegung zu Hause nicht besser sein könnte, für einige von uns bestimmt aber schlechter gewesen ist. Wir sahen auch aus wie gemästet; einer oder zwei fingen sogar an, sich ein Doppelkinn und einen Schmerbauch zuzulegen.

Nach dem Mittagessen pflegten die Raucher unserer Gesellschaft die Küche zu bevölkern, die auch als Rauchzimmer diente, da der Tabak in den Kabinen außer bei festlichen Gelegenheiten verpönt war. In der Küche wurde geraucht und geplaudert, manche Geschichte erzählt und nicht selten auch ein hitziger Disput geführt. Für die meisten von uns folgte nach Tisch eine kurze Siesta, darauf Arbeit bis sechs Uhr.

Das Abendessen war wie das Frühstück, nur dass als Getränk stets Tee diente. Nach dem Abendessen verwandelte sich der Salon in einen stillen Lesesaal. Wir besaßen eine wertvolle Bibliothek, die Verleger und andere Freunde der Expedition geschenkt hatten. Hätten die freundlichen Geber sehen können, wie wir hier im Norden abends um den Tisch herum saßen, den Kopf in den Büchern und Bildersammlungen vergraben, sie würden gleich erkannt haben, dass sie mit ihrem Geschenk wesentlich dazu beigetragen hatten, die *Fram* zur Oase in einer ungeheuren Eiswüste zu machen.

Acht Uhr war die Zeit, dass wir Karten oder andere Spiele hervorholten, mit denen wir, in Gruppen um den Tisch im Salon sitzend, uns bis tief in die Nacht hinein beschäftigten. Der eine oder andere musste das Harmonium bedienen und mit dem Kurbelhandgriff unsere schönsten Stücke vortragen. Manchmal holte Johansen seine Ziehharmonika herbei und spielte uns viele hübsche Weisen vor. Seine Haupteffekte erzielte er mit „Oh, Susanna!“ und „Napoleons Marsch über die Alpen in einem offenen Boot“.

Um Mitternacht, bevor wir uns in die Kojen legten, wurde noch die Nachtwache festgesetzt. Jeder hatte eine Stunde Wache. Alle zwei oder vier Stunden musste die Wache in die Tonne steigen und auf das Eis gehen, um im Thermometerhaus die meteorologischen Instrumente abzulesen.

Im Ganzen gesehen verging uns die Zeit angenehm und unmerklich, und infolge des regelmäßigen Lebens fühlten wir uns auch sehr wohl.

Am besten wird mein Tagebuch einen Begriff von unserer Lebensweise in ihrer ganzen Einförmigkeit geben. Es sind keine großen Ereignisse, die hier geschildert sind, sie liefern aber gerade durch ihre Magerkeit ein wahres Bild. So und nicht anders war unser Leben:

Dienstag, 26. September. Schönes Wetter. Die Sonne steht jetzt viel tiefer; sie befand sich um Mittag neun Grad über dem Horizont. Der Winter kommt schnell. Heute Abend haben wir minus 26 Grad Celsius, aber wir finden es nicht kalt. Leider zeigen die heutigen Beobachtungen keine große Drift nach Norden; wir sind noch auf 78° 50’ n. Br.

Gegen Abend wanderte ich auf der Eisscholle umher. Die arktische Nacht ist wunderschön. Sie ist ein Traumland, in den zartesten Tönen, die man sich denken kann, gemalt; sie ist in Äther verwandelte Farbe. Ein Schatten verschmilzt in den andern, sodass man nicht weiß, wo der eine endet und der andere beginnt, und doch sind sie alle vorhanden. Keine Formen; alles ist schwache, träumerisch gefärbte Musik, eine weit entfernte, lang gezogene Melodie auf gedämpften Saiten. Ist nicht alle Schönheit des Lebens erhaben und zart und rein wie diese Nacht? Gebt ihr glänzendere Farben, und sie ist nicht mehr so schön!

Der Himmel gleicht einer großen Kuppel, die im Scheitelpunkt blau ist und sich abwärts in Grün, dann in Lila und Violett an den Rändern abschattet. Über den Eisfeldern lagern kalte violettblaue Schatten mit helleren blassroten Tinten, wo hier und dort ein Grat den letzten Widerschein des entschwindenden Tages auffängt. Oben im Blau der Kuppel scheinen die Sterne, die den Frieden verkünden, wie es diese unveränderlichen Freunde stets tun. Im Süden steht ein großer rotgelber Mond, umgeben von einem gelben Ring und leichten goldenen Wolken, die vor dem blauen Hintergrund schweben.

Jetzt breitet das Nordlicht über das Himmelsgewölbe seinen glitzernden Silberschleier aus, der sich nun in Gelb, nun in Grün, nun in Rot verwandelt; er weitet sich und zieht sich wieder zusammen in ruheloser Veränderung, teilt sich dann in wehende, vielfaltige Bänder aus blitzendem Silber, über die wellenförmig glitzernde Strahlen hinschießen; dann verschwindet die Pracht. Im nächsten Augenblick scheint sie in Flammenzungen gerade im Zenit, dann wieder schießt ein heller Strahl vom Horizont gerade empor, bis das Ganze im Mondschein verschmilzt. Es ist, als ob man den Seufzer eines verschwindenden Geistes vernähme. Hier und dort wehen noch einige Lichtstrahlen, unbestimmt wie eine Ahnung – sie sind der Staub des glänzenden Nordlichtgewandes. Aber jetzt nimmt es wieder zu, neue Blitze schießen empor, und das endlose Spiel beginnt von vorn. Und während der ganzen Zeit diese Totenstille, eindrucksvoll wie die Symphonie der Unendlichkeit.

Donnerstag, 28. September. Schneefall und Wind. Heute ist für die Hunde der Tag der Erlösung gekommen; bis jetzt haben sie ein melancholisches Leben an Bord geführt; denn sie sind seit Chabarowa angebunden gewesen. Die stürmischen Wogen haben sich über sie ergossen, sie sind vom Wasser auf Deck hin und her gerollt worden, sie haben sich in den Koppeln fast den Hals zugeschnürt, sind, jedes Mal wenn das Deck gewaschen wurde, mit dem Schlauch besprengt worden, sind seekrank gewesen und haben in schlechtem wie in gutem Wetter an der Stelle liegen müssen ohne weitere Bewegung als das Hin-und-her-Laufen, so weit die Kette reichte. So werden die prächtigen Tiere behandelt, die in der Stunde der Not unsere Stütze sein sollen! Wenn diese Zeit kommt, werden sie, wenigstens eine Weile, den Ehrenplatz erhalten.

Als die Hunde jetzt losgelassen wurden, brach ein wahrer Jubelsturm aus. Sie wälzten sich im Schnee, reinigten und rieben sich und stürzten unter lautem Gebell auf dem Eis umher. Unsere Scholle, noch vor kurzem so einsam und verlassen, war jetzt plötzlich stark und munter bevölkert. Von nun an sollten die Hunde auf dem Eis angebunden werden. An unserer Backbordseite haben wir jetzt das Hundelager.

Freitag, 29. September. Dr. Blessings Geburtstag war unser erstes großes Fest an Bord. Wir hatten doppelten Anlass zu feiern. Unsere Mittagsbeobachtung zeigte, dass wir uns auf 79° 5' n. Br. befanden. Wir hatten also einen weiteren Grad überschritten.

Nach dem Mittagessen wurden Kaffee und Süßigkeiten gereicht, und nach einem besseren Abendbrot als sonst gab es noch Erdbeer- und Zitroneneis und Grog aus Zitronensaft ohne Alkohol. Zunächst wurde das Wohl des Helden des Tages in einigen gewählten Worten ausgebracht; dann tranken wir einen Humpen auf den 79. Grad, der unserer Überzeugung nach nur der erste von vielen Graden war, die in derselben Weise überwunden werden würden.

Montag, 2. Oktober. Nachmittags, als Sverdrup, Juell und ich im Kartenzimmer saßen und Tauwerk zu einer Lotleine zusammensplissten, stürzte unser Harpunierer Hendriksen herein: „Ein Bär, ein Bär!"

Ich langte nach meiner Büchse und sprang hinaus. „Wo?"

„An Steuerbord beim Zelt; er kam gerade darauf zu; beinahe hätte er es gefasst!"

Und richtig, dort war er, groß und gelb, und beschnüffelte das Geschirr des Zeltes. Scott-Hansen, Blessing und Johansen liefen in großer Hast aufs Schiff zu. Ich sprang auf das Eis hinab, brach ein, taumelte, fiel und war wieder auf den Beinen.

Inzwischen hatte der Bär bei seiner Schnüffelei wohl eingesehen, dass da nichts zu holen war und dass eine eiserne Schaufel, ein Eisstock, eine Axt, einige Zeltpflöcke und ein Leinwandzelt für seinen Bärenmagen schwer verdaulich wären. Er folgte jetzt mit mächtigen Schritten der Spur der Flüchtlinge. Dann sah er mich und blieb verwundert stehen, als ob er dächte: Was für ein Insekt mag das wohl sein? Ich ging bis auf Schussweite heran; er stand still und blickte mich scharf an. Endlich drehte er ein wenig den Kopf, und ich schickte ihm eine Kugel in den Nacken. Ohne ein Glied zu rühren, sank er auf das Eis.

Nun ließ ich ein paar Hunde los, um sie an die Jagd zu gewöhnen; allein, sie zeigten einen beklagenswerten Mangel an Eifer. Selbst Kvik, auf die wir unsere Hoffnungen gesetzt hatten, sträubte sich und näherte sich dem toten Tier nur sehr langsam und vorsichtig, den Schweif zwischen den Beinen. Ein trauriger Anblick.

Es war ein mageres Männchen. Das Einzige, was in seinem Magen gefunden wurde, war ein Stück Papier der Firma „Lütken & Mohn", Verpackung von Skiwachs, die einer von uns weggeworfen hatte. Seit diesem Tag wollten einige Expeditionsmitglieder das Schiff nicht verlassen, ohne sich bis an die Zähne zu bewaffnen.

Donnerstag, 5. Oktober. Wir machen jetzt alles für den Winter und die Eispressungen bereit. Heute Nachmittag nahmen wir das Ruder auf. Schönes Wetter, aber kalt, um acht Uhr abends minus 18 Grad.

Das Ergebnis der heutigen ärztlichen Untersuchung war: Wir haben immer noch Wanzen! Ich weiß nicht, was wir dagegen tun sollen; wir haben jetzt keinen Dampf mehr und müssen unsere Hoffnung auf die Kälte setzen. Wenn die Wanzen in unsere Winterpelze gelangen, ist die Sache hoffnungslos. Am nächsten Tag fand daher ein regelrechtes Reinigungsfest nach den allerstrengsten antiseptischen Vorschriften statt. Jeder hatte seine alten Kleidungsstücke bis auf den letzten Flicken abzuliefern, sich zu waschen und von Kopf bis Fuß neue Kleidung anzuziehen. Alle alten Sachen, Pelzdecken und ähnliche Dinger, wurden vorsichtig an Deck getragen und den ganzen Winter über dort gelassen. Das war mehr, als selbst diese Tiere vertrugen: 53 Grad Kälte, und wir sahen nichts mehr von ihnen.

Freitag, 6. Oktober. Kalt, bis zu 24 Grad unter null. Heute haben wir die Windmühle aufgestellt. Das Eis hat sich nördlich vom Heck der *Fram* zusammengeschoben.

Da die Hunde erfrieren würden, wenn wir sie angebunden hielten und ihnen keine Bewegung verschafften, haben wir sie von den Ketten gelöst. Selbstverständlich begannen sie sofort miteinander zu kämpfen, und einige humpelten zerkratzt und zerbissen vom Schlachtfeld. Aber sonst herrschte Freude; sie sprangen und rannten umher und wälzten sich im Schnee. Abends herrliches Nordlicht.

Sonnabend, 7. Oktober. Immer gleich kalt bei nördlichem Wind, der seit Tagen weht. Ich fürchte, wir treiben jetzt weit nach Süden. Vor einigen Tagen standen wir nach unseren Beobachtungen auf 78° 47' n. Br. Also 16 Minuten nach Süden in weniger als einer Woche, das ist zu viel! Wir müssen nach Norden!

Sonntag, 8. Oktober. Wir sind jetzt bis auf 78° 35' n. Br. hinab. Die einfache Erklärung dafür sind die nördlichen und nordwestlichen Winde der letzten Zeit und das offene Wasser im Süden von uns. Sobald alles zugefroren ist, müssen wir wieder nach Norden treiben, das kann gar nicht fraglich sein.

Montag, 9. Oktober. Nachmittags – wir saßen gerade müßig und plauderten – entstand ganz plötzlich ein ohrenbetäubendes Getöse, und das ganze Schiff erzitterte: Es war die erste Eispressung. Alle Mann stürzten an Deck, um zuzusehen.

Die *Fram* verhielt sich wundervoll, wie ich es von ihr erwartet hatte. Mit stetigem Druck schob sich das Eis heran, musste jedoch unter uns durchgehen, und wir wurden langsam in die Höhe gehoben. Diese Pressungen wiederholten sich den ganzen Nachmittag und waren manchmal so stark, dass die *Fram* mehrere Fuß gehoben wurde; aber dann konnte das Eis sie nicht länger tragen und brach unter ihr entzwei. Es scheint hier ziemlich viel Bewegung im Eis zu sein. Peder erzählt uns soeben, dass er das dumpfe Knallen starker Pressungen nicht weit entfernt gehört habe.

Dienstag, 10. Oktober. Die Aufruhr im Eis dauert fort.

Mittwoch, 11. Oktober. Heute Nachmittag wurde Hiob von den anderen Hunden zerrissen. Wir fanden ihn eine gute Strecke vom Schiff entfernt. Suggen bewachte seine Leiche, sodass kein anderer Hund herankommen konnte.

Es sind Schufte, diese Hunde. Kein Tag vergeht ohne Kampf. Bei Tag ist gewöhnlich einer von uns zur Hand, um einer Rauferei ein Ende zu machen, aber keine Nacht vergeht, ohne dass sie über einen ihrer Kameraden herfallen und ihn beißen. Der arme Barrabas hat vor Furcht fast den Verstand verloren; er bleibt jetzt an Bord und wagt sich nicht mehr auf das Eis. Nicht eine Spur von Ritterlichkeit steckt in diesen Kötern; wo ein Kampf stattfindet, stürzt sich die ganze Bande wie wilde Tiere auf den Unterliegenden.

Das Eis ist ruhelos, und es gab heute wieder eine ziemlich starke Pressung. Sie beginnt mit einem leisen Krachen und Ächzen längs der Schiffsseite, das allmählich in allen Tonarten lauter wird. Jetzt ist es ein hoher, klagender Ton, dann ein Grollen, dann ein Knurren. Das Geräusch nimmt zu, bis es wie sämtliche Pfeifen einer Orgel ertönt; das Schiff erzittert, schüttelt sich und hebt sich in Sprüngen und Sätzen.

Es ist ein behagliches Gefühl für uns, wenn wir auf diesen Aufruhr horchen und uns dabei der Stärke unseres Schiffes bewusst sind. Manches Schiff wäre schon längst zerdrückt worden. Aber bei uns wird das Eis an der Schiffsseite zermalmt, die zertrümmerten Schollen werden haufenweise unter den schweren, unverwundbaren Rumpf gedrängt, und wir liegen wie in einem Bett. Bald erstirbt das Geräusch, das Schiff sinkt in seine alte Lage zurück, und dann ist alles wieder so still wie früher.

Rund um uns herum hat sich das Eis aufgetürmt, an einer Stelle zu beträchtlicher Höhe. Gegen Abend trat eine Lockerung ein, und wir lagen in einem offenen Teich.

Donnerstag, 12. Oktober. Am Morgen trieben wir samt unserer Scholle auf blauem Wasser mitten in einer großen, offenen Rinne, die sich weit nach Norden hin erstreckte, wo die Luft über dem Horizont dunkel und blau war. Soweit wir von der Tonne aus mit einem Feldstecher sehen konnten, hatte das offene Wasser kein Ende, und es trieben nur hier und dort einzelne Stücke Eis darin. Dies waren außerordentliche Veränderungen.

Ich war ungewiss, ob wir uns darauf vorbereiten sollten, unter Dampf vorwärts zu gehen. Leider hatten wir schon die Maschine für den Winter auseinander genommen, sodass wir längere Zeit gebraucht hätten, sie wieder betriebsfähig zu machen.

Klares Wetter mit Sonnenschein. Ein schöner Wintertag. Wind. Wir loten und finden 90 Meter Wasser. Nachmittags fischte ich in einer

Tiefe von ungefähr 50 Metern und fing kleine Krustentiere (Copepoden, Muschelkrebse, Flohkrebse und so weiter) und einen arktischen Wurm, der im Meer umherschwimmt. Das Fischen ist hier schwierig. Kaum hat man im Eis eine Öffnung gefunden und die Leine hinabgleiten lassen, schließt sich das Eis wieder, und man muss so rasch wie möglich aufholen, damit die Leine nicht eingeklemmt wird und alles verloren geht. In der kleinsten Eisöffnung sieht man das Wasser phosphoreszieren, was von kleinen, leuchtenden Krustentieren verursacht wird; es ist hier mehr tierisches Leben, als man erwarten sollte.

Freitag, 13. Oktober. Jetzt stecken wir gerade mitten in der Gefahr, vor der uns die Propheten so sehr bange machen wollten. Das Eis presst und schiebt sich mit donnerndem Getöse rund um uns her. Es türmt sich zu langen Mauern und zu Haufen auf, die weit an der Takelung der *Fram* hinaufreichen. Es versucht in der Tat sein Äußerstes, um die *Fram* zu Staub zu zermalmen. Wir sitzen aber ganz ruhig und gehen nicht einmal hinauf auf Deck, uns den Wirrwarr anzusehen, sondern plaudern und lachen, wie wenn nichts wäre. Man fühlt, dass das Schiff es aushalten kann, und so lange dies der Fall ist, kann nichts Schaden leiden als das Eis selbst.

Am Morgen ließ der Druck nach, aber gegen Abend fing die Pressung wieder im Ernst an. Offenbar steht die Eispressung hier mit Ebbe und Flut in Verbindung oder wird vielleicht davon verursacht. Sie tritt mit größter Regelmäßigkeit ein; zweimal in 24 Stunden lockert sich das Eis, und zweimal schiebt es sich in dieser Zeit zusammen. Die Pressung erfolgt ungefähr um vier, fünf und sechs Uhr morgens und fast genau um dieselbe Stunde nachmittags; in der Pause liegen wir stets eine Zeit lang auf offenem Wasser.

Die sehr starke Pressung in diesem Augenblick ist wahrscheinlich die Folge der Springflut; am 9., dem ersten Tag der Eispressungen, hatten wir Neumond.

Die Ansicht, dass die Eispressungen durch die Gezeiten verursacht werden, haben arktische Forscher schon wiederholt ausgesprochen. Wir hatten während der Drift der *Fram* bessere Gelegenheit als die meisten von ihnen, diese Erscheinung zu studieren, und mehrere Erfahrungen bestätigen, dass die Flut in einem weiten Gebiet die Bewegung und den Druck des Eises auslöst. Das ist namentlich zur Zeit der Springfluten der Fall und bei Neumond mehr als bei Vollmond.

In den Zwischenzeiten war in der Regel wenig oder gar nichts von Eispressungen zu bemerken. Allein diese durch die Flut verursachten Pressungen ereigneten sich nicht während der ganzen Zeit unserer Drift, sondern hauptsächlich im Herbst, als wir uns in der Nachbarschaft des offenen Meeres nördlich von Sibirien befanden, und im letzten Jahr der Expedition, als die *Fram* sich dem Atlantischen Ozean näherte. Weniger bemerkbar waren sie im Polarbecken selbst. Hier traten Pressungen unregelmäßig ein und wurden hauptsächlich durch den Wind verursacht.

Wenn man sich vorstellt, dass die in einer gewissen Richtung treibenden, ungeheuren Massen plötzlich auf Hindernisse stoßen, zum Beispiel auf Eis, das aus anderen Gegenden kommt und in entgegengesetzter Richtung treibt, so wird man leicht den Druck begreifen, der entstehen muss.

Der Kampf zwischen den Eismassen ist unleugbar ein großartiges Schauspiel. Man fühlt, dass man sich in Gegenwart titanischer Gewalten befindet, und es ist leicht zu verstehen, dass sich ängstliche Gemüter fürchten. Denn wenn das Zusammenschieben ernstlich beginnt, bleibt kein Fleck der Oberfläche unerschüttert.

Zuerst vernimmt man in der großen Wüste ein Geräusch wie das Donnergebrüll eines entfernten Erdbebens, dann hört man es, näher und näher kommend, an mehreren Stellen. Die Eiswelt hallt vom Donner wider, die Riesen der Natur erwachen zur Schlacht. Das Eis birst ringsumher und türmt sich auf, und ganz plötzlich steckt man mitten im Kampf.

Auf allen Seiten hört man Heulen und Donnern, man spürt das Eis erzittern und hört es unter den Füßen brüllen; nirgends ist Friede. In dem Halbdunkel sieht man, wie es sich zu hohen Ketten wirft und heranrückt. Schollen von drei, vier und fünf Meter Dicke bersten und werden übereinander geschoben, als ob sie federleicht wären. Sie sind jetzt ganz nahe, und man eilt fort, um das Leben zu retten; aber plötzlich spaltet sich das Eis vor uns, ein schwarzer Abgrund öffnet sich, aus dem das Wasser emporströmt. Man flieht in eine andere Richtung, aber dort ist es ebenso. Überall Donner und Brüllen wie von einem ungeheuren Wasserfall, mit Explosionen wie Geschützsalven. Die Scholle, auf der man steht, wird kleiner und kleiner, Wasser strömt darüber hinweg. Man entkommt nicht anders, als dass man gewinnt. Dann legt sich der Aufruhr, das Getöse verhallt und verliert sich in der Ferne. Dies ereignet sich hier weit oben im Norden Monat für Monat, Jahr für Jahr.

In den Berichten über arktische Expeditionen liest man oft Beschreibungen von Ketten und Hügeln, die durch Eisdruck entstanden waren und bis zu 15 Meter hoch sein sollten. Das sind Märchen. Die Verfasser derartiger fantastischer Schilderungen können sich nicht die Mühe gegeben haben, ihre Ketten und Hügel zu messen. Während unserer Drift und unserer Märsche über die Eisfelder habe ich nur einmal einen Eishügel gesehen, der über sieben Meter hoch war, beinahe neun Meter. Die höchsten Blöcke, die ich gemessen habe, hatten eine Höhe von fünfeinhalb bis sieben Metern, und ich kann nach meinen vielen Beobachtungen behaupten, dass sich Meereis nur äußerst selten bis zu einer Höhe von mehr als acht Metern zusammenschiebt.

Sonnabend, 14. Oktober. Heute haben wir das Ruder wieder angebracht, die Maschine ist ziemlich in Ordnung, und wir sind bereit, nach Norden aufzubrechen, wenn sich das Eis morgen früh öffnet. Es lockert und presst sich noch immer regelmäßig zweimal am Tag.

Heute Abend war der Eisdruck heftig. Die Schollen türmten sich an der Backbordseite gegen die *Fram* auf und waren ein- oder zweimal nahe daran, über die Reling zu stürzen. Dann brach aber unten das Eis, sie fielen zurück und mussten schließlich doch unter uns durchgehen.

Das Eis ist nicht dick und kann nicht viel Schaden anrichten, jedoch ist seine Gewalt manchmal enorm. Unaufhörlich, ohne Unterbrechung kommen die Massen heran; sie sehen aus, als sei kein Widerstand gegen sie möglich, aber langsam und sicher werden sie an den Seiten der *Fram* zermalmt.

Donnerstag, 19. Oktober. Am Morgen unternahm ich eine Schlittenfahrt. Nachdem es mir gelungen war, sechs Hunde vor einen Samojedenschlitten zu spannen, setzte ich mich auf und rief ihnen „Prrr, prrr!" zu, worauf sie in ganz hübschem Tempo über das Eis jagten. Es dauerte nicht lange, so kamen wir an hohes Packeis und mussten wenden. Kaum geschehen, sausten sie wie die wilde Jagd zum Schiff zurück, von dem sie nun nicht wieder fortzubringen waren. Immer rundherum rasten sie, von einem Abfallhaufen zum andern.

Wenn ich vom Fallreep an der Steuerbordseite abfuhr und sie durch Peitschenhiebe auf das Eis hinaustreiben wollte, flogen sie um das Heck herum zum Fallreep an der Backbordseite. Ich zerrte und fluchte und versuchte alles, was mir nur einfiel – umsonst!

Dann stieg ich ab, um den Schlitten zurückzuhalten, wurde aber einfach umgerissen und in meinen glatten Robbenfellhosen auf Rücken, Bauch oder Seite, wie es gerade kam, lustig über das Eis geschleift. Gelang es mir, die verrückten Hunde vor einigen Stücken Packeis oder einem Abfallhaufen anzuhalten, rannten sie wieder zum Steuerbord-Fallreep herum, während ich hinterdreinbaumelte und wütend schwor, ich würde ihnen jeden Knochen im Leibe zerschlagen, wenn ich sie kriegte.

So ging das Spiel weiter, bis sie es wahrscheinlich müde waren und dachten, sie könnten zur Abwechslung auch einmal so laufen, wie ich es wünschte. Sie sausten also wunderschön über die flache Scholle, bis ich einen Augenblick anhielt, um sie Atem schöpfen zu lassen. Allein bei der ersten Bewegung, die ich im Schlitten machte, stürzten sie wieder davon und jagten den Weg zurück, den wir gekommen waren.

Krampfhaft hielt ich fest und zog und wütete und gebrauchte die Peitsche, aber je mehr ich schlug, desto schneller liefen die Hunde ihren eigenen Weg. Endlich bremste ich sie dadurch, dass ich meine Beine zischen den Schlittenkufen in den Schnee steckte und einen starken Robbenhaken ins Eis hineintrieb.

Aber als ich einen Augenblick nicht Acht gab, zogen sie an, und ich lag mit meiner Kehrseite da, wo die Beine gewesen waren, während wir davonbrausten und jener Teil meines Körpers eine tiefe Spur im Schnee zurückließ. Ich verlor das Brett, auf dem ich hätte sitzen sollen, dann die Peitsche, meine Handschuhe, die Mütze, und das trug nicht dazu bei, meine Laune zu bessern.

Meine erste Schlittenfahrt auf eigene Faust

Ein- oder zweimal rannte ich vor die Hunde und hieb mit der Peitsche auf sie ein, um sie mit Gewalt zum Wenden zu bringen. Sie sprangen aber nach beiden Seiten auseinander. Dabei wickelten sich die Zügel um meine Knöchel, sodass ich platt auf den Schlitten geworfen wurde. Nunmehr stürmten meine Zugtiere wilder denn je davon.

Das war die erste Erfahrung, die ich beim Fahren mit Hunden auf eigene Faust machte, und ich will nicht behaupten, dass ich stolz darauf war.

Sonnabend, 21. Oktober. Heute bleibe ich wegen Muskelschmerzen oder Rheumatismus im Schiff. Ein netter arktischer Held von 32 Jahren, der hier in seiner Koje liegt! Habe viele Male die Briefe aus der Heimat gelesen, mich in Gedanken nach Hause versetzt und geträumt. Von der Heimkehr – nach wie vielen Jahren? Mit oder ohne Erfolg? Was liegt daran?

Montag, 23. Oktober. Die Lotleine weist nach Südwesten. Das bedeutet, dass wir nordostwärts treiben. Hansen hat die Beobachtungen vom 19. Oktober an ausgerechnet und gefunden, dass wir zehn Minuten weiter nach Norden gelangt sind und uns auf 78° 15' n. Br. befinden müssen.

Endlich also macht sich, nun da sich der Wind gelegt hat, die nordwärts setzende Strömung bemerkbar.

Mittwoch, 25. Oktober. Gestern Abend hatten wir eine fürchterliche Eispressung auszustehen. Ich wachte davon auf und spürte, wie die *Fram* emporgehoben, erschüttert und umhergeworfen wurde, hörte auch das Krachen des Eises, das an den Schiffsseiten zerschellte. Nachdem ich eine Weile zugehört hatte, schlief ich mit dem behaglichen Gefühl wieder ein, dass es doch gut war, an Bord der *Fram* zu sein. Es wäre verteufelt ungemütlich, wenn wir bei jeder Eispressung bereit sein müssten, aufzustehen oder gar mit unseren Bündeln auf dem Rücken wie die *Tegetthoff*-Leute das Schiff zu verlassen.

Es wird jetzt rasch dunkler. Sooft wir die Sonne sehen, steht sie niedriger und immer niedriger. Bald wird sie verschwunden sein. Der lange Winter steht vor der Tür, und wir werden uns freuen, wenn der Frühling kommt. Doch würde das nichts bedeuten, wenn wir uns nur endlich nordwärts bewegten. Jetzt herrschten südwestliche Winde.

Wir haben unsere Windmühle, die seit mehreren Tagen fertig ist, zur Probe laufen lassen. Sie arbeitet ausgezeichnet. Heute haben wir wunderschönes elektrisches Licht, obwohl der Wind nicht besonders stark ist (fünf bis acht Meter in der Sekunde). Elektrische Lampen sind eine großartige Einrichtung! Welchen Einfluss das Licht doch auf die Stimmung des Menschen hat! Bei Tisch war es heute bemerkbar; das Licht wirkt auf das Gemüt wie ein Schluck guter Wein. Und wie festlich sieht der Salon aus!

Wundervoller Mondschein heute Abend, fast so hell wie Tageslicht. Daneben Nordlicht, das in dem weißen Licht des Mondes gelb und seltsam aussieht. Ein großer Ring um den Mond und dies alles über dem weiten weißen, schimmernden Eis, das sich hier und dort infolge der Pressungen hoch aufgetürmt hat. Und inmitten dieser schweigenden silberglänzenden Eiswelt dreht die Windmühle ihre dunklen Schwingen gegen den dunkelblauen Himmel und das Nordlicht. Ein ergreifender Kontrast: die Zivilisation, die in diese gefrorene, geisterhafte Welt jäh einbricht!

Morgen ist der Geburtstag der *Fram*. Wie viele Erinnerungen ruft der Tag des Stapellaufes vor einem Jahr wach!

Donnerstag, 26. Oktober. Als wir heute Morgen loteten, fanden wir 300 Meter Wasser. Wir treiben rasch nach Norden. Es sieht aus, als ginge die Sache jetzt besser.

Große Feier des Tages. Sie begann mit Scheibenschießen. Dann hatten wir ein köstliches Mittagsmahl, das unseren Magen auf eine schwere Probe stellte. Unter stürmischem Beifall tranken wir auf die Gesundheit der *Fram*.

Nach dem Abendessen gab es Erdbeer- und Zitronenpunsch. Unter großer Feierlichkeit und vielen Scherzen wurden die Preise verteilt, die der Arzt mit Sinnsprüchen versehen hatte. Jeder erhielt einen Preis. An diesem Abend war das Rauchen im Salon erlaubt. Bei Pfeife, Grog und munterem Whist beschlossen wir den genussreichen Festtag.

Nun, da ich hier allein sitze, überdenke ich das Jahr, das vergangen ist, seit wir oben auf der Plattform gestanden und sie den Champagner gegen den Bug geschleudert hatte mit den Worten: „*Fram* sei dein Name!“ Dann war der schwere Rumpf langsam abwärts geglitten. Ich hielt sie fest bei der Hand, Tränen in den Augen, es kam einem etwas in die Kehle, und man brachte kein Wort über die Lippen. Der Rumpf tauchte in das glitzernde Wasser ein, leichter Nebel lag über dem ganzen Bild. Nie werde ich den Augenblick vergessen, als wir dort beisammenstanden.

Getrennt durch Meer und Land und Eis! Noch liegen Jahre zwischen uns. Ich habe das schwermütige Gefühl, dass ich die Heimat so bald nicht wiedersehen werde. Wenn ich darüber nachsinne, weiß ich, dass die Trennung lange dauern kann, und doch will ich es nicht glauben.

Heute nahmen wir auch feierlich Abschied von der Sonne. Um Mittag zeigte sich ihre halbe Scheibe zum letzten Mal über dem Rand des Eises im Süden, ein abgeplatteter Körper mit mattem rotem Schein, aber ohne Wärme. Jetzt beginnt die Winternacht! Was wird sie uns bringen? Wo werden wir sein, wenn die Sonne wiederkehrt? Niemand weiß es zu sagen. Um uns über den Verlust der Sonne zu trösten, leuchtet uns der wundervollste Mond, er wandelt Nacht und Tag am Himmel.

Freitag, 27. Oktober. Die Art und Weise, wie wir hier umhertaumeln, ist grässlich. Wir müssen in ein Loch geraten sein, in dem das Eis rundherum mahlt. Wir kommen nicht weiter. Die Zeit verfliegt nutzlos, und der Himmel weiß, wie lange das so noch dauern soll. Wenn nur ein tüchtiger Südwind käme und uns nach Norden führte, er würde uns helfen!

Das Eis hat eine merkwürdige Neigung, sich zu lockern, ohne dass Pressungen stattgefunden haben. Dann und wann wird das Schiff auf offenem Wasser flott. Heute zum Beispiel.

Montag, 30. Oktober. Die Temperatur ist bis auf minus 27 Grad gesunken. Als ich das Schleppnetz aufholte, das ich gestern versenkt hatte, brachte es zwei Eimer Schlick vom Grund mit herauf. Ich habe mich den ganzen Tag damit beschäftigt, die Bodenprobe im Salon in einem großen Bad auszuspülen, um die darin enthaltenen Tiere auszusortieren. Es waren hauptsächlich Seesterne, Medusen, Seegurken, Korkpolypen, Würmer, Schwämme, Schalentiere und Krustazeen. Ich verwahrte alle sorgfältig in Spiritus.

Dienstag, 31. Oktober. Heute 90 Meter Wassertiefe; die Strömung treibt uns stark nach Südwesten. Wir haben jetzt schönen Wind für die

Mühle, und die elektrischen Lampen brennen den ganzen Tag. Die Bogenlampe unter dem Kajütoberlicht ist so hell, dass wir die Sonne gar nicht vermissen.

Mittwoch, 8. November. Jetzt ist wieder Neumond, und ich rechne mit Pressungen. Tatsächlich ist das Eis schon in Bewegung; es begann sich am Sonnabend zu spalten und ist von Tag zu Tag mehr zerbrochen. Heute hat sich das Eis neben dem Schiff geöffnet, sodass wir beinahe flott sind.

Sonntag, 19. November. Unser Leben verläuft seit über einer Woche in der gewöhnlichen einförmigen Weise. Die *Fram* ist warm und gemütlich. Ob das Thermometer 5 oder 30 Grad unter dem Nullpunkt steht, wir haben kein Feuer im Ofen, wir brauchen es gar nicht. Wir leiden auch nicht viel unter Feuchtigkeit. In der Kabine für vier Personen sammelt sie sich zwar und tropft herab, doch ist das nichts im Vergleich zu dem, was man von anderen Schiffen kennt. Würden wir heizen, so würde die Feuchtigkeit ganz verschwinden. Sobald in meiner Kabine nur kurze Zeit eine Lampe gebrannt hat, ist jede Spur von Feuchtigkeit fort. Meine Gefährten ertragen die Kälte großartig. Bei einem Thermometerstand von 30 Grad unter null geht Bentsen nur in Hemd und Hose an Deck und liest das Thermometer ab.

Während der letzten Tage hatte der Mond manchmal Ringe mit Nebenmonden und Achsen und anderen ziemlich merkwürdigen Lichtbildungen. Wenn er so niedrig steht, dass der Ring den Horizont berührt, bildet sich ein helles Lichtfeld, wo der Horizont den Ring schneidet; ähnliche Lichtflächen entstehen auch dort, wo die lotrechte Achse des Mondes den Horizont trifft. Oft sieht man schwache Regenbogen in diesen glänzenden Lichtfeldern. Dem Horizont am nächsten ist gewöhnlich Gelb die stärkste Färbung, die dann in Rot und später in Blau übergeht. Ähnliche Farben kann man auch an den Nebenmonden unterscheiden. Manchmal sieht man zwei große konzentrische Ringe und vier Nebenmonde.

Die Meerestiefe nimmt stetig zu, während wir nach Norden treiben.

Heute Abend hat Hansen die Beobachtung von vorgestern ausgerechnet und gefunden, dass wir auf 79° 11’ n. Br. stehen. Das ist schön, so müsste es weitergehen! Es ist der nördlichste Punkt, den wir bis jetzt erreicht haben, und heute sind wir vermutlich noch nördlicher. Während der letzten Tage haben wir gute Fortschritte gemacht, und die zunehmende Tiefe deutet eine glückliche Veränderung in der Richtung unserer Drift an. Haben wir am Ende vielleicht doch den richtigen Weg gefunden? Wir treiben täglich fünf Bogenminuten.

Dienstag, 28. November. Die Enttäuschung hat nicht lange auf sich warten lassen. Entweder ist in der Beobachtung oder in Hansens Rechnung ein Fehler; denn eine Jupiter-Höhe, die wir gestern Abend nahmen, zeigt uns, dass wir auf 78° 36' n. Br. stehen. Die heutige Lotung ergab 142 Meter Wasser, und die Lotleine zeigte südwestliche Drift.

Wie ängstlich man auch streben mag, die Dinge mit philosophischem Gleichmut aufzufassen, man fühlt sich bedrückt. Wenn man die Winde zwingen könnte, immer aus Süden zu wehen!

Abends ging ich in ziemlich düsterer Stimmung auf Deck. Nordlicht blitzte in unvergleichlicher Stärke und Schönheit in allen Farben des Regenbogens über den Himmel. Selten habe ich so glänzende Farben gesehen. Gelb herrschte zuerst vor und flackerte allmählich in Grün hinüber. Dann zeigte sich am unteren Ende der Strahlen auf der Unterseite des Bogens Rubinrot, das sich bald über den ganzen Bogen ausbreitete. Und nun ringelt sich eine feurige Schlange vom fernen westlichen Horizont her am Himmel empor, heller und heller erstrahlend. Sie spaltete sich in drei Teile, die alle zauberhaft glänzten und dann die Farben wechselten. Die Schlange im Süden wurde beinahe rubinrot mit gelben Flecken, die in der Mitte gelb und die im Norden grünlich weiß. Zur Seite der Schlangen zuckten Strahlenbündel, als ob sie wie Wellen vom Sturmwind durch den Äther getrieben würden; sie schwankten hin und her, bald stark, bald wieder schwächer. Bis zum Zenit und über ihn hinauf stiegen die Schlangen.

Obwohl ich nur leicht bekleidet war und vor Kälte zitterte, konnte ich mich nicht losreißen, bis das Schauspiel vorüber war und sich nur noch eine schwach glühende Schlange in der Nähe des westlichen Horizontes, wo das Lichtfest begonnen hatte, zeigte.

Mittwoch, 29. November. Wieder ist ein Hund zu Tode gebissen worden: Fox, ein hübsches, kräftiges Tier. Wir fanden ihn heute Abend hinter dem Heck des Schiffes tot und steif auf dem Eis, als wir die Hunde hereinholten. Suggen tat wie gewöhnlich seine Pflicht und bewachte den Leichnam. Es sind Schufte, diese Hunde. Ich habe befohlen, dass sie von jetzt an stets von einem von uns bewacht werden, wenn sie auf dem Eis sind.

Donnerstag, 30. November. Das Lot zeigte heute eine Tiefe von 170 Metern, und es schien nach der Leine, als ob wir nach Nordwesten trieben. Unsere Hoffnungen steigen, und das Leben sieht sich wieder heller an.

Meine Stimmung gleicht einem Pendel, wenn man sich ein Instrument vorstellen kann, das nicht sehr regelmäßig hin- und herschwingt. Es ist sehr leicht, mich davon zu überzeugen, dass es darauf ankommt, die Expedition, erfolgreich oder nicht, durchzuführen und wohlbehalten Norwegen zu erreichen. Mein Plan war so, dass ich fühlte, er müsse gelingen, und deshalb war es meine Pflicht, den Versuch zu machen. Aber wenn er nicht gelingt, ist das dann auch meine Sache? Ich habe meine Pflicht erfüllt, ich habe alles getan, was sich tun ließ, und kann mit gutem Gewissen zu dem friedlichen Glück, das ich daheim verlassen habe, zurückkehren.

Alles dies kann ich mir tausendmal wiederholen. Trotzdem wechselt bei mir die Stimmung je nachdem, ob die Lotungen und die Beobachtungen eine nördliche oder südliche Drift ergeben. Wenn ich an die vielen Leute denke, die an uns glauben, an Norwegen, an alle Freunde, die uns ihre Zeit, ihr Vertrauen und ihr Geld schenkten, dann wünsche ich herzlich, dass sie nicht enttäuscht werden, und ich werde traurig, wenn unsere Drift nicht so ist, wie wir erwartet haben. Und sie, die mir am meisten hingab, verdient sie nicht, dass ihr Opfer belohnt wird? Nein, wir müssen und wollen Erfolg haben.

Sonntag, 3. Dezember. Heute erreichten wir mit mehr als 250 Meter Leine keinen Grund. Die Drift war nordöstlich. Nach der gestrigen Beobachtung stehen wir auf 78° 44' n. Br., das heißt fünf Minuten nördlicher als am Dienstag. Es geht schrecklich langsam, aber es geht wenigstens vorwärts, und vorwärts müssen wir, das ist überhaupt keine Frage.

Dienstag, 5. Dezember. Heute ist der kälteste Tag, den wir bis jetzt gehabt haben, mit einer Temperatur von minus 35,7 Grad und schneidendem Wind aus Ostsüdost. Die Beobachtung am Nachmittag ergibt 78° 50' n. Br., das sind sechs Minuten nördlicher als am Sonnabend oder täglich zwei Minuten. Nachmittags leuchtete ein großartiges Nordlicht. Glänzende Bogen über das ganze Himmelsgewölbe von Osten nach Westen. Wir müssen jetzt auf Eisdruck gefasst sein, da wir heute oder morgen Neumond haben.

Donnerstag, 7. Dezember. Morgens um fünf Uhr schob sich das Eis etwa eine Stunde lang beim Heck zusammen. Ich lag in meiner Koje und hörte es krachen, mahlen und toben.

Freitag, 8. Dezember. Als wir gegen sechs Uhr beim Abendessen saßen, begann plötzlich das Eispressen. Das Eis krachte und brüllte ganz nahe bei uns an den Schiffsseiten entlang, so sehr, dass wir uns nicht mehr richtig unterhalten konnten; wir mussten schreien. Der Wirrwarr dauerte ungefähr zwanzig Minuten, dann war alles still.

Im Laufe des Abends kam Scott-Hansen herunter und meldete uns merkwürdiges und wunderbares Nordlicht. Das Deck war hell beleuchtet, und der Widerschein des Lichtes spielte überall auf dem Eis. Der ganze Himmel glühte davon, war aber am hellsten im Süden, wo riesige schwankende Feuermassen hoch emporloderten. Worte können die Pracht nicht beschreiben, die sich unseren Augen bot. Das glühende Feuer teilte sich in glänzende, vielfarbige Streifen, die sich im Süden wie im Norden über den Himmel wanden und ineinander verschlangen. Es war eine endlose Phantasmagorie von funkelnden Farben.

Manchmal glaubte man, dass irgendetwas Außergewöhnliches eintreten, dass zum Mindesten der Himmel einstürzen müsse. Aber dann sinkt die ganze Erscheinung gleichsam mit einigen raschen, leichten Läufen auf der Tonleiter in das leere Nichts zusammen.

Diese Entwicklung ist durchaus undramatisch, alles geschieht so sicher und so beruhigend, dass man es nicht übel nehmen kann. Man fühlt sich in Gegenwart eines Meisters, der sein Instrument völlig beherrscht. Mit einem einzigen Bogenstrich steigt er von der Höhe der Leidenschaft leicht und elegant zu ruhigen, alltäglichen Weisen hinab, um sich mit einigen weiteren Strichen wieder in Leidenschaft hineinzuspielen. Es scheint, dass er uns äfft und neckt. Wenn wir vor 35 Grad Kälte fliehen und hinuntergehen wollen, erzittern wieder so herrliche Töne über die Saiten, dass wir stehen bleiben, bis wir Nase und Ohren erfroren haben. Als Finale gibt es eine wilde Entfaltung von Feuerwerk in allen Farbtönen, dass man jede Minute erwartet, alles unten auf dem Eis zu sehen, weil am Himmel kein Platz mehr ist.

Sonntag, 10. Dezember. Die gestrige Beobachtung versetzte uns auf 79° 0' n. Br. und 139° 14' ö. L. Endlich waren wir also wieder so weit nördlich gekommen, wie wir Ende September gewesen waren. Die Drift nach Norden scheint jetzt stetig zu sein, zehn Minuten in vier Tagen.

Dienstag, 12. Dezember. Heute Morgen mache ich einen weiten Spaziergang nach Südosten. Das Eis ist dort ähnlich beschaffen wie im Westen, zusammengeschoben und zu Haufen in die Höhe gepresst, mit flachen Schollen dazwischen.

Am Abend lärmten plötzlich die Hunde auf Deck los, während wir alle eifrig beim Kartenspiel saßen, einige beim Whist, andere bei Mariage. Ich hatte keine Schuhe an und sagte, es solle ein anderer hinaufgehen und nachsehen, was los sei. Mogstad ging. Oben wurde der Lärm schlimmer und immer schlimmer. Schnell kam Mogstad zurück. Er berichtete, dass alle Hunde, die die Reling erreichen konnten, hinaufgesprungen seien und in die Dunkelheit hinaus nach Norden bellten. Er sei sicher, es müsse dort irgendein Tier sein.

Als der Lärm nicht aufhörte, ging ich selbst hinauf. Johansen folgte mir. Wir schauten lange und scharf in die Dunkelheit hinaus, entdeckten aber nichts. Dass etwas da sein musste, war ganz sicher, und ich zweifelte auch nicht, dass es ein Bär war, weil die Hunde fast außer sich waren. Pan machte ein Gesicht, als ob er mir etwas Wichtiges zu berichten habe, sprang dann auf die Reling und bellte nach Norden.

Ich gab mich aber zufrieden. Es hätte keinen Sinn gehabt, die Hunde

loszulassen und mit ihnen über das Eis nach Norden zu gehen. Diese elenden Tiere wollen einen Bären nicht angreifen, und außerdem ist es so dunkel, dass wir das Tier schwerlich finden würden. Wenn es ein Bär ist, wird er wiederkommen. Wenn er so hungrig ist wie gewöhnlich zu dieser Jahreszeit, wird er sich kaum weit von dem guten Futter hier an Bord entfernen. Ich schlug die Arme ein paarmal zusammen, um mir ein wenig warm zu machen, und ging zu Bett. Die Hunde bellten weiter.

Nordahl, der die Wache hatte, entdeckte auch nichts. Als ich noch lesend im Bett lag, vernahm ich ein ungewöhnliches Geräusch; es klang, als ob Kisten über Deck geschleift würden, ich hörte auch Kratzen wie von einem Hund, der hinauswill und hastig an einer Tür scharrt. Dabei fiel mir Kvik ein, die im Kartenraum eingeschlossen war. Ich rief Nordahl im Salon zu, er möge lieber nochmals nach oben gehen und nachsehen, was dies neue Geräusch zu bedeuten habe. Er tat es und fand alles in Ordnung.

Ich warf mich lange in meiner Koje umher. Als Peder die Wache bekam, befahl ich ihm, das Luftsegel nach dem Wind zu drehen, um die Luftzufuhr zu stärken. Er ging nach vorn und stellte fest, dass drei von den Hunden fehlten, die ihr Lager am nächsten beim Steuerbord-Fallreep hatten. Möglich, dass dies der ganze Grund der Aufregung war. Indes hatten die Hunde es sich sonst nie so zu Herzen genommen, wenn einige davongelaufen waren. Endlich schlief ich ein, doch hörte ich sie im Schlaf noch lange bellen.

Mittwoch, 13. Dezember. Noch ehe ich heute Morgen völlig wach war, hörte ich die Hunde wieder. Sicher hatte der Lärm die ganze Nacht hindurch angehalten.

Nach dem Frühstück gingen Mogstad und Peder hinauf, um die verwünschten Tiere zu füttern und auf das Eis zu lassen. Drei fehlten noch immer. Peder kam zurück und holte eine Laterne, um nachzusehen, ob Spuren zu finden waren. Jacobsen rief ihm nach, er solle lieber ein Gewehr holen.

Etwas später, als ich voller Sorge berechnete, wie viel Petroleum wir verbraucht hätten und wie kurze Zeit es noch reichen würde, wenn wir so wie bisher davon verbrauchten, hörte ich auf dem Kajüteingang plötzlich schreien: „Kommt mit einer Büchse!“

Im Nu war ich im Salon. Peder taumelte zur Tür herein und schrie atemlos: „Eine Büchse! Eine Büchse!" Ein Bär hatte ihn in die Seite gebissen.

Ich dankte Gott, dass es nichts Schlimmeres war. Als ich ihn schreien hörte, glaubte ich, es handle sich um Leben und Tod. Ich ergriff eine Büchse, er eine zweite, und dann stürzten wir nach oben, der Steuermann ebenfalls bewaffnet hinterdrein.

Es war nicht schwer zu bestimmen, in welche Richtung wir uns wenden sollten; denn von der Reling an der Steuerbordseite hörten wir menschliche Stimmen und vom Eis unter dem Fallreep her den fürchterlichen Aufruhr der Hunde. Ich riss den Wergpfropfen aus der Mündung meiner Büchse heraus und lud; der Fall war eilig. Aber zum Henker, am unteren Ende saß ebenfalls ein Pfropfen. Ich zerrte und zerrte, konnte ihn aber nicht zu fassen kriegen.

Peder schrie: „Schießt doch, schießt doch! Meins will nicht losgehen!"

Da stand er nun; das Schloss schnappte und schnappte, weil es wieder voll gefrorener Vaseline war, während der Bär gerade unter uns dicht neben der Schiffsseite lag und an einem Hund kaute. Neben mir stand der Steuermann, der auch vergeblich an einem Wergpfropfen im Lauf seiner Büchse zerrte; ärgerlich warf er das Gewehr fort und schaute sich nach einem Walrossspeer um, um den Bären zu erstechen.

Unser vierter Mann, Mogstad, hatte seine Patronen verschossen, er schwang die leere Büchse und schrie, jemand solle den Bären doch endlich erlegen. Vier Männer, und darunter nicht ein einziger, der schießen konnte, obwohl wir den Bären mit den Läufen hätten am Rücken kitzeln können!

Endlich kam Johansen und schickte dem Bären eine Kugel in den Pelz, die einigen Erfolg hatte. Das Ungetüm gab den Hund frei und ließ ein Brummen hören. Ein zweiter Schuss blitzte auf und traf das Tier an derselben Stelle, dann noch einer. Jetzt sprang der weiße Hund, den der Bär in den Klauen gehabt hatte, auf und rannte davon, während die übrige Meute rundherum stand und bellte. Wieder fiel ein Schuss. Der Bär bewegte sich noch. In diesem Augenblick flog der Pfropfen aus meiner Büchse heraus. Ich jagte dem Bären eine letzte Kugel durch den Kopf, um ganz sicher zu sein. Solange er lebendig gewesen war, hatten sich die Hunde bellend um ihn gedrängt; nun, da er im Tode still lag, zogen sie sich furchtsam zurück. Wahrscheinlich dachten sie, es sei eine List ihres Feindes. Es war ein kleines, mageres, einjähriges Tier, das den schrecklichen Aufruhr verursacht hatte.

Während der Bär abgehäutet wurde, wanderte ich in nordwestlicher Richtung, um die Hunde zu suchen, die noch immer fehlten. Ich kroch auf allen vieren über das zerklüftete Packeis und hatte die Büchse schussbereit. Dabei hielt ich beständig Ausschau nach vorn, meine Augen vermochten jedoch die Dunkelheit nicht sehr weit zu durchdringen. Ich sah die Hunde, die wenige Schritte vor mir herliefen, nur gerade noch als schwarze Schatten und erwartete jeden Augenblick, dass zwischen den Eishügeln eine ungeheure Gestalt auftauchte und sich auf mich stürzte. Die Hunde wurden immer vorsichtiger; zwei setzten sich hin, dann aber fühlten sie vermutlich, dass es eine Schande wäre, mich allein gehen zu lassen, und sie kamen mir langsam nach. Wir gelangten auf flaches Eis, und es war klar, dass irgendetwas ganz in der Nähe sein musste. Dann sah ich einen dunklen Fleck auf dem Eis vor mir. Ich beugte mich nieder: Es war unser armer „Johansens Freund“, ein schwarzer Hund mit weißer Schwanzspitze – steif gefroren. Daneben war noch etwas anderes Dunkles: der zweite der vermissten Hunde, ein Bruder des Leichenwächters Suggen. Er war noch fast unversehrt und nur am Kopf angefressen, auch noch nicht ganz steif gefroren. Rund herum schien auf dem Eis Blut zu sein. Ich schaute in alle Richtungen, entdeckte aber nichts. Die Hunde hielten sich in respektvoller Entfernung und starrten und witterten in die Richtung ihrer toten Gefährten. Bald darauf kamen einige von unseren Leuten. Sie brachten eine Laterne mit.

Während wir über das Packeis kletterten, rief ich: „Kommt hierher mit der Laterne, Bentsen! Ich glaube, hier sehe ich Spuren!“ Wir beleuchteten einige Vertiefungen im Schnee; es waren ganz sicher Spuren von Bärentatzen, aber von demselben kleinen Burschen. „Hier hat er einen Hund hinter sich hergeschleift!“

Beim Licht der Laterne konnten wir den blutgetränkten Pfad zwischen den Eishügeln verfolgen. Svarten alias „Johansens Freund" sah bös aus, Fleisch, Haut und Eingeweide waren fort, und es war nichts mehr übrig als die bloße Brust und das Rückgrat mit einigen Rippenstümpfen. Es war ein Jammer, dass der schöne, starke Hund so enden musste. Eine besondere Abneigung hatte er gegen Johansen, den er anbellte und dem er die Zähne zeigte, sobald er an Deck kam oder nur eine Tür öffnete. Saß Johansen pfeifend im Mast oder in der Tonne, dann pflegte sein „Freund" ihn mit einem wahren Wutgeheul vom Eis her zu antworten.

„Freuen Sie sich, Johansen, dass Ihr Feind nun tot ist?"

„Nein, es tut mir Leid."

„Weshalb?"

„Weil wir uns nicht versöhnt haben, bevor er starb."

Wir suchten noch nach weiteren Bärenspuren, fanden aber keine; wir nahmen darum die toten Hunde auf den Rücken und wandten uns heimwärts.

Unterwegs erkundigte ich mich bei Peder, was zwischen ihm und dem Bären geschehen sei.

„Als ich mit Mogstad daherkam, bemerkten wir in der Nähe des Fallreeps Blutspuren, die aber ebenso gut von einem Hund herrühren konnten, der sich verletzt hatte. Auf dem Eis unter dem Fallreep sahen wir Bärenspuren. Daraufhin brachen wir nach Westen auf und mit uns die ganze Meute Hunde, die weit voranstürmte. Wir waren noch nicht weit vom Schiff weg, als plötzlich vor uns ein fürchterlicher Spektakel losging. Es dauerte nicht lange, da stürmte ein großes Tier, mit der Hundemeute um sich herum, gegen uns heran. Sobald wir sahen, was es war, machten wir kehrt und rannten, so schnell wir konnten, zum Schiff zurück.

Mogstad hatte *komager*, Lappenschuhe, an und kannte den Weg besser, sodass er vor mir beim Schiff war. Ich konnte mit meinen großen Holzschuhen nicht so schnell fort, und in der Verwirrung geriet ich gerade auf den großen Eishügel westlich vom Bug des Schiffes. Dort drehte ich mich um und leuchtete zurück, um zu sehen, ob der Bär noch hinter mir war, doch entdeckte ich nichts und lief weiter; aber als ich auf das flache Eis nahe am Schiff gelangte, sah ich rechts von mir etwas gerade auf mich zukommen. Erst dachte ich, es wäre ein Hund, man kann das im Dunkeln nicht so leicht erkennen; zu einem zweiten Gedanken hatte ich keine Zeit mehr; denn das Vieh sprang mich an und biss mich in die Seite."

„Was habt Ihr denn dabei gedacht, Peder?"

„Ich dachte, es sei aus mit mir. Was sollte ich machen? Ich hatte weder Gewehr noch Messer; ich nahm also die Laterne und gab ihm damit einen derben Schlag auf den Kopf, dass das Ding zerbrach und über das Eis flog.

Als der Bär den Schlag fühlte, setzte er sich nieder und blickte mich an. Als er wieder aufstand, hatte ich schon Fersengeld gegeben; ich weiß nicht, ob er mich noch einmal fassen wollte oder weshalb er sonst aufstand, jedenfalls sah er in diesem Augenblick einen Hund herankommen. Er verfolgte ihn, und ich gelangte an Bord!"

„Habt Ihr geschrien, Peder?"

„Aus Leibeskräften!"

„Aber wo war denn Mogstad während der ganzen Zeit?"

„Er holte seine Büchse und wollte die Sache allein erledigen. Aber sein Gewehr ging nicht los. Wenn er gewollt hätte, wäre dem Bären genügend Zeit geblieben, mich ihm vor der Nase wegzufressen!"

Ich hegte die schwache Hoffnung, dass der dritte Hund noch am Leben war; wir suchten nach ihm, fanden ihn aber nicht. Alles in allem ist das eine beklagenswerte Geschichte. Ein Bär war an Bord geklettert, und wir hatten drei Hunde auf einmal verloren!

Als ich nach dieser Bärengeschichte nach unten ging, sagte Juell zu mir: „Sie werden sehen, Kvik bekommt heute Junge; denn es ist bei uns an Bord immer so, dass die Ereignisse zusammentreffen."

Und wirklich, als wir abends im Salon saßen, meldete Mogstad, unser Hundeaufseher, die Ankunft des ersten. Bald stellte sich noch eins und dann noch eins ein. Diese Nachricht war wenigstens etwas Balsam für unsere gekränkten Gemüter.

Kvik hatte oben im Durchgang an der Steuerbordseite eine mit Pelz ausgefütterte, mollige Kiste erhalten, in der es so warm ist, dass sie schwitzt; wir hoffen, dass die Jungen trotz der 48 Grad Kälte am Leben bleiben.

Heute Abend schien jeder ein wenig zu zögern, unbewaffnet auf das Eis zu gehen. Wir holten darum unsere Bajonettmesser hervor. Ich muss gestehen, ich war überzeugt gewesen, dass wir mitten im Winter so weit nördlich keine Bären finden würden.

Donnerstag, 14. Dezember.

„Nun, Mogstad, wie viel junge Hunde habt Ihr jetzt?", fragte ich beim Frühstück.

„Es sind jetzt fünf!"

Bald meldete er aber, dass es wenigstens zwölf seien.

Das ist ein schöner Ersatz für unseren Verlust. Und doch freuten wir uns beinahe ebenso sehr, als Johansen herunterkam und sagte, er habe den vermissten Hund weit weg im Nordwesten auf dem Eis heulen hören.

Als Peder nach dem Frühstück die Hunde fütterte, war der Vermisste wieder da und stand am Fallreep. Er war hungrig, aber sonst wohl und gesund und machte sich sofort über den Futtertrog her.

Freitag, 15. Dezember. Nachmittags besichtigte ich Kviks Junge. Es waren 13; ein seltsames Zusammentreffen – 13 junge Hunde am 13. Dezember für 13 Mann. Fünf wurden getötet; acht kann Kvik ernähren.

Nach einer am Dienstag vorgenommenen Beobachtung müssen wir ziemlich nahe an 79° 8' n. Br. stehen. Dies wären acht Minuten Drift in den drei Tagen seit Sonnabend; es wird immer besser. Weshalb will es nicht schneien? Weihnachten ist nahe, aber was ist Weihnachten ohne Schnee, dicht fallenden Schnee? Während der ganzen Zeit, die wir getrieben sind, hat es noch nicht einmal geschneit. Die harten Körner, die hin und wieder herabkommen, sind nichts. Der schöne weiße Schnee, der so sanft und still fällt und jeden harten Umriss mit einer reinweißen Schutzdecke tilgt! Es gibt nichts so köstlich Ruhiges, Weiches und Weißes.

Mittwoch, 20. Dezember. Sverdrup und „Schmied Lars" haben eine große Bärenfalle angefertigt, die heute auf dem Eis aufgestellt wurde.

Da ich aber fürchte, dass darin mehr Hunde als Bären gefangen werden, hängten wir sie an einem Galgen so hoch auf, dass die Hunde den Walspeck, der als Köder in der Falle befestigt war, im Springen nicht mehr erreichen können. Sämtliche Hunde verbringen jetzt den Abend damit, dass sie von der Reling aus dieses neue Gerät im Mondschein draußen anbellen.

Donnerstag, 21. Dezember. Die Zeit vergeht. Nun haben wir schon den kürzesten Tag, obwohl wir hier gar keinen Tag haben. Aber wir gehen wieder dem Licht und dem Sommer entgegen. Heute loteten wir und ließen 2100 Meter Leine auslaufen, ohne Grund zu erreichen. Mehr Leine haben wir nicht. Wer hätte gedacht, dass wir so tiefes Wasser finden?

Freitag, 22. Dezember. Vergangene Nacht erlegten wir einen Bären. Jacobsen sah ihn während seiner Wache zuerst und schoss auf ihn. Das Tier machte sich auf und davon. Dann kam Jacobsen in die Kajüte und berichtete uns davon. Nun gingen Mogstad und Peder an Deck. Sverdrup wurde ebenfalls geweckt und kam später nach.

Der Bär war wieder auf dem Weg zum Schiff. Plötzlich gewahrte er auf dem Eis den Galgen mit der Falle und wandte sich dorthin. Er betrachtete den Apparat genau, erhob sich dann vorsichtig auf den Hinterbeinen und legte die rechte Tatze auf den Querbaum gerade neben der Falle, starrte zögernd den köstlichen Bissen an, schien aber den hässlichen Klappen rundherum durchaus zu misstrauen.

Mittlerweile war Sverdrup auf das Deckshaus gestiegen und beobachtete ihn von dort im glitzernden Mondschein. Das Herz klopfte ihm; jeden Augenblick erwartete er, dass die Falle zuschnappte. Allein der Bär schüttelte argwöhnisch den Kopf, ließ sich langsam wieder auf alle viere nieder, schnüffelte vorsichtig an dem Draht, mit dem die Falle gesichert war, und ging dann daran entlang bis zu der Stelle, wo der Draht an einem Eisblock befestigt war. Er ging rundherum und sah, wie geschickt alles eingerichtet war; dann verfolgte er langsam den Draht zurück, richtete sich wieder wie vorher auf, mit der Tatze auf dem Querbalken des Galgens, schaute lange die Falle an und schüttelte noch einmal den Kopf, als ob er sagen wollte: Diese hinterlistigen Kerle

Eisbär an der Falle

haben sich das ganz geschickt ausgedacht! Dann nahm er den Marsch zu dem Schiff erneut auf. Als er noch 60 Schritt vom Bug entfernt war, gab Peder Feuer; der Bär stürzte, sprang aber wieder auf und machte sich davon. Nun feuerten Jacobsen, Sverdrup und Mogstad, und jetzt brach der Bär zwischen Eishügeln zusammen. Er wurde sofort abgehäutet, doch fand man in dem Fell nur das Loch einer einzigen Kugel hinter den Schulterblättern. Peder, Jacobsen und Mogstad schrieben sich jeder diese Kugel zu, Sverdrup gab seinen Anspruch auf, weil er zu weit Richtung Heck gestanden hatte.

Sonntag, 24. Dezember. Weihnachtsabend. 37 Grad Kälte. Glitzernder Mondschein und die unendliche Stille der arktischen Nacht. Ich machte einen Spaziergang auf dem Eis. Der erste Weihnachtsabend, wie weit von der Heimat!

Von diesem Tag sind im Tagebuch keine Einzelheiten mitgeteilt; aber wenn ich an ihn zurückdenke, wie klar tritt alles wieder vor mich hin! Es herrschte eine eigentümlich gehobene Stimmung an Bord wie sonst bei uns durchaus nicht üblich. Jeder beschäftigte sich in seinen geheimsten Gedanken mit der Heimat, allein die Kameraden sollten das nicht merken, und infolgedessen wurde mehr gescherzt und gelacht als sonst. Alle Lampen und Lichter, die wir an Bord hatten, brannten, und jede Ecke im Salon und in den Kabinen wurde glänzend erleuchtet.

Die Verpflegung an diesem Fest übertraf natürlich die aller früheren Tage; denn Essen war das Einzige, womit wir Feste feiern konnten. Nach dem Abendessen kamen ganze Berge von Weihnachtskuchen, die Juell während mehrerer Wochen fleißig gebacken hatte, auf den Tisch.

Den Höhepunkt erreichte die Feier, als zwei Kisten mit Weihnachtsgeschenken herbeigebracht wurden, die eine von Scott-Hansens Mutter, die andere von seiner Braut. Rührend die Freude, mit der jeder seine Gabe empfing, mochte es nun eine Pfeife, ein Messer oder sonst eine Kleinigkeit sein; man fühlte, dass es gleichsam eine Botschaft aus der Heimat war.

Montag, 25. Dezember. Zu Hause werden sie jetzt viel an uns denken und uns wegen der Entbehrungen, die wir in dieser kalten, trostlosen Eisregion zu ertragen haben, viele mitleidige Seufzer weihen. Ich fürchte aber, ihr Mitgefühl würde sich abkühlen, wenn sie uns sehen, unsere Fröhlichkeit hören und Zeuge unserer Behaglichkeit und unseres guten Mutes sein könnten. Ihnen kann es zu Hause kaum besser gehen. Was mich selbst betrifft, so habe ich noch niemals ein so ausschweifendes Leben geführt und niemals so viel Grund gehabt, die Folgen zu fürchten, die es mit sich bringt. Man höre nur die Speisefolge unseres heutigen Mittagessens: Ochsenschwanzsuppe, Fischpudding mit Kartoffeln und geschmolzener Butter, Rentierbraten mit Erbsen, französischen Bohnen, Kartoffeln und eingemachten Kronsbeeren, Moltebeeren mit Sahne, Kuchen und Marzipan. Und zu alledem Ringnæs-Bockbier! Ist das nun die richtige Art von Essen für Leute, die sich gegen die Schrecken der Polarnacht abhärten sollen? Wir hatten alle so viel gegessen, dass das Abendessen ausfallen musste.

Zählt man zu den guten Dingen noch unser fest gebautes, sicheres Wohnhaus hinzu, unseren behaglichen Salon, den eine große und mehrere kleine Petroleumlampen erleuchten, wenn wir gerade kein elektrisches Licht haben, ferner die beständige Fröhlichkeit, das Kartenspiel und die große Menge von Büchern mit und ohne Bilder, die unterhaltende Lektüre boten, und endlich einen tüchtigen, gesunden Schlaf – was konnte man sich Besseres wünschen?

Donnerstag, 28. Dezember. Dicht vor der *Fram* hat sich eine neue Rinne gebildet, so breit, dass das Schiff quer darin liegen könnte. Sie hat sich letzte Nacht mit Eis bedeckt, in dem sich heute leichter Druck zeigt. Merkwürdig, wie gleichgültig wir gegen solche Eispressungen sind, die manchem anderen Polarforscher so große Sorge gemacht haben!

Wir haben nichts, aber auch nichts für einen Unfall vorbereitet, keine Kleidung in Bereitschaft. Das mag wie Leichtsinn aussehen, in Wirklichkeit ist aber kaum zu erwarten, dass der Eisdruck uns schadet; wir wissen jetzt, was die *Fram* verträgt.

Stolz auf unser starkes Schiff, stehen wir auf dem Deck und beobachten, wie das Eis gegen seine Seiten stößt, hier zermalmt und zerbrochen wird und unter ihm durchgehen muss.

Ich lese gerade die Geschichte von der Expedition Kanes (1853–55). Der Unglückliche! Seine Vorbereitungen waren jämmerlich unzureichend. Fast alle Hunde starben an schlechter Nahrung, alle Leute hatten aus demselben Grund Skorbut, dazu gesellten sich Schneeblindheit, Frostbeulen und allerhand anderes Elend. Kane bekam eine heilige Scheu vor der arktischen Nacht. Er schreibt in seinem Werk: „Ich fühle, dass wir den Kampf ums Dasein unter ungünstigen Umständen führen und dass ein arktischer Tag und eine arktische Nacht den Menschen schneller und ernstlicher altern lassen als ein Jahr irgendwo sonst auf dieser mühseligen Welt." Das waren traurige, aber keineswegs vereinzelte Erfahrungen. Ein englischer Polarforscher äußerte sich ebenfalls sehr entmutigend über das Leben in den Polargebieten. Er war der Meinung, dass Skorbut unvermeidlich und noch keine Expedition ihm entgangen sei.

Was mich selbst betrifft, so kann ich sagen, dass die arktische Nacht keinen alternden oder schwächenden Einfluss auf mich ausgeübt hat; im Gegenteil, ich scheine jünger zu werden. Diese ruhige, regelmäßige Lebensweise bekommt mir außerordentlich gut, und ich kann mich an keine Zeit erinnern, in der ich gesünder war, als ich jetzt bin. Ich weiche so sehr von jenen Autoritäten ab, dass ich die Arktis als ein ausgezeichnetes Sanatorium für Fälle von Nervosität und allgemeiner Schwäche empfehlen möchte. Fast schäme ich mich des Lebens, das wir führen, ohne alle jene so düster geschilderten Leiden der langen Winternacht, die angeblich notwendigerweise mit jeder arktischen Expedition verbunden sein sollten.

Dasselbe, was ich von mir gesagt habe, kann ich auch von meinen Gefährten behaupten: Sie sehen sämtlich gesund und wohl genährt aus und sind es auch. Da ist keins jener blassen, hohlwangigen Gesichter, da ist keine Niedergeschlagenheit. Und wer es bezweifelt, müsste nur das Gelächter im Salon hören und uns beim Kartenspiel zusehen.

Woher sollte auch wohl Krankheit kommen? Bei der allerbesten Nahrung, die so abwechslungsreich ist, dass selbst der Wählerischste ihrer nicht überdrüssig wird; bei guter Wohnung, guter Kleidung, Bewegung in der freien Luft nach Belieben, bei Arbeit, die eher Vergnugen als Anstrengung ist, bei lehrreichen und fesselnden Büchern, Erholung bei Karten-, Schach-, Domino- und Halma-Spiel, bei Musik und Geschichtenerzählen – wie könnte da wohl jemand krank werden? Hin und wieder höre ich eine Bemerkung, dass man vollauf mit dem Leben zufrieden ist. Das ganze Geheimnis liegt in der vernünftigen Anordnung der Dinge.

Was meiner Ansicht nach eine besonders gute Wirkung auf uns ausübt, ist, dass wir alle zusammen in einem Salon leben und alles allen gemeinsam ist. Soviel ich weiß, ist dies das erste Mal, dass ein solcher Versuch gemacht worden ist, er ist sehr zu empfehlen.

Sonntag, 31. Dezember. Letzter Tag des Jahres. Es ist ein langes Jahr gewesen, und es hat Gutes und Schlimmes gebracht. Es fing mit Gutem an, es schenkte mir mit Klein Liv ein Glück, so neu, so seltsam, dass ich anfangs gar nicht daran glauben mochte. Schwer war dann der Abschied: Seitdem ist mir die ganze Zeit ein einziges, sehnsüchtiges Verlangen gewesen.

Endlich bist du doch abgetan, altes Jahr! Du hast uns nicht so weit gebracht, wie du hättest sollen, und doch hättest du es noch schlimmer machen können, du bist trotz alledem nicht so ganz schlecht gewesen. Sind nicht unsere Hoffnungen und Berechnungen gerechtfertigt worden, und treiben wir jetzt nicht gerade da, wo ich es gewünscht und gehofft hatte? Nur eins war verkehrt – ich habe nicht gedacht, dass die Drift in so vielen Zickzackzügen vor sich gehen würde.

Einen schöneren Silvesterabend hätte es nicht geben können. Das Nordlicht erstrahlt in wundervollen Farben und Lichtstreifen über dem ganzen Himmel, namentlich aber im Norden. Tausende von Sternen funkeln zwischen dem Nordlicht am blauen Firmament. Nach allen Seiten dehnt sich das Eis endlos und schweigend in die Nacht hinaus; die reifbedeckte Takelung der *Fram* hebt sich scharf und dunkel gegen den leuchtenden Himmel ab.

Montag, 1. Januar 1894. Es ist schönes, klares Wetter, 38 Grad unter null.

Ich liege in meiner Koje, schreibe, lese und träume. Es ist immer ein seltsames Gefühl, wenn man zum ersten Mal die Zahl des neuen Jahres schreibt. Dann erst erfasst man die Tatsache, dass das alte Jahr der Vergangenheit angehört, dass das neue Jahr da ist und man bereit sein muss, sich mit ihm herumzubalgen. Wer weiß, was es bringen wird? Gutes und Schlimmes ohne Zweifel, aber meist Gutes, und das kann doch nur sein, dass wir unserem Ziel und der Heimat entgegengehen. Ja, führe uns, wenn nicht an unser Ziel – das würde noch zu früh sein –, so doch wenigstens in seine Richtung! Stärke unsere Hoffnung, aber vielleicht – nein, kein Vielleicht!

Meine wackeren Jungen verdienen Erfolg. In ihren Gedanken herrscht kein Zweifel. Sie vertrauen mir und meinen Theorien. Ein jeder hat sein ganzes Herz darangesetzt, nordwärts zu kommen; ich lese es in ihren Gesichtern, es glänzt aus jedem Auge. Wenn wir südwärts treiben, höre ich Seufzer der Enttäuschung, aber auch erleichtertes Aufatmen, wenn es wieder nach Norden geht.

Scott-Hansens Observatorium

Scott-Hansens Beobachtungszelt auf dem Eis

Mittwoch, 3. Januar. Sobald sich bei dieser Temperatur Eis bildet, scheidet sich durch den Frost an der Oberfläche das Salz aus, das zu hübschen Blumen gefriert und wie Raufrost aussieht. Die Temperatur ist zwischen 39 und 40 Grad unter null, weht dazu noch ein schneidender Wind mit einer Geschwindigkeit von drei bis fünf Meter in der Sekunde, dann ist es „ziemlich kühl im Schatten".

Scott-Hansen und sein Assistent machen Beobachtungen. Die meteorologischen Ablesungen, die alle vier Stunden notiert werden, sind Johansens besondere Aufgabe. Astronomische Beobachtungen werden in der Regel jeden zweiten Tag gemacht, um die Position zu bestimmen und uns über unsere krebsartigen Fortschritte auf dem Laufenden zu halten. Diese Beobachtungen sind bei einer Temperatur zwischen minus 30 und minus 40 Grad ein zweifelhaftes Vergnügen; still an Deck stehen, an den feinen Instrumenten arbeiten und die Metallschrauben mit den bloßen Fingern anziehen ist nicht angenehm. Oft schlagen die Beobachter die Arme zusammen und laufen stark trampelnd auf Deck hin und her. Haben sie so einen donnernden Negertanz, der das ganze Schiff erschüttert, über unseren Köpfen ausgeführt und erscheinen sie wieder im Salon, so werden sie mit lautem Lachen empfangen und ganz unschuldig gefragt, ob es an Deck kalt gewesen sei.

„Nicht im Geringsten", sagte Hansen, „geradezu mollig."

„Aber kalte Füße haben Sie bekommen?"

„Nein, das kann ich nicht sagen, doch werden einem die Finger manchmal ein wenig steif."

Ihm waren nämlich gerade zwei Finger erfroren, und doch weigerte er sich, einen der Anzüge aus Wolfsfell zu tragen, die ich für die Meteorologen ausgegeben hatte.

„Es ist dazu noch zu mild", meinte er, „und es ist nicht gut, wenn man sich verzärtelt!"

Ich glaube, das Thermometer stand 40 Grad unter null, als Hansen eines Morgens in Hemd und Unterbeinkleidern an Deck stürzte, um die Instrumente abzulesen. Er behauptete, er habe keine Zeit gehabt, sich anzuziehen.

 Alle Berechnungen, mit nur einer Ausnahme, haben sich als richtig erwiesen. Wir haben den Weg längs der Küste von Asien gemacht, was uns, wie viele prophezeiten, große Schwierigkeiten bereiten würde. Wir haben weiter nach Norden segeln können, als ich selbst in den kühnsten Augenblicken zu hoffen gewagt, und gerade nach dem Meridian, den ich mir gewünscht hatte. Wir sind vom Eis eingeschlossen, wie ich es ebenfalls gewünscht hatte. Die *Fram* hat die Eispressungen prachtvoll ausgehalten und lässt sich, ohne nur zu krachen, durch den Eisdruck in die Höhe heben, obwohl sie schwerer mit Kohlen beladen ist und einen größeren Tiefgang besitzt, als wir bei Aufstellung unserer Berechnungen angenommen hatten. Und dabei hatten die Erfahrensten in diesen Sachen ihr und uns sicheren Untergang prophezeit!

Nur in einem Punkt haben meine Berechnungen sich als falsch erwiesen und leider in einem der wichtigsten. Ich hatte ein seichtes Polarmeer vorausgesetzt, da die aus diesen Gegenden bekannte größte Tiefe von der *Jeannette* mit 150 Metern gemessen war. Ich schloss daraus, dass alle Strömungen in dem seichten Polarmeer einen starken Einfluss ausüben würden und dass an der asiatischen Seite der von den sibirischen Flüssen veranlasste Strom stark genug sein müsse, um das Eis nach Norden zu treiben. Nun aber finde ich hier schon eine Tiefe, die wir mit unserer ganzen Leine nicht messen können, eine Tiefe von gewiss 1800 Metern und möglicherweise dem Doppelten.

Das hat sofort mein ganzes Vertrauen zu der Strömung über den Haufen geworfen, wir finden entweder gar keine oder nur eine sehr geringe Strömung, und unsere einzige Hoffnung setzen wir jetzt auf die Winde. Kolumbus entdeckte Amerika durch eine falsche Berechnung, die nicht einmal von ihm selbst herrührte; der Himmel weiß, wohin mein Irrtum uns führen wird. Ich wiederhole nur, das sibirische Treibholz an der Küste von Grönland kann nicht lügen, und den Weg, den es gemacht hat, müssen auch wir gehen.

Montag, 8. Januar. Klein Liv ist heute ein Jahr alt; zu Hause wird Festtag sein. Als ich nach dem Essen auf dem Sofa lag und las, steckte Peder den Kopf durch die Tür und forderte mich auf, nach oben zu kommen und mir einen merkwürdigen Stern anzusehen, der sich soeben über dem Horizont zeige und wie das Feuer einer Bake scheine.

Ich bekam fast einen Schreck, als ich im Süden direkt über dem Eisrand ein starkes rotes Licht sah, das funkelte und die Farbe veränderte. Es sah aus, als ob jemand mit einer Laterne über das Eis käme. Ich glaube wirklich, ich habe einen Augenblick meine Umgebung so weit vergessen, dass ich dachte, es nähere sich in der Tat jemand von Süden her. Es war die Venus, die bis jetzt unter dem Horizont gestanden hatte und die wir heute zum ersten Mal sahen. Sie war wunderschön mit ihrem roten Licht.

Sonntag, 14. Januar. Die Zeit verfliegt beinahe schnell, und jeden Tag wird es heller. Gestern war das Eis ruhig, heute Morgen aber herrschte an verschiedenen Stellen wieder beträchtlicher Eisdruck. Ich machte einen weiten Marsch nach Südwesten und geriet mitten in die Pressungen hinein. Das Zusammenschieben begann gerade, wo ich stand, mit donnerndem Getöse unter mir und auf allen Seiten; ich sprang und rannte wie ein Hase, gerade als ob ich so etwas noch nie gehört hätte; es kam so unerwartet. Das Eis war im Süden merkwürdig flach; je weiter ich ging, desto flacher wurde es, und dabei war die Oberfläche ganz vorzüglich für Schlittenfahrten geeignet. Auf solchem Eis könnte man täglich viele Kilometer fahren.

Montag, 15. Januar. Je länger ich hier umherstreife und dieses Eis nach allen Richtungen hin ansehe, desto stärker erfasst mich ein Plan, mit dem ich in Gedanken schon lange umgegangen bin.

Mit Hunden und Schlitten müsste es möglich sein, auf diesem Eis den Pol zu erreichen. Den Rückweg würde man dann in der Richtung auf Franz-Joseph-Land, Spitzbergen oder die Westküste von Grönland nehmen. Für zwei Leute könnte man es fast als eine leichte Expedition bezeichnen.

Allein, es wäre voreilig, im Frühjahr aufzubrechen. Erst müssen wir sehen, welche Drift der Sommer bringt. Und wenn ich darüber nachdenke, halte ich es für zweifelhaft, ob es richtig wäre, mich zu entfernen und die anderen zu verlassen. Man denke sich nur, wenn ich nach Hause käme und sie nicht!

Und doch bin ich hierher gekommen, um die unbekannten Polargebiete zu erforschen; dafür haben die Norweger ihr Geld hergegeben, und es ist sicher meine erste Pflicht zu tun, was ich kann. Ich muss die Drift noch einer längeren Probe unterziehen. Wenn wir aber in eine verkehrte Richtung geführt werden, dann bleibt nichts anderes übrig, als den Polmarsch anzutreten, komme danach, was da wolle!

Donnerstag, 18. Januar. Letzte Nacht hatte ich einen merkwürdigen Traum. Ich war heimgekehrt. Noch fühle ich etwas von der zitternden, mit Furcht gepaarten Freude, mit der ich mich dem Land und der ersten Telegrafenstation näherte. Ich hatte meinen Plan ausgeführt, wir hatten den Nordpol erreicht und waren nach Franz-Joseph-Land zurückgelangt. Ich hatte nichts gesehen als Treibeis, und als mich die Leute fragten, wie es dort oben aussähe und wie wir gewusst hätten, dass wir am Pol seien, vermochte ich keine Antwort zu geben, ich hatte vergessen, genaue Beobachtungen anzustellen.

Freitag, 19. Januar. Prachtvoller Wind mit einer Geschwindigkeit von vier bis neun Metern in der Sekunde. Wir gehen mit großartiger Schnelligkeit nach Norden. Das rot glühende Zwielicht ist um Mittag jetzt so hell, dass, wenn wir südlicher stünden, wir in wenigen Minuten die Sonne in glänzender Pracht am Horizont aufsteigen sehen müssten. Noch einen Monat, dann ist es so weit.

Dienstag, 23. Januar. Als ich heute Morgen an Deck kam, saß Kaiphas an Backbord neben dem Heck auf dem Eis und bellte unaufhörlich nach Osten. Ich ging mit einem Revolver hin. Sverdrup folgte mir. Als ich in die Nähe des Hundes kam, rannte er uns voran; offenbar war dort ein Tier, und dies konnte natürlich nur ein Bär sein.

Der Vollmond schien rot und stand im Norden; sein schwaches Licht fiel schräg auf die zerrissenen Eisflächen. Die Hügel warfen lange und vielgestaltige Schatten. Ich entdeckte in diesem Wirrwarr aber nichts. Wir gingen weiter, Kaiphas, knurrend und bellend und die Ohren spitzend, voran, ich hinter ihm her, jeden Augenblick erwartend, dass ein Bär vor uns auftauchte.

Der Weg führte uns ostwärts an einer Öffnung entlang. Plötzlich blieb der Hund stehen und ließ ein schwaches Knurren hören. Ich erkletterte einen Eishügel, um Umschau zu halten, und erblickte zwischen den Eisblöcken etwas Dunkles, das auf uns zuzukommen schien.

„Dort kommt ein schwarzer Hund!", rief ich.

„Nein, es ist ein Bär!", erwiderte Sverdrup.

Jetzt bemerkte ich auch, dass es ein großes Tier war und dass es nur der Kopf gewesen war, was ich für einen Hund gehalten hatte. In den Bewegungen glich es etwas einem Bären, es schien mir jedoch zu dunkel zu sein. Ich riss den Revolver aus der Tasche und stürzte darauf zu, um dem Tier sämtliche Kugeln in den Kopf zu jagen, aber als ich nur noch wenige Schritte von ihm entfernt war und schießen wollte, hob es den Kopf. Es war ein Walross. Im selben Augenblick stürzte es sich ins Wasser.

Da standen wir nun. Auf einen solchen Burschen mit einem Revolver zu schießen wäre ebenso viel gewesen, wie eine Gans mit Wasser zu bespritzen. Unmittelbar darauf erschien der große schwarze Kopf wieder in einem Mondscheinstreifen auf dem dunklen Wasser. Das Tier schaute lange zu uns her, verschwand, erschien etwas später aufs Neue, tauchte auf und nieder, blies mit den Nüstern, steckte den Kopf unter Wasser, schob sich zu uns herüber und hob wieder den Kopf. Es konnte einen verrückt machen; wenn wir eine Harpune gehabt hätten, dann hätte ich sie ihm leicht in den Rücken jagen können.

Wir liefen, so schnell uns unsere Beine trugen, zur *Fram* zurück, um Harpune und Büchse zu holen; allerdings waren Harpune und Leine verstaut und nicht so rasch zu finden. Ferner musste die Harpune geschärft werden, und das alles kostete Zeit. Trotz Suchens an der Öffnung entlang nach Osten und Westen fanden wir das Walross nicht wieder. Weiß der Himmel, wohin es sich entfernt hatte! Im weiten Umkreis fand sich keine weitere Öffnung im Eis.

Vergeblich ärgerten Sverdrup und ich uns darüber, dass wir nicht sofort erkannt hatten, was es für ein Tier war; hätten wir es geahnt, würden wir das Walross jetzt haben. Wer erwartet aber auch, mitten in einer wilden See von 1800 Meter Tiefe auf geschlossenem Eis ein Walross, noch dazu mitten im Winter? Keiner von uns hatte etwas Derartiges je vorher gehört.

Freitag, 26. Januar. Ich ging heute Morgen mit Peder ungefähr 12 Kilometer an der Öffnung entlang. Wir sahen, dass sie zwischen einigen alten, zusammengeschobenen Eisgraten endete; insgesamt ist sie über 13 Kilometer lang. Als wir uns auf den Heimweg machten, fing das Eis an, sich zu bewegen; in der Tat war während der ganzen Zeit ziemlich starker Eisdruck. Während wir auf dem neuen Eis in der Rinne dahinschritten, krachte es unter den Füßen und warf sich in Furchen auf; dann stieg es zu zwei hohen Mauern auf, zwischen denen wir wie in einer Straße wanderten. Dabei war unaufhörlicher Lärm, der bald wie das Heulen und Winseln eines über Kälte klagenden Hundes klang, bald wie Donnergetöse eines mächtigen Wasserfalles. Mehrmals mussten wir uns auf das alte Eis flüchten, entweder weil wir an offenes Wasser mit einem Gewirr von treibenden Blöcken kamen oder weil der Eisschub gerade quer über die Rinne gegangen war und sich vor uns eine Mauer gleich einer gefrorenen Welle erhob. Es schien, als ob sich das Eis an der Südseite der Rinne, wo die *Fram* lag, nach Osten bewegt oder an der Nordseite nach Westen fortgeschoben habe, da sich die Schollen auf beiden Seiten in diesen Richtungen schräg gegenüberstanden.

Sonnabend, 27. Januar. Heute Abend herrschte heftiger Eisdruck, der um halb acht in der Rinne achteraus begann und ununterbrochen zwei Stunden anhielt. Es klang, als ob Wasser mit einer Gewalt, der nichts widerstehen könne, brüllend auf uns herabstürzte; man hörte die Schollen aneinander krachen und sich gegenseitig zertrümmern. Sie wurden zu hohen Mauern aufgeworfen und zusammengeschoben.

In diesem Augenblick kommt es näher. Das Schiff erhält heftige Stöße wie von Wogen unter dem Eis. Kaum habe ich mich zum Schreiben niedergesetzt, als sich das Schiff erneut hebt. Es zittert, und ich höre durch seine Seiten das Getöse des Zusammenschiebens. Ich springe an Deck und sehe es mir an. Sobald man die Tür öffnet, tönt einem der Lärm entgegen. Es kommt jetzt vom Bug und vom Heck her. Offenbar türmen sich in beiden Rinnen Eisketten auf, sodass wir, wenn sie uns erreichen, an beiden Enden aufgenommen und leicht und bequem aus dem Wasser gehoben werden. Auf allen Seiten sind uns die Pressungen ganz nahe.

Wiederum denke ich daran, wie behaglich und sicher es an Bord der *Fram* ist, und denke mit ehrlichem Bedauern an die vielen Männer, die einst stets bereit sein mussten, beim Eintritt einer solchen Eispressung ihr gebrechliches Fahrzeug zu verlassen. Die armen Leute von der *Tegetthoff*! Sie haben schwere Zeiten durchgemacht, und doch hatten sie ein gutes Schiff im Vergleich zu den Fahrzeugen anderer Expeditionen. Es ist jetzt halb zwölf, und der Lärm nimmt ab. Merkwürdig ist, dass jetzt diese starken Pressungen auftreten, obwohl der Mond im letzten Viertel steht und wir taube Gezeiten haben. Das stimmt nicht mit unseren früheren Erfahrungen überein. Es sind heute minus 41,1 Grad, doch geht kein Wind, sodass es einem fast mild erscheint.

Sonntag, 28. Januar. Der hinter dem Schiff entstandene Grat zeigte, wie heftig der Druck gewesen war; an einer Stelle betrug die Höhe fünfeinhalb bis sechs Meter über dem Wasser. Scholleneis von zweieinhalb Meter Dicke war zertrümmert, zu viereckigen Blöcken aufeinander geschoben und in Stücke zermalmt worden. Eine ungeheure Säule ragte aus solchem Scholleneis in die Luft. Jenseits dieser Eismauer entdeckte ich eine größere Störung. Die Kette hinter uns ist eine der höchsten, die ich bis jetzt gesehen habe. Wenn die *Fram* dort gelegen hätte, wäre sie wohl vollständig aus dem Wasser gehoben worden.

Wieder Sonntag! Wunderbar, dass die Zeit so rasch verfliegt! Aus einem Grund sind wir in besserer Stimmung: Wir wissen, dass wir stetig nach Norden treiben. Eine grobe Schätzung unserer heutigen Beobachtung versetzt uns auf 79° 50' n. Br.; das ist nicht viel seit Montag, allerdings war gestern und heute fast kein Wind, und an den anderen Tagen war er sehr schwach.

Mittwoch, 31. Januar. Der Wind pfeift über die Eishügel hin, der Schnee fliegt rauschend durch die Luft, Eis und Himmel sind in eins verschmolzen. Es ist dunkel, die Haut schmerzt uns vor Kälte, aber wir gehen mit voller Geschwindigkeit nach Norden.

Donnerstag, 1. Februar. Dasselbe Wetter wie gestern, außer dass es ganz mild geworden ist (minus 22 Grad). Der Schnee fällt genauso wie zur Winterszeit zu Hause. Der Wind ist südlicher, jetzt Südsüdost. Wir können als sicher annehmen, dass wir den 80. Grad überschritten haben.

Freitag, 2. Februar. Heute hoher Festtag zu Ehren des 80. Grades. Frisches Roggenbrot und Kuchen zum Frühstück. Ich machte einen weiten Spaziergang, um Appetit zum Mittagessen zu bekommen.

Nach der Beobachtung von heute Morgen sind wir auf 80° 10' n. Br. und 132° 10' ö. L. Hurra! Gut gesegelt!

Das Menü: Ochsenschwanzsuppe, Fischpudding, Kartoffeln, Fleischpasteten, grüne Erbsen, türkische Bohnen, Moltebeeren mit Milch und für jeden eine ganze Flasche Bier. Konnte man sich mehr wünschen? Abends hatten wir eingemachte Birnen und Pfirsiche, Honigkuchen, getrocknete Bananen, Feigen, Rosinen und Mandeln. Vollständiger Feiertag den ganzen Tag.

Wir lasen die Erörterungen vor, die vor unserem Abgang über die Expedition veröffentlicht worden sind, und lachten manchmal herzlich über die vielen Einwände. Vielleicht werden unsere Angehörigen in der Heimat jetzt nicht lachen, wenn sie sie lesen.

Montag, 5. Februar. Heute haben wir bei Tisch die letzte Flasche Ringnæs Bier getrunken. Traurig!

Mittwoch, 7. Februar. Am Abend wurde gewogen. Die Zunahme ist in einigen Fällen beunruhigend, im letzten Monat um ganze zwei Kilo, so zum Beispiel Sverdrup, Blessing und Juell, der mit 86, 2 Kilo an Bord die Spitze hält. „So viel wie jetzt habe ich noch nie gewogen!", gesteht Blessing, und ähnlicher Fettansatz ist auf der ganzen Linie festzustellen. Ja, es ist eine anstrengende Expedition.

Sonntag, 11. Februar. Heute machte ich eine weite, erfolgreiche Fahrt mit zwei Gespannen. Die Sache ging gut; die Schlitten kamen weit besser über das Eis hinweg, als ich angenommen hatte; sie sinken nicht tief in den Schnee ein. Auf flachem Eis ziehen vier Hunde zwei Mann mit Leichtigkeit.

Dienstag, 13. Februar. Gestern eine weite Fahrt mit Hunden nach Südwesten; heute noch weiter in derselben Richtung auf Schneeschuhen. Es ist eine gute, gesunde Übung bei minus 42 bis minus 44 Grad und schneidendem Nordwind. Die Natur ist so schön und so rein, das Eis so fleckenlos weiß, und die Lichter und Schatten des wachsenden Tages sind so wundervoll auf dem frisch gefallenen Schnee! Die schnee- und reifbedeckte Takelung der *Fram* steigt weiß glänzend zum funkelnden blauen Himmel empor.

Donnerstag, 15. Februar. Gestern war ich auf Schneeschuhen weiter im Nordosten als je vorher, doch konnte ich die Takelung des Schiffes immer noch über den Rand des Eises ragen sehen. Das Eis war flach, und ich lief schnell. Heute machte ich den gleichen Weg mit den Hunden. Was sind doch für übertriebene Nachrichten über die arktische Kälte im Umlauf! In Grönland war es kalt, und hier ist es auch nicht milder; die durchschnittliche Tagestemperatur beträgt jetzt 40 bis 42 Grad unter Null.

Gestern hatte ich wie gewöhnlich Unterbeinkleider, Kniehosen, Strümpfe, Friesgamaschen, Schneesocken und Finnenschuhe, ein gewöhnliches Hemd, Kragen aus Wolfsfell und eine Robbenfelljacke an. Ich schwitzte darin wie ein Pferd. Heute saß ich still auf dem Schlitten und trug nur dünne Hosen, wollenes Hemd, Weste, gestrickte isländische Wolljacke, Fries- und Robbenfelljacke. Ich fand die Temperatur ganz angenehm und schwitzte wieder. Gestern wie heute hatte ich eine rote Flanellmaske vor dem Gesicht, doch wurde sie mir zu warm, sodass ich sie abnehmen musste, obgleich ein bitterkalter Wind aus Norden wehte.

Dieser Nordwind hält noch immer an, zuweilen mit der Geschwindigkeit von drei, auch vier Metern, und doch scheinen wir nicht südwärts zu treiben; wir liegen still auf 80° n. Br. oder gar noch einige Minuten nördlicher. Was mag wohl der Grund sein? Der Mond steht hoch am Himmel, und dabei ist jetzt auch das Tageslicht. Bald wird die Sonne erscheinen. Dann wird ein großes Fest gefeiert.

Freitag, 16. Februar. Hurra! Eine Meridianhöhe ergibt 80° 1' n. Br. Wir sind also seit Freitag einige Minuten nach Norden gelangt, und zwar trotz des beständigen Nordwindes. Das ist merkwürdig. Kommt es, wie ich mir nach den Wolkenbildern und dem leichten Nebel schon die ganze Zeit gedacht habe, davon, dass im Süden Südwind geherrscht hat, der die Drift des Eises in diese Richtung verhindert, oder sind wir endlich in eine Strömung gelangt?

Heute sahen wir um Mittag die Sonne, genauer gesagt, ein Bild der Sonne; denn es war nur eine Spiegelung. Der Anblick des glühenden

Feuers gerade über dem äußersten Rand des Eises machte auf mich einen zwiespältigen Eindruck. Nach den überschwänglichen Beschreibungen, die viele Polarreisende vom Erscheinen dieses Lebensgottes nach der langen Winternacht geben, müsste das Bild lauten Jubel hervorrufen, allein bei mir war das nicht der Fall. Wir hatten die Sonne erst in wenigen Tagen erwartet, und ich war eher enttäuscht; denn nach dem früheren Erscheinen der Sonne zu schließen, mussten wir weiter südwärts getrieben sein, als unsere Berechnungen ergaben.

Als ich aber entdeckte, dass es die Sonne selbst nicht sein konnte, erfüllte mich doppelte Freude. Die Luftspiegelung war anfangs wie ein abgeplatteter, glühend roter Feuerstreifen am Horizont; später wurden zwei Feuerstreifen daraus, einer über dem andern, mit einem dunklen Raum dazwischen. Vom Großmast aus sah ich vier oder gar fünf solcher waagerechten Linien übereinander und alle von derselben Länge, ungefähr, wie man sich eine mattrote, viereckige Sonne mit dunklen, waagerechten Streifen darauf vorstellen könnte.

Eine astronomische Beobachtung nachmittags bewies, dass die Sonne in Wirklichkeit zu Mittag 2° 22' unter dem Horizont gestanden haben musste. Ihre Scheibe ist nicht vor Dienstag über dem Eis zu sehen. Die Lichterscheinung hängt mit der Strahlenberechnung zusammen, dic in dieser kalten Luft sehr stark ist.

Sonntag, 18. Februar. Gestern fand ich im Osten gute Bahn für Schneeschuhe und Schlitten. Zuerst zwischen den Eishügeln und Eisgraten ist es ein ziemlich mühseliges Stück Arbeit; dann aber gelangt man auf die großen, weiten Ebenen, die sich meilenweit nach Norden, Osten und Südosten ausdehnen. Heute fuhr ich mit acht Hunden hin. Das Fahren geht jetzt ganz vortrefflich. Einige Kameraden folgten auf Schneeschuhen.

Noch immer Nordwind. Das ist eine langweilige Geschichte. Doch haben wir klares helles Wetter. Das ist alles sehr schön. Wir laufen Schneeschuh, fahren Schlitten, lesen, schreiben, stellen Beobachtungen an, spielen Karten und Schach, plaudern, rauchen, essen und trinken, und trotz alledem ist es auf die Länge ein verwünschtes Leben – wenigstens kommt es mir zuzeiten so vor.

Wenn ich auf das Bild blicke, das mein Haus in Lysaker im Abendlicht zeigt, meine Frau im Garten, so halte ich es für unmöglich, es hier noch viel länger auszuhalten. Aber nur die unbarmherzigen Schicksalsmächte wissen, wann wir dort wieder beisammen, die ganze Süße des Lebens wieder fühlen, wann wir über den lächelnden Fjord blicken werden und …

Wir stehen jetzt auf 80° n. Br., im September waren wir auf 79°; das ist – sage und schreibe – ein Grad in fünf Monaten. Wenn es mit dieser Geschwindigkeit weitergeht, werden wir in 45 Monaten oder vielleicht in 50 Monaten am Pol und in 90 Monaten oder 100 Monaten auf 80° n. Br. auf der anderen Seite des Pols sein, vermutlich mit der Aussicht, dass wir in weiteren zwei Monaten aus dem Eis heraus und nach Hause gelangten. Im besten Falle würden wir in acht Jahren wieder zu Hause sein!

Zuzeiten erdrückt diese Untätigkeit geradezu den Geist. Das Leben erscheint so dunkel wie die Winternacht draußen; nirgends Sonnenschein, höchstens in der Vergangenheit und in der weit, weit entfernten Zukunft. Mir ist, als müsse ich diesen Bann der Erstarrung, diese Trägheit durchbrechen und Raum finden für meine Tatkraft. Kann nicht etwas geschehen? Könnte nicht ein Orkan kommen, dieses Eis aufreißen und es in hohen Wogen in Bewegung setzen wie das offene Meer? Lasst uns in Not kommen, lasst uns um unser Leben kämpfen – aber lasst uns nur vorwärts kommen!

Den untätigen Zuschauer spielen zu müssen, keine Hand rühren zu können, um uns selbst vorwärts zu helfen, das ist grauenhaft. Es bedarf zehnmal größerer Geistesstärke, stillzusitzen, seinen Theorien zu vertrauen und die Natur walten zu lassen, als auf seine Kräfte zu bauen – das ist nichts, wenn man ein Paar starke Arme hat.

Montag, 19. Februar. Heute ging der Wind nach Süden herum. Er erreichte vier Meter Geschwindigkeit in der Sekunde.

Am Morgen nahmen wir Eisbohrungen vor. Das Eis war an der Backbordseite 1,875 Meter dick und mit einer Schneeschicht von ungefähr vier Zentimetern bedeckt. Am Bug war es 2,08 Meter dick und ebenfalls mit mehreren Zentimeter Schnee überzogen. Man kann das für einen ganzen Monat kein großes Wachstum nennen, wenn man bedenkt, dass die Temperatur bis 50 Grad unter null gesunken war.

Heute und gestern haben wir wieder das Spiegelbild der Sonne gesehen; heute stand es hoch über dem Horizont, beinahe so rund wie eine Sonne selbst gesehen; Peder und Bentsen wollten mindestens die Hälfte der Sonnenscheibe beobachtet haben, und Juell und Scott-Hansen erklärten, sie sei ganz über dem Horizont gewesen. Ich fürchte, es ist schon so lange her, seit sie die Sonne gesehen haben, dass sie ganz vergessen haben, wie sie aussieht.

Dienstag, 20. Februar. Großer Sonnenfesttag heute. Aber ohne Sonne. Wir müssten sie sehen, wenn keine Wolken am Horizont wären. Wir lassen uns jedoch nicht um unser Fest betrügen und können ja, wenn wir die Sonne wirklich zum ersten Mal sehen, nochmals feiern.

Mit einem großen Scheibenschießen fingen wir morgens an; dann hatten wir ein Mittagessen von vier Gängen und „*Fram*-Wein“ alias Zitronensaft, Kaffee und später „*Fram*-Kuchen“; abends Ananas, Kuchen, Feigen, Bananen und Konfekt.

Großes Gesichtswaschen aus Anlass des Tages. Guter Gott, wohin soll das noch führen? Einige sehen aus wie Masttiere, und die Backen von Juell machen geradezu Sorge. Als ich ihn im Profil betrachtete, dachte ich darüber nach, wie er es wohl machen würde, einen solchen Körper über das Eis zu schleppen, wenn wir eines Tages das Schiff verlassen müssten. Ich beschließe, eine Zeit lang schmale Rationen zu geben. Abends kletterten wir mit dem Gefühl in die Kojen, dass wir uns beim Essen übernommen hatten. Draußen halber Sturm aus Südosten.

Mittwoch, 21. Februar. Der Südwind hält an. Heute nahm ich die Sacknetze auf, die wir am Montag ausgelegt hatten. In dem oberen, das nahe der Oberfläche gehangen hatte, fanden sich hauptsächlich Flohkrebse; das Murray'sche Netz, das wir auf 90 Meter Tiefe abgelassen hatten, enthielt mannigfache andere Krustazeen und sonstige kleine Tiere, die so stark phosphoreszierten, dass der Inhalt des Netzes, den ich bei Lampenlicht in der Küche ausleerte, wie glühende Kohlen aussah.

Donnerstag, 22. Februar. Gestern ist das Eis an der Steuerbordseite bis über die Bärenfalle hinaus geborsten; die Stärke des festen Eises der

Scholle betrug 3,45 Meter, doch hatte sich darunter noch anderes Eis zusammengeschoben. Wo die Scholle quer durchgebrochen war, zeigte sie deutliche Schichtung, die an die Schichtenlage der Gletscher erinnerte; selbst die dunkleren und schmutzigeren Schichten waren vorhanden, ihre Färbung rührte von bräunlich roten Organismen her, die das Wasser bewohnen und von denen ich schon früher Exemplare gefunden hatte. An mehreren Stellen waren die Schichten gebogen und geknickt genau wie die geologischen Schichten der Erdkruste. Sie waren zweifellos durch horizontalen Druck im Eis bei Pressung entstanden, was sehr gut an einem ungeheuren Hügel zu erkennen war, der sich während der letzten Eispressung gebildet hatte.

Hier sahen die Schichten ungefähr so aus, wie sie auf unten stehender Zeichnung dargestellt sind. Trotz dieser Schichtenbiegung blieb die Oberfläche des Eises und Schnees eben.

Diese über drei Meter dicke Scholle war zu großen Wogen gebogen, ohne zu brechen. Das war offenbar durch Druck geschehen und besonders deutlich in der Nähe der durch die Pressungen entstandenen Ketten (c) zu beobachten, die die Scholle so weit hinabgezwängt hatten, dass ihre Oberfläche (a) mit der Wasserlinie gleich lag, während sie an anderen Stellen ungefähr einen halben Meter über dem Wasser lag und

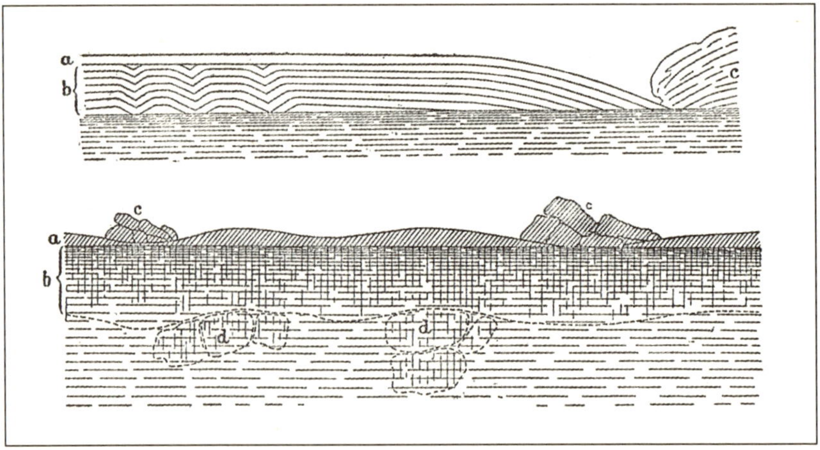

hier durch das unten zusammengeschobene Eis (d) in die Höhe getrieben worden war. Alles das beweist, wie außerordentlich elastisch die Schollen trotz der Kälte sind; die Temperatur des Eises an der Oberfläche muss zur Zeit dieser Pressungen minus 2° bis minus 30° betragen haben. An vielen Stellen war die Biegung so stark gewesen, dass die Scholle geborsten war. Loses Eis lag über den Rissen, sodass man leicht hineinfallen konnte, genau wie beim Überschreiten eines gefährlichen Gletschers.

Sonntag, 25. Februar. Es sieht aus, als ob das Eis jetzt wieder ostwärts treibt. Wir kommen mit der jämmerlichen Geschwindigkeit einer Schnecke vorwärts, aber nicht mit derselben Sicherheit wie sie. Was wir an einem Tag vollbracht haben, wird am nächsten wieder zerstört.

Montag, 26. Februar. Wir treiben nach Nordosten; es weht ein fürchterlicher Schneesturm. Der Wind hat zuweilen eine Geschwindigkeit von mehr als elf Meter in der Sekunde; er heult in der Takelung und pfeift über das Eis, und das Schneetreiben ist so stark, dass jemand ganz in der Nähe umkommen könnte.

Wir sitzen und horchen auf das Heulen im Schornstein und in den Ventilatoren, als ob wir zu Hause in Norwegen wären. Die Flügel der Windmühle drehten sich so schnell, dass wir sie heute Abend anhalten mussten, weil die Akkumulatoren gefüllt waren. Peder band die Flügel fest.

Dies ist der stärkste Wind, den wir den ganzen Winter gehabt haben. Wenn irgendetwas das Eis aufrütteln und uns nordwärts treiben kann, so müsste er es tun. Allein das Barometer fällt zu schnell; wir werden bald wieder Nordwind bekommen. Ich sehe dem Frühling und Sommer entgegen, ungewiss, welche Veränderungen sie bringen werden.

Aber die gefürchtete Polarnacht ist vorüber, wir haben wieder Tageslicht. Ich sehe nichts von den eingefallenen, ausgezehrten Gesichtern, die diese Nacht hervorbringen soll; beim hellsten Tageslicht, beim glänzendsten Sonnenschein kann ich nur runde, wohl genährte Gesichter entdecken.

Mit dem Licht ist es aber doch seltsam. Wir hatten gedacht, dass es hier unten, wenn die Glühlampen brannten, wie wirklicher Tag wäre;

kommt man jetzt aber aus dem Tageslicht herunter, so hat man, auch wenn alle Lampen brennen, den Eindruck, als ob man in einen Keller steigt.

Donnerstag, 1. März. Wir liegen beinahe still. Schönes, mildes Wetter, nur minus 19 Grad, Himmel bedeckt, leichter Schneefall und schwacher Wind.

Wir loteten heute, nachdem wir unsere Hanfleinen mit einem einzelnen Strang einer Stahltrosse verlängert hatten; der Strang riss aber mit dem Lot ab. Wir befestigten ein neues Lot und ließen die ganze Leine, 3475 Meter, auslaufen, ohne Grund zu bekommen. Beim Einholen brach die Stahlleine wieder. Das Ergebnis ist also: kein Grund und der Verlust von zwei Loten von je 50 Kilo; der Himmel weiß, ob sie den Grund schon erreicht haben. Ich glaube nun fast, dass Bentsen Recht hat. Er behauptet, die Erdachse habe ein Loch und wir hätten gerade darin gelotet.

Freitag, 2. März. Die jungen Hunde haben sich bis jetzt im Kartenzimmer aufgehalten und dort recht viel Unheil angerichtet. Sie haben Hansens Instrumentenkasten, die Schiffsjournale und so weiter angeknabbert. Gestern wurden sie zum ersten Mal an Deck gebracht, und heute sind sie den ganzen Morgen dort gewesen. Sie sind sehr wissbegierig und untersuchen alles. Vor allem fesselt sie das Innere aller Hundehäuser in dieser neuen, großen Stadt.

Dienstag, 6. März. Keinerlei Drift. Heute war ein bitterkalter Tag (minus 44 bis minus 46 Grad) und Wind bis zu 5,8 Meter Geschwindigkeit. Das war eine gute Gelegenheit, sich Hände und Gesicht zu erfrieren, und einige Kameraden haben sie auch genutzt.

Stetiger Nordwestwind. Was den Wind anlangt, so werde ich gleichgültig. Heute fotografierte ich Johansen am Anemometer; während der Aufnahme erfror er sich die Nase.

Abends fand wieder allgemeines Wiegen statt. Bei diesem reizvollen Schauspiel passen wir erwartungsvoll auf, ob einer zu- oder abgenommen hat. Diesmal haben die meisten etwas Gewicht verloren. Vielleicht weil sie anstatt Bier jetzt Zitronensaft trinken? Nur Juell wird weiter dicker.

Donnerstag, 8. März. Südliche Drift. Mit Sverdrup hübsche Fahrt auf Schneeschuhen nach Norden und Westen. Der Schnee war infolge der Winde vortrefflich; man flog dahin wie Distelwolle vor dem Sturm und kam überall selbst über die schlimmsten Eisrücken hinweg.

Wir treiben bedenklich nach Süden. Es ist schwer, dabei Vertrauen zu behalten.

Freitag, 9. März. Wir haben seit vierzehn Tagen nördliche Winde; ich kann mir daher nicht länger verheimlichen, dass langsam, aber unbarmherzig eine Hoffnung nach der anderen zertrümmert wird.

Ich sehne mich unaussprechlich nach der Heimat. Vielleicht treibe ich von ihr weiter weg, vielleicht auch näher an sie heran; jedenfalls ist es wenig tröstlich, wenn man sie sieht, wie die Verwirklichung der Pläne in dieser langwierigen, tödlich einförmigen Weise immer wieder verzögert, wenn nicht ganz vernichtet wird.

Die Natur geht leidenschaftslos ihren jahrtausendealten regelmäßigen Kreislauf; Sommer und Winter wechseln, der Frühling entschwindet, der Herbst kommt und findet uns in demselben Wirrwarr kühner Pläne und zertrümmerter Hoffnungen. Es ist wie bei dem Rad, das sich dreht.

Ich schaue hinaus auf die trostlose Eisfläche mit ihren Ebenen, Höhen und Tälern, die sich durch den Eisdruck gebildet haben; die Sonne bescheint sie jetzt. In der Mitte liegt die *Fram*, unbeweglich eingeschlossen. Wann wird das starke Schiff wieder frei im offenen Wasser schwimmen?

Mit diesen Eismassen, die auf unbekannten Bahnen treiben, haben sich die Gedanken eines armseligen Menschenkinds so lange beschäftigt, bis es ein ganzes Volk in Bewegung gesetzt hat, das ihm den Weg dorthin möglich machte, ein Volk, das seine Kräfte für andere Aufgaben wohl brauchen konnte. Wozu der ganze Lärm? Wären die Berechnungen nur richtig, so würden diese Eisschollen herrliche, nein, unwiderstehliche Bundesgenossen sein. Wenn aber ein Fehler in der Rechnung gewesen ist, dann möchte man lieber nicht mit ihnen zu tun haben. Und wie oft stellt sich eine Rechnung als richtig heraus? – Aber wenn ich jetzt frei wäre? Nun, dann, dann würde ich alles wiederholen, vom selben Ausgangspunkt aus. Man muss ausharren, bis man richtig rechnen lernt!

Ich lache über den Skorbut! Kein besseres Sanatorium als unseres!

Ich lache über die Macht des Eises; wir leben wie in einer uneinnehmbaren Burg.

Ich lache über die Kälte; sie ist nichts.

Über die Winde aber lache ich nicht; sie sind alles; sie beugen sich vor keines Menschen Willen.

Weshalb sich aber immer mit der Zukunft quälen? Weshalb sich Sorgen darüber machen, ob man vorwärts oder rückwärts treibt? Weshalb nicht sorglos die Tage vorübergleiten lassen wie einen friedlich fließenden Fluss? Hin und wieder kommt eine Stromschnelle, die den trägen Lauf etwas beschleunigt.

Welch wunderliche Einrichtung ist doch das Leben! Ein ewiges Vorwärtsjagen – immer vorwärts – nach welchem Ziel? Und dann kommt der Tod und macht allem ein Ende, ehe das Ziel erreicht ist.

Wir sind in vier Tagen nur acht Minuten südwärts getrieben. Diese langsame Drift trotz der starken Winde ist merkwürdig. Wenn im Norden Land wäre? Das würde sofort erklären, weshalb wir nicht nach Norden und so langsam nach Süden treiben. Es kann aber auch daher kommen, dass das Eis so dicht zusammengeschoben und so dick und massig gefroren ist. Mich wundert, dass wir so viel Nordwest- und fast gar keinen Nordostwind haben, obwohl man Letzteren nach der Drehung der Erde erwarten könnte. Tatsächlich dreht sich der Wind nur zwischen Nordwest und Südost anstatt zwischen Südwest und Nordost, wie es sein sollte. Wenn dort kein Land ist, weiß ich anders keine befriedigende Erklärung.

Erstreckt sich Franz-Joseph-Land ostwärts oder nordwärts oder dehnt sich von dort eine fortgesetzte Reihe von Inseln in der einen oder andern dieser Richtungen aus? Es ist keineswegs unmöglich. Als die Österreicher weit genug nach Norden gekommen waren, hatten sie vorherrschend Winde aus Nordost, während wir nordwestliche Winde haben. Liegt der Kern dieser Landmasse im Norden, in der Mitte zwischen unserem und ihrem Meridian? Ich kann mir nicht denken, dass diese kalten Winde aus Norden einzig dadurch entstehen, dass sie über eisbedecktes Meer wehen. Wenn dort tatsächlich Land ist und wenn wir es zu fassen bekämen, dann wären wir all unsere Sorgen los.

Sonnabend, 10. März. Die Leine zeigt Drift nach Norden; jetzt, nachmittags, hat sich auch eine leichte südliche Brise eingestellt. Wie gewöhnlich hat es mir gut getan, meine Niedergeschlagenheit zu Papier zu bringen und sie dadurch loszuwerden. Heute bin ich wieder guten Mutes und kann mich aufs Neue glücklichen Träumen hingeben von einem großen, hohen Land im Norden mit Bergen und Tälern, wo wir am Fuß der Bergwand sitzen, uns in der Sonne braten lassen und den Frühling erwarten. Auf seinem Inlandeis machen wir den Weg bis hinauf zum Pol!

Sonntag, 11. März. Seltsam, wie sich das Empfindungsvermögen des Menschen ändert. Zu Hause ist es mir unangenehm, wenn ich bei einigen 20 Grad Kälte, auch bei Windstille, aus der Tür trete. Hier aber finde ich es auch nicht kälter, selbst wenn ich bei 50 Grad Kälte und Wind draußen bin. Sitzt man zu Hause im warmen Zimmer, so bekommt man übertriebene Begriffe von den Schrecken der Kälte. Sie ist wirklich nicht im Mindesten schrecklich; wir alle befinden uns sehr wohl dabei.

Heute Abend haben wir minus 51,2 Grad und Nordnordostwind mit 4,4 Meter Geschwindigkeit. Glänzendes Nordlicht im Süden.

Montag, 12. März. Langsame Drift nach Süden. Bald wird das halbe Jahr um sein; es wird uns ungefähr an derselben Stelle verlassen, wo es begonnen hat.

Ich bin müde, so müde, lasst mich schlafen, nur schlafen! Komme, Schlaf, schließ geräuschlos die Tür zu meinem Denken und halte den fließenden Strom der Gedanken auf! Kommt, Träume, und lasst die Sonne auf den schneefreien Strand von Godthaab strahlen!

Mittwoch, 14. März. Abends bellten plötzlich sämtliche Hunde los; wir nahmen an, eines Bären wegen. Ich ergriff meine Büchse. Sverdrup folgte. Wir ließen Ulenka und Pan los und machten uns auf den Weg.

Es herrschte noch Dämmerung, und der Mond schien. Kaum waren die Hunde auf dem Eis, als sie wie Raketen nach Westen davonschossen, wir, so rasch wir konnten, hinter ihnen her. Beim Überspringen einer Rinne brach ich mit einem Bein bis zum Knie durch das Eis. Ich wurde keineswegs bis auf die Haut nass, obwohl ich nur Finnenschuhe und Friesgamaschen anhatte, bei dieser Temperatur (minus 39 Grad) gefriert das Wasser auf dem kalten Stoff, ehe es eindringt. Später fühlte ich nichts mehr davon, es war zu einem Eispanzer geworden, der mich beinahe noch wärmte.

An einer ziemlich entfernten Rinne entdeckten wir endlich, dass die Hunde keinen Bären gewittert hatten, sondern entweder ein Walross oder einen Seehund; denn in dem neu gebildeten Eis sahen wir an mehreren Stellen Löcher, durch die das Tier den Kopf gestreckt hatte.

Was für einen wunderbar scharfen Geruchssinn diese Hunde haben müssen! Das Tier war über einen Kilometer vom Schiff entfernt und hatte nur die Schnauze ein klein wenig aus dem Eis hervorgestreckt.

Wir holten eine Harpune, sahen aber von dem Tier nichts, obwohl wir mehrere Male an der Rinne auf und ab gingen.

Mittlerweile war Pan in seinem Eifer dem offenen Wasser zu nahe gekommen und hineingefallen. Das Eis war so hoch, dass er ohne meine Hilfe ertrunken wäre. Er liegt jetzt im Salon, macht sich's gemütlich und trocknet. Obgleich er ziemlich lange im Wasser gewesen ist, war er ebenfalls nicht bis auf die Haut nass geworden; das innere Haar seines dichten, groben Pelzes blieb trocken und warm.

Freitag, 16. März. Sverdrup ist in letzter Zeit mit der Anfertigung von Segeln für die Schiffsboote beschäftigt gewesen. Heute wehte eine leichte südwestliche Brise, und wir probierten bei diesem günstigen Wind eins der Segel auf zwei zusammengebundenen Handschlitten. Es segelt sich vorzüglich, es ist gar nicht viel Wind nötig, um den Schlitten dahingleiten zu lassen. Das würde ein vortreffliches Hilfsmittel für uns sein, wenn wir über das Eis heimkehren müssten.

Mittwoch, 21. März. Endlich ist ein Umschlag eingetreten; der Wind ist Südost, und es herrscht wieder eine starke Drift nach Norden.

Gründonnerstag, 22. März. Noch immer starker südöstlicher Wind und gute nördliche Drift. Unsere Stimmung hebt sich. Der Wind pfeift durch die Takelung; er tönt wie ein Siegessang durch die Luft.

Am Vormittag hatte ein junger Hund schwere Krämpfe; er hatte Schaum vor dem Maul und biss wütend um sich. Als der Anfall mit Starrkrampf endete, brachten wir das Tier auf das Eis. Es hüpfte wie eine Kröte umher, die Beine steif ausgestreckt, Hals und Kopf seitwärts gebogen, während der Rücken wie ein Sattel eingedrückt war. Da es Tollwut oder eine andere ansteckende Krankheit sein konnte, erschoss ich den Hund.

Karfreitag, 23. März. Die Mittagsbeobachtung ergibt 80° n. Br. In vier Tagen und Nächten sind wir ebenso schnell nach Norden getrieben wie in drei Wochen nach Süden. Auf alle Fälle ist es ein Trost, das zu wissen. Rasch sind die Nächte hell geworden. Jetzt gelingt es selbst Sternen erster Größe kaum noch, um Mitternacht am blassen Himmel zu funkeln.

Ostersonnabend, 24. März. Wir haben dem Frühlingslicht den Eintritt in den Salon gestattet. Während des Winters war das Oberlicht zum Schutz gegen die Kälte mit Schnee bedeckt, und außerdem waren die Hundehütten rundherum aufgestellt. Jetzt haben wir die Glasscheiben frei gemacht und geputzt.

Montag, 26. März. Wir liegen ohne Bewegung; keine Drift.

Die Sonne steigt empor und taucht die Eisebenen in ihren Glanz. Der Frühling kommt, bringt aber keine Freude. Hier ist es so einsam und kalt wie je. Die Seele erstarrt. Ich habe nicht den Mut, an die Zukunft zu denken … Und wie wird es zu Hause werden, wenn Jahr auf Jahr vergeht und niemand kommt?

Ich weiß, es ist alles krankhafte Stimmung; aber diese untätige, tote Einförmigkeit ohne jede Veränderung bedrückt mich. Alles ist so still und tot, so steif und starr unter der Eisdecke. Was gäbe ich nicht für einen einzigen Tag des Kampfes – ja selbst für einen Augenblick der Gefahr!

Noch immer muss ich warten und die Drift beobachten; aber wenn sie die verkehrte Richtung einschlagen sollte, dann werde ich alle Brücken hinter mir abbrechen und alles auf einem Marsch nach Norden über das Eis wagen. Ich weiß nichts Besseres zu tun. Es wird gefährlich sein, eine Frage um Leben oder Tod; aber habe ich eine andere Wahl?

Es ist des Mannes unwürdig, eine Aufgabe zu übernehmen und sie aufzugeben, wenn der Höhepunkt der Schlacht bevorsteht. Es gibt nur einen Weg, und der ist „Vorwärts, *Fram*!"

Dienstag, 27. März. Bei Nordwind treiben wir wieder nach Süden. Die Mittagsbeobachtung ergab 80° 4'. Aber weshalb so mutlos? Ich schaue mich blind an einem einzigen Punkt und denke allein daran, den Pol zu erreichen und uns einen Weg zum Atlantischen Ozean zu bahnen. Und dabei ist unsere eigentliche Aufgabe, die unbekannten Polargebiete zu erforschen. Tun wir denn im Dienst der Wissenschaft nichts? Wir werden eine ziemlich reiche Sammlung von Beobachtungen heimbringen. Der Rest ist und bleibt reine Eitelkeit.

Donnerstag, 29. März. Es ist wunderbar, dass wir wieder Tageslicht in der Kajüte haben. Wenn man zum Frühstück aufsteht und das Licht hereinströmen sieht, fühlt man erst, dass wirklich Morgen ist.

Wir sind sehr fleißig. Für die Boote und Handschlitten werden Segel angefertigt, und die Windmühle bekommt neue Flügel, damit sie bei jedem Wetter betrieben werden kann. Könnten wir nur der *Fram* auch Flügel geben! Messer werden geschmiedet, Bärenspeere, die uns nie nützen werden, Bärenfallen, in denen wir nie einen Bären fangen, Äxte und viele ähnliche nützliche Dinge.

Augenblicklich werden in großem Umfang Holzschuhe angefertigt. Auch eine neue Industrie ist geschaffen worden, die Nagelschmiederei. Die einzigen Teilhaber dieser Gesellschaft sind Sverdrup und Schmied Lars, genannt „Sturmkönig", weil er immer wie ein Ungewitter heranstürmt. Das Fabrikat ist vorzüglich und lebhaft gefragt, da unsere kleinen Nägel bei dem Bau der Handschlitten aufgebraucht worden sind. Ferner sind wir dabei, die Kufen der Handschlitten mit Neusilberstreifen zu beschlagen und die Dinge herzustellen, mit denen wir die Schlitten zusammensetzen.

Beobachtung der Sonnenfinsternis am 6. April 1894

Außerdem gibt es eine Werkstätte für Skibindungen. Die Klempner setzen zurzeit die Lampen instand.

Unser Doktor hat wegen Mangels an Patienten eine Buchbinderei eingerichtet, die von der Bibliothek der *Fram* stark benutzt wird, da mehrere Bücher beständig umlaufen und sehr zerlesen sind. Wir haben auch eine Sattler- und Segelmacherwerkstatt und ein fotografisches Atelier. Mit Liebe und Sorgfalt wird Tagebuch geführt. Jeder ist damit beschäftigt. Kurz, es gibt kein Ding zwischen Himmel und Erde, das wir nicht herstellen, beständigen, guten Wind ausgenommen. Unsere Werkstätten sind aufs Beste zu empfehlen; sie liefern gute, solide Arbeit. Neuerdings hat unsere Industrie noch einen bemerkenswerten Zuwachs erfahren: Die Firma „Nansen & Amundsen“ gründete eine Notenscheibenfabrik. Die Pappscheiben des Harmoniums hatten durch Gebrauch und Feuchtigkeit stark gelitten, sodass wir im Winter wenig Musik hatten; gestern machte ich mich ernstlich an die Arbeit und stellte eine Zinkscheibe her. Da sie prächtig funktioniert, werden wir mit kirchlicher und weltlicher Musik, namentlich mit Walzern, fortfahren. Sobald ein Walzer erklingt, strömt Leben in die Bewohner der *Fram*.

Freitag, 6. April. Heute sollte ein astronomisches Ereignis stattfinden, dem wir neu- und wissbegierig entgegensahen. Es war eine Sonnenfinsternis. In der Nacht hatte Scott-Hansen ausgerechnet, dass die Verfinsterung um 12.56 Uhr beginnen würde. Für uns war eine gute Beobachtung wichtig, weil wir danach unsere Chronometer auf das Genaueste einstellen konnten; wir bauten daher, um ganz sicherzugehen, unsere Instrumente schon ein paar Stunden vorher auf, das große Fernrohr und den großen Theodoliten. Hansen, Johansen und ich saßen der Reihe nach jeder fünf Minuten vor den Instrumenten, um den Rand der Sonne zu beobachten, da wir erwarteten, dass sich an ihrem unteren westlichen Rand der erste Schatten zeigen würde; ein anderer stand inzwischen mit der Uhr bereit. So warteten wir volle zwei Stunden, ohne dass etwas geschah.

Nun war der aufregende Augenblick gekommen, dass der Schatten unserer Berechnung nach zu sehen sein musste. Hansen saß vor dem großen Fernrohr, als er ein Zittern in der Sonnenscheibe wahrzunehmen glaubte; 33 Sekunden später rief er: „Jetzt!“, und im selben Augenblick tat dies auch Johansen. Die Uhr zeigte auf 12 Uhr, 56 Minuten, 7 ½ Sekunden. 7 ½ Sekunden später, als wir berechnet hatten, schob sich eine dunkle Scheibe über den Rand der Sonne. Es war eine ungeheure Genugtuung für uns alle, namentlich aber für Hansen, dass sich zeigte, dass unsere Chronometer bestens in Ordnung waren.

Sonntag, 15. April. Nun haben wir also Mitte April. Welcher Freudenklang liegt in diesem Wort! Frühlingsvisionen steigen auf. Es ist die Zeit, dass man Türen und Fenster öffnet, Luft und Sonne hereinlässt und den Winterstaub fortfegt. Es ist die Zeit, dass man nicht länger stillsitzen kann, sondern hinausgetrieben wird, um den Duft von Wald, Wiese und frisch gepflügtem Acker einzuatmen und den Fjord zu betrachten, der jetzt vom Eis befreit in der Sonne glitzert. Aber hier ist nichts davon zu finden. Wohl scheint die Sonne lang und hell, aber ihre Strahlen fallen nur auf das blendende Weiß frischen Schnees. Ehe ich mich abends zu Bett lege, muss ich noch an Deck gehen. Die Sonne sinkt nicht mehr unter den Eishorizont, es ist beständig Tag. Ich schaue in die Ferne, über die große, öde Ebene, eine unbegrenzte, stille, leblose Eismasse in unmerklicher Bewegung. Man hört keinen Ton außer dem schwachen Murmeln des Windes in der Takelung.

Montag, 30. April. Wir treiben nordwärts. Die gestrigen Beobachtungen ergaben 80° 42', die heutigen 80° 44' 30". Der Wind weht stetig aus Süden und Südosten.

Es ist liebliches Frühlingswetter. An Bord hat großes Frühjahrsreinemachen begonnen. Von den Seiten der *Fram* werden Schnee und Eis entfernt. Der Schnee, der auf Deck liegt, wird nach und nach über Bord geschaufelt. Die Takelung hebt sich scharf und dunkel vom Himmel ab, und die vergoldeten Flaggenknöpfe auf den Mastspitzen glitzern in der Sonne.

Wir baden uns in den brennenden Strahlen an der warmen Schiffsseite, wo das Thermometer jetzt über dem Gefrierpunkt steht, rauchen eine Pfeife und schauen nach den Frühlingswolken.

Frühling und Sommer 1894

Es kam die Jahreszeit, die wir zu Hause Frühling nennen, wenn die Natur aus ihrem Winterschlaf erwacht; die Zeit der Freude, des knospenden Lebens. Uns brachte sie keine Veränderung; Tag für Tag blickten wir auf dieselbe weiße Masse, dieselben endlosen Eisflächen. Noch immer schwankten wir zwischen Hoffnung und Niedergeschlagenheit, müßiger Sehnsucht und eifriger Tatkraft, je nachdem die Winde wechselten, je nachdem wir vorwärts unserm Ziele entgegen- oder von ihm weggetrieben wurden.

Immer wieder grübelte ich über Zukunft und Drift. Manchmal glaubte ich, dass alles so ging, wie wir gehofft und erwartet hatten. So war ich am 17. April überzeugt, dass eine Strömung durch das unbekannte Polarbecken ging, da wir entschieden nordwärts trieben. Das Ergebnis der Mittagsbeobachtung waren 80° 20', das heißt neun Minuten seit dem 15. April. Seltsam! Vier ganze Tage anhaltender Nordwind versetzte uns nach Süden, während 24 Stunden dieser spärlichen Brise uns neun Minuten nordwärts treiben.

Vielleicht sind wir mit der Drift nach Süden zu Ende! Wenn ich noch die Wasserwärme, die wir in der Tiefe gefunden haben, berücksichtige, dann scheint mir die Lage wirklich lichter. Meine Gründe dafür sind folgende: Die Wassertemperatur in der ostgrönländischen Strömung ist selbst an der Oberfläche nirgends über null Grad (der mittleren Jahrestemperatur) und scheint in der Regel minus 1 Grad zu sein, auch noch auf 70° n. Br. Dieses warme Wasser stammt schwerlich aus dem Polarmeer selbst, da die von dort nach Süden setzende Strömung eine mittlere Temperatur von minus 1,5 Grad hat. Es kann kaum anders sein, als dass der Golfstrom seinen Weg hierher findet und das Wasser ersetzt, das in den oberen Schichten nach Norden strömt und die Quelle der ostgrönländischen Polarströmung bildet. Alles das stimmt mit meinen früheren Annahmen gut überein und unterstützt die Theorie, auf der der Plan der Expedition aufgebaut war. Wenn man außerdem berücksichtigt, dass die Winde, wie erwartet, in der Regel aus dem Südosten wehen, wie es auch auf der internationalen Station bei Sagastir an der Lenamündung der Fall war, so erscheinen unsere Aussichten nicht ungünstig.

Schließlich glaubte ich oft auch unter dem Eis Zeichen einer stetigen, nordwestlich ziehenden Strömung zu entdecken; das verbesserte meine Stimmung natürlich. Wenn aber der Strom wie oft wieder südlich einsetzte, kamen auch wieder Zweifel, und es schien mir keine Aussicht, unsere Aufgabe innerhalb einer angemessenen Zeit zu lösen.

Freilich ist solches Treiben im Eis aufregend, und es bildet wenigstens eine Tugend aus: die Geduld. Die ganze Expedition ist in Wirklichkeit eine einzige lange Übung in dieser nützlichen Tugend.

Im Frühling kamen wir etwas besser vorwärts als im Winter; im Großen und Ganzen war es stets derselbe ermüdende Krebsgang. Jedes Mal wenn wir eine weite Strecke nach Norden zurückgelegt hatten, folgte eine Zeit des Rückschlags.

Merkwürdig war, dass der Bug der Fram während der ganzen Zeit nach Süden, gewöhnlich Süd 1/4 West stand und seine Richtung während der langen Drift nur sehr wenig änderte. Ich schrieb am 14. Mai: „Die *Fram* geht ihrem Ziel im Norden rückwärts entgegen, mit der Nase immer nach Süden gekehrt. Es ist, als ob sie ihre Entfernung von der Welt zu vergrößern fürchte, als ob sie sich nach südlichen Breiten sehne, während eine unsichtbare Gewalt sie dem Unbekannten entgegenzieht. Ist dieses Rückwärtsschreiten nach dem Innern des Polarmeeres ein böses Omen? Ich denke: Nein, selbst der Krebs erreicht schließlich sein Ziel."

Wie früher hielten wir beständig Ausguck nach Land, und aus manchen Anzeichen schlossen wir auch auf Landnähe, aber sie erwiesen sich als Einbildung, außerdem sprach auch die große Tiefe des Meeres dagegen, dass Land nahe war. Später, am 7. August, als ich 3850 Meter Tiefe gefunden hatte, schrieb ich in mein Tagebuch: „Ich glaube nicht, dass man ferner noch von einem seichten Polarmeer sprechen wird, in dem man überall Land erwarten kann. Sehr möglich, dass wir in den Atlantischen Ozean hinaustreiben, ohne einen einzigen Berggipfel zu sehen!"

Der schon früher erwähnte Plan, mit Hunden und Schlitten über das Eis vorzudringen, beschäftigte mich sehr, und ich prüfte während meiner täglichen Ausflüge, zum Teil auf Schneeschuhen, zum Teil mit Hunden, stets den Zustand des Eises und die Aussichten für einen Marsch über das Eis.

Während des Aprils war das Eis für die Hunde besonders geeignet. Die Oberfläche war gut, da die Kraft der Sonne sie glatter gemacht hatte als das starke Schneetreiben zu Anfang des Winters; außerdem hatte der Wind die Spalten und Rinnen im Eis zugedeckt, sodass man ohne viel Mühe meilenweit vordringen konnte.

Das änderte sich jedoch im Mai. Schon am 8. Mai hatte der Wind das Eis vielfach aufgebrochen, sodass sich überall Rinnen bildeten, die die Fahrt mit Hunden sehr hemmten und aufhielten.

Am 20. Mai schrieb ich: „War vormittags auf Schneeschuhen draußen. Das Eis ist infolge der beständigen Winde während der letzten Woche in verschiedenen Richtungen sehr stark aufgebrochen; die Rinnen sind schwer zu überschreiten, da sie voll kleiner, treibender Eisstücke sind. Wiederholt geriet ich mit den Schneeschuhen auf schwimmende Schneebänder, die plötzlich unter mir nachgaben, sodass ich Mühe hatte, auf das feste Eis zurückzukommen."

Am 5. Juni machte ich mit Sverdrup eine Schneeschuhfahrt nach Süden. Ich schrieb: „Das Eis hat sich verändert, aber nicht zum Besseren; die Oberfläche ist zwar hart und gut, aber die Eisketten sind sehr unangenehm, und überall sind Spalten und Hügel. Eine Schlittenexpedition würde auf solchem Eis schlecht vorwärts kommen."

Am 13. Juni heißt es im Tagebuch: „Das Eis wird mit jedem Tag weicher. Rund um uns herum bilden sich große Wasserpfützen auf den Schollen. Kurz, die Oberfläche ist abscheulich; die Schneeschuhe brechen überall durch ins Wasser. Man würde heute an einem Tag nicht weit kommen, wäre man gezwungen, nach Süden oder Westen aufzubrechen. Jeder Ausgang ist verbaut. Wir sitzen hier fest.

Manchmal kommt es mir ziemlich merkwürdig vor, dass keiner unserer Leute besorgt ist, dass wir weiter und immer weiter nach Norden treiben, ins Unbekannte hinein; keiner zeigt eine Spur von Furcht. Alle sehen düster aus, wenn es nach Süden oder zu weit nach Westen geht, und sie strahlen vor Freude, wenn wir nach Norden treiben, je weiter, desto besser.

Und doch kann keiner der Tatsache gegenüber blind sein, dass es sich um Leben und Tod handelt, wenn jetzt das eintreten sollte, was uns fast alle prophezeit hatten. Sollte das Schiff wie die *Jeannette* vom Eis zermalmt werden und in die Tiefe sinken, ohne dass wir genügend Vorräte retten, um die Drift auf dem Eis fortzusetzen, dann würden wir den Kurs nach Süden zu richten haben, und unser Schicksal würde kaum zweifelhaft sein.

 Den Leuten von der *Jeannette* erging es schlecht genug, aber ihr

Schiff sank auf 77° n. Br., während für uns das nächste Land um ein Vielfaches weiter entfernt ist, von dem nächsten bewohnten Land gar nicht zu reden. Von unserem Standort bis Kap Tscheljuskin sind es jetzt mehr als 550 Kilometer, und von dort zu einer bewohnten Gegend ist es noch viel weiter. Aber die *Fram* wird nicht zerdrückt werden. Niemand glaubt daran, dass das passieren könnte. Es geht uns wie dem Kajakruderer, der sehr wohl weiß, dass ein einziger falscher Ruderschlag genügt, ihn zum Kentern zu bringen und in die Ewigkeit zu schicken; ruhig aber setzt er seinen Weg fort, weil er weiß, dass dieser falsche Schlag nicht kommen wird."

Jetzt bildeten sich große Wassertümpel auf den Eisschollen. Schon am 8. und 9. Juni war rund um das Schiff ein Teich entstanden, sodass es in einem kleinen Süßwassersee lag und wir eine Brücke benutzen mussten, um eine trockene Stelle auf dem Eis zu erreichen. Diese Süßwassertümpel hatten beachtliche Ausmaße. Einer war so groß, dass wir Mitte Juli mit den Booten darauf rudern und segeln konnten. Eines Tages probierten wir, ob eins von unseren Booten uns alle 13 trug.

Als die Hunde sahen, dass wir das Schiff verließen und zu dem Tümpel gingen, folgten sie uns verwundert. Sie wussten nicht, was dieses ungewöhnliche Unternehmen bedeutet. Als wir dann alle ins Boot stiegen, heulten sie in wilder Verzweiflung, sie fürchteten, uns nie wiederzusehen. Einige schwammen hinter uns her, während zwei Schlauberger, Pan und Kvik, auf den guten Gedanken kamen, um den Tümpel herumzurennen und uns an der anderen Seite zu empfangen.

Sooft wir im Sommer einen Ausflug über das Eis machten, zeigten sich außer solchen Tümpeln überall Rinnen im Eis. In der Regel konnten wir sie leicht überqueren, wir sprangen entweder von einer losen Scholle zur andern oder an schmalen Stellen von einer Seite zur andern. Diese Rinnen waren niemals sehr breit, sodass keine Rede war, die *Fram* flottzumachen. Aber selbst wenn es möglich gewesen wäre, hätte es uns nicht viel genützt, da keine Rinne groß genug war, um das Schiff mehr als einige Kabellängen weiter nach Norden zu bringen.

Manchmal deutete der dunkle Himmel auf große Flächen offenen Wassers hin, und hin und wieder sahen wir auch von der Tonne aus offenes Wasser am Horizont. Doch war es nicht groß genug, um viel zu nutzen, wo es sich darum handelte, mit einem Schiff vorwärts zu dringen.

Am 15. Juni heißt es in meinem Tagebuch: „In verschiedenen Richtungen sind Rinnen zu sehen, jedoch ist keine breit oder ausgedehnt. Der Steuermann meint, dass wir vor dem Herbst bestimmt offenes Wasser bekommen und dann leicht nach Norden weiterkriechen würden. Alle anderen, mit Ausnahme von Sverdrup, sind derselben Meinung.

Wo sie das offene Wasser hernehmen wollen, weiß ich nicht. Übrigens ist dies die erste vom Eis eingeschlossene Expedition, die den Sommer nicht damit verbracht hat, nach offenem Wasser auszuschauen und seufzend zu ersehnen, dass sich das Eis zerstreut. Ich wünsche im Gegenteil, dass es zusammenhält und schleunigst nach Norden treibt. In diesem Leben hängt alles davon ab, was man sich von ihm erwartet. Der eine bereitet sich vor, in offenem Wasser vielleicht gar bis zum Pol zu segeln, sitzt aber im Eis fest und jammert; der andere ist darauf gefasst, im Eis festzusitzen, würde aber nicht traurig sein, wenn er offenes Wasser fände. Am sichersten ist es immer, wenn man das wenigste vom Leben verlangt, weil man dann oft das meiste bekommt!“

Die offenen Rinnen und Risse sind selbstverständlich ebenso wie die Pressungen durch die wechselnden Winde und die Gezeitenströmungen entstanden, die das Eis erst in die eine und dann in die andere Richtung treiben. Sie beweisen vielleicht am besten, dass das Polarmeer eine zusammenhängende Masse von Eisschollen ist, die in beständiger Bewegung sind, bald zusammenfrieren, bald auseinander gerissen oder aneinander zermahlen werden. Ich habe während der ganzen Drift das Eis sehr aufmerksam beobachtet, nicht nur seine Bewegung, sondern auch sein Entstehen und sein Wachsen.

Selbst wenn es Jahr auf Jahr im kalten Polarmeer schwimmt, kann das Eis durch Frost allein nicht mehr als eine gewisse Dicke erlangen. Aus laufenden Messungen ging hervor, dass das Eis, das sich im Oktober und November gebildet hatte, während des ganzen Winters und bis in den Frühling hinein an Stärke zunahm, aber umso langsamer, je dicker es wurde. Am 10. April maß es etwa 2,31 Meter, am 21. April 2,41 Meter, am 5. Mai 2,45 Meter, am 21. Mai 2,52 Meter, am 9. Juni 2,58 Meter. Es nahm also fortwährend an Mächtigkeit zu, obwohl der Schnee auf der Oberfläche rasch geschmolzen war und sich auf den Schollen große Süßwassertümpel gebildet hatten. Am 20. Juni war die Dicke unverändert, obgleich das Eis an der Oberfläche schneller und schneller schmolz. Am 4. Juli betrug die Stärke 2,57 Meter. Am 10. Juli fand ich zu meiner Überraschung, dass das Eis auf 2,76 Meter gewachsen war, obgleich an der Oberfläche täglich mehrere Zentimeter abschmolzen.

Ich bohrte an vielen Stellen, fand aber überall dasselbe: Unter der alten Scholle lag eine dünne, ziemlich lockere Eismasse. Anfangs dachte ich, es sei eine dünne, untergeschobene Eisscholle, später entdeckte ich aber, dass es tatsächlich neu gebildetes Süßwassereis auf der unteren Seite des alten Eises war; es war auf die drei Meter tiefe Süßwasserschicht zurückzuführen, die durch das Schmelzen des Schnees auf dem Eis entstanden war.

Infolge seiner Leichtigkeit schwamm dieses wärmere Süßwasser auf dem salzigen Seewasser, das an seiner Oberfläche eine Temperatur von ungefähr minus 1,5 Grad hatte. Auf diese Weise kühlte sich das süße Wasser durch die Berührung mit dem kälteren Seewasser ab, und dort, wo es mit dem Salzwasser in Berührung kam, bildete sich eine dicke Eiskruste. Sie war es, die das Eis an der Unterseite verstärkte.

Im Laufe des Sommers verringerte sich die Eisdicke etwas durch Oberflächenabschmelzung. Am 23. Juli war das alte Eis nur 2,23 Meter und mit der neu gebildeten Schicht 2,49 Meter dick; am 10. August hatte die Stärke des alten Eises bis auf 1,94 Meter abgenommen, die Gesamtdicke betrug 2,17 Meter. Am 22. August maß das alte Eis 1,86 Meter, die Gesamtstärke 2,06 Meter. Am 3. September betrug die Gesamtstärke 2,02 Meter und am 30. September 1,98 Meter. Am 3. Oktober war die Stärke unverändert, das alte Eis maß 1,75 Meter. Am 12. Oktober betrug die Gesamtstärke 2,08 Meter, während das alte Eis 1,80 Meter stark war. Am 10. November war die Stärke unverändert. Im Lauf des November und im Dezember nahm sie ganz langsam zu. Am 11. Dezember erreichte die Gesamtstärke 2,11 Meter, am 3. Januar 1895 2,32 Meter, am 18. Januar 2,48 Meter, am 6. Februar 2,59 Meter.

Daraus ist ersichtlich, dass das Eis unmittelbar durch Gefrieren keineswegs beträchtlich verstärkt wird. Das Zusammenschieben durch Druck kann jedoch Blöcke und Schollen von ganz anderer Dicke hervorbringen. Oft geschieht es, dass die Schollen in mehreren Schichten untereinander geschoben werden und zusammenfrieren, sodass sie wie eine zusammenhängende Eismasse aussehen. Auf solche Weise erhielt die *Fram* ein gutes Lager unter ihrem Schiffsboden.

Juell und Peder haben sich im Winter oft gestritten, wie dick das Eis sei, das die *Fram* unter sich hat. Peder, der schon früher viel Eis gesehen hatte, behauptete, es müsse mindestens sechs Meter dick sein. Juell, der das nicht glauben wollte, wettete zwanzig Kronen, dass es nicht so stark war. Am 19. April schrieb ich über einen solchen Streit in mein Tagebuch: „Juell hat angeboten zu bohren, und Peder will, da unser Bohrer leider nur fünf Meter tief reicht, den fehlenden Meter weghauen. Sie haben während des ganzen Winters sehr viel über diese Wette geredet, sich jedoch nie einigen können. Peder sagt, Juell müsse mit dem Bohren anfangen, und Juell verlangt, dass Peder erst den Meter weghacken soll. Heute Abend wurde der Sache dadurch ein Ende gemacht, dass Juell unvorsichtigerweise demjenigen zehn Kronen geboten hat, der für ihn bohren wolle. Bentsen nahm ihn beim Wort und machte sich sofort mit Amundsen an die Arbeit; er meinte, er habe nicht immer Gelegenheit, so leicht zehn Kronen zu verdienen. Amundsen bot sich ihm zu einer Krone für die Stunde oder gegen Maßlohn an, schließlich einigten sie sich auf Zeitlohn. Sie arbeiteten bis spät in die Nacht; als sie vier Meter tief gekommen waren, glitt der Bohrer etwas hinein, und Wasser stieg in dem Loch auf; doch war es nicht von Bedeutung, und gleich darauf stieß der Bohrer wieder auf Eis. Sie arbeiteten noch eine Zeit lang, bis endlich der Bohrer nicht weiter reichte. Nun wurde Peder gerufen, damit er seinen Meter weghackte. Er und Amundsen arbeiteten, bis sie von Schweiß trieften. Wie gewöhnlich war Amundsen sehr eifrig; er schwor, er würde es nicht aufgeben, bis er hindurch sei, und wenn es zehn Meter sein sollten. Bentsen war mittlerweile an Deck gegangen. Bald rief ihn Amundsen wieder hinaus, das Loch sei ausgehauen und das Bohren könne wieder beginnen. Als man nur noch ein paar Zentimeter bis zu sechs Metern hatte, sank der Bohrer durch; Wasser sprudelte in die Höhe und füllte das Loch. Nun ließen sie eine Lotleine hinab, mit der sie in zehn Meter Tiefe wieder auf Eis stießen; jetzt waren sie gezwungen, die Arbeit aufzugeben. Ein schöner Brocken, auf dem wir liegen!“

Die Temperatur auf dem Eis hält sich zur Sommerzeit um den Nullpunkt herum; aber wenn der Winter kommt, sinkt sie an der Oberfläche rasch. Von da dringt die Kälte immer tiefer bis zur Unterseite des Eises, wo sie natürlich der des dahinter stehenden Wassers entspricht. Wir beobachteten beständig die Temperatur des Eises in verschiedenen Schichten, um festzustellen, wie schnell dieser Abkühlungsprozess des Eises während des Winters verläuft und in welchem Maße die Temperatur nach dem Frühling zu wieder steigt. Die niedrigste Temperatur des Eises war im März und Anfang April in 1,2 Meter Tiefe ungefähr minus 16 Grad und bei 0,8 Meter Tiefe ungefähr minus 30 Grad. Von Mitte April an stieg sie langsam an. Bei diesen niedrigen Temperaturen wird das Eis sehr hart und spröde, sodass es durch Stoß oder durch Zusammenschieben leicht birst. Andererseits wird das Eis im Sommer, wenn sich die Temperatur in der Nähe des Schmelzpunktes hält, zäh und plastisch, sodass es beim Zusammenschieben nicht so leicht zerbricht. Dieser Unterschied im Zustand des Eises im Sommer und im Winter machte sich auch dem Ohr bemerkbar. Das Wintereis schob sich stets unter Getöse zusammen, das zähe Sommereis aber fast geräuschlos, sodass selbst heftigste Pressungen in unserer Nähe nicht zu hören waren.

In der unmittelbaren Nachbarschaft der *Fram* blieb das Eis fast das ganze Jahr hindurch vollständig ruhig, und das Schiff war hier bis jetzt noch keinem großen Eisdruck ausgesetzt gewesen. Es lag sicher und wohlbehalten auf der Eisscholle, an die es festgefroren war, und hob sich immer mehr in dem Maße, wie die Oberfläche des Eises unter der Einwirkung der Sommersonne wegtaute. Im Herbst sank das Schiff wieder ein wenig.

Inzwischen ging das Leben an Bord seinen gewohnten Gang.

Schon mehrfach habe ich unsere erfolglosen Bemühungen, beim Loten Grund zu erreichen, erwähnt; leider waren wir auf so große Tiefen nicht vorbereitet und hatten keinen Tiefsee-Lotapparat mitgenommen. Wir halfen uns, so gut wir konnten. Wir opferten eine Stahltrosse des Schiffes und stellten daraus eine Lotleine her.

Es war nicht schwer, auf dem Eis einen genügend großen Platz für eine Reepschlägerei zu schaffen, in der die Arbeit rasch fortschritt, obwohl eine Temperatur von minus 30 bis minus 40 Grad nicht gerade angenehm ist, um dabei mit Dingen wie Stahldraht umzugehen.

Das Stahlkabel wurde aufgedreht. Dann wurden je zwei der Einzelstränge wieder zusammengedreht und die Stücke aneinander gefügt. So fertigten wir eine biegsame Leine von 4000–5000 Meter Länge an und erreichten damit endlich den Grund. Die Wassertiefe schwankte zwischen 3300 und 3900 Metern. Das war eine wichtige Entdeckung; bisher hatte man angenommen, dass das unbekannte Polarbecken seicht und mit vielen Ländern und Inseln besetzt sei. Auch ich hatte, als ich meinen Plan skizzierte, noch geglaubt, dass es seicht sei und von einer tiefen Rinne durchschnitten werde, die vielleicht die Fortsetzung der Tiefsee im Nordatlantischen Ozean wäre.

Aus der Annahme eines seichten Polarmeeres hatte man geschlossen, dass die Gebiete um den Pol herum früher aus einer ausgedehnten Landfläche bestanden hätten und die vorhandenen Inseln ihre Überreste seien. Ferner hatte man angenommen, dass dieses ausgedehnte Polarland der Ursprungsort vieler Tier- und Pflanzenformen sei, die ihren Weg von dort in unsere Breiten gefunden hätten. Diese Mutmaßungen wird man jetzt fallen lassen müssen.

Die große Tiefe deutet an, dass hier in junger geologischer Zeit keinesfalls Land gewesen ist; diese Tiefe ist ohne Zweifel ebenso alt wie die des Atlantischen Ozeans, von der das Polarmeer sicherlich einen Teil bildet.

Eine weitere Aufgabe, die ich für recht wichtig hielt, war die Messung der Temperatur des Meeres in verschiedenen Tiefen, von der Oberfläche bis zum Grund. Diese Messungen stellten wir so oft an, wie die Zeit es uns gestattete; sie ergaben, wie bereits bemerkt, die überraschende Tatsache, dass unter der kalten Oberflächenschicht wärmeres Wasser ist.

Temperaturmessung mit Tiefseethermometer

Wir hatten nicht erwartet, in diesen öden Gebieten viele Vögel anzutreffen, und waren daher nicht wenig überrascht, als uns am Pfingstsonntag, 13. Mai, eine Möwe besuchte. Später sahen wir regelmäßig Vögel verschiedener Art in der Nähe. Meist waren es Elfenbeinmöwen, Stummelmöwen, ein Eissturmvogel und hin und wieder eine Taucher-möwe, eine Silbermöwe oder eine Grilllumme; ein- oder zweimal sahen wir auch eine Raubmöwe. Am 21. Juli besuchte uns eine Schneeammer. Am 3. August stellten sich arktische Rosenmöwen ein. Ich vermerkte darüber in meinem Tagebuch: „Heute ist mir endlich ein sehnlicher Wunsch erfüllt worden; ich habe Ross-Möwen geschossen, drei Stück an einem Tag. Dieser seltene und geheimnisvolle Bewohner des unbekannten Nordens, der sich nur gelegentlich sehen lässt, von dem niemand weiß, woher er kommt und wohin er geht, und der aus jener Welt stammt, zu der nur die Fantasie sich aufschwingt, gehört zu dem, was ich vom ersten Augenblick, seit ich diese Gegenden gesehen, zu entdecken gehofft habe. Und nun kam er, als ich am wenigsten damit gerechnet hatte! Ich hatte einen kleinen Spaziergang auf dem Eis in der Nähe des Schiffes gemacht, hatte mich neben einen Eishaufen gesetzt und ließ den Blick nach Norden schweifen. Ich bemerkte einen Vogel, der über einer Eiskette schwebte. Anfänglich hielt ich ihn für eine Stummelmöwe, fand aber nach seinem schnellen Flug, den spitzen Flügeln und dem scharfen Schwanz bald mehr Ähnlichkeit mit einer Raubmöwe heraus. Ich holte meine Flinte. Mittlerweile waren es zwei geworden, die ständig um das Schiff herumflogen. Ich konnte sie jetzt genauer betrachten und erkannte, dass sie für Raubmöwen zu hell waren. Sie waren durchaus nicht scheu, sondern flogen immer nahe um das Schiff herum. Als ich sie auf dem Eis verfolgte, schoss ich eine und nahm sie auf. Sie war ungefähr so groß wie eine Schnepfe, auch der gesprenkelte Rücken erinnerte an diesen Vogel. Gleich darauf schoss ich die andere und später noch eine dritte. Alle drei waren junge Tiere von ungefähr 30 Zentimeter Länge mit dunkel gesprenkeltem grauem Gefieder auf dem Rücken und den Flügeln; die Brust und der Leib waren weiß mit einem kaum wahrnehmbaren Ton von Orangerot; um den Hals war ein grau gesprenkelter dunkler Ring."

Während die Zeit verging, bewegte mich stark und stärker der schon im Winter erwogene Plan, das unbekannte Meer zu erforschen, ohne der Bahn zu folgen, auf der die *Fram* trieb. Dabei waren die Hunde meine ganze Hoffnung. Wir hatten noch 26 und außerdem die jungen Tiere, von denen wir acht am Leben gelassen hatten.

Als der Frühling weiter fortgeschritten war, ließen wir die Jungen an Deck herumlaufen, und am 5. Mai wurde ihnen die Welt noch beträchtlich erweitert. Ich schrieb: „Nachmittags ließen wir die jungen Hunde auf dem Eis. Kvik unternahm sofort weite Ausflüge mit ihnen, um sie mit der Umgebung vertraut zu machen. Zunächst stellte sie ihnen unseren meteorologischen Apparat, dann die Bärenfalle und darauf die verschiedenen Eishügel vor. Sie waren anfangs sehr vorsichtig und blickten sich furchtsam um, ehe sie sich langsam, Schritt für Schritt, von der Schiffsseite entfernten; bald aber tummelten sie sich mit unbändiger Lust in der von ihnen entdeckten Welt. Kvik war sehr stolz, als sie ihren Nachwuchs in die Welt hinausführte, und jagte umher, obwohl sie erst kurz vorher von einer weiten Schlittenfahrt zurückgekehrt war, auf der sie im Geschirr wie gewöhnlich gute Dienste geleistet hatte.

Am Nachmittag wurde einer der schwarz-weißen jungen Hunde verrückt. Wie ein Rasender rannte und bellte er um das Schiff herum; dabei biss er alles, was ihm in den Weg kam. Endlich gelang es uns, ihn auf Deck einzuschließen, wo er noch eine Zeit lang weiterraste, sich dann aber beruhigte; jetzt scheint er wieder ganz wohl zu sein. Das ist schon der Vierte, der einen solchen Anfall gehabt hat. Tollwut kann es unmöglich sein, sie hätte sich auch unter den ausgewachsenen Hunden gezeigt. Ob es Zahnschmerz, Epilepsie oder sonstiges Teufelszeug ist? Leider starben mehrere Tiere an solchen Anfällen."

Am 3. Juni schrieb ich: „Heute Vormittag ist wieder ein junger Hund infolge eines dieser geheimnisvollen Anfälle gestorben. Es geht mir sehr zu Herzen, und ich bin niedergeschlagen. Ich habe mich an diese kleinen Polargeschöpfe so gewöhnt. Sie verbringen ihr sorgloses Dasein an Deck und spielen und jagen um uns herum von morgens bis abends und auch noch in die Nacht hinein. Ich kann ihnen stundenlang zusehen, mich mit ihnen wie mit kleinen Kindern beschäftigen und um das Oberlicht herum Verstecken spielen. Sie sind dabei außer sich vor Freude.

Der eben verendete Hund war der größte und stärkste von ihnen, ein schönes Tier; ich hatte ihm den Namen Lova gegeben. Er war zutraulich, sanft und zärtlich. Gestern sprang und spielte er noch umher, war so lebensfroh und rieb sich an mir, heute ist er tot. Ihre Reihen lichten sich. Das Schlimmste dabei ist, dass wir vergebens zu erforschen suchen, was ihnen fehlt. Dieser Hund war völlig normal und ganz vergnügt, bis er sein Frühstück bekam; dann winselte er und jagte wie von Sinnen heulend und bellend herum, so wie es die anderen gemacht hatten. Später stellten sich Krämpfe ein, Schaum stand ihm vor dem Maul. Blessing und ich untersuchten ihn. Wir entdeckten nichts Ungewöhnliches. Es ist unbegreiflich."

Die Hunde scheinen den Sommer nicht zu lieben; es ist ihnen zu nass auf dem Eis und zu warm.

Am 11. Juni schrieb ich: „Heute haben sich alle Tümpel auf dem Eis rundherum wunderbar vergrößert, die nicht wasserdicht sind. Es wird für die Hunde immer nasser, und sie schwitzen, obgleich die Temperatur bis jetzt noch selten über den Nullpunkt steigt. Vor einigen Tagen wurden sie auf das Eis übersiedelt, wo zwei lange Ställe errichtet worden sind. Sie sind aus Kisten hergestellt und bestehen nur aus einer Wand und einem Dach. Hier verbringen die Tiere den größten Teil des Tages, und wir sind alle Unreinlichkeit los. Die Lebensweise der Hunde ist jetzt ebenso regelmäßig wie im Winter. Morgens um halb neun werden sie losgelassen. Sie werden jedes Mal sehr ungeduldig, wenn die Stunde ihrer Erlösung naht. Sobald sich jemand an Deck blicken lässt, ertönt im Chor das wilde Geheul der 26 Stimmen, die laut Fressen und Freiheit fordern. Sobald die Hunde losgelassen sind, erhalten sie Frühstück, jeder einen halben gedörrten Fisch und drei Stücke Hundekuchen. Den Rest des Vormittags bringen die Tiere damit zu, alle Abfallhaufen zu durchwühlen und alle leeren Blechdosen, die sie schon hundertmal geplündert haben, zu benagen und auszulecken. Schleudert der Koch einmal eine neue Dose auf das Eis, so entspinnt sich sofort ein wütender Kampf darum. Oft geschieht es, dass einer bei dem Versuch, ein verführerisches Stück Fett aus einer tiefen, engen Dose herauszuholen, den Kopf zu weit hineinsteckt und sich nicht wieder befreien kann. Dann springt er mit diesem Futteral auf dem Kopf blindlings über das Eis und treibt die wunderbarsten Possen, um die Dose loszuwerden. Ein hübscher Spaß für uns Zuschauer.

Sind die Hunde ihrer Arbeit in den Abfallhaufen müde, so strecken sie keuchend ihre runden, wurstartigen Körper in der Sonne aus. Wird es dort zu warm, suchen sie den Schatten auf. Vor dem Mittagessen werden sie wieder angebunden; jedoch pflegen Pan und einige andere Gesinnungsgenossen sich kurz vorher fortzuschleichen und hinter einem Hügel zu verbergen, sodass man nur hier und dort einen Kopf oder ein Ohr hervorgucken sieht. Wenn man sie holen will, so knurren sie, zeigen die Zähne und schnappen vielleicht gar zu, lassen sich dann aber ins Gefängnis schleppen.

Den Rest des Tages verschlafen die Hunde. Sie schnauben und keuchen infolge der außerordentlichen Hitze, die, nebenbei bemerkt, einige Grade unter null ist. Hin und wieder erheben sie im Chor ein Geheul, das sicher in Sibirien zu hören ist, und raufen miteinander, dass die Haare nach allen Richtungen fliegen.

Die Umsiedlung der Hunde auf das Eis hat der Wache die beschwerliche Pflicht auferlegt, nachts an Deck zu bleiben, das war vorher nicht üblich gewesen; erst als einmal ein Bär an Bord gekommen war und zwei wertvolle Tiere geraubt hatte, waren wir vorsichtig geworden."

Am 31. Juli vermehrte Kvik unser Gemeinwesen abermals. Sie brachte elf junge Hunde zur Welt. Einer war eine Missgeburt und wurde sofort getötet; zwei andere starben später, die Übrigen wuchsen auf und wurden schöne Tiere.

Montag, 28. Mai. Ich bin dieser endlosen weißen Fläche müde! Wir haben den 81. Breitengrad überschritten. Aber die Drift ist so langsam wie je, und der Wind, der alles vermögende, ist noch immer unverändert. Wir treiben bald schneller, bald langsamer westwärts und nur wenig nach Norden.

Ich zweifle jetzt nicht am Erfolg unserer Expedition, und mein Irrtum in der Rechnung ist doch nicht so groß gewesen; ich glaube aber kaum, dass wir höher als bis 85° kommen, wenn überhaupt so weit. Ich muss bekennen, dass ich töricht bin und den Pol erreichen will. Ich werde wahrscheinlich den Versuch machen, wenn wir in nicht allzu langer Zeit in Polnähe sind.

Dieser Mai ist mild; die Temperatur ist in letzter Zeit mehrfach um den Nullpunkt herum gewesen, und man kann sich in die Heimat versetzt glauben. Selten sind mehr als ein paar Grad Kälte, allein jetzt kommen die Sommernebel mit gelegentlichem Reif. In der Regel sieht der Himmel mit seinen leichten, flüchtigen Wolken fast wie der Frühlingshimmel im Süden aus.

Sonnabend, 9. Juni. Ich habe das Gefühl, dass der Sommer gekommen ist. Stundenlang kann ich in der Sonne auf Deck auf und ab schreiten oder stillstehen und mich von ihr braten lassen, während ich eine Pfeife rauche und meine Blicke über die Schnee- und Eismassen schweifen.

Der Schnee ist jetzt überall nass. Das Eis durchsetzt sich mehr und mehr mit Salzwasser. Wenn man ein noch so kleines Loch bohrt, füllt es sich sofort mit Wasser. Der Grund dafür ist, dass infolge des Temperaturanstiegs die Salzteilchen im Eis ihre Umgebung schmelzen und sich Wasser mit einem starken Zusatz von Salz bildet, dessen Gefrierpunkt niedriger ist als die Temperatur des Eises rundum.

Sonnabend, 23. Juni. Nordwind mit nassem Schnee. Düsteres Wetter. Südliche Drift, 81° 43' n. Br., das sind neun Minuten südwärts seit Montag. Ich habe so manche Johannisabende unter verschiedenen Himmeln erlebt, aber nie einen solchen wie diesen. So fern vom Leben, von allem, was dieser Abend sonst umfasst! Ich denke an die Fröhlichkeit, die um die Freudenfeuer in der Heimat herrscht, ich höre die Fidel, das Lachen, die Geschützsalven. Und dann blicke ich hinaus über die endlose weiße Fläche, in den Nebel, in das Schneewetter und den Wind, der den Schnee vor sich hertreibt. Hier ist keine Spur von dem Frohsinn des Johannistags. Es ist alles Grau in Grau.

Eine traurige, düstere Landschaft; keine Schatten, nur halb verwischte, in Nebel und Schneeschlamm verschmelzende Formen; alles befindet sich im Zustand der Auflösung, und bei jedem Schritt gibt der Fleck, auf den man tritt, nach. Es ist eine harte Arbeit für den Schneeschuhläufer, der durch Schneeschlamm stapft. Die Schneeschuhe sinken tief ein, das Wasser reicht einem oft bis zu den Knöcheln, sodass es schwerer ist, die Schneeschuhe wieder herauszubekommen und weiterzuschieben; aber ohne Schneeschuhe wäre man noch schlimmer dran.

Hier und dort wird der einförmige grauweiße Wirrwarr durch kohlschwarzes Wasser unterbrochen, das sich in schmäleren und breiteren Rinnen zwischen den Hügeln hindurchwindet. Auf der schwarzen Oberfläche schimmern weiße, schneebedeckte Schollen und Eisstücke, die wie weißer Marmor auf schwarzem Grund aussehen. Alles ringsherum ist Eis, das in fantastischen Formen emporsteigt. Ewig, ruhelos wird der reine blauweiße Marmor dieses wandernden Eises von der Natur mit verschwenderischer Freigebigkeit geformt. Sie lässt die herrlichsten Gebilde entstehen. Weshalb? Das Ganze ist ein einziges wechselndes Spiel der Schönheit. Es wird nur durch die Launen der Natur beherrscht, die genau jenen ewigen Gesetzen folgt, die nicht nach Ziel oder Absicht fragen.

Es ist ganz schön, dass der, der einen Plan, vernünftig oder unvernünftig, ausgeheckt hat, mitgeht, um ihn auszuführen; er tut natürlich sein Bestes für das Kind, das seine Gedanken ins Leben gerufen haben. Aber sie, die Kameraden, sie hatten kein solches Kind zu pflegen; sie hätten ohne weiteres von dieser Expedition fernbleiben können. Weshalb sollte sich ein menschliches Wesen vom Leben lossagen?

Sonntag, 24. Juni. Der Jahrestag unserer Abfahrt aus der Heimat. Nördlicher Wind, noch immer südliche Drift. Die heutigen Beobachtungen ergaben 81° 41,7' n. Br. So geht es also noch nicht weiter!

Ein langes Jahr. Ich weiß, was ich erreicht habe, und mehr oder weniger, was mich erwartet. Ich entwerfe Pläne für die Zukunft, aber zu Hause … Nein, ich bin heute Abend nicht in der Stimmung zu schreiben; ich will mich niederlegen.

Mittwoch, 11. Juli. 81° 18,8' n. Br. Endlich ist der Südwind wiedergekehrt. Das Südwärtstreiben hat vorläufig ein Ende. Jetzt sehne ich mich fast nach der Polarnacht, nach dem ewigen Wunderland der Sterne mit dem geisterhaften Nordlicht und dem Mond, der durch die tiefblaue Stille segelt. Dieser ewige Tag mit seiner drückenden Wirklichkeit reizt mich nicht mehr und lockt mich nicht aus meinem Lager heraus. Das Leben ist ein einziges, unaufhörliches Hasten von einer Aufgabe zur anderen; um alles muss man sich kümmern, nichts darf vernachlässigt werden. Tag für Tag, Woche für Woche, und der Arbeitstag ist lang und endet selten früher als nach Mitternacht. Es heißt, dass man den Frieden des Lebens bei den Heiligen in der Wüste findet. Wüste ist hier wahrlich genug, aber Frieden – nein! Es fehlt wohl die Heiligkeit.

Mittwoch, 18. Juli. Heute Vormittag machte ich mit Blessing einen Ausflug, um Proben von braunem Schnee und Eis zu sammeln und im Wasser Algen und Diatomeen zu suchen. Die Oberfläche der Schollen ist fast schmutzig braun, oder wenigstens herrscht doch diese Art von Eis vor. Reinweiße Schollen sind selten. Ich dachte, diese braune Farbe müsse von den Organismen herrühren, die ich im Oktober des Jahres zuvor in dem frisch gefrorenen, bräunlich roten Eis gefunden hatte;

allein die Proben, die ich heute mitnahm, bestehen zum größten Teil aus mineralischem Staub, vermischt mit Diatomeen und anderen Bestandteilen organischer Herkunft. Blessing hatte zu Anfang des Sommers auf der Oberfläche des Eises mehrere Proben gesammelt und das Gleiche beobachtet. Dieser Staub rührt ohne Zweifel von der Atmosphäre der Erde her. Wahrscheinlich kommt er mit dem fallenden Schnee herab und sammelt sich allmählich, wenn der Schnee im Sommer schmilzt, zu einer Oberflächenschicht. Oft findet man aber auf dem Eis auch größere Mengen Schlick von ähnlicher Farbe, der aber sicherlich unmittelbar vom Land herrührt, da er sich auf Schollen bildet, die ursprünglich in nächster Nähe von Land gelegen haben.

In den Rinnen fanden wir eine Menge Algenklumpen von derselben Art, wie wir sie schon früher oft festgestellt hatten. Fast in jedem kleinen Kanal waren solche Ansammlungen zu finden.

Wir sahen auch, dass sich an den Seiten der Schollen eine braune Schicht von der Eisoberfläche tief ins Wasser hinab erstreckte. Sie rührte von einer Alge her, die auf dem Eis wächst. Im Wasser schwammen ebenfalls kleinere, zähe Klumpen, einige weiß, andere gelblich rot. Unter dem Mikroskop schienen sie sämtlich aus Ansammlungen von Diatomeen zu bestehen, unter denen sich aber auch größere rote Zellorganismen von charakteristischem Aussehen befanden.

Alle diese Diatomeenansammlungen hielten sich in einer gewissen Tiefe, ungefähr ein Meter unter der Wasseroberfläche. In derselben Tiefe schien auch die erwähnte Alge hauptsächlich zu gedeihen. Offenbar halten sich diese Diatomeen und Algen genau in der Tiefe, in der die obere Süßwasserschicht auf dem Seewasser ruht. Das Wasser an der Oberfläche war süß; die Diatomeenmassen sanken darin unter, schwammen aber, wenn sie die Seewasserschicht darunter erreichten.

Sonntag, 22. Juli. Ich verbringe den Tag am Mikroskop und bin jetzt mit Diatomeen und Algen aller Art beschäftigt, die in der obersten Süßwasserschicht des Meeres vorkommen. Es sind höchst interessante Wesen, eine neue Welt von Organismen, die von Küsten aus, die uns wohl bekannt sind, durch das Eis quer über das Polarmeer geführt werden und dort im Sommer erwachen und sich zu Leben und Blüte entwickeln.

Ein Spaziergang Nansens am 6. Juli 1894

Ja, es ist eine sehr fesselnde Arbeit, und dennoch habe ich nicht die gleiche brennende Neigung dafür wie einst, obwohl der Geruch von Gewürznelkenöl, Kanadabalsam und Xylol manche teuren Erinnerungen an das ruhige Laboratorium zu Hause weckt. Jeden Morgen, wenn ich eintrete, laden Mikroskop, Gläser und Farben auf dem Tisch zur Arbeit ein; aber obgleich ich Tag für Tag bis spät in die Nacht hinein unermüdlich tätig bin, geschieht es doch meist nur aus Pflichtgefühl, und ich bin nicht böse, wenn die Arbeit beendet ist und ich mich ein paar Stunden in die Koje legen kann, um einen Roman zu lesen und eine Zigarre zu rauchen. Mit welchem Jubel würde ich nicht das Ganze beiseite werfen, aufspringen und das wirkliche Leben erfassen, um meinen Weg über Eis und Meer mit Schlitten, Booten oder Kajaks zu erkämpfen!

Es ist sehr wahr, dass es „leicht ist, ein Leben des Kampfes zu führen“; hier ist aber weder Sturm noch Kampf. Ich sehne mich nach ihnen, ich sehne mich danach, Riesenkräfte zu entfalten und meinen Weg vorwärts zu erkämpfen – das würde leben heißen! Bald treiben wir vorwärts, bald rückwärts, und jetzt liegen wir schon zwei Monate auf demselben Fleck.

Ein Sommerabend

Eines jedoch wird für eine Expedition zum Pol oder für den Fall, dass wir das Schiff verlassen müssen, bereitgemacht; alle Handschlitten werden zusammengesetzt, und der Eisenbeschlag wird sorgfältig nachgesehen. Ferner sind sechs Hundeschlitten angefertigt worden, und morgen werden wir mit dem Bau von Kajaks für alle beginnen; auf Handschlitten sind die Kajaks leicht zu ziehen, falls wir ohne Schiff über das Eis zurückmüssen.

Zunächst stellen wir Kajaks her, die je zwei Mann tragen; ich lasse sie dreieinhalb Meter lang, einen Meter breit und anderthalb Meter tief machen. Sechs müssen angefertigt werden. Sie werden mit Seehundsfell oder Segeltuch bekleidet und ganz überdeckt, mit Ausnahme der beiden Löcher, eins für jeden Ruderer.

Wir werden alles haben, was für einen erfolgreichen Rückzug erforderlich ist. Manchmal sehne ich mich beinahe nach einer Niederlage,

In der Sonne. 16. Juli 1894

einer entschiedenen Niederlage, damit wir Gelegenheit haben zu beweisen, was in uns steckt, und damit dieser ermüdenden Untätigkeit ein Ende gemacht wird.

Montag, 30. Juli. Westlicher bis nordwestlicher Wind. Das ist Woche für Woche unser tägliches Programm. Gestern hatten wir 81° 7', vorgestern 81° 11' und am Montag, 23. Juli, 81° 26' n. Br.!

Aber damit beschäftigten sich meine Gedanken nicht länger. Ich weiß sehr wohl, dass sich früher oder später manches ändern wird und dass der Weg zu den Sternen durch Widerwärtigkeiten führt. Ich habe eine neue Welt gefunden: die Welt des Tier- und Pflanzenlebens, das sich in jedem Süßwassertümpel auf den Eisschollen offenbart. Vom Morgen bis zum Abend, ja, bis spät in die Nacht hinein sitze ich am Mikroskop und sehe nichts von dem, was um mich herum vorgeht. Die

Mutter Natur hat eine merkwürdige Fähigkeit, überall Leben hervorzurufen; selbst das Eis ist für sie fruchtbarer Boden.

Sonnabend, 4. August. Unsere Segelmacher Sverdrup und Amundsen haben heute die Segeltuchbedeckung des ersten Doppelkajaks vollendet. Mit voller Ausrüstung wiegt es 30 ½ Kilo. Ich halte es für ein ausgezeichnetes Hilfsmittel. Sverdrup und ich haben es auf einem Tümpel erprobt; es trug uns prachtvoll und war so steif, dass wir ganz bequem damit umgehen konnten, sogar wenn wir auf dem Verdeck saßen. Es wird leicht zwei Mann mit voller Ausrüstung für hundert Tage tragen; ein handlicheres oder praktischeres Fahrzeug kann ich mir nicht vorstellen.

Sonntag, 5. August. 81° 8,3' n. Br. Herrliches Sommerwetter. Ich konnte es nicht den ganzen Tag im Schiff aushalten, sondern machte eine weite Fahrt über das Eis. Man würde leicht vorwärts kommen, wenn die Rinnen nicht wären.

Hansen hat sich heute Nachmittag auf einem Tümpel im Kajakrudern geübt. Er war aber nicht zufrieden damit, nur auf dem Wasser herumzufahren, sondern musste natürlich auch das Kentern und Wiederaufrichten versuchen, wie es die Eskimos machen. Es endete damit, dass er das Ruder verlor und mit dem Kopf nach unten im Wasser hing. Nordahl sprang schließlich hinein und brachte ihn zum großen Ergötzen der Zuschauer wieder auf ebenen Kiel.

Sonntag, 12. August. Ein herrlicher Abend. Ich machte einen Spaziergang zwischen den Rinnen und Eishügeln; es war wunderschön ruhig und windstill, kein Laut zu hören außer den Wassertropfen von einem Eisblock. Die Sonne steht niedrig im Norden, und über uns ist der blassblaue Himmelsdom mit goldverbrämten Wolken. Der tiefe Frieden der Einsamkeit. Wie kommt es, dass ich mich zuzeiten über die Einsamkeit beklage? Mit der Natur um sich, mit Büchern und Studien kann man sich doch nie ganz allein fühlen!

Dienstag, 21. August. 81° 4,2' n. Br. Seltsam. Kaum eine Veränderung!

Wir trieben etwas nach Norden, dann etwas nach Süden und blieben fast immer auf demselben Fleck. Ich glaube aber, wie ich stets, schon ehe wir die Reise antraten, geglaubt habe, dass wir drei Jahre, genauer:

drei Winter und vier Sommer, nicht mehr und nicht weniger fortbleiben und von diesem Herbst an in ungefähr zwei Jahren die Heimat wieder erreichen werden. Der bevorstehende Winter wird uns, wenn auch langsam, weitertreiben; er kündigt sich bereits an. Letzte Nacht hatten wir vier Grad Kälte.

Sonntag, 26. August. Es scheint beinahe, dass der Winter schon gekommen ist. Die Kälte hat sich seit Donnerstag im Durchschnitt zwischen minus 4 und minus 6 Grad gehalten. In der Temperatur gibt es hier nur geringe Veränderungen. Wir können damit rechnen, dass sie von jetzt an regelmäßig sinkt, obwohl es für den Winteranfang noch ziemlich früh ist. Alle Tümpel und Rinnen sind mit Eis bedeckt, das schon dick genug ist, um einen Mann, auch ohne Schneeschuhe, zu tragen.

Ich war auf Schneeschuhen draußen. Angenehmer Weg, gutes Fortkommen überall; einige Rinnen hatten sich etwas erweitert oder waren zusammengedrückt worden; das neue Eis war nur dünn und bog sich unangenehm unter den Schneeschuhen, trug mich aber. Zwei Hunde brachen ein. Es hatte auch ziemlich stark geschneit, sodass es schönen Neuschnee gab. Wenn es so bleibt, wie es jetzt ist, werden wir im Winter ausgezeichnet Ski laufen können. Denn es ist Süßwasser, das auf der Oberfläche der Rinne gefriert, es scheidet kein Salz aus. Auf Schnee mit Salz geht man ebenso schlecht wie auf Sand.

Mittwoch, 29. August. Frischer Wind rasselt und pfeift in der Takelung. Eine belebende Veränderung! Es herrscht ein Schneetreiben, als ob wir mitten im Winter wären. Schönes Augustwetter! Aber wir treiben wieder nach Norden, und das ist auch sehr notwendig! Gestern war unsere Breite 80° 53,5'.

Heute Abend arbeitete ich im Raum an meinem neuen Bambuskajak, das der Gipfel der Leichtigkeit wird. Pettersen half mir. Wir unterhielten uns eine Weile über allgemeine Dinge, und er meinte, dass wir in der *Fram* ein gutes Heim besäßen, weil wir alles hätten, was wir haben wollten; sie sei ein verteufeltes Schiff, jedes andere würde längst platt gedrückt worden sein. „Wenn ich", sagte er, „alle die Hilfsmittel betrachte, die wir vorbereitet haben, wie zum Beispiel diese neuen Kajaks, dann fürchte ich mich aber auch nicht, müssten wir das Schiff eines Tages verlassen!“

Dann sprachen wir noch darüber, was wir tun würden, wenn wir nach Hause kämen.

„Was Sie anbetrifft, so werden Sie ohne Zweifel zum Südpol reisen!“, meinte er.

„Und Ihr“, erwiderte ich, „wollt Ihr die Hemdsärmel aufkrempeln und Eure alte Beschäftigung wieder beginnen?“

„So wird’s wohl werden! Aber, weiß Gott, erst muss ich eine Woche Ferien haben! Nach einer solchen Reise muss ich sie unbedingt haben, ehe ich wieder zum großen Schmiedehammer greife!“

Der zweite Herbst im Eis

Der Sommer war also vorüber. Unser zweiter Herbst begann. Wir hatten uns jetzt mehr an die Geduldsproben gewöhnt, die uns das Leben im öden Treibeis abverlangte. Die Zeit verging uns rascher. Außerdem war ich auch mit neuen Plänen und Vorbereitungen beschäftigt.

Ich habe schon erwähnt, dass wir im Lauf des Sommers alles für den Fall bereitmachten, dass wir über das Eis heimkehren müssten. Wir hatten sechs Doppelkajaks gebaut, die Schlitten waren in Ordnung, und es war sorgfältig berechnet worden, wie viel Nahrungsmittel, Kleidung, Brennstoff und so weiter wir mitführen mussten. Aber ich hatte in der Stille auch meine eigene Expedition nach Norden vorbereitet. Außer wenigen Worten zu Sverdrup hatte ich noch zu niemand von meinem Plan gesprochen, da ich ja nicht wusste, wie weit nördlich die Drift uns bringen würde, und da sich vor dem Frühjahr noch vielerlei ereignen konnte.

Inzwischen ging das Leben an Bord seinen gewohnten Gang.

Ich lese in meinem Tagebuch, dass ich gegen Ende August und im September sehr stolz auf eine Erfindung gewesen sein muss, die ich für die Küche gemacht hatte. Das letzte Jahr hatten wir auf einem Kupferherd gekocht, der durch Petroleumlampen erhitzt wurde. Es ging ganz gut; unangenehm war nur dabei, dass täglich mehrere Liter Petroleum verbrannt wurden. Ich befürchtete, dass der Brennstoff zu früh zur Neige ging, wenn die Expedition länger dauerte als angenommen. Ich hatte immer über eine Änderung nachgedacht, vornehmlich über einen Apparat, auf dem sich Teeröl – „schwarzes Öl" nannten wir es an Bord – brennen ließ. Wir hatten zwanzig Tonnen Teeröl an Bord. Es war ursprünglich für die Maschine bestimmt. Und es gelang mir, einen solchen Apparat zu bauen! Am 30. August schrieb ich:

„Habe meinen neu erfundenen Teerölapparat zum Heizen des Herdes mit Erfolg probiert. Es ist prachtvoll, dass wir jetzt in der Küche Teeröl brennen können. Jetzt brauchen wir nicht zu befürchten, dass wir einmal den Lichtverbrauch einschränken müssen. Unser Ölvorrat ist nunmehr um 20 000 Liter vergrößert. Wir können unser schönes Petroleum zu Beleuchtungszwecken behalten und haben auf viele Jahre Lampenlicht, selbst wenn wir verschwenderisch damit umgehen. Die 20 Tonnen Teeröl müssten meiner Meinung nach vier Jahre reichen. Die Vorrichtung ist denkbar einfach. Aus einem Behälter führt ein Rohr hinab zur Feuerstelle und in diese hinein; das Öl tropft vom Ende dieses Rohres in eine eiserne Schale und wird von einer Schicht Asbest oder Kohlenasche aufgesogen. Der Zufluss des Öls aus dem Rohr wird durch den Hahn eines feinen Ventils geregelt.

Um guten Zug zu bekommen, habe ich in der Nähe der Herdtür ein Luftzufuhrrohr angebracht, durch das die Luft gerade auf die eiserne Schale geblasen wird, in der das Öl mit lebhafter weißer Flamme brennt. Die Luft wird mithilfe des großen Windsegels auf Deck in den Kanal hineingetrieben. Wer morgens das Feuer anzündet, braucht nur an Deck zu gehen, nachzusehen, dass das Segel nach dem Wind gestellt ist, den Luftkanal zu öffnen, den Hahn so aufzudrehen, dass das Öl in gehöriger Weise fließt, das Öl mit einem Stück Papier anzuzünden und es im Übrigen sich selbst zu überlassen, bis das Wasser in zwanzig Minuten kocht. Man kann es, wie mir scheint, nicht leichter haben. Aber natürlich ist es bei uns wie in anderen Gemeinwesen schwer, Reformen einzuführen; alles Neue wird mit Argwohn betrachtet."

Etwas später schrieb ich über den Apparat: „Gestern wurde er in Betrieb genommen. Er arbeitet vorzüglich; Wind von einem Meter Geschwindigkeit genügt, um einen prachtvollen Zug hervorzubringen. Als ich vorgestern Nachmittag mit einigen Kameraden im Salon saß, hörte ich einen dumpfen Knall und sagte sofort, dass es wie eine Explosion in der Küche klinge. Gleich darauf streckte Pettersen den Kopf, der so schwarz wie der eines Schornsteinfegers und überall mit Rußflecken bedeckt war, durch die Tür und berichtete aufgeregt, der Herd sei explodiert und ihm ins Gesicht geflogen; er habe nur nachsehen wollen, ob das Feuer brenne, und da sei das ganze Teufelszeug ihm entgegengeflogen. Ein Strom von Worten, untermischt mit Flüchen, floss ihm vom Munde wie Erbsen aus einem Sack, und wir Übrigen schrien vor Lachen laut auf.

In der Küche sah ich sofort, was sich zugetragen hatte. Da nicht genügend Zug gewesen war, hatte sich eine Menge Gas gebildet, das aber nicht brennen konnte, bis Pettersen die Tür geöffnet und damit Luft hatte hinzutreten lassen. Von dem Tag an habe ich nichts als Lob über den neuen Apparat gehört. Er ist gebraucht worden, bis die *Fram* wieder draußen auf offenem Wasser war."

Donnerstag, 6. September. 81° 13,7' n. Br. Bin ich heute fünf Jahre verheiratet? Voriges Jahr, als die Eisfesseln bei der Taimyr-Halbinsel zerbarsten, war es ein Tag des Sieges. Jetzt ist kein Gedanke an Sieg. Und doch erscheint mir die Zukunft nicht bang und düster. Ist es möglich, dass am nächsten 6. September jede Fessel gesprengt ist und wir beisammensitzen und von unseren Fahrten im fernen Norden und von all unserm Verlangen plaudern wie von etwas, das einmal gewesen ist und nie wieder sein wird? Und was spricht dagegen, dass das im nächsten Jahr geschieht? Weshalb soll dieser Winter die *Fram* nicht nach Westen an einen Punkt im Norden von Franz-Joseph-Land bringen …?

Dann ist meine Zeit gekommen, und ich mache mich mit Hunden und Schlitten auf nach Norden. Mir klopft das Herz vor Freude bei dem Gedanken daran. Der Winter wird mit den Vorbereitungen für eine solche Expedition schnell genug hingehen.

Ich habe mich in letzter Zeit schon immer mit diesen Vorbereitungen beschäftigt. Ich denke darüber nach, was alles mitgenommen werden muss und wie es einzurichten ist, und je mehr ich die Sache von verschiedensten Seiten betrachte, desto fester bin ich überzeugt, dass der Versuch erfolgreich sein wird, wenn wir nicht zu spät im Frühjahr nach Norden treiben.

Wenn die *Fram* nur 84° oder 85° erreichte, würde ich mich Ende Februar oder in den ersten Märztagen aufmachen, sobald nach der langen Winternacht das Tageslicht kommt, und das Ganze würde wie ein Tanz gehen. Nur noch vier oder fünf Monate, dann ist die Zeit zum Handeln gekommen. Welche Freude!

Wenn ich jetzt über das Eis hinausblicke, ist es mir, als ob meine Muskeln zittern vor sehnsüchtigem Verlangen, endlich einmal im Ernst über das Eis zu laufen – Ermüdung und Entbehrungen würden dann ein Vergnügen sein. Es mag töricht erscheinen, dass ich mich entschlossen habe, diese Expedition zu unternehmen, während ich mir vielleicht in aller Ruhe wichtigere Arbeit hier an Bord vornehmen könnte, aber die täglichen Beobachtungen werden auch ohne mich genau wie sonst angestellt.

Sonntag, 9. September. 81° 4' n. Br. Seit einigen Tagen ist die Mitternachtssonne verschwunden, und die Sonne geht schon im Nordwesten unter; sie war gegen zehn Uhr abends fort, und es liegt wieder eine Röte über dem ewigen Weiß. Der Winter naht rasch.

Heute Abend kam Pettersen, der diese Woche kocht, zu mir herein, um sich wie gewöhnlich den Speisezettel für den nächsten Tag zu holen. Nachdem dies erledigt war, blieb er noch einen Augenblick stehen und erzählte, er habe in der vergangenen Nacht einen seltsamen Traum gehabt; er habe eine neue Expedition als Koch begleiten wollen, „aber Dr. Nansen hat mich nicht mitgenommen!"

„Und weshalb nicht?"

„Ja, mir träumte, dass Dr. Nansen mit vier Leuten über das Eis zum Pol ging, und da bat ich, mitgenommen zu werden; allerdings sagten Sie, Sie brauchten auf dieser Expedition keinen Koch; ich fand das sonderbar, denn Sie müssen da doch auch essen. Es kam mir so vor, als ob Sie angeordnet hätten, dass das Schiff irgendwo wieder mit Ihnen zusammentreffen sollte; jedenfalls wollten Sie nicht hierher, sondern zu einem andern Land zurückkehren. Es ist merkwürdig, was man im Schlaf zusammenfaselt!"

„Das war vielleicht doch kein so großer Unsinn, Pettersen; es ist sehr wohl möglich, dass wir eine solche Expedition machen."

„Dann möchte ich Sie sehr bitten, mich mitzunehmen! Das wäre gerade, was ich möchte. Ich bin zwar kein großer Schneeschuhläufer, ich würde es aber doch aushalten."

„Das ist alles sehr schön, aber auf einem solchen Marsch gibt's ermüdende, schwere Arbeit; Ihr müsst nicht denken, dass das ein Vergnügen wird."

„Nein, niemand erwartet das."

„Vielleicht gibt es aber noch Schlimmeres als Strapazen, Pettersen. Mehr als wahrscheinlich ist, dass Ihr dabei das Leben aufs Spiel setzt!"

„Einmal muss jeder sterben."

„Aber Ihr wollt Euer Leben doch nicht verkürzen?"

„Darauf würde ich es ankommen lassen. Man kann das Leben zu Hause ebenso gut verlieren, wenn auch vielleicht nicht ganz so leicht wie hier. Wenn ein Mann aber immer daran denken wollte, würde er nie etwas tun."

„Das ist wahr. Aber ein solcher Marsch nach Norden über das Eis ist kein Kinderspiel."

„Das weiß ich sehr gut, aber mit Ihnen würde mir bestimmt nicht bange sein!"

Sonnabend, 15. September. Heute Abend hatten wir zum ersten Mal wieder den Mond gesehen, wundervollen Vollmond; auch einige Sterne standen am nächtlichen Himmel, der noch ganz hell war.

Freitag, 21. September. In dieser Woche haben wir Ställe für die Hunde gebaut, eine Reihe prachtvoller Eishütten an der Backbordseite des Schiffes, schöne, warme Winterquartiere. In jeder Hütte wohnen vier Hunde. Inzwischen wachsen unsere acht jungen Hunde an Bord auf; sie haben eine großartige Welt, in der sie umherstreifen; das ganze Vordeck mit einem Segeldach darüber. Dort hört man ihr dünnes

Bellen und Heulen, wenn sie zwischen Hobelspänen, Handschlitten und der Dampfwinde umherjagen. Sie spielen und kämpfen ein bisschen und suchen dann ihr Lager zwischen den Hobelspänen unter der Back auf, wo Kvik sich mit der ganzen Majestät einer Löwin hingestreckt hat. Dort wälzen sie sich auf einem Haufen um die Mutter, schlafen, gähnen, fressen und zerren sich gegenseitig an den Schwänzen.

Das Leben geht seinen Gang so ruhig wie das Eis selbst; und doch ist es wunderbar, wie schnell die Zeit verfliegt. Die Tagundnachtgleiche ist gekommen, die Nächte werden dunkler, und um Mittag steht die Sonne nur 9° über dem Horizont.

Ich werke Tag für Tag in der Arbeitskajüte. Oft habe ich das Gefühl, als ob ich zu Hause in meinem Studierzimmer sitze, von allen Bequemlichkeiten der Zivilisation umgeben. Wenn die Trennung nicht wäre, könnte man sich hier ebenso wohl fühlen wie dort. Manchmal vergesse ich, wo ich bin.

Nicht selten bin ich abends, wenn ich in meine Arbeit vertieft war, aufgesprungen und habe, auf das Bellen der Hunde horchend, bei mir gedacht: Wer nun wohl kommen mag? Dann fällt mir ein, dass ich nicht zu Hause bin, sondern dass wir am Anfang einer zweiten langen arktischen Nacht stehen und mitten im gefrorenen Polarmeer treiben.

Die Temperatur ist heute bis auf minus 17 Grad gesunken. Der Winter kommt mit Riesenschritten.

Sonntag, 23. September. Gestern war es ein Jahr her, seit wir das Schiff zum ersten Mal auf dem Eis festmachten. Hansen hat eine Karte der Drift während dieses Jahres gezeichnet; sie sieht gar nicht schlecht aus. Obwohl die Strecke nicht groß ist, ist die Richtung fast genauso, wie ich erwartet hatte. Von der Stelle, an der wir am 22. September 1893 eingeschlossen wurden, bis zu unserer Position am 22. September dieses Jahres sind wir 189 Seemeilen getrieben, gleich 3° 9' Breite. Rechnet man von demselben Ausgangspunkt aber bis zum höchsten nördlichen Punkt, den wir im Sommer, am 16. Juli, erreicht haben, so macht das eine Drift von 226 Seemeilen oder 3° 46'. Von unserm südlichsten Punkt im Herbst des vorigen Jahres (7. November) aber bis zu unserem nördlichsten Punkt in diesem Sommer beträgt die Drift 305 Seemeilen oder 5° 5'. Wir sind volle 4 Grad nördlicher gekommen, von 77° 43' bis 81° 53'.

Alles ist bis jetzt richtig eingetroffen; die Richtung unserer Drift läuft genau parallel mit dem Kurs, den nach meinen Schlüssen die Scholle mit den Überbleibseln der *Jeannette* genommen hat. Dieser Kurs berührte 87 ½ ° n. Br. Eine noch nördlichere Drift darf ich nicht erwarten. Ich werde glücklich sein, wenn ich so weit komme. Wie ich schon so oft dargelegt habe, ist unser Zweck nicht so sehr, den Punkt zu erreichen, „an dem die Erdachse aufhört", als vielmehr das unbekannte Polarmeer zu durchqueren und zu erforschen. Und doch würde ich sehr gern auch zum Pol selbst. Ich hoffe, dass es möglich ist, wenn wir nur bis zum März auf 84° oder 85° kommen – und weshalb sollten wir das nicht?

Donnerstag, 27. September. Wir haben beschlossen, dass sich von morgen an, solange das Tageslicht anhält, jeder täglich zwei Stunden, von elf Uhr bis ein Uhr, im Schneeschuhlaufen übt. Das ist notwendig. Falls etwas passiert, das uns zwingt, den Rückweg über das Eis anzutreten, so werden einige, so ungeübt, wie sie jetzt sind, ein großes Hindernis für alle sein. Mehrere Kameraden sind Läufer ersten Ranges; fünf oder sechs würden ebenfalls bald Vergnügen daran finden, wenn sie es lernten. Ein weiter Marsch ohne Schneeschuhe – und es würde mit uns allen vorbei sein.

Wir pflegten nun regelmäßig geschlossen aufs Eis zu gehen. Es war eine gute Übung und auch ein großes Vergnügen; jeder machte gute Fortschritte, und alle gewöhnten sich an den Gebrauch der Schneeschuhe, die freilich auf den Unebenheiten zwischen den Eishügeln oft genug zerbrachen; wir flickten und nieteten sie dann wieder zusammen.

Montag, 1. Oktober. Heute probierten wir einen Handschlitten mit einer Last von 120 Kilo; er ging ganz leicht, und doch mussten wir schwer ziehen, weil die Schneeschuhe wegglitten. Ich glaube beinahe, dass indianische Schneeschuhe auf diesem Boden, auf dem so viele Höcker und glatte Erhöhungen sind, besser wären.

Als Amundsen den Schlitten zu ziehen begann, meinte er, das sei gar nichts; nach einiger Zeit verfiel er in tiefes und anscheinend finsteres Sinnen und kehrte schweigsam zum Schiff zurück. An Bord vertraute er den andern an, bevor jemand eine solche Last ziehen sollte, könnte er lieber gleich sterben – das käme schließlich auf eins hinaus. So geht es mit den Übungen.

Nachmittags spannte ich drei Hunde vor den gleichen, mit 120 Kilo beladenen kleinen Schlitten, und sie zogen ihn fort, als ob er nichts wäre.

Dienstag, 2. Oktober. Schönes Wetter, aber etwas kalt; in der Nacht minus 27 Grad, das ist für den Oktober, glaube ich, viel. Wenn das so weitergeht, wird es ein kalter Winter werden. Aber was fragen wir danach, ob wir 50 oder 70 Grad Kälte haben?

Heute schöner Ausflug auf Schneeschuhen. Die Leute sind jetzt recht geschickt. Allerdings wird sehr bald die Dunkelheit da sein, und dann hört das Laufen auf.

Ich habe das Gefühl, dass dies mein letzter Winter an Bord ist. Ob es wirklich dazu kommen wird, dass ich mich im Frühling nach Norden aufmache?

Der Versuch, einen beladenen Handschlitten auf diesem Eis zu ziehen, war alles eher als vielversprechend, und wenn die Hunde nicht aushalten oder nicht so brauchbar sein sollten, wie wir erwarteten, oder wenn das Eis anstatt besser noch schlechter würde – dann würden wir uns bald auf uns selbst verlassen müssen. Wenn wir aber mit der *Fram* so weit kommen, dass nur noch eine mäßige Entfernung zurückzulegen bleibt, dann halte ich es für meine Pflicht, den Versuch zu wagen; ich kann mir keine Schwierigkeit vorstellen, die nicht zu überwinden wäre, wenn wir die Wahl hätten zwischen Tod – und vorwärts und nach Hause!

Donnerstag, 4. Oktober. Gestern lernten wir zum ersten Mal die jungen Hunde zum Fahren an. Es waren die am 13. Dezember 1893 geborenen Hunde, von denen jetzt noch vier am Leben waren: Barbara, Freia und Susine. Gulabrand ist ein solch jämmerlich magerer Wicht, dass er vorläufig von der Arbeit noch frei bleibt. Anfangs waren sie störrisch und rannten in alle Richtungen umher; nach einer Weile zogen sie aber wie die alten Hunde und machten ihre Sache gut. Kvik gab ihnen natürlich ein würdiges Beispiel. Mogstad hatte das große Los getroffen, mit dem Anlernen zu beginnen, da er in dieser Woche auf die Hunde aufzupassen hat. Diese Pflicht geht reihum; jeder hat eine Woche lang morgens und abends für sie zu sorgen.

Es ist täglich weniger Licht, und bald werden wir gar keins mehr haben, aber die gute Stimmung schwindet mit dem Licht nicht dahin. Mir scheint, dass wir jetzt gleichmäßiger heiter sind als je vorher. Macht der Gewohnheit? Sicher sind wir aber auch gut dran und leben wie die Perle im Golde, wie man bei uns sagt.

Der Kochapparat in der Küche funktioniert vorzüglich, und selbst der Koch ist jetzt der Meinung, dass er eine ausgezeichnete, ja vollkommene Einrichtung sei. Wir werden darum nur noch Teeröl brennen. Es durchwärmt den Raum sehr gut. Ein Teil der Hitze steigt in den Arbeitsraum hinauf, in dem ich manchmal sitze und schwitze, bis ich ein Kleidungsstück nach dem andern abwerfe, obwohl das Fenster offen steht und wir draußen einige dreißig Grad Kälte haben.

Ich habe ausgerechnet, dass das Petroleum, das wir jetzt nur zur Beleuchtung verwenden, für wenigstens zehn Jahre ausreichen wird, obwohl wir dreihundert Tage des Jahres reichlich davon brennen. Augenblicklich brauchen wir aber nicht so viel Petroleumlampen, wie ich in meiner Berechnung angenommen habe, weil wir oft elektrisches Licht haben; außerdem tritt der Sommer, oder was man Sommer nennen muss, sogar hier oben einmal im Jahr ein.

Selbst wenn man Zwischenfälle, wie zum Beispiel das Leckschlagen eines Ölbehälters, berücksichtigt, ist kein Grund vorhanden, mit dem Licht zu sparen, vielmehr kann jeder davon haben, so viel er will.

Unsere Steinkohlen sind noch nicht angerührt worden, außer für den Ofen im Salon. In diesem Winter soll nun nach Belieben davon gebrannt werden. Die dabei verbrauchte Menge wird nur ein Bruchteil von unserm Vorrat von ungefähr hundert Tonnen sein, für die wir nicht eher Verwendung haben werden, als bis sich die *Fram* den Weg wieder auf der andern Seite aus dem Eis herausgebahnt hat.

Was ferner nicht wenig dazu beiträgt, dass wir es warm und gemütlich haben, ist das Segeldach, das jetzt über dem Schiff ausgespannt ist.

Der einzige Teil des Decks, den ich offen gelassen habe, ist das Heck hinter der Brücke, damit man von dort einen Blick über das Eis rundherum hat.

Mittwoch, 10. Oktober. Also genau 33 Jahre alt. Dazu lässt sich nichts weiter sagen, als dass das Leben fortschreitet und nie rückwärts gehen wird. Sie sind heute alle rührend aufmerksam gegen mich gewesen, und wir haben den Tag festlich begangen. Zunächst überraschten sie mich heute Morgen damit, dass sie den Salon mit Flaggen geschmückt hatten. Es sah sehr festlich aus, als ich eintrat und alle aufstanden und mir Glück wünschten. Als ich an Deck kam, wehte die Flagge am Topp des Besanmastes.

Vormittags machten wir einen Ausflug auf Schneeschuhen nach Süden. Es war windig und bitterkalt; ich habe lange nicht so gefroren. Das Thermometer ist abends bis auf minus 31 Grad gesunken; es ist sicherlich der kälteste Geburtstag, den ich erlebt habe.

Sonnabend, 13. Oktober. Seit Donnerstag weht ein regelrechter Sturm aus Ostsüdost. Geschwindigkeit zwölf Meter und mehr, aber trotzdem hat Hansen heute Abend eine Beobachtung genommen. Der wackere Bursche ist immer unermüdlich. Wir treiben nach Nordwest.

Sonntag, 14. Oktober. Noch immer derselbe Sturm. Ich lese von den unendlichen Leiden, die Polarforscher vor uns auf jedem Grad, ja auf jeder Minute ihres nördlichen Kurses ausgestanden haben; es erweckt beinahe ein Gefühl der Verachtung für uns, die wir hier warm und behaglich auf dem Sofa liegen und unsere Zeit mit Lesen, Schreiben, Rauchen und Träumen verbringen, während der Sturm über uns die Takelung schüttelt und das ganze Meer ein einziges Schneetreiben ist, durch das wir Grad für Grad nordwärts geführt werden, dem Ziel zu, dem auch unsere Vorgänger unter vergeblichem Einsatz ihrer Kräfte entgegengestrebt sind.

Montag, 15. Oktober. Lief heute Morgen auf Schneeschuhen ostwärts; immer noch Wind aus Ostsüdost und Schneefall. Man muss in diesen Tagen sorgfältig auf seinen Weg Acht geben, da das Schiff aus größerer Entfernung nicht mehr zu sehen ist, und sollte man den Rückweg nicht finden, nun dann … Aber die Spuren bleiben ziemlich deutlich, weil die Schneekruste blank ist und der treibende Schnee sich nicht darauf festsetzt.

Wir treiben nordwärts, und mittlerweile hält die arktische Nacht langsam und majestätisch ihren Einzug. Wie eine solche Nacht doch die Gedanken des Menschen erhebt! Es ist, als ob man in einen stillen, heiligen Tempel trete, in dem der Geist der Natur auf glitzernden Silberstrahlen durch den Raum schwebt und die Seele – die Unendlichkeit des Weltalls anbeten muss.

Dienstag, 16. Oktober. Ich sah die ganze Sonnenscheibe gegen Mittag über dem Horizont als eine elliptische rote Feuerkugel. Es ist wohl das letzte Mal, dass wir ihre Majestät in diesem Jahr gesehen haben – also lebe wohl!

Mittwoch, 17. Oktober. Wir beschäftigen uns damit, Tiefseetemperaturen zu messen, ein zweifelhaftes Vergnügen zu dieser Jahreszeit. Manchmal bedeckt sich der Wasserschöpfer mit Eis, sodass er sich in der Tiefe nicht schließt und darum jedes Mal sehr lange unten im Wasser hängen muss; mitunter gefriert auch der Inhalt, nachdem er herausgebracht ist, sodass das Wasser nicht in die Probeflaschen laufen will. Von den Mühen gar nicht zu reden, die es kostet, um den Apparat zum Hinablassen bereitzumachen. Wir sind froh, wenn wir nicht jedes Mal den ganzen Apparat zum Auftauen in die Küche bringen müssen.

Es ist eine langwierige Arbeit. Manchmal müssen die Temperaturen beim Licht der Laterne abgelesen werden. Ein kühles Vergnügen, wenn das Thermometer bis auf minus 29 Grad gefallen ist und Wind weht!

Die Finger werden einem leicht ein bisschen steif und gefühllos, wenn man die nassen oder mit Eis bedeckten Metallschrauben mit den bloßen Händen einstellt, das Thermometer mit einem Vergrößerungsglas abliest, um Genauigkeit bis auf ein hundertstel Grad zu erzielen, und dann die Wasserproben in Flaschen füllt, die man dicht an die Brust halten muss, damit der Inhalt nicht gefriert.

Freitag, 19. Oktober. Frische Brise aus Südost. Wir treiben mit guter Geschwindigkeit nordwärts. Bald werden wir den so lange erwarteten 82. Grad passieren, und dann ist es nicht mehr weit bis 82° 27', dort wird die *Fram* das Schiff sein, das auf dieser Erde bisher am weitesten nach Norden vorgedrungen ist.

Allein, das Barometer fällt, und der Wind wird vermutlich nicht lange in diesem Viertel bleiben, sondern nach Westen drehen. Ich hoffe, dass das Barometer sich dies eine Mal als falscher Prophet erweist.

Alles ist bis jetzt recht gut gegangen, und der Oktober, den wir nach den Erfahrungen des vorigen Jahres gefürchtet haben, ist ein entschiedener Fortschrittsmonat – wenn er nur nicht schlecht endet!

Sonntag, 31. Oktober. 82° 0,2' n. Br., 114° 9' ö. L.

Um den 82. Breitengrad zu feiern, hatten wir heute ein „großartiges Bankett". Zu dieser Gelegenheit wurden Honigkuchen gebacken, Honigkuchen bester Sorte, wie man mir aufs Wort glauben möge, und dann kam nach einem erfrischenden Schneeschuhlauf das Festbankett. Das Essen war prachtvoll: Ochsenschwanzsuppe, Fischpudding mit geschmolzener Butter und Kartoffeln, Schildkröte mit Zucker- und anderen Erbsen, Reis mit Moltebeeren und Creme, Kronen-Malzextrakt.

Nach dem Abendessen, das ebenfalls vorzüglich war, wurde Musik verlangt. Sie wurde den ganzen Abend in reichem Maße von verschiedenen geübten Spielern geliefert. Pettersen und ich tanzten einen Walzer und eine Polka. Wir haben in dem beschränkten Raum einige sehr geschmackvolle Pas de deux ausgeführt. Auch Amundsen wurde von der Tanzlust fortgerissen. Die Übrigen spielten Karten; kurz, die Zeit verging, und wir waren lustig. Weshalb sollten wir nicht? Wir gleiten ja fröhlich unserm Ziel entgegen, sind bereits auf halbem Wege zwischen den Neusibirischen Inseln und Franz-Joseph-Land, und keine Seele an Bord bezweifelt, dass wir das Ziel erreichen, um dessentwillen wir ausgezogen sind; es lebe daher die Fröhlichkeit!

Oben aber hat die unendliche Stille der Polarnacht die Herrschaft. Der Mond, halb voll, scheint auf das Eis herab, die Sterne leuchten hell, und der südliche Wind streicht mit leichter Klage durch die Takelung.

Freitag, 26. Oktober. Gestern Abend waren wir auf 82° 3' n. Br.

Heute ist die *Fram* zwei Jahre alt. Allgemeiner Feiertag. Allgemeine Magenüberladung. Ich sagte beim Mittagsmahl: „Vor einem Jahr sind wir einstimmig der Ansicht gewesen, dass die *Fram* ein gutes Schiff ist. Heute haben wir noch viel bessere Gründe für diese Überzeugung; denn sie bringt uns, wenn auch nicht gerade mit übermäßiger Schnelligkeit, so doch wohlbehalten und sicher weiter!" Wir tranken auf das Wohl der *Fram*.

Ich sagte nicht zu viel. Hätte ich alles gesagt, was ich auf dem Herzen hatte, so wären meine Worte nicht so gemessen gewesen; denn um die Wahrheit zu sagen: Wir alle liebten das Schiff so sehr, wie man unpersönliche Dinge nur zu lieben vermag. Und weshalb sollten wir sie nicht lieben? Keine Mutter kann ihren Jungen unter ihren Flügeln mehr Wärme und Sicherheit geben, als sie uns bietet; wir alle sind froh, wenn wir von draußen zu ihr zurückkehren, und wie oft hat mein Herz ihr nicht warm entgegengeschlagen, wenn ich weit fort war und ihre Masten über die ewige Schneedecke emporsteigen sah!

Montag, 5. November. Während ich gestern Abend über meiner Arbeit saß, hörte ich einen der Hunde an Deck fürchterlich heulen. Ich eilte hinauf und fand, dass es eines der jungen Tiere war, das mit der Zunge an einem eisernen Bolzen geleckt hatte und daran festgefroren war. Da quälte sich das arme Tier nun ab, um wieder freizukommen, streckte die Zunge so weit heraus, dass sie wie ein dünnes Tau aus dem Hals ragte, und heulte zum Erbarmen. Bentsen, der die Wache hatte, war schon dazugekommen, wusste aber nicht, was er anfangen sollte; er ergriff den Hund beim Nacken und hielt ihn dicht an den Bolzen, sodass die Zunge nicht so weit ausgereckt wurde. Nachdem ich das Eisen mit der Hand etwas erwärmt hatte, kam die Zunge frei. Das kleine Tier schien sich über seine Befreiung überaus zu freuen und leckte, um seine Dankbarkeit zu beweisen, Bentsen mit der blutigen Zunge die Hand.

Sonntag, 11. November. Ich gehe Tag für Tag meinen Studien nach.

Der Mond steht groß, gelb und ruhig hoch am Himmel, die Sterne funkeln durch den herabrieselnden Schneestaub. Es sind 33 Grad Kälte, und der Sommer mit seinen Blumen ist weit, weit weg. Ich würde ein Jahr meines Lebens darum geben, sie fassen zu können; sie erscheinen mir in so weiter Ferne, als ob ich nie zu ihnen zurückkehren sollte. Aber jeden Tag und jede Nacht flammt das Nordlicht in seiner ewig sich

Feiertag-Nachmittag an Deck der *Fram*

ändernden Schönheit am Himmel auf. Geheimnisvoller Glanz, was ist er, und woher kommt er?* Aber weshalb fragen? Genügt es nicht, seine Schönheit zu bewundern und dann Halt zu machen? Können wir im besten Falle über das äußere Aussehen der Dinge hinauskommen?

Dienstag, 13. November. Minus 38 Grad. Das Eis schiebt sich bei Tag in mehreren Richtungen zusammen, und das Getöse ist recht laut, seit es kälter geworden ist. Ein genussreicher Schneeschuhlauf im Vollmondschein: Mit den neben mir jagenden Hunden in der frischen, knisternden Kälte bin ich dem Wind gleich regelrecht über die unbegrenzte Eisfläche geflogen.

Mittwoch, 14. November. Wunderbar sind die Schneeschuhfahrten durch die schweigsame Natur im Mondlicht. Nur im Süden liegt tief

* Nordlicht entsteht, wenn große Mengen elektrische Partikel (Elektronen) auf die oberen Schichten der Erdatmosphäre treffen. Zu Nansens Zeit gab es für dieses Phänomen noch keine Erklärung.

unten das Tageslicht, ein Widerschein der Sonne, dunkel, rot glühend, und höher hinauf ein klarer gelber und blassgrüner Bogen, der sich in dem Blau darüber verliert. Das Ganze verschmilzt zu einer Harmonie, einzigartig und unbeschreiblich. Ich wünsche mir die Gabe, diese Natur in Musik zu übertragen; mächtige und doch schlichte Akkorde müssten es sein, die ihr Wesen wiedergeben könnten!

Freitag, 16. November. Vormittags war ich mit Sverdrup auf Schneeschuhen im Mondlicht draußen. Wir unterhielten uns ernstlich über die Aussichten unserer Drift und der für das Frühjahr geplanten Expedition über das Eis nach Norden. Ich habe viel über den Kurs nachgedacht, den wir einschlagen müssten für den Fall, dass uns die Drift bis zum März nicht so weit nördlich bringt, wie ich erwarte. Je mehr ich darüber nachsinne, desto fester rede ich mir ein, dass sich die Sache machen lässt.

Denn wenn es richtig ist, von 85° aus aufzubrechen, so kann es nicht weniger richtig sein, von 82° oder 83° aus loszugehen. In beiden Fällen würden wir nördlicher kommen als sonst möglich. Wenn wir den Pol selbst nicht erreichen, müssen wir eben umkehren. Um es zu wiederholen: Es kommt nicht darauf an, genau den Punkt zu gewinnen, sondern die unbekannten Gebiete des Polarmeeres zu erforschen, mögen sie dem Pol näher oder ferner liegen. Ich habe das schon vor unserer Abfahrt gesagt und muss es beständig im Gedächtnis behalten.

Sicher sind während der weiteren Drift des Schiffes an Bord viele wichtige Beobachtungen zu machen. Diese Arbeiten liegen in so guten Händen, dass zwei von unserer Schar das Schiff ohne Schaden für die Güte und Vollständigkeit der Registrierungen verlassen können. Zweifellos werden die Beobachtungen, die wir weiter nördlich vornehmen werden, nicht weniger wertvoll sein als diese Bordnotierungen. Bis jetzt ist es also durchaus wünschenswert, dass wir aufbrechen.

Welches ist die beste Zeit zum Aufbruch? Die beste und die einzige Jahreszeit für ein solches Wagnis ist das Frühjahr, spätestens der März. Und wie sind die Aussichten für unser Durchkommen?

Die Entfernung von dem gedachten Abgangspunkt nach Kap Fligely auf dem nächsten bekannten Land schätze ich auf 750 Kilometer, also nicht viel mehr als die Strecke, die wir in Grönland zurückgelegt haben; sie würde auf diesem Eis leichte Arbeit fordern. Hat man erst einmal die Küste erreicht, dann wird es einem vernünftigen Menschen sicherlich gelingen, durch die Jagd auf großes oder kleines Wild sein Leben zu fristen.

Wir können uns also stets nach Kap Fligely oder dem nördlich davon liegenden Petermann-Land wenden, falls unsere Lage unhaltbar wird. Selbstverständlich wird sich die Entfernung vergrößern, je weiter wir nach Norden vordringen; an keinem Punkt zwischen hier und dem Pol ist sie aber größer, als wir sie mithilfe der Hunde bewältigen können und werden.

Daher ist eine „Rückzugslinie“ gesichert, obwohl manche Leute behauptet haben, dass eine öde Küste, an der man die Lebensmittel erst zusammensuchen muss, ehe man sie verzehren kann, ein schlechter Zufluchtsort für Hungernde ist. In Wirklichkeit ist das nur ein Vorteil; denn ein Zufluchtsort soll nicht allzu verlockend sein. Für Männer, die vorwärts dringen wollen, ist eine „Rückzugslinie“ eine erbärmliche Erfindung, ein ewiger Anreiz zurückzublicken, während sie immer nur vorwärts schauen sollten.

Nun zur Expedition selbst. Sie wird aus 28 Hunden, zwei Männern und 1050 Kilo Proviant und Ausrüstungsgegenständen bestehen. Die Entfernung vom 83. Grad bis zum Pol beträgt 780 Kilometer. Ist es zu viel, wenn ich rechne, dass wir diese Strecke in 50 Tagen zurücklegen?

Ich weiß natürlich nicht, ob die Hunde ausdauernd genug werden; aber dass sie, wenn zwei Männer helfen, mit 37 ½ Kilo in den ersten Tagen täglich 15 Kilometer zurücklegen, klingt ganz vernünftig, selbst wenn es keine sehr guten Tiere sind.

Es ist also kaum eine leichtsinnige Rechnung, immer vorausgesetzt, dass das Eis so ist wie hier, und es ist kein Grund vorhanden, weshalb es nicht so sein sollte. Es bessert sich in der Tat beständig, je weiter wir nach Norden gelangen, und es bessert sich mit jedem Tag, den wir dem Frühling näher kommen.

In 50 Tagen müssten wir also den Pol erreichen. In Grönland haben wir auf dem Inlandeis in einer Höhe von mehr als 2500 Metern ohne

Hunde und mit mangelhaftem Proviant 550 Kilometer in 65 Tagen gemacht und hätten sicherlich noch beträchtlich weitergehen können. In 50 Tagen werden wir, täglich ein halbes Kilo Pemmikan für jeden Hund gerechnet, insgesamt 700 Kilo verbraucht haben. Ferner macht ein Kilo Proviant für jeden Mann 100 Kilo aus. Da während dieser Zeit auch Brennstoff verbraucht wird, verringert sich die Fracht auf dem Schlitten auf weniger als 250 Kilo; eine solche Last ist nichts für 26 Hunde, die damit am Ende wie ein Sturmwind dahinsausen und also die Fahrt in weniger als 50 Tagen schaffen müssten.

Aber angenommen, man braucht diese Zeit. Wenn alles gut gegangen ist, werden wir unseren Kurs nunmehr auf die Sieben Inseln im Norden von Spitzbergen richten; das sind 9 Grad oder 1000 Kilometer. Bei ungünstigen Verhältnissen wird es sicherer sein, wenn wir zum Kap Fligely oder dem nördlich davon liegenden Land gehen.

Nehmen wir an, wir würden uns für diesen Weg entscheiden!

Wir brechen am 1. März, wenn die Verhältnisse günstig sind, noch früher von der *Fram* auf und kommen am 30. April am Pol an. Wir werden dann noch 100 Kilo von unserm Proviant, genug für weitere 50 Tage, übrig haben, für die Hunde aber nichts mehr. Wir müssen sie also nach und nach töten, teils zum Futter für die übrigen, teils für uns selbst, sofern wir ihnen von unseren Vorräten abgeben. Auch wenn meine Ziffern zu niedrig gegriffen sind, kann ich doch annehmen, dass wir dann, wenn 23 Hunde getötet sind, 41 Tage unterwegs sind und noch fünf Hunde übrig haben.

Wie weit südlich werden wir dann gekommen sein?

Das Gewicht des Gepäcks beträgt im Anfang weniger als 250 Kilo, also nicht ganz neun Kilo, die jeder Hund zu ziehen hat. Nach 41 Tagen wird sich dieses Gewicht auf 140 Kilo verringert haben, und zwar durch den Verbrauch von Proviant und Brennstoff und durch Zurücklassen gewisser Ausrüstungsgegenstände wie Schlafsäcke, Zelt und so weiter, die überflüssig geworden sind.

Es bleiben dann noch 28 Kisten für jeden der fünf Hunde, wenn wir selbst nichts ziehen. Mit einer Last von 9 bis 18 Kilo für jeden Hund würden die Tiere täglich 22 Kilometer schaffen, selbst wenn die Schneefläche beschwerlich wäre. Das heißt, wir werden am 1. Juni 913 Kilometer über Kap Fligely hinaus sein und noch fünf Hunde und für neun Tage Proviant haben.

Wahrscheinlich aber werden wir schon lange vorher Land erreicht haben. Die Mitglieder der österreichischen Expedition hatten schon in der ersten Hälfte des April bei Kap Fligely offene Teiche und viele Vögel gefunden. Wir würden also im Mai und Juni keinen Mangel an Nahrung haben, und wundern müsste es mich, wenn wir nicht vorher schon einen Bären, einen Seehund oder einige verirrte Vögel träfen.

Wir haben nunmehr unsere Sicherheiten, und wir können wählen, welchen Weg wir einschlagen wollen: entweder an der Nordwestküste von Franz-Joseph-Land entlang, an Gillis-Land vorbei Richtung Nordostland und Spitzbergen oder südwärts durch den Austria-Sund zur Südküste von Franz-Joseph-Land und von dort nach Nowaja Semlja oder Spitzbergen. Es ist möglich, dass wir auf Franz-Joseph-Land Engländer treffen.

Das ist also meine Berechnung. Ist sie leichtfertig? Ich glaube nicht.

Das einzige Schlimme würde sein, wenn wir auf der letzten Marschstrecke im Mai die Eisoberfläche so finden, wie wir sie im vorigen Frühling Ende Mai hier gehabt haben. Das würde uns beträchtlich aufhalten. Wenn sich zeigt, dass unsere Berechnungen Fehler enthalten, können wir immer noch jeden Augenblick umkehren.

Welche unvorhergesehenen Hindernisse können sich uns nun entgegenstellen?

1. Wir können auf Eis treffen, das unwegsamer ist, als wir angenommen haben.

2. Wir können Land finden.

3. Die Hunde können uns im Stich lassen, können krank werden oder erfrieren.

4. Wir selbst können an Skorbut erkranken.

1. und 2. Dass das Eis weiter nach Norden schwerer passierbar sein kann, ist gewiss möglich, aber kaum wahrscheinlich. Ich sehe gar keinen Grund dafür, es sei denn, dass wir unbekanntes Land im Norden haben. Ist das der Fall, auch gut, dann müssen wir nehmen, was sich uns bietet.

3. Dass uns die Hunde im Stich lassen, ist möglich. Ich werde ihnen jedoch keine übermäßige Arbeit aufbürden. Alle können nicht unbrauchbar werden, und ein Ausfall in Grenzen schadet nichts. Bei dem Futter, das sie bis jetzt gehabt haben, sind sie durch den Winter und die Kälte gekommen, und auf dem Marsch werden sie noch besseres Futter erhalten. Außerdem habe ich in den Berechnungen gar nicht berücksichtigt, was wir selbst ziehen. Und wenn uns alle Hunde im Stich ließen, würde es uns doch gelingen, auch allein vorwärts zu kommen.

4. Der schlimmste Fall wäre, dass wir selbst an Skorbut erkrankten. Ich glaube aber kaum, dass wir Skorbutkeime von der *Fram* mitnehmen. Ferner habe ich dafür gesorgt, dass unser Schlittenproviant aus guten, nahrhaften Lebensmitteln besteht.

Selbstverständlich muss man einiges Risiko eingehen, aber wenn ich nun einmal alle nur möglichen Vorsichtsmaßregeln getroffen habe, so habe ich auch die Pflicht, vorwärts zu dringen.

Es gibt noch eine andere Frage, die erörtert werden muss: Habe ich das Recht, das Schiff und die Kameraden der Hilfsmittel zu berauben, die die Expedition benötigt? Die Tatsache, dass zwei Mann weniger an Bord sein werden, fällt nicht ins Gewicht, weil die *Fram* ebenso gut mit elf Mann manövrieren kann. Schwerer wiegt, dass wir alle Hunde, mit Ausnahme der sieben jungen, mit uns nehmen. Nun, man ist an Bord mit Schlittenproviant und allerbesten Schlittenausrüstungen reichlich versehen, und ich kann mir nicht denken, dass die Mannschaft Franz-Joseph-Land oder Spitzbergen nicht erreicht, wenn der *Fram* etwas zustößt. Es ist unwahrscheinlich, dass sie dann das Schiff nördlicher als auf 85° verlassen müsste.

Aber angenommen, die Mannschaft wäre gezwungen, das Schiff auf 85° zu verlassen, so würde das voraussichtlich im Norden von Franz-Joseph-Land sein, wo sie 334 Kilometer von Kap Fligely entfernt wäre. Tritt der Fall weiter östlich ein, so sind es 445 Kilometer bis zu den Sieben Inseln. Es ist schwer zu glauben, dass es den Leuten bei ihrer Ausrüstung nicht gelingen sollte, diese Entfernung zu bewältigen.

Ich bin jetzt ebenso fest wie früher der Meinung, dass die *Fram* quer durch das Polarbecken treibt und auf der anderen Seite wieder herauskommt, ohne aufgehalten oder zerstört zu werden. Und geschähe dennoch ein Unfall, so sehe ich nicht ein, weshalb die Mannschaft ihren Weg nicht sicher zurücklegen sollte, vorausgesetzt, dass sie die nötigen Vorsichtsmaßregeln beobachtet.

Ich glaube darum, dass ich es verantworten kann, dass eine Schlittenexpedition die *Fram* verlässt und dass sie, weil sie so gute Ergebnisse verspricht, unter allen Umständen versucht wird.

Vorbereitungen zur Schlittenreise

Wer sollen nun die beiden Teilnehmer an der Schlittenreise sein? Sverdrup hat sich wie ich schon früher an solcher Arbeit versucht. Wir würden also sehr gut fertig werden, aber beide zusammen können wir die *Fram* nicht verlassen, das ist ohne weiteres klar. Einer von uns muss zurückbleiben und die Verantwortung übernehmen, die anderen wohlbehalten heimzubringen. Ebenso klar ist es aber auch, dass einer von uns die Schlittenreise führen muss, da nur wir die nötige Erfahrung besitzen.

Sverdrup möchte sehr gern mitgehen, doch ist „draußen" die Gefahr größer als an Bord der *Fram*. Ließe ich ihn gehen, würde ich ihm also die gefährlichere Aufgabe übertragen, während ich die leichtere für mich behielte. Würde ich es mir, wenn er umkäme, je verzeihen, dass ich ihn hatte gehen lassen, auch wenn es sein Wunsch war? Er ist neun Jahre älter als ich; es wäre jedenfalls eine sehr unbequeme Verantwortung für mich.

Was die übrigen Gefährten anlangt, welcher von uns beiden würde zu ihrem Besten an Bord bleiben müssen? Ich glaube, sie haben Vertrauen zu Sverdrup wie zu mir, und ich bin überzeugt, dass ein jeder von uns die Kameraden sicher nach Hause bringt, mit oder ohne *Fram*.

Sverdrup führt das Schiff, ich leite die Expedition und namentlich wissenschaftliche Untersuchungen. Danach scheint es also meine Pflicht zu sein, die Aufgabe, bei der wichtige Entdeckungen gemacht werden sollen, zu übernehmen. Die mit dem Schiff zurückbleiben, werden die Beobachtungen an Bord fortsetzen. Es ist daher meine Pflicht, zu gehen, und die Sverdrups, zurückzubleiben. Er hält diese Entscheidung ebenfalls für vernünftig.

Ich habe Johansen zum Gefährten gewählt. Er eignet sich in jeder Beziehung sehr gut für die Aufgabe. Er ist ein vorzüglicher Schneeschuhläufer, und an Ausdauer kommen ihm wenige gleich – ein prächtiger Mensch in körperlicher und geistiger Beziehung. Ich habe ihn noch nicht gefragt, will es aber bald tun, damit er sich beizeiten vorbereiten kann.

Blessing und Scott-Hansen würden mich sicherlich auch sehr gern begleiten, aber Blessing kann seinen Posten als Arzt nicht verlassen. Auch mehrere von den übrigen Kameraden würden sich sehr gut eignen und wären ohne Zweifel sofort zum Mitgehen bereit.

Vorläufig ist diese Expedition nach Norden also beschlossen. Ich will sehen, was uns der Winter bringt; wenn es das Licht erlaubt, würde ich am liebsten schon im Februar aufbrechen.

Sonntag, 18. November. So recht kann ich mich in den Gedanken noch nicht hineinfinden, dass ich wirklich aufbrechen werde, und zwar schon in drei Monaten. Manchmal ertappe ich mich in herrlichen Träumen von meiner Heimkehr nach schwerer Arbeit und Sieg, und dann ist alles klar und hell; hernach aber folgen Gedanken über die Ungewissheit und die Täuschungen der Zukunft und was in ihrem Schoß auf uns lauern mag, und die Träume, blass und farblos, verlöschen wie das Nordlicht.

Anfälle des kalten Zweifels! Ist dort zu viel zu wagen und zu wenig zu gewinnen? Auf alle Fälle ist dort mehr zu gewinnen als hier. Ist es dann nicht meine Pflicht?

Wir sind höchst wunderlich gebaute Maschinen. In einem Augenblick alles Entschlossenheit, im nächsten alles Zweifel … Heute scheint unser Verstand, unser Wissen, unser Leben und Treiben nichts als elendes Philistertum, keine Pfeife Tabak wert, morgen stürzen wir uns, von brennendem Durst verzehrt, gerade in diese Forschungen, um alles in uns aufzunehmen. Uns verlangt nach neuen Pfaden, und nagende

Unzufriedenheit quält uns ob unserer Unfähigkeit, das Problem vollständig zu lösen. Dann sinken wir wieder hinab, und Elend überfällt uns angesichts der Wertlosigkeit aller Dinge. Einem Stäubchen auf der Waagschale gleicht die Welt, einem Tautropfen, der am Morgen zur Erde fällt.

Es ist nichts Neues, darunter zu leiden, dass unser Wissen Stückwerk ist, darunter, dass wir nie ergründen, was im Hintergrund verborgen liegt. Aber angenommen, wir könnten es ausrechnen, sodass das innerste Geheimnis der Dinge klar und offen wie eine mathematische Formel vor uns läge, wären wir darum glücklicher? Vielleicht das Gegenteil. Besteht nicht eben in dem Kampf um das Wissen das Glück? Ich bin sehr unwissend, also sind die Vorbedingungen des Glückes bei mir gegeben.

Lasst mich eine Friedenspfeife stopfen und glücklich sein!

Es geht nicht mit der Pfeife! Rollentabak ist nicht fein genug für lustige Träume. Lasst mich eine Zigarre rauchen! Wenn ich nur eine echte Havanna hätte!

Montag, 19. November. Eine verwünschte Stimmung, dieser ganze Weltschmerz! Du bist ja ein glücklicher Mensch. Und wenn du schlechter Laune bist, kannst du an Deck gehen und den sieben jungen Hunden zuschauen, die um dich herumspringen und jagen und dich aus lauter Freude am Leben in Stücke zerreißen möchten. Das Leben ist Sonnenschein für sie, obgleich sie an Deck unter einem Zeltdach leben, unter dem sie weder die Sonne, die längst verschwunden ist, noch die Sterne sehen. Da ist auch Kvik, die Mutter, mitten unter ihnen; sie ist dick und wedelt vergnügt mit dem Schweif. Habe ich nicht Grund, ebenso glücklich zu sein wie die Hunde?

Ein wunderliches Leben, in der Dunkelheit und Kälte an Deck herumzustöbern. Sobald jemand mit der Laterne hinaufgeht, kommen die Hunde angerannt, starren in das Licht, tanzen und machen Luftsprünge wie Kinder um den Weihnachtsbaum. So geht das Tag für Tag; sie haben noch nie etwas anderes gesehen als dieses Deck mit dem Zeltdach darüber, ja nicht einmal den blauen Himmel, ebenso wie wir Menschen nie etwas anderes gesehen haben als diese Erde!

Ich bin nunmehr fest entschlossen. Vormittags habe ich Johansen die ganze Sache auseinander gesetzt, die Möglichkeit vorgeführt und insbesondere die Gefahren betont, auf die wir vorbereitet sein müssen.

Ich sagte, es sei eine Frage von Leben und Tod, das dürfe man sich nicht verheimlichen. Er solle sich's gut überlegen, ehe er sich entscheidet, ob er mich begleiten wolle oder nicht. Wenn er mitkommen wolle, würde ich mich freuen; ich würde es aber am liebsten sehen, wenn er sich ein oder zwei Tage Bedenkzeit nähme, bevor er mir antworte.

Er brauche keine Zeit zum Überlegen, erwiderte er; er gehe gern mit. Sverdrup habe schon vor längerer Zeit über eine solche Expedition gesprochen; er, Johansen, habe gehörig darüber nachgedacht und betrachte es als eine große Gunst, dass die Wahl auf ihn gefallen sei.

„Ich weiß nicht, ob diese Antwort Sie befriedigt und ob Sie nicht lieber sehen, dass ich die Sache noch weiter überlege; sicherlich werde ich aber meine Ansicht nicht ändern."

„Nein, wenn Sie schon ernstlich darüber nachgedacht haben, welchen Gefahren Sie sich aussetzen – dass vielleicht keiner von uns beiden einen Menschen je wiedersehen wird! –, wenn Sie erwogen haben, dass Sie auf dieser Expedition viele Leiden zu ertragen haben werden, auch wenn wir sicher und wohlbehalten durchkommen –, wenn Sie sich alles das klar gemacht haben, dann bestehe ich nicht darauf, dass Sie sich die Sache noch länger überlegen."

„Ja, das habe ich!"

„Nun gut, dann ist das erledigt. Morgen wollen wir mit den Vorbereitungen beginnen. Hansen muss sehen, dass er einen neuen meteorologischen Assistenten ernennt."

Dienstag, 20. November. Heute Abend hielt ich vor der Schiffsmannschaft eine Rede, in der ich unsern Entschluss mitteilte und ihr die geplante Expedition erklärte.

Zunächst ging ich mit ein paar Sätzen die ganze Theorie und Geschichte unseres Unternehmens von Anfang an durch. Ich entwickelte den Gedanken, auf den sich mein Plan gründete, nämlich dass ein Schiff, das im Norden von Sibirien einfriert, quer durch das Polarmeer und auf der anderen Seite wieder hinaus in den Atlantischen Ozean treibt und irgendwo zwischen Franz-Joseph-Land und dem Pol hindurchkommt.

Aufgabe der Expedition sei es, diese Drift quer über das unbekannte Meer auszuführen und dabei Untersuchungen anzustellen. Ich machte die Kameraden darauf aufmerksam, dass diese Untersuchungen gleich wichtig seien, ob die Expedition den Pol selbst erreicht oder in einiger Entfernung von ihm bleibt. Nach unseren Erfahrungen werde die Expedition ihre Aufgaben lösen; alles sei ja bis zu diesem Augenblick unseren Erwartungen entsprechend gegangen. Nunmehr entstehe aber die Frage, ob nicht noch mehr getan werden könne, und darauf setzte ich den Leuten meinen Plan einer Zusatzexpedition auseinander.

Ich gewann den Eindruck, dass alle stark gefesselt zuhörten und es am Schluss für höchst wünschenswert hielten, dass der Versuch gemacht wurde.

Der Haupteinwand, den sie dagegen erhoben hätten, wenn ich sie gefragt hätte, wäre wohl der gewesen, dass sie nicht selbst daran teilnehmen könnten. Ich stellte ihnen jedoch eindringlich vor, dass es ein nicht weniger ehrenvolles Unternehmen sei, die *Fram* wohlbehalten quer durch das Polarmeer und auf der anderen Seite wieder herauszubringen, und wenn nicht die *Fram*, so doch sich selbst ohne Verlust an Menschenleben. Geschähe dies, sei alles wohl getan. Ich glaube, sie sahen die Richtigkeit meiner Darstellung ein.

Der Würfel ist also gefallen. Nunmehr machten wir uns allen Ernstes an die Vorbereitungen. Ich habe schon erwähnt, dass ich gegen Ende des Sommers mit der Herstellung eines Einmannkajaks begonnen hatte. Es war eine langwierige Arbeit, die mehrere Wochen dauerte; das fertige Bambusgestell war leicht und stark und wog acht Kilo. Später wurde es von Sverdrup und Blessing mit Segeltuch bekleidet, dann wog das ganze Boot 15 Kilo. Mogstad baute ein zweites ähnliches Boot.

Die Kajaks waren 3,70 Meter lang, in der Mitte ungefähr 70 Zentimeter breit, und das eine war 30 Zentimeter, das andere 38 Zentimeter tief; das ist erheblich kürzer und breiter als ein gewöhnliches Eskimokajak, infolgedessen waren diese Boote auch nicht so leicht zu paddeln.

Dafür trugen sie außer uns selbst Proviant und Ausrüstung für eine längere Zeit und waren für unseren Zweck wunderbar geeignet. Als wir sie sorgfältig beluden, konnten wir Proviant und Ausrüstung auf mindestens drei Monate für uns sowie eine ziemliche Menge Hundefutter verstauen und außerdem noch einen oder zwei Hunde auf dem Verdeck mitführen. Im Übrigen waren sie wie die Eskimokajaks eingerichtet und voll gedeckt bis auf eine Öffnung in der Mitte, in der der Paddler saß.

Diese Öffnung war nach Eskimoart von einem hölzernen Ring eingefasst, über den wir den unteren Teil unserer Seehundspelze schoben, sodass die Verbindung zwischen Boot und Kragen wasserdicht war. Wurde der Seehundspelz um Handgelenke und Gesicht dicht zugezogen, dann konnte sich die See vollständig über uns ergießen, ohne dass ein Tropfen Wasser in die Kajaks kam. Wir mussten uns mit solchen Booten ausrüsten für den Fall, dass wir auf unserm Zug nach Spitzbergen oder, wenn wir den anderen Weg wählten, zwischen Franz-Joseph-Land und Nowaja Semlja offenes Wasser antrafen.

Außer der Öffnung in der Mitte hatten die Boote vorn und hinten im Deck kleine Klappen, durch die wir nur die Hand zu stecken brauchten, um den Proviant zu verstauen und andere Dinge herauszuholen, ohne den ganzen Inhalt durch die mittlere Öffnung umeinander zu würfeln, wenn das, was wir brauchten, am Ende des Fahrzeugs lag. Diese Klappen schlossen völlig wasserdicht.

Um das Segeltuch wasserundurchlässig zu machen, wäre es am besten gewesen, es mit Leimwasser zu tränken und dann von außen mit gewöhnlicher Ölfarbe zu streichen; das war allerdings bei der außerordentlichen Kälte, im Raum minus 20 Grad, sehr schwierig zu bewerkstelligen, und dann befürchtete ich, dass die Farbe das Segeltuch zu hart und spröde machen würde, sodass beim Transport über das Eis leicht Löcher hineingestoßen würden. Ich versuchte es darum mit einer Mischung aus Paraffin und Talg, in die ich die Kajaks tauchte. Dadurch wurden sie allerdings um drei Kilo schwerer.

Ferner ließ ich für diese Expedition einige Handschlitten besonders anfertigen; sie waren biegsam und stark. Sie mussten viel aushalten, wenn wir sie mit Hunden und schweren Lasten über unebenes Treibeis zogen. Zwei von den Schlitten waren ungefähr so lang wie die Kajaks, 3,6 Meter.

Ich stellte auch mehrere Versuche mit der Kleidung an, die wir tragen wollten, um festzustellen, ob es sich empfahl, in unseren dicken Anzügen aus Wolfsfell zu gehen; ich kam stets zu dem Ergebnis, dass sie zu warm waren. So schrieb ich am 29. November darüber: „Machte wieder in meinem Wolfsfellanzug einen Gang nach Norden; es ist aber noch immer zu mild (minus 37,6 Grad) dafür. Ich schwitzte wie ein Pferd, obgleich ich mit nüchternem Magen aufbrach und ganz langsam lief. Es geht sich in der Dunkelheit ziemlich schwer im Schnee, wenn man die Schneeschuhe nicht gebrauchen kann. Ich bin neugierig, wann es kalt genug wird, diesen Anzug zu tragen."

Am 9. Dezember war ich wieder auf Schneeschuhen draußen. 41 Grad Kälte. Ich ging im Wolfsfellanzug, doch rann mir der Schweiß in solchen Strömen vom Rücken, dass man damit eine Mühle hätte treiben können. Noch zu warm; der Himmel mag wissen, ob es je kalt genug dafür werden wird.

Natürlich haben wir auch das Zelt und den Kochapparat ausprobiert. Am 7. Dezember schrieb ich: „Ich habe das seidene Zelt, das wir mitnehmen wollen, aufgeschlagen und den Kochapparat darin probiert. Wir bekamen aus Eis von minus 35 Grad in anderthalb Stunden drei Liter kochendes Wasser und schmolzen gleichzeitig bei einem Verbrauch von 120 Gramm Petroleum fünf Liter. Am nächsten Tag kochten wir in einer Stunde zweieinhalb Liter Wasser und schmolzen ebenso viel mit hundert Gramm Petroleum."

Wir werden also täglich nicht sehr viel Brennstoff verbrauchen.

Dann stellte ich allerlei Berechnungen und Untersuchungen an, um die vorteilhafteste Art von Proviant für unsere Expedition herauszufinden. Es war sehr wichtig, dass die Verpflegung für Hund und Mensch die besten Nährstoffe in konzentrierter Form enthielt und nicht mehr wog, als unbedingt notwendig.

Außerdem hatten wir natürlich die Instrumente zu prüfen, die wir mitnehmen mussten, und uns mit vielen Kleinigkeiten zu beschäftigen, die gleichfalls nötig waren. Gerade von der richtigen Zusammenstellung aller dieser Kleinigkeiten hängt der Erfolg ab.

Wir verbrachten die meiste Zeit mit diesen Vorbereitungen und spannten auch einige Kameraden den Winter hindurch mit ein. Zum Beispiel baute Mogstad laufend Schlitten, beschlug sie und so weiter. Sverdrup nähte Schlafsäcke, Juell wurde zum Hundeschneider ernannt. Wenn er nicht in der Küche zu tun hatte, nahm er den Hunden Maß und fertigte Geschirre an.

Blessing richtete uns eine kleine, leichte Apotheke her, die Medikamente, Binden und andere Dinge enthielt, die uns von Nutzen sein konnten. Ein Mann war beständig damit beschäftigt, alle unsere Journale und wissenschaftlichen Beobachtungen und so weiter auszugsweise auf dünnes Papier abzuschreiben, da ich für alle Fälle eine Abschrift mitnehmen wollte. Hansen stellte Tabellen her, die wir für unsere Beobachtungen, für den Gang unserer Chronometer und so weiter brauchten. Außerdem zeichnete er uns eine Karte unserer ganzen Reise und der bisherigen Drift.

Hansen war ein viel beschäftigter Mann. Im Laufe des Herbstes hatte er sich seine Arbeit ganz erheblich bequemer eingerichtet. Er hatte mit Johansen eine Schneehütte gebaut, die einer Eskimohütte ähnlich war. Dort fühlte er sich sehr wohl. Vom Dach herab hing eine Petroleumlampe, deren Licht von den weißen Schneemassen widergespiegelt wurde und eine blendend helle Beleuchtung gab. Hier arbeitete Hansen in aller Ruhe und Beschaulichkeit mit seinen Instrumenten. Hier wurde er von keinem Wind gestört. Er fand es auch warm in der Hütte, wenn er die Temperatur bis auf einige 20 Grad unter dem Gefrierpunkt treiben konnte, sodass er die Instrumente mit der bloßen Hand einzustellen vermochte. Tag für Tag saß er unermüdlich an seinen Untersuchungen und beobachtete die geheimnisvollen Bewegungen der Magnetnadel, die ihm zuweilen Schwierigkeiten und Kopfzerbrechen machten.

Freitag, 30. November. Im Ganzen ist der November ein ungewöhnlich schlimmer Monat gewesen, da wir zurück anstatt vorwärts getrieben sind – und doch war dieser Monat voriges Jahr so gut. In diesem fürchterlichen Meer kann man sich auf die Jahreszeiten nicht verlassen! Alles in allem wird der Winter vielleicht um kein Haar besser als der Sommer.

Der Himmel ist mit einem dichten Schleier verhüllt, der, wenn die Sterne hindurchfunkeln, dunkler als gewöhnlich zu sein scheint, und in dieser ewigen Nacht treiben wir einsam und verlassen umher.

Die erschöpften Gedanken, die man niemals loswerden kann, sind auf die Dauer doch eine sehr langweilige Gesellschaft. Gibt es kein Mittel, um vor sich selbst zu fliehen, um einen Gedanken zu erfassen, nur einen einzigen, der darüber hinaus liegt? Gibt es keinen anderen Weg als den Tod? Aber der Tod ist sicher. Eines Tages wird er kommen, groß und still, er wird Nirwanas mächtige Pforten öffnen, und du treibst hinaus in das Meer der Ewigkeit.

Sonntag, 2. Dezember. Sverdrup ist schon seit mehreren Tagen krank; er liegt im Bett. Hoffentlich ist es nichts Ernstes. Armer Bursche, er lebt nur von Haferschleim! Es ist ein Darmkatarrh. Wahrscheinlich hat er sich auf dem Eis erkältet.

Ich lese jetzt die verschiedenen Berichte über die englischen Expeditionen während der Franklin-Periode und die Nachforschungen nach ihm und gestehe, dass ich die Leute und ihre Arbeit bewundere. Es steckte Mut in Parry, Franklin, James Ross, Richardson, in M'Clintock und in all den Übrigen. Wie gut war ihre Ausrüstung ausgedacht! Wahrlich, es gibt nichts Neues unter der Sonne. Das meiste von dem, was ich für neu hielt und mit dem ich mich brüstete, finde ich schon hier; M'Clintock hat es schon vor 40 Jahren gehabt.

Es war nicht ihre Schuld, dass sie in einem Land geboren waren, in dem Schneeschuhe unbekannt sind und wo man während des ganzen Winters kaum Schnee findet. Welche Entfernungen haben sie zurückgelegt, obwohl sie ihre Erfahrungen über Schnee und Reisen erst während ihres Aufenthalts hier oben sammeln mussten und obwohl sie keine Schneeschuhe besaßen und sich mit schmalkufigen Schlitten oft über schneebedecktes, unebenes Treibeis durcharbeiten mussten! Welche Strapazen und Schwierigkeiten haben sie ertragen! Niemand kann sie übertreffen, kann ihnen gleichkommen!

Freitag, 14. Dezember. Gestern feierten wir ein großes Fest zu Ehren der *Fram* als des Schiffes, das die höchste Breite erreicht hat. Vorgestern überschritten wir 82° 30' n. Br.

Sonnabend, 22. Dezember. Südöstlicher Wind hat sich in einen regelrechten Sturm verwandelt, der heulend durch die Takelung fährt; er ist ganz lieblich anzuhören und treibt uns sicher nach Norden.

Gegen halb ein Uhr nachts verspürten wir im Schiff plötzlich einen starken Eisdruck, der alles an Bord rasseln machte; ich konnte das Zittern unter mir noch lange nachher fühlen, als ich in der Koje lag.

Mittags erhielt die *Fram* einen zweiten heftigen Stoß, der noch stärker war als der in der Nacht. Vorher hatten wir am Donnerstag morgens um halb zehn und halb zwölf schon Eispressungen gehabt, die so stark waren, dass Peder am Lotloch wiederholt aufgesprungen war in der Meinung, das Eis würde unter ihm bersten. Es ist höchst seltsam: Nachdem wir so lange Ruhe gehabt haben, werden wir jetzt fast nervös, sobald die *Fram* solche Stöße erhält und alles wie bei einem heftigen Erdbeben erzittert.

Sonntag, 23. Dezember. Der Wind ist unverändert und weht mit einer Geschwindigkeit von 12 bis 14 Meter in der Sekunde.

Es schneit, und der Schnee fegt so ungestüm daher, dass nichts zu unterscheiden ist und tiefe Dunkelheit herrscht. Auf dem Achterdeck liegen um das Steuerrad und an der Reling hohe Schneehaufen. Man schaudert und ist dankbar dafür, dass man nicht in solchem Wetter hinausziehen muss, sondern sich ins Schiff zurückziehen und in die warme Koje kriechen kann; bald müssen wir selbst in solchem Wetter bei Tag und bei Nacht im Freien sein, ob wir wollen oder nicht.

Das Barometer war stetig und tief gefallen, stieg dann wieder und steht jetzt auf 726 Millimeter. Das Thermometer beschreibt wie gewöhnlich die umgekehrte Kurve; es stieg stetig, bis es nachmittags auf minus 21,3 Grad stand, jetzt fällt es, obwohl sich der Wind nicht gedreht hat. Er hat uns sicher ein tüchtiges Stück nach Norden versetzt, ganz gewiss weit über 83° hinaus.

Es hört sich angenehm an, wenn der Wind in der Takelung heult und rasselt. Wüsste man nur nicht, dass alle irdischen Freuden von kurzer Dauer sind.

Gegen Mitternacht meldet sich der Steuermann, der die Wache hat, dass das Eis in der Nähe des Thermometerhauses geborsten sei. Das ist derselbe Riss, der schon im Sommer entstanden war und sich jetzt wieder geöffnet hat. Vermutlich ist die ganze Scholle, auf der wir liegen, gespalten. Wir nehmen den Thermografen und die übrigen Instrumente heraus, um sie im Fall einer Eispressung in Sicherheit zu haben.

Donnerstag, 27. Dezember. Wieder ist Weihnachten vorübergegangen, und noch immer sind wir so weit von der Heimat entfernt. Wie traurig ist das! Doch bin ich nicht melancholisch, eher möchte ich sagen, ich freue mich. Mir ist, als ob ich auf etwas Großartiges warte, das noch im Schoß der Zukunft verborgen liegt. Nach den langen Stunden der Ungewissheit schaue ich jetzt das Ende der dunklen Nacht und zweifle nicht daran, dass alles erfolgreich enden wird, dass die Reise nicht vergeblich ist und alle Hoffnungen sich verwirklichen. Das Los eines Forschers ist vielleicht schwer, und sein Leben, wie allgemein behauptet wird, voller Enttäuschungen. Aber es hat auch seine schönen Augenblicke, wenn er den Triumph des menschlichen Willens und menschlicher Zuversicht und den Hafen des Glückes und des Friedens winken sieht.

Dies ist das zweite Weihnachtsfest, das wir in der Einsamkeit der Nacht, im Reich des Todes verbringen, nördlicher und tiefer drinnen als je zuvor. Es ist ein seltsames Gefühl zu denken, dass es unser letztes Weihnachten an Bord der *Fram* sein wird! Man wird fast traurig. Das Schiff ist uns zur zweiten Heimat, es ist uns teuer geworden; unsere Gefährten werden vielleicht noch ein drittes Weihnachtsfest, möglicherweise noch mehrere hier zubringen, aber ohne uns; denn wir werden sie verlassen und in die Einsamkeit hinausziehen.

Weihnachten war diesmal ziemlich ruhig, aber sehr angenehm, und jeder schien sich wohl zu fühlen. Nicht wenig trug zu unserer Freude das Weihnachtsgeschenk des Windes bei, der uns den 83. Grad bescherte. Wir feierten den Weihnachtsabend natürlich mit einem großen Festessen. Die Tafel brach unter Weihnachtskuchen, armen Rittern, Hirschhörnern, Honigkuchen, Makronen, Napfkuchen. Außerdem hatten wir, Blessing und ich, im Schweiße unseres Angesichts einen

„Polar-Champagner 83. Grad" hergestellt, der eine Sensation wurde. Wir waren stolz darauf. Der Champagner war ein Erzeugnis aus der edlen Traube des Polargebietes, der Moltebeere. Er schmeckte allen vortrefflich, und mancher Becher wurde geleert. Haufen illustrierter Bücher, Musik und Gesang vervollständigten die Festtagsfreude.

Während wir mit rasselndem Wind zuerst aus Südost und dann aus Ostsüdost und Ost vorwarts trieben, wurden wir von Tag zu Tag neugieriger, wie weit wir gekommen waren. Aber Schneesturm und bewölkter Himmel erlaubten uns keine Beobachtungen.

Plötzlich rief Hansen heute Nachmittag, es seien über uns Sterne zu sehen. Höchste Erwartung! Aber als er herunterkam, hatte er nur einen Stern beobachtet. Allerdings stand dieser Stern dem Meridian so nahe, dass Hansen daraus entnehmen konnte, dass wir jedenfalls nördlicher als 83° 20' n. Br. standen. Und dieses Ergebnis wurde mit Freudenrufen aufgenommen. Wenn wir noch nicht auf der höchsten nördlichen Breite waren, der je der Mensch nahe gekommen ist, so befanden wir uns immerhin nicht weit davon. Das war mehr, als wir erwartet hatten!

Freitag, 28. Dezember. Am Morgen ging ich hinaus, um mir einen Eisriss an der Backbordseite anzusehen, der sich dermaßen erweitert hat, dass er eine offene Rinne bildet. Natürlich folgten mir sämtliche Hunde. Noch war ich nicht weit gekommen, als eine dunkle Gestalt vor mir verschwand: Es war Pan, der den hohen, steilen Rand des Eises hinabgerollt und ins Wasser gefallen war. Vergeblich quälte er sich ab, wieder herauszukommen; rundherum war nichts als Schneeschlamm, der nirgends festen Halt bot. Ich beugte mich über den Rand des Eises, um mich ihm zu nähern, doch war es zu hoch, und ich wäre beinahe kopfüber nachgestürzt. Was ich herauszog, waren nur lose Eisstücke und Schneeklumpen. Ich rief nach einer Eisaxt, aber noch ehe man sie mir brachte, war Pan heraus. Um wieder warm zu werden, sprang er auf der Scholle hin und her, gefolgt und umkreist von den übrigen Hunden, die bellend ihre Freude über seine Rettung zeigten. Als Pan ins Wasser gefallen war, waren sie herbeigerannt und hatten mich winselnd angeblickt. Er tat ihnen offenbar Leid, und sie wollten, dass ich ihm half. Sie konnten nichts sehen, rannten aber immer am Rand auf und ab, bis er wieder heraus war. Zu anderen Zeiten hätten sie ihn wohl eher in Stücke gerissen; so sind nun einmal wir Geschöpfe dieser Erde. „Pan“ durfte sich den ganzen Nachmittag im Salon trocknen.

Kurz vor halb zehn Uhr abends erhielt das Schiff einen fürchterlichen Stoß. Ich ging hinaus, hörte aber kein Geräusch von Eispressungen. Der Wind heulte so in der Takelung, dass man andere Töne nicht unterscheiden konnte. Um halb elf erfolgte ein zweiter Stoß; später fühlte man von Zeit zu Zeit Schwankungen im Schiff, und gegen halb zwölf wurden die Stöße noch heftiger. Offenbar schob sich das Eis an irgendeiner Stelle in der Nähe zusammen. Ich war gerade dabei, mich anzuziehen und nachzusehen, als Mogstad meldete, dass sich vor dem Schiff ein hoher, abscheulicher Hügel gebildet habe. Wir nahmen Laternen und gingen hin. 56 Schritt vor dem Bug türmte sich ein steiler Haufen auf, der sich an der offenen Rinne entlang erstreckte und unter einer fürchterlichen Pressung stand. Das Eis rasselte, krachte und knirschte in der ganzen Länge der Rinne. Es schien meist neu gefrorenes Eis aus den offenen Rinnen zu sein, das den Hügel gebildet hatte, doch sah man auch schwere Eisblöcke dazwischen. Es schob sich langsam, aber sicher auf das Schiff zu. Es wäre uns keineswegs willkommen, wenn der Eishügel bis dicht unter den Bug der *Fram* käme, weil er dort bald Schaden anrichten würde. Für alle Fälle habe ich der Wache befohlen, scharf aufzupassen und mich sofort zu wecken, falls der Eishaufen sehr nahe kommt oder das Eis unter uns bricht.

Neujahr 1895

Mittwoch, 2. Januar 1895. Nie zuvor bin ich zu Beginn des neuen Jahres in so seltsamer Stimmung gewesen. Es muss uns jedenfalls wichtige Ereignisse bringen und wird hoffentlich eins der bemerkenswertesten Jahre meines Lebens werden, mag es mich zum Sieg oder zum Untergang führen. In dieser Eiswelt kommen und gehen die Jahre unbemerkt, in dieser schweigsamen Natur ereignet sich nichts; alles ist in Dunkelheit gehüllt, nur die

Sterne funkeln in unermesslichen Fernen durch die kalte Nacht, und das Nordlicht erglänzt in flackerndem Schein. Die *Fram* ist gerade noch undeutlich zu erkennen; die schwarzen Masten ragen aus der dunklen Einöde zum Lichtgewimmel der Sterne empor. Wie ein Punkt liegt das Schiff da, verloren in dem unendlich weiten Reich des Todes. Aber unter seinem Deck ist ein behagliches und geliebtes Heim für 13 Männer, die sich nicht schrecken lassen. Da drinnen pulst frisches Leben, draußen herrscht ringsum bis in weite Ferne nichts als Tod und Schweigen, das nur hin und wieder durch das heftige Getöse des Eises unterbrochen wird, wenn es in gigantischen Massen auf- und abwogt. In dieser tiefen Stille klingt es wie eine Drohung; man fühlt, dämonische Mächte sind in der Nähe, die Riesen der Arktis, die uns jeden Augenblick zu einem Kampf auf Leben und Tod herausfordern können.

In der Freitagnacht war nach ein Uhr kein Eisdruck mehr, gestern Abend fing er plötzlich wieder an. Zuerst hörte ich ein rumpelndes Geräusch, und aus der Takelung fiel Schnee auf das Deck des Zeltdaches. Es klang mir wie eine Eispressung. Dann erhielt die *Fram* einen so heftigen Stoß wie seit dem letzten Winter nicht mehr, sodass ich auf der Kiste, auf der ich saß, hin und her schaukelte. Da das Schütteln und Rumpeln nicht aufhörte, ging ich hinaus. Im Westen und Nordwesten erscholl lautes Getöse des sich zusammenschiebenden Eises. Es hielt ein paar Stunden gleichmäßig an. Soll das der Gruß zum neuen Jahr sein?

Wir verbrachten den Silvesterabend behaglich bei Moltebeerpunsch, Pfeifen und Zigaretten, und ich brauche wohl nicht zu erwähnen, dass wir Kuchen im Überfluss hatten.

Donnerstag, 3. Januar. Ein Tag der Unruhe, ein veränderungsreiches Leben trotz seiner Einförmigkeit; gestern noch Pläne für die Zukunft und heute möglicherweise ohne ein Dach über dem Haupt, verlassen auf dem Eis!

Um halb fünf traf heute Morgen eine neue Eispressung in der offenen Rinne hinter dem Schiff ein, und um fünf Uhr begann eine andere in der Rinne an der Backbordseite. Gegen acht Uhr wachte ich auf und hörte das Eis knirschen. Ein leichtes Zittern ging durch die *Fram*. Dann krachte es. Als ich an Deck kam, war ich nicht wenig überrascht.

An der ganzen Rinne an der Backbordseite entlang, kaum dreißig Schritt von der *Fram* entfernt, stand ein großer Eishügel. Risse an dieser Seite reichten bis 18 Schritt an uns heran. Alle losen Gegenstände, die an dieser Seite auf dem Eis lagen, wurden an Bord gebracht. Die Bretter und Planken, die im Sommer die Hütte der Meteorologen gestützt hatten, und das Gehäuse für die Instrumente wurden in Stücke zerlegt, weil wir nichts davon verlieren durften.

Der Eishügel kommt uns näher. Erreicht er uns, ehe sich das Schiff vom Eis losgebrochen hat, dann kann die Sache sehr unangenehm werden. Das Schiff hat jetzt eine stärkere Neigung nach backbord als je zuvor.

Im Laufe des Nachmittags trafen wir verschiedene Vorbereitungen, um das Schiff zu verlassen, wenn das Schlimmste eintreten sollte. Alle Schlitten wurden an Deck bereitgestellt und die Kajaks klargemacht. 20 Kisten mit Hundekuchen wurden an der Steuerbordseite auf das Eis niedergelassen und 19 Kisten mit Brot aus dem Raum geholt und nach vorn gebracht. Vier Blechkannen mit zusammen 200 Liter Petroleum wurden an Deck geschafft.

Als wir beim Abendessen saßen, hörten wir wieder das Knirschen und Knistern, es kam immer näher. Schließlich krachte es gerade unter uns. Ich stürzte nach oben und beobachtete eine Pressung in einer Rinne unterhalb von unserer Steuerbordseite, dann ging ich wieder hinunter und aß weiter. Bald nachher kam Peder, der auf das Eis hinausgegangen war, und sagte, wie gewöhnlich lachend: „Das Bersten ist gerade nicht übermäßig nett!" Das Eis sei keine Schlittenlänge von den Kisten mit Hundekuchen geborsten, und der Riss dehne sich bis hinter die *Fram* aus. Der Riss war wirklich recht groß. Wir verlagerten die Kisten mit Hundefutter der Sicherheit wegen etwas weiter nach vorn. Rund um das Schiff fanden wir auch mehrere kleine Risse. Ich stieg erneut hinunter, zündete mir eine Pfeife an und plauderte mit Sverdrup. Plötzlich begann das Eis aufs Neue zu bersten und zu pressen, und wenn ich auch nicht glaubte, dass der Lärm stärker war als gewöhnlich, so fragte ich doch die andern, die im Salon Halma spielten, ob jemand an Deck sei. Gleich darauf hörte ich oben eilige Schritte:

Es war Nordahl, der meldete, dass an der Backbordseite eine Pressung stehe; es sei am besten, wenn jemand an Deck bliebe. Peder und ich sprangen sofort hinauf. Als ich außenbords die Leiter hinunterkletterte, rief mir Peder von oben nach: „Wir müssen die Hunde herauslassen! Da steht schon Wasser auf dem Eis!"

Es war höchste Zeit, dass wir kamen. Das Wasser strömte schon in den Hundestall. Peder watete bis zu den Knien im Wasser und stieß die Tür auf. Die meisten Hunde stürzten heraus und rannten umher, dass das Wasser aufspritzte, einige verkrochen sich furchtsam bis in die innersten Winkel und mussten herausgezogen werden. Das Wasser reichte ihnen schon hoch an den Beinen hinauf. Die armen Tiere! Es muss ihnen jämmerlich genug zumute gewesen sein, als sie das Wasser an den Bäuchen spürten.

Nachdem wir die Hunde in Sicherheit gebracht hatten, ging ich um die *Fram* herum, um zu sehen, was sonst geschehen war.

Das Eis war am Schiff entlang bis vorn in die Nähe des Steuerbordbugs geborsten, und aus diesem Riss war das Wasser zur Backbordseite geströmt, wo die Scholle durch das Gewicht des sich stetig auf uns zuschiebenden Eishügels niedergedrückt wurde. Der Spalt ging gerade unter der Feldschmiede durch, die dadurch in Gefahr kam und deshalb auf einen Schlitten gesetzt und zu der großen Scholle an Steuerbord querab vom Heck geschafft wurde. Dorthin brachten wir auch elf Kisten mit Pemmikan, die Kisten mit Hundekuchen und 19 Kisten mit Brot. Wir haben jetzt also dort ein vollständiges Depot liegen, hoffentlich völlig sicher. Das Eis ist so dick, dass es vermutlich nicht nachgeben wird. Das hat Leben in die Leute gebracht, sie sind alle an Deck gekommen. Wir machten uns nun an die Arbeit und brachten 21 Kisten mit Brot und einen weiteren Vorrat von Pemmikan, Schokoladenmehl, Butter, „Vril"-Proviant, Suppentafeln und so weiter, nach unserer Berechnung für 200 Tage, aus dem Raum auf Deck. Auch Zelte und Kochapparat wurden bereitgestellt, sodass jetzt alles oben in Ordnung war und wir schlafen gehen konnten. Das war nach Mitternacht.

Ich hoffe noch immer, dass alles blinder Alarm gewesen ist. Ich habe der Wache eingeschärft, auf die Hunde zu achten und scharf aufzupassen, falls das Eis unter unseren Kisten bersten oder die Eispressung aufs Neue beginnen sollte. Wenn irgendetwas geschähe, sollten sofort alle geweckt werden, lieber zu früh als zu spät.

Während ich hier noch sitze und schreibe, hebt das Knirschen und Krachen wieder an. Die Kameraden sind in bester Stimmung, und es scheint fast, als ob sie die Eispressungen als eine angenehme Unterbrechung der Einförmigkeit unseres Daseins betrachten. Nun, es ist halb zwei; ich glaube, ich lege mich lieber in die Koje; ich bin müde, und der Himmel mag wissen, wie bald ich wieder geweckt werde.

Freitag, 4. Januar. Während dieser Nacht verhielt sich das Eis ruhig, aber den ganzen Tag über hat es mit Pausen wieder gekracht und sich zusammengeschoben; heute Abend ist es da und dort geborsten, und gegen neun Uhr und später beobachtete ich viele Eispressungen. Eine Zeit lang traten sie ganz leicht auf, zuweilen mit einem plötzlichen Stoß und mit großem Getöse; dann hörten sie wieder auf und tosten bald aufs Neue. Der Hügel wächst und rückt uns gerade auf den Leib. Man kann ihn tatsächlich näher und näher herankriechen sehen; jetzt, um ein Uhr, ist er kaum fünf Schritt von dem Schneehügel bei den Bugpforten entfernt. Von dort bis zum Schiff sind es drei Meter. Es wird nicht mehr lange dauern, dann hat uns der Eishaufen erreicht. Mehr und mehr spaltet sich das Eis. Die feste Masse, in der wir wie eingebettet liegen, wird an Steuerbord und an Backbord immer kleiner. Mehrere Risse ziehen sich bis an die *Fram* heran. Da sich das Eis unter dem Gewicht des Hügels an der Backbordseite senkt und die *Fram* dort überneigt, strömt mehr Wasser über das neue Eis, das sich auf dem gestern ausgetretenen Wasser gebildet hat.

Langsam, aber sicher rückt der Unheil bringende Hügel heran. Es sieht so aus, als wolle er genau über die Reling gehen. Wenn uns die *Fram* nur den Gefallen tun und sich aus dem Eis befreien wollte, dann bin ich gar nicht bange, dass es noch gut ausgeht. Augenblicklich sieht es recht hässlich aus. Wir werden vermutlich noch einen harten Kampf haben, bevor die *Fram* losbricht.

Ich ging hin und schaute mir den Hügel an. Wie sicher er fortschreitet! Ich sah auch zu, wie sich die Risse um das Schiff herum bildeten und ausdehnten; ich hörte zu, wie es unter meinen Füßen krachte und knisterte, und hatte wenig Lust, meine Koje aufzusuchen, ehe nicht die *Fram* vom Eis los war. Während ich hier noch sitze, höre ich, wie das Eis erneut angreift, lärmt und presst. Ich glaube nicht, dass wir noch mehr tun können. Alle sind bereit, das Schiff zu verlassen, wenn es nötig sein sollte. Heute wurden die Kleidungsstücke und so weiter hinaufgebracht und für einen jeden in Säcken zum Fortschaffen bereitgelegt.

Eine eigentümliche Lage; unstreitig ist es möglich, dass alle unsere Pläne von unvorhergesehenen Ereignissen durchkreuzt werden, aber die Wahrscheinlichkeit dafür ist nicht groß. Ich habe keine Angst. Es ist nach ein Uhr, und ich glaube, das Vernünftigste, was ich tun kann, ist, mich hinzulegen und zu schlafen.

Die Wache hat Befehl, mich zu wecken, sobald der Eishügel über die *Fram* herfällt. Ein Glück, dass wir jetzt Mondschein haben, sodass wir wenigstens von diesen Gräueln etwas sehen.

Vorgestern erblickten wir den Mond zum ersten Mal über dem Horizont, gestern schien er eine Zeit lang, und jetzt haben wir ihn Tag und Nacht. Eine günstige Lage der Dinge. Es ist gleich zwei Uhr, ich muss jetzt schlafen. Ich höre, wie sich der Eisdruck verstärkt.

Sonnabend, 5. Januar. Heute Nacht schläft jeder in voller Kleidung, die unentbehrlichsten Gegenstände liegen griffbereit oder sind am Körper befestigt; jeder ist darauf vorbereitet, beim ersten Warnruf auf das Eis zu springen. Alles sonst Nötige, Proviant, Kleidung, Schlafsäcke und so weiter, ist aufs Eis gebracht worden. Wir haben den ganzen Tag arbeiten müssen, sind jetzt aber in schönster Ordnung und mit allem fertig, um das Schiff im Notfall zu verlassen. Ich glaube nicht, dass dieser Fall noch eintritt; denn gestern war der Eisdruck so schlimm, dass er kaum noch schlimmer werden konnte, und die *Fram* hat ihn überstanden.

Ich habe gut geschlafen und bin nur einmal aufgewacht; ich horchte dann auf das Knirschen, Schieben und Krachen des Eises, bis ich wieder einschlief. Um halb sechs Uhr morgens wurde ich von Sverdrup geweckt, der mir sagte, dass der Eishügel jetzt die *Fram* erreicht habe und heftig gegen uns andränge und dass das Eis bis zur Reling hinaufrage.

Kaum hatte ich die Augen geöffnet, als es draußen im Eis donnerte und krachte, als ob der Tag des Jüngsten Gerichts gekommen sei. Ich sprang auf. Es blieb nichts weiter übrig, als die Mannschaft zu wecken, den restlichen Proviant auf das Eis zu schaffen und dann Pelze und Ausrüstung an Deck zu bringen, sodass wir sie jeden Augenblick über Bord werfen konnten. Damit ging der Tag hin, das Eis blieb ruhig. Zuletzt wurde auch das Petroleumboot, das in den Davits an der Backbordseite hing, hinabgelassen und auf die große Scholle geschleppt.

Gegen acht Uhr abends, als wir glaubten, dass die Eispressung nachgelassen habe, begann das Donnern und Krachen noch ärger als je zuvor. Ich eilte nach oben. Mittschiffs stürzten große Massen Schnee und Eis hoch über die Reling und das Zelt. Peder, der nach mir heraufkam, ergriff eine Schaufel, lief zum Vorderende des Halbdecks und fing an, das Eis fleißig wegzuschaufeln. Ich folgte ihm und sah mehr, als mir lieb war. Es war hoffnungslos, gegen einen solchen Feind mit der Schaufel zu kämpfen. Ich rief Peder zurück und sagte: „Wir wollen lieber alles auf das Eis bringen!“ Kaum hatte ich ausgesprochen, als das Eis mit erneuter Kraft heranschob, donnerte und krachte. Peder brüllte: „Da hätte mich bald mitsamt der Schaufel der Teufel geholt!“ Und er wollte sich dabei vor Lachen ausschütten. Ich stürzte zurück aufs Deck und begegnete Mogstad, der ebenfalls mit einer Schaufel herbeieilte. Ich schickte ihn zurück. Als ich dann nach vorn unter das Zeltdach zur Leiter lief, sah ich, wie sich das Dach unter dem Gewicht der Eismassen herunterbog und das Eis darüber und über die Reling stürzte. Es waren solche Mengen, dass ich jeden Augenblick fürchtete, sie würden den Eingang verschütten. Ich rief alle Mann an Deck, sagte ihnen aber, dass sie nicht durch die Tür an der Backbordseite, sondern durch den Kartenraum und an der Steuerbordseite hinausgehen sollten. Zunächst mussten alle Säcke aus dem Salon hinaufgeschafft und die, welche an Deck lagen, in Sicherheit gebracht werden. Wenn die Tür an der Backbordseite nicht geschlossen wurde, musste das Eis, sobald es das Zelt durchbrach, über das Deck und durch die Tür dringen, den Durchgang füllen, die Treppe hinabstürzen und uns wie in einer Mausefalle einschließen. Allerdings war der Durchgang vom Maschinenraum nach oben für diesen Notfall frei gemacht worden, aber dieses Loch war so eng, dass wir mit den schweren Säcken nicht durchkamen. Es war auch nicht zu sagen, wie lange dieser Weg offen blieb, wenn das Eis uns erst einmal ordentlich angriff. Ich sprang wieder hinauf, um die jungen Hunde loszumachen, die wir in einem Stall an Deck an der Backbordreling hielten. Sie winselten und heulten ganz kläglich unter dem Zelt, als ahnten sie, dass die Schneemassen die Leinwand jeden Augenblick sprengen und sie lebendig begraben würden. Ich schnitt die Leinen mit einem Messer durch und riss die Tür auf. In voller Jagd stürmten die Hunde an der Steuerbordseite hinaus.

Inzwischen trugen die Leute die Säcke herauf. Es war unnötig, sie zur Eile anzutreiben; das besorgte das Eis. Es presste sie so gegen die Schiffsseiten, dass ich glaubte, es sei alles aus. Ein fürchterliches Durcheinander in der Dunkelheit. Und um allem die Krone aufzusetzen, hatte der Steuermann in der Eile die Lampen ausgehen lassen. Ich musste nochmals hinunter und meine finnischen Schuhe holen, die in der Kajüte zum Trocknen hingen. Als ich hinunterkam, hatte die Eispressung ihren Höhepunkt erreicht; die Balken des Halbdecks krachten über mir, dass ich meinte, sie würden auf mich herabstürzen.

Bald waren Salon und Kabinen leer, ebenso das Deck. Dann schleppten wir die Sachen auf dem Eis weiter, das so wütend brüllte und mit solcher Gewalt gegen die Schiffsseiten krachte, dass wir kaum unser eigenes Wort verstanden. Doch lief alles gut ab, und nach kurzer Zeit war das ganze Gepäck in Sicherheit.

Während wir die Säcke schleppten, kam die Pressung zum Stillstand.

Aber welch ein Anblick! Die Backbordseite der *Fram* war vollständig unter Schnee begraben; das Einzige, was man sehen konnte, war das Zeltdach. Hätte das Petroleumboot noch in den Davits gehangen wie ein paar Stunden vorher, dann wäre es jetzt zerstört worden. Die Davits waren völlig von Eis und Schnee bedeckt.

Es war, wie ich zugeben muss, höchst aufregend, als die Lage am schlimmsten schien und wir in wilder Eile die Säcke aus dem Salon heraufschafften. Wie mir Sverdrup jetzt erzählt, hatte er gerade ein Bad genommen und war nackt, wie ihn Gott erschaffen, dagestanden, als er mich „Alle Mann an Deck!“ rufen hörte. Da das noch nie vorgekommen war, hatte er begriffen, dass etwas Ernstes vorging, und war schleunigst in die Kleider gefahren.

Abends aßen alle ihren Vorrat an Kuchen und anderen Süßigkeiten auf, rauchten Tabak und genossen das Leben wieder. Offenbar meinten sie, es sei nicht sicher, wann sie wieder so gute Zeiten an Bord der *Fram* haben würden, und hielten es daher für besser, die Gelegenheit wahrzunehmen.

Zur Vorsicht haben wir den Durchgang an der Steuerbordseite, der als Bibliothek benutzt wurde und deshalb geschlossen war, wieder aufgesprengt und halten jetzt alle Türen offen, sodass wir jederzeit flüchten können, wenn irgendetwas brechen sollte. Wir möchten es nicht gern erleben, dass uns der Eisdruck die Türen verschließt und die Türpfosten zusammendrückt.

Wir haben einen mächtigen Eishügel an unserer Backbordseite, und es ist jetzt gerade die Zeit der Eispressungen. Das Schiff legte sich mehr auf die Seite als je vorher, fast 7 Grad, aber nach dem letzten Eisdruck, den es auszuhalten hatte, hat es sich wieder ein wenig gehoben, sodass es sich vom Eis losgebrochen haben muss und sich etwas aufgerichtet hat; ohne Zweifel ist alle Gefahr vorüber. Die ganze Geschichte wird als „Viel Lärm um nichts“ enden.

Sonntag, 6. Januar. Ein ruhiger Tag; seit gestern Abend keine Eispressungen. Die meisten Leute schliefen heute Morgen gut. Am Nachmittag haben sie mit Eifer begonnen, die *Fram* aus dem Eis auszugraben. Wir haben schon die Reling von hinten bis zum Halbdeck frei gemacht. Ein beträchtlicher Haufen ist auch auf das Zeltdach gefallen. Das Eis reicht bis zur zweiten Webeleine der Fockwanten, volle zwei Meter über die Reling. Unbegreiflich ist, dass das Zelt den Druck ausgehalten hat! Es ist aber sehr gut; denn was wäre sonst aus den Hunden geworden?

Heute Nachmittag nahm Hansen eine Meridianhöhe, die 83° 34’ n. Br. ergab. Hurra! Wir kommen gut nach Norden weiter, 13 Minuten

Die *Fram* nach der Eispressung am 10. Januar 1895

seit Montag. Jetzt sind wir auf der nördlichsten Breite, die je erreicht worden ist. Muss ich erwähnen, dass diese Gelegenheit bei einer Bowle, eingemachten Früchten, Kuchen und Zigarren gehörig gefeiert wurde?

Gestern Abend rannten wir mit unseren Säcken um das Leben, heute trinken wir Punsch und schmausen; das sind die Wechselfälle des Schicksals. Das Getöse des Eises während der letzten Tage war vielleicht nur ein Salut zur Feier der hohen Breite, die wir erreicht haben! Dann muss man zugeben, dass das Eis uns Ehre angetan hat. Nun, es

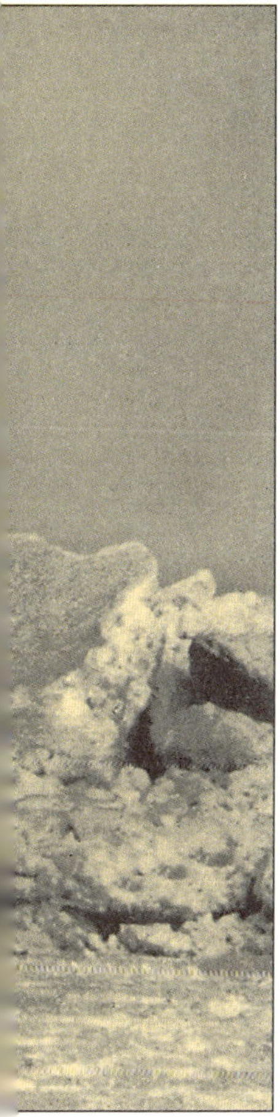

macht nichts; mag es krachen, wenn wir nordwärts weiterkommen. Die *Fram* hält es jetzt sicher aus. Wir finden nicht eine einzige Relingstütze, die sich gelockert hätte; trotzdem werden sich heute Abend alle Mann in voller Ausrüstung schlafen legen.

Montag, 7. Januar. Im Laufe des Tages gab es ein paar kurze Eispressungen, dann war wieder alles ruhig. Es scheint, als ob der Eisdruck seine Richtung geändert hätte, seit der Wind nach Südosten herumgegangen ist. Alles hat ein Ende, sagte der Junge, als er die Rute bekommen hatte; vielleicht sind die Eispressungen jetzt zu Ende.

Heute wird die *Fram* weiter ausgegraben; jedenfalls wollen wir die Reling vom Eis frei machen. Das Schiff bietet im Mondschein einen großartigen Anblick. Sosehr man sich auch seiner eigenen Kraft bewusst sein mag, man muss einen Gegner achten, der über solche Gewalt verfügt und in wenigen Augenblicken so mächtige Kriegsmaschinen in Bewegung setzt. Wahrscheinlich soll das Eis einen Sturmbock darstellen. Aber die *Fram* ist ihm gewachsen; kein anderes Schiff hätte solch einem Angriff standgehalten. Wäre er von der Bosheit selbst geplant worden, er hätte nicht schlimmer sein können. Die 2,3 Meter dicke Scholle hat sich an der Backbordseite gegen uns herangeworfen, sich dann auf dem Eis, auf dem wir liegen, in die Höhe geschoben und drängt es nun mit Gewalt in die Tiefe.

Soweit ich es zu beurteilen vermag, hätte das Schiff kaum eine stärkere Pressung erfahren können, und es ist daher kein Wunder, dass es ächzte; allein, es hielt den Druck aus und hob sich wieder. Wer wird jetzt noch sagen, dass die Form des Schiffes von geringer Bedeutung sei? Wäre die *Fram* nicht so, wie sie ist, wir würden jetzt nicht mehr hier sitzen. Nirgends im Schiff ist ein Tropfen Wasser.

Am nächsten Tag, 8. Januar, bemerkten wir hin und wieder Mahlen im Eis. Vielleicht soll uns das davor warnen, allzu vertrauensvoll zu sein! Ich bin nicht sicher, dass das unnötig ist. In Wirklichkeit ist es so, dass wir wie auf einem rauchenden Vulkan leben. Der Ausbruch, der unser Schicksal besiegelt, kann jeden Augenblick eintreten. Davon hängen Erfolg oder Scheitern der Mission ab. Und was ist der Einsatz? Entweder wird die *Fram* heimkehren und die Fahrt gelingen, oder wir werden das Schiff verlieren, mit dem zufrieden sein, was wir erreicht haben, und auf dem Heimweg vielleicht noch einige Teile von Franz-Joseph-Land erforschen. Das ist alles.

Einige sind unter Sverdrups Führung beschäftigt, das Eis des Hügels an der Backbordseite wegzuhacken, und haben schon gute Fortschritte gemacht. Ich bringe mit Mogstad die Schlitten in Ordnung.

Liv ist heute zwei Jahre alt. Sie ist jetzt schon ein großes Mädchen. Ich würde gern wissen, ob ich sie auf Anhieb wieder erkennen würde; wahrscheinlich würde es mir nicht leicht fallen. Es gibt sicher daheim ein großes Fest mit allen möglichen Geschenken für sie. Mancher Gedanke wird nordwärts fliegen, und doch wissen sie nicht, wo sie uns suchen sollen. Sie denken nicht, dass wir hier, im Eis eingebettet, in den höchsten nördlichen Breiten treiben, in der tiefsten Polarnacht, in die man je eingedrungen ist.

Während der nächsten Tage wurde das Eis stetig ruhiger. In der Nacht des 9. Januar krachte und mahlte es zwar ein wenig; dann hörte es ganz auf, und am 10. Januar lautete die Meldung: „Eis ganz ruhig!"

Wir ordneten unser Depot auf der großen Scholle an Steuerbord, wickelten Schlafsäcke, Lappen- und Finnenschuhe, Wolfsfellanzüge in unser Focksegel ein und legten sie im äußersten Westen nieder. Der Proviant wurde in sechs verschiedenen Haufen untergebracht. Die Büchsen und Flinten wurden mit Bootssegeln umhüllt und auf drei Haufen verteilt. Dann verstauten wir Hansens und meinen Instrumentenkasten samt einem Eimer voll Patronen unter einem Bootssegel. Die Schmiede und die Schmiedewerkzeuge wurden besonders untergebracht, Schlitten und Schneeschuhe pflanzten wir auf den „Großen Hügel". Sämtliche Kajaks lagen umgekehrt nebeneinander; unter ihnen waren der Kochapparat und die Lampen. Die Sachen sind in dieser

Weise verteilt, damit unser Verlust nicht so groß ist, falls sich die dicke Scholle plötzlich spaltet.

Wir wissen alles zu finden; es mag nach Herzenslust wehen und schneien, wir werden nichts verlieren.

Da die Zeit verging, machten wir uns wieder eifrig an die Vorbereitungen für die Schlittenexpedition.

Am Dienstag, 15. Januar, schrieb ich: „Heute Abend gab der Doktor Johansen und mir Unterricht im Verbinden und Heilen gebrochener Gliedmaßen. Ich lag auf dem Tisch und bekam einen Gipsverband, während die ganze Mannschaft zusah. Schon der Anblick dieser ‚Operation' weckt unangenehme Gedanken. Ein solcher Unfall draußen in der Polarnacht bei 40 bis 50 Grad Kälte würde alles eher als angenehm sein. Allein, solche Dinge müssen nicht vorkommen, und, was noch mehr ist, sie dürfen nicht vorkommen!"

Am 18. Januar schrieb ich, dass ich schon um neun Uhr morgens die ersten Anzeichen der Dämmerung unterschied und dass es um Mittag sogar hell wurde. Ich halte es zwar kaum für möglich, dass es in Monatsfrist zum Reisen schon hell genug ist; und doch muss es der Fall sein. Allerdings ist der Februar ein Monat, den alte „erfahrene" Leute für viel zu früh und viel zu kalt für Reisen halten. Ändern lässt sich daran wohl nichts, denn wir dürfen keine Zeit verlieren und auf weitere Bequemlichkeit warten, wenn wir vor dem Sommer fortkommen wollen. Ich fürchte die Kälte nicht; gegen die Kälte können wir uns immer schützen.

Es ist für mich in der Tat jetzt eine merkwürdige Zeit; es kommt mir vor, als ob ich mich auf eine Sommerreise vorbereite, als sei schon Frühling, und dabei sind wir noch mitten im Winter. In den letzten Tagen habe ich Payers Bericht über seine Schlittenexpedition nach Norden durch den Austria-Sund nochmals gelesen; er ist nicht sehr ermutigend.

Gerade auf das Land, das er als das Reich des Todes schildert, in dem er und seine Gefährten, wie er glaubt, unbarmherzig umgekommen wären, wenn sie ihr Schiff nicht wieder gefunden hätten, bauen wir unsere Rettung; gerade dieses Land hoffen wir zu erreichen, wenn unser

Proviant aufgezehrt sein wird. Und muss nicht ein Land, in dem es selbst im April von Bären, Alken und Lummen wimmelt, in dem sich Seehunde auf dem Eis sonnen, für zwei Männer, die gute Büchsen und ein sicheres Auge haben, ein „Kanaan, wo Milch und Honig fließt", sein? Muss es nicht nur Nahrung liefern für den augenblicklichen Bedarf, sondern auch Vorrat für die Weiterreise nach Spitzbergen?

Die Zeit naht rasch heran; vier Wochen oder etwas mehr gehen bald vorüber, und dann Lebewohl diesem behaglichen Nest, das anderthalb Jahre unsere Heimat gewesen ist!

Am 23. Januar schreibe ich: „Die Dämmerung hat stark zugenommen und liegt wie ein leuchtender Schimmer auf dem Eis. Zum ersten Mal in diesem Jahr habe ich den roten Schein der Sonne tief unten in der Dämmerung gesehen." Wir nahmen, ehe ich das Schiff verließ, Lotungen vor und fanden 3450 Meter. Dann fertigte ich im Raum Schneeschuhe an. Schneeschuhe müssen glatt, zäh und leicht sein. Sie müssen ausgiebig mit Teer, Stearin und Talg eingerieben werden, und es muss Fahrt in ihnen sein; dann kommt es nur noch auf die Beine an, und ich zweifle nicht, dass sie halten, was ich ihnen zutraue.

Dienstag, 29. Januar. Mit einem sonderbaren Gefühl gehe ich herum. Gewiss ist tief im Innersten jubelnde Siegesfreude darüber verborgen, dass sich alle meine Träume mit der höher kommenden Sonne verwirklichen. Aber während ich in der vertrauten Umgebung arbeite, überkommt mich manchmal eine tiefe Wehmut. Es ist wie beim Abschiednehmen von einem teuren Freund und einem Haus, das mir lange Schutz geboten hat. Mit einem Schlag sollen wir dieses Haus und unsere lieben Gefährten auf immer verlassen, soll ich nie mehr das schneebedeckte Deck auf und ab schreiten, nie mehr unter das Zelt kriechen, das Lachen im vertrauten Salon hören und im Kreis der Freunde sitzen.

Und dann denke ich daran, dass ich nicht dabei sein werde, wenn die *Fram* endlich die Eisfesseln bricht und den Bug nach Norwegen zurückwendet. Ein Lebewohl gibt jedem Ding im Leben seine eigene wehmütige Färbung wie das Abendrot, wenn der Tag, mag er gut oder schlecht gewesen sein, unter den Horizont sinkt.

Hundertmal wandert mein Blick über die Karte, und jedes Mal beschleicht mich ein kalter Schauer. Der Weg, der vor uns liegt, ist so weit und auch voller Hindernisse. Dann aber kommt wieder das Gefühl, dass es gehen muss; es kann nicht anders sein, alles ist zu sorgfältig vorbereitet, es kann nicht fehlschlagen. Inzwischen pfeift der Südostwind über unseren Köpfen, und wir treiben beständig nordwärts, dem Ziel entgegen. Wenn ich an Deck gehe und in das funkelnde Sternengewölbe hinausschaue, weichen alle diese Gedanken, und es ist mir, als müsste ich ausruhen in diesem Heiligtum, dem dunklen, tiefen, schweigsamen Raum, dem unendlichen Tempel der Natur, in dem die Seele ihren Ursprung zu finden sucht. Strebsame Ameise, was bedeutet es, ob du mit deinem Korn dein Ziel erreichst oder nicht? Alles verschwindet im Meer der Ewigkeit. Unsere Namen werden mit der Zeit vergessen, unserer Taten gedenkt niemand, unser Leben fliegt vorbei wie eine Wolke und verschwindet wie der Nebel, der von der Sonne verjagt wird. Denn unsere Zeit ist ein Schatten, der vorüberfliegt und unser Ende besiegelt, und keiner kehrt zurück.

Zwei von uns werden bald noch weiter in diese ungeheure Wüste, in noch größere Einsamkeit und noch tiefere Stille hineinwandern.

Sonntag, 3. Februar. Wir sind auf 83° 43'. Die Zeit der Abreise naht, die Vorbereitungen werden mit Eifer betrieben. Unsere neuen Schlitten aus Eschenholz sind jetzt beinahe fertig und wiegen ohne Kufen 15 Kilo. Alle Mann sind eifrig an der Arbeit. Sverdrup näht kleine Säcke und Polster, die als Unterlage oder Griffe für die Kajaks auf die Schlitten gelegt werden. Johansen und zwei andere stopfen die Säcke voll Pemmikan, der zuvor erwärmt, geklopft und geknetet wird, damit er eine gute Unterlage für unsere kostbaren Boote abgibt. Wenn diese viereckigen, glatten Säcke in die Kälte hinauskommen, frieren sie so hart wie Stein und behalten ihre Form.

Der Schiffsort war gestern 83° 32,1' n. Br. und 102° 28' ö. L. Wir stehen also wieder südlicher; aber das schadet nichts; denn was machen ein paar Seemeilen mehr oder weniger aus?

Sonntag, 10. Februar. Vor dem Mittagessen unternehme ich eine kurze Fahrt mit Gulen, Susine, zwei von den jungen Hunden, und Kaiphas;

Gulen war noch nie im Geschirr gewesen, ging aber gut. Susine, die schon im vorigen Herbst ein wenig eingefahren worden ist, benahm sich wie ein alter Schlittenhund. Die Bahn ist hart und für die Hunde nicht schwierig. Sie können leicht festen Fuß fassen. Das Eis ist eben und bequem zum Laufen. Wir rechnen mit tüchtigen Tagesmärschen.

Ich leugne nicht, dass es eine weite Reise ist. Nie hat irgendjemand die Brücke hinter sich so entschieden abgebrochen. Wenn wir umkehren wollten, wir hätten nichts, wohin wir uns wenden könnten, nicht einmal eine öde Küste. Das Schiff ist nicht wieder zu finden, und vor uns liegt das große Unbekannte. Dort gibt es nur eine Straße: Sie führt geradeaus, immer gerade durch, flach oder uneben, nur über Eis oder über Eis und Wasser, und ich bin fest überzeugt, dass wir durchkommen, selbst wenn wir das Schlimmste haben sollten, nämlich Land und Packeis.

Mittwoch, 13. Februar. Die Pemmikanpolster und die getrocknete Leberpastete sind jetzt fertig. Die Kajaks erhalten eine ausgezeichnete Unterlage. Unter jedem Kajak befinden sich drei, die genau zum Schlitten passen und entsprechend dem Boden des Kajaks geformt sind. Sie wiegen jeweils 50 bis 60 Kilo. Die leeren Säcke haben ein Gewicht von anderthalb Kilo. Das Fleisch, Pemmikan und getrocknete Leber, in allen dreien zusammen wiegt ungefähr 160 Kilo. Jeder hat einen leichten Schlafsack aus Rentierfell, in dem wir letzte Nacht draußen zu schlafen versuchten. Wir fanden es ziemlich kalt, obgleich wir nur minus 37 Grad hatten. Vielleicht waren wir unter dem Wolfsfellanzug zu leicht gekleidet; wir wollen uns daher heute Nacht wärmer anziehen.

Sonnabend, 16. Februar. Es sind nur noch Kleinigkeiten zu erledigen. Der Tag ist jetzt so hell, dass wir sofort aufbrechen könnten; wir tun aber vielleicht besser daran, noch zwei oder drei Tage zu warten. Drei Schlittensegel für einzelne Schlitten sind fertig; sie sind aus sehr leichtem Baumwollstoff hergestellt, 2,20 Meter breit, 1,30 Meter hoch und so gemacht, dass zwei davon zusammengeschnürt als Segel auf einem Doppelschlitten benutzt werden können. Ich glaube, sie werden uns gute Dienste tun; sie wiegen je 600 Gramm.

Der Aufbruch

Dienstag, 26. Februar 1895. Endlich ist der Tag gekommen, der große Tag, an dem die Reise angetreten werden soll. In den letzten Nächten kam ich nicht vor halb vier oder halb fünf Uhr morgens zu Bett. Wir hatten noch für mancherlei Dinge zu sorgen, die wir mitnehmen mussten.

Der letzte Abend an Bord der *Fram* wurde mit einem Abschiedsfest gefeiert. In seltsamer, wehmütiger Weise mischten sich die Erinnerungen an alles, was wir hier erlebt hatten, mit der Hoffnung und dem Vertrauen auf das, was die Zukunft bringen würde. Ich blieb dann noch lange Stunden auf und schrieb Briefe und Grüße für die Heimat für den Fall, dass sich Unvorhergesehenes ereignete.

Zuletzt übertrug ich Sverdrup den Befehl über die Expedition mit folgenden Anweisungen:

Kapitän Otto Sverdrup, Befehlshaber der Fram.

Da ich jetzt in Begleitung von Johansen die Fram *verlasse, um eine Fahrt nach Norden – wenn möglich bis zum Pol – und von dort wahrscheinlich über Franz-Joseph-Land nach Spitzbergen zu unternehmen, übertrage ich Ihnen hierdurch den Befehl über den zurückbleibenden Teil der Expedition. Von dem Tag an, an dem ich die* Fram *verlasse, soll daher alle Machtbefugnis, die mir zugekommen war, in demselben Maße auf Sie übergehen, also dass die Übrigen Ihnen, oder wen Sie als ihren Führer bevollmächtigen, unbedingt zu gehorchen haben. Ich bin sicher, Sie werden selbst am besten wissen, was unter schwierigen Umständen zu tun ist, und ich verlasse daher die* Fram *mit vollem Vertrauen.*

Der Hauptzweck der Expedition ist, durch das unbekannte Polarmeer vorzudringen, und zwar von den Neusibirischen Inseln nach dem Norden von Franz-Joseph-Land und weiter zum Atlantischen Ozean bis in die Nähe von Spitzbergen oder Grönland. Den wichtigsten Teil dieser Aufgabe haben wir meines Erachtens bereits durchgeführt; der übrige wird erfüllt werden, wenn die Fram *weiter nach Westen kommt. Um die Ergebnisse der Expedition noch zu verbessern, unternehme ich die Reise nach Norden.*

Ihre Aufgabe wird es sein, die Ihrer Obhut anvertrauten Menschen auf sicherstem Weg nach Hause zurückzuführen und sie keiner unnötigen Gefahr auszusetzen. Niemand weiß, wie lange es dauern wird, bis die Fram *wieder in offenes Wasser hinaustreibt. Sie haben noch Proviant für mehrere Jahre; dauert es aus irgendeinem Grunde zu lange, oder ist die Gesundheit der Mannschaft gefährdet, oder halten Sie es aus anderen Gründen für das Beste, das Schiff zu verlassen, so soll das ohne alle Frage geschehen. Müssen Sie Land ansteuern, so halte ich Franz-Joseph-Land und Spitzbergen für günstig. Wenn nach meiner und Johansens Heimkehr Nachforschungen nach der Expedition angestellt werden, so wird dies dort zuerst geschehen. Wo Sie an Land kommen, sollten Sie, sooft es Ihnen möglich ist, auf Vorgebirgen und vorspringenden Spitzen Baken errichten und darin einen kurzen Bericht niederlegen über das, was geschehen ist und wohin Sie sich gewendet haben. Um diese Baken kenntlich zu machen, stellen Sie in der Richtung des magnetischen Nordpols vier Meter von der größeren Bake eine zweite, kleine auf. Ich weiß, Sie werden dafür sorgen, dass genug Kajaks, Schlitten, Schneeschuhe, Schneereifen und andere Ausrüstungsgegenstände so bald wie möglich vollständig in Ordnung gebracht und bereitgehalten werden, denn sie erleichtern eine Rückreise über das Eis.*

Ich weiß auch, dass Sie alles bereithalten werden, um die Fram *schnell zu verlassen für den Fall, dass sie durch Feuer oder Eispressung zerstört wird. Außer dem notwendigen Proviant müssten Sie dann mitnehmen: Waffen, Munition, Ausrüstung, alle wissenschaftlichen Aufzeichnungen, alle wissenschaftlichen Sammlungen oder mindestens Proben davon; ferner Fotografien, am liebsten die Originalplatten (Filme). Ich lasse ein paar Tagebücher und Briefe hier, die Sie in besondere Obhut nehmen und meiner Frau geben wollen, wenn ich nicht wiederkehre oder wenn Sie gegen alle Erwartung vor uns nach Hause zurückkommen. Hansen und Blessing werden die wissenschaftlichen Aufgaben und die Sammlungen übernehmen. Sie selbst werden das Loten besorgen und darauf achten, dass so oft wie möglich gelotet wird. Einmal alle 60 Seemeilen halte ich für wünschenswert; wenn es noch häufiger geschehen kann, umso besser.*

Wollen Sie auch darauf achten, dass jeden zehnten Tag, am 1., 10. und 20. jeden Monats, Eisbohrungen und Eisdickenmessungen gemacht werden, wie das bisher geschehen ist. Hendriksen ist bei dieser Arbeit zuverlässig.

Zum Schluss wünsche ich Ihnen und allen, für die Sie jetzt verantwortlich sind, den besten Erfolg; ich hoffe, dass wir uns in Norwegen wieder treffen, an Bord dieses Schiffes oder ohne Schiff!

Ihr treu ergebener
Fridtjof Nansen

An Bord der Fram, *25. Februar 1895*

Endlich kam der Kopf zur Ruhe, und die Arbeit für die Beine und Arme begann. Heute Morgen wurde alles zum Aufbruch bereitgemacht. Fünf Kameraden, Sverdrup, Hansen, Blessing, Hendriksen und Mogstad, brachten uns auf den Weg und nahmen einen Schlitten und ein Zelt mit. Wir spannten die Hunde vor die vier Schlitten, sagten den Zurückbleibenden ein letztes, herzliches Lebewohl und machten uns bei Schneetreiben auf den Weg.

Ich selbst ging mit der führenden Kvik am ersten Schlitten an der Spitze, die Übrigen folgten unter Hurra, Peitschenknall und Hundegebell. Gleichzeitig feuerte die *Fram* Schuss auf Schuss als Abschiedsgruß. Die Schlitten bewegten sich schwerfällig vorwärts. Langsam ging es die Hügel hinauf. Als der Aufstieg zu steil wurde, mussten alle helfen, da ein Mann allein den Schlitten nicht weiterbrachte. Über ebenen Grund aber flogen wir wie der Wirbelwind dahin, sodass es selbst unseren Schneeschuhläufern schwer wurde, Schritt zu halten. Ich musste mit aller Macht ausschreiten, damit ich mich nicht in die Stränge verwickelte. Plötzlich kam Mogstad vorgestürmt und schrie, dass von einem Schlitten drei Querstreben abgerissen seien. Das war an einem scharfen Eisstück geschehen, das die Querstreben gebrochen und außerdem zwei Kufenstützen zertrümmert hatte.

Da war nichts weiter zu tun, als zum Schiff zurückzukehren, den Schaden auszubessern und die Schlitten fester zu machen. Auf dem Rückweg stießen zwei Schlitten zusammen. Dabei brach einer der Bogenstäbe ab; er musste ebenfalls verstärkt werden.

Die Schlitten sind entladen und an Bord gebracht. Wir sind also wieder auf der *Fram*. Ich freue mich, dass sich der Unfall heute ereignet hat, einige Tage später wäre es schlimmer gewesen. Ich werde jetzt statt vier sechs Schlitten nehmen, die Last der einzelnen Schlitten dadurch verringern und diese leichter über den „Eisacker“ hinwegbringen. Ich werde auch unter den Querstreben ein breites Brett anbringen lassen, das ein Schutz gegen vorstehende Eisspitzen sein soll.

Es kam mir merkwürdig vor, wieder an Bord zu sein, nachdem ich, wie ich glaubte, endgültig Lebewohl gesagt hatte. Trotzdem bin ich siegesfroh gestimmt. Die Schlitten schienen so leicht zu gleiten, obwohl sie mit 50 Kilo mehr belastet waren, als ursprünglich beabsichtigt war (zusammen ungefähr 1100 Kilo). Alles sieht vielversprechend aus. Wir werden noch einige Tage warten müssen, dann aber mit südöstlichem Wind rasch nordwärts reisen.

Gestern standen wir auf 83° 47' n. Br., heute sind es wohl über 83° 50'.

Am Donnerstag, 28. Februar, brachen wir endlich erneut mit unseren sechs Schlitten auf. Sverdrup, Hansen, Blessing, Hendriksen und Mogstad begleiteten uns. Wir fanden bald, dass die Hunde nicht so gut zogen, wie ich erwartet hatte. Ich ließ darum, als wir uns noch nicht weit vom Schiff entfernt hatten, einige Säcke mit Proviant für die Hunde zurück; sie wurden später von den Kameraden an Bord gebracht.

Um vier Uhr nachmittags machten wir Halt. Unser Hodometer, unser Wegmesser, zeigte an, dass wir uns sechs Kilometer von der *Fram* entfernt hatten. Wir verbrachten im Zelt einen angenehmen Abend mit unseren Freunden, die erst am nächsten Tag wieder umkehren wollten. Eine Punschbowle wurde bereitet, und Trinksprüche wurden ausgebracht auf die, die fortzogen, und die, die zurückblieben. Erst um elf Uhr abends krochen wir in die Schlafsäcke.

Die *Fram* war an diesem Abend uns zu Ehren festlich beleuchtet. Am Besantopp war die elektrische Bogenlampe aufgezogen; zum ersten Mal erstrahlte das elektrische Licht über den Eismassen des Polarmeeres. Fackeln wurden angezündet, und auf mehreren Schollen um die *Fram* herum wurden Feuerräder und andere Feuerwerkskörper abgebrannt. Ein prächtiges Bild. Sverdrup hatte angeordnet, dass jeden Abend bis zu seiner und der übrigen Gefährten Rückkehr elektrisches Licht oder eine Lampe am Besantopp brannte. Ein solches Licht ist weithin zu sehen und sollte notfalls Wegweiser sein.

Am nächsten Morgen (Freitag, 1. März) brauchte einer unserer Kameraden drei Stunden zum Kaffeekochen. Er konnte eben mit dem Kochapparat nicht umgehen. Dann frühstückten wir sehr gemütlich, und erst um halb zwölf setzten wir den Marsch fort. Unsere fünf Kameraden begleiteten uns noch ein paar Stunden und kehrten dann am Abend zur *Fram* zurück.

„Es war jedenfalls ein höchst vergnügter Abschied“, sagt mein Tagebuch, „und doch ist es immer schwer, sich zu trennen, selbst auf 84°; es blinkte wohl auch im Auge des einen oder anderen eine Träne.“

Das Letzte, wonach Sverdrup mich fragte, war, ob ich zum Südpol gehen wollte, wenn ich nach Hause käme; er hoffe, dass ich warten würde, bis auch er zurück sei. Dann bat er mich, Frau und Kind von ihm zu grüßen.

Nun setzte ich allein mit Johansen den Weg fort. Es war eine recht saure Arbeit mit den sechs Schlitten. Risse und Unebenheiten hielten uns auf; das Eis war schlecht. Da die Tage noch sehr kurz waren und die Sonne noch nicht über dem Horizont stand, kamen wir nachmittags in der Dunkelheit nur langsam weiter. Ziemlich früh schlugen wir das Lager auf.

Mittwoch, 6. März. Wir sind wieder an Bord der *Fram*, um zum dritten Mal aufzubrechen, diesmal aber hoffentlich im Ernst!

Am Sonnabend (2. März) hatten wir den Marsch mit sechs Schlitten fortgesetzt. Ich war eine Strecke nach Norden vorausgegangen und hatte das Eis dort ziemlich gangbar gefunden. Wir kamen aber nur stückweise voran, weil die Schlitten überall aufgehalten wurden und wir den Weg sechsmal machen mussten. Auf diese Weise kamen wir niemals weiter. Zweierlei musste geändert werden; kleinere Lasten und weniger Schlitten! Es war daher das Beste, zur *Fram* zurückzukehren, die Änderungen vorzunehmen und die Schlitten noch weiter zu verstärken.

Natürlich hätten wir uns eine Zeit lang irgendwie nach Norden weiterschleppen können, die Last hätte sich allmählich verringert, aber es wäre nur sehr langsam gegangen, und die Hunde hätten zu schnell an Kraft verloren. Es war ihnen nachts zum Schlafen zu kalt, sie heulten fast die ganze Nacht hindurch. Wenn wir aber die Lasten erleichterten und dann kürzere Zeit für die Reise rechneten, so konnten wir lieber warten und erst etwas später aufbrechen. Dann wurden die Tage heller, die Kälte nahm ab, und die Bahn für die Schlitten war besser. Wir brachten also noch eine Nacht im Zelt zu, in das wir nur mit Mühe hineingelangten, weil unsere Pelze steif gefroren waren, ebenso wie der

Schlafsack. Am nächsten Morgen (Sonntag, 3. März) kehrten wir zur *Fram* zurück.

Ein großes Vergnügen, die Glieder noch einmal auf dem Sofa im Salon der *Fram* auszustrecken, den Durst mit süßem Zitronensaft zu stillen und ein gutes Mittagsmahl am Tisch zu genießen!

Und jetzt wollen wir uns hoffentlich zum letzten Mal für die Reise vorbereiten. Wenn ich rechne, dass wir leichte Schlitten benutzen und so rasch weiterjagen, wie unsere Beine und die Schneeschuhe uns tragen, dann werden wir um nichts schlechter dran sein, vorausgesetzt, dass wir nicht zu viele Eishügel oder zu viele Rinnen im Eis antreffen.

Ich habe alle Hunde gewogen. Wenn wir sie nach und nach verfüttern, werden wir den Marsch ungefähr 50 Tage fortsetzen können; da wir außerdem noch für 30 Tage anderes Futter haben, ergeben sich für sie 80 Reisetage. Man sollte denken, dass in dieser Zeit schon etwas zu erreichen wäre. Außerdem haben wir für 100 Tage Proviant für uns selbst. Das wird, wenn wir drei Schlitten mitnehmen, 220 Kilo für jeden ausmachen, und wenn wir neun Hunde für jeden Schlitten haben, so müsste es gehen.

Mittwoch, 13. März. 84° n. Br., 101° ö. L.

Jetzt ist alles in Ordnung. Die drei Schlitten sind gehörig verstärkt und stehen auf dem Eis bereit. Als wir heute Nachmittag die Hunde vor die beladenen Schlitten spannten, gingen sie so leicht wie nur denkbar. Morgen brechen wir zum letzten Mal mit frischem Mut auf. Die Sonne steht jetzt am Himmel, wir gehen helleren Tagen entgegen.

Bevor wir die *Fram* für immer verlassen, sollte ich wohl die Ausrüstung beschreiben, für die wir uns schließlich entschieden hatten und die wir für sehr zweckmäßig hielten.

Ich habe bereits die beiden Kajaks genannt, die wir im Winter hergestellt hatten und die wir bei uns haben mussten, um damit Rinnen und Tümpel zu kreuzen und um über das offene Meer zu kommen.

Auch die Schlitten, die ich für diese Expedition angefertigt hatte, habe ich bereits erwähnt; sie waren nach dem Muster der grönländischen gebaut. Die Kufen waren mit dünnem Neusilberblech beschlagen, das stets blank und glatt bleibt und nicht rostet. Die Schlitten blieben während der ganzen Reise gebrauchsfähig, nicht ein einziges Mal hielten sie uns auf.

Unsere Kleidung: Obwohl wir uns einig waren, dass Wolfsfellanzüge für die Reise zu warm sein würden, nahmen wir sie bei dem ersten Aufbruch doch mit und trugen sie auch. Sie ließen uns ständig schwitzen. Sie sogen die Feuchtigkeit des Körpers auf und wurden so schwer, dass sie das Gewicht unserer Lasten beträchtlich vermehrten. Als wir nach drei Tagen zum Schiff zurückkehrten, waren sie so nass, dass wir sie zum Trocknen aufhängen mussten. Dazu kam noch eine andere Unannehmlichkeit: Wenn wir sie eine Zeit lang getragen hatten und dann in der Kälte auszogen, froren sie so steif, dass es sehr schwierig war, sie wieder anzuziehen. Ich entschied mich also schließlich für wollene Kleidung. Johansen folgte meinem Beispiel.

Unsere Kleidung setzte sich demnach folgendermaßen zusammen: auf dem Oberkörper zwei wollene Jägerhemden, über denen ich eine Jacke aus Kamelhaar und schließlich eine so genannte isländische Wolljacke trug. In Wirklichkeit kam sie von den Faröern. Anstatt der isländischen Jacke trug Johansen ein Wams aus dickem Fries, das man „Anorak" nennt; es ist mit einer Kapuze versehen, die nach Eskimoart über das Gesicht gezogen werden kann. An den Beinen hatten wir zuunterst wollene Unterhosen und darüber Jagdhosen aus Fries und lose Friesgamaschen. Um uns vor dem Wind und dem Schneestaub zu schützen, trugen wir die schon früher erwähnte „Windkleidung", die aus einer dünnen, aber dichten Art von Baumwolltuch angefertigt war, eine Jacke mit Kapuze und ein Paar weite Hosen.

Ein wichtiges Kapitel ist die Fußbekleidung. Anstatt langer Strümpfe trug ich lose Gamaschen und Socken, die sich während des Schlafens in der Nacht auf der Brust trocknen lassen. Auf Reisen, auf denen man beständig im Schnee watet, ob auf Schneeschuhen oder nicht, sind Finnenschuhe in jeder Beziehung großartig, sie müssen nur aus der Haut der Hinterbeine eines Rentierbockes gemacht sein. Sie sind warm und stark, bleiben stets schmiegsam und sind bequem an- und auszuziehen. Sie müssen aber sorgfältig behandelt werden, wenn sie nicht bald verderben wollen, und man muss sie nachts, so gut man es vermag, trocknen.

Ist das Wetter sonnig, hängt man sie am besten an ein paar Skistöcken im Wind vor den Zelten auf, das Innere nach außen gekehrt, damit das Fell rasch trocknet. Beachtet man diese Vorsichtsmaßregel nicht, dann fällt das Haar bald aus. Bei starker Kälte, wie wir sie zu Anfang der Reise hatten, war es unmöglich, die Schuhe so zu trocknen, und es blieb uns nichts anderes übrig, als sie nachts an den Füßen zu trocknen. Vorher mussten Feuchtigkeit und Schnee vorsichtig abgebürstet und abgekratzt werden.

Für das mildere Wetter, mit dem wir im Juni und im Juli rechneten, hatten wir Lederstiefel nach der Art der Komager mit, wie sie die Lappen im Sommer tragen. Sie waren aus halb gegerbter Ochsenhaut gemacht, mit Sohlen aus Seehundsfell. Mit einer Mischung aus Teer und Talg gut eingerieben, geben sie wunderbar starke und wasserdichte Stiefel ab.

Wir nahmen auch Socken aus Schafswolle und Menschenhaar mit, die ebenso warm wie dauerhaft waren. Ferner hatten wir Fußlappen aus Fries, die wir in den letzten Reisewochen, als der Schnee nass war, in den Komagern trugen. Sie sind bequem und trocknen leicht, man kann sie nachts unter der Jacke oder den Hosen ausbreiten.

An den Händen trugen wir schwere Fausthandschuhe aus Wolfsfell und auch gewöhnliche wollene Handschuhe. Die Handschuhe mussten genauso getrocknet werden wie die Fußbekleidung. Die Körperwärme des unglücklichen Menschen, die einzige Wärmequelle, die er zu solchem Zweck hat, wird hauptsächlich dadurch verbraucht, dass er die Kleidung trocknen muss. Wir haben unsere Nächte in nassen Umschlägen zugebracht, nur um es tagsüber ein wenig behaglicher zu haben.

Auf dem Kopf trugen wir einen Filzhut, der die Augen gegen das blendende Licht schützte und durch den der Wind weniger leicht hindurchdrang als durch gewöhnliche wollene Mützen. Außerdem trugen wir meist noch eine oder zwei Wollkapuzen. Auf diese Weise konnten wir die Wärme bis zu einem gewissen Grad regeln. Das war nicht unwichtig.

Ursprünglich wollte ich zwei leichte Schlafsäcke aus dem Fell eines Rentierkalbes mitnehmen. Da sie aber nicht warm genug waren, musste ich so wie in Grönland verfahren, das heißt einen Doppelschlafsack aus der Haut eines ausgewachsenen Rentiers benutzen. Die Wärmezufuhr ist dabei beträchtlich, da der eine Schlafgenosse den andern wärmt. Außerdem ist auch ein Sack für zwei Personen viel leichter als zwei einzelne Säcke.

Was auf einer Schlittenreise nicht fehlen darf, ist ein Zelt. Auch wenn es nur aus dünnem, zerreißbarem Stoff ist, bietet es viel Schutz und Behaglichkeit. Die Zelte, die ich für die Expedition hatte anfertigen lassen, bestanden aus Rohseide und waren sehr leicht; sie waren am Fuß viereckig, liefen nach oben spitz zu und wurden an einer einzigen Zeltstange in der Mitte aufgerichtet. Die meisten unserer Zelte waren mit einem Boden aus dichtem Baumwollstoff versehen. Bei unserem ersten Aufbruch nahmen wir ein Zelt dieser Art mit. Es war für vier Mann berechnet und wog gut drei Kilo. Der Boden macht das Zelt fester, und der Wind dringt weniger leicht hindurch. Das ganze Zelt, Seitenwände und Boden, ist zu einem Stück zusammengenäht, durch einen Schlitz kriecht man hinein. Das Zelt hat einen Nachteil: Es ist unmöglich hineinzugelangen, ohne eine gewisse Menge Schnee an den Füßen mitzunehmen. Der Schnee schmilzt in der Nacht infolge der Körperwärme der Insassen, der Zeltboden saugt die Feuchtigkeit auf und macht das Zelt schwer.

Ich gab darum den Gedanken an ein Zelt dieser Art auf und nahm ein anderes mit von ungefähr denselben Abmessungen und ebenfalls aus Rohseide wie das andere, aber ohne Boden. Es dauerte etwas länger, dieses Zelt aufzubauen. Zuerst schlugen wir die Pflöcke, die die Wände niederhielten, ein. Dann verdämmten wir es rundherum sorgfältig mit Schnee, um Wind und Zug abzuhalten. Nun erst wurde das Zelt aufgerichtet, und zwar in der Weise, dass einer durch das Loch hineinkroch und es mit einem Skistock, der auch als Zeltträger diente, in die Höhe schob. Das Zelt wog einschließlich 16 Pflöcken nur anderthalb Kilo, hielt die ganze Reise bis zum Herbst 1895 aus und war uns stets ein lieber Zufluchtsort.

Der Kochapparat, den wir mitnahmen, nutzte den Brennstoff aufs Sparsamste aus. Wir kochten damit in sehr kurzer Zeit nicht nur Essen, sondern schmolzen gleichzeitig auch reichliche Mengen Trinkwasser, sodass wir morgens und abends, so viel wie wir mochten, trinken konnten.

Der Apparat bestand aus einem Kochgefäß und zwei Gefäßen zum Schmelzen des Schnees und war in folgender Weise eingerichtet:

Im Innern eines Ringgefäßes (b) befindet sich der Kessel (a), unter dem die Lampe (d) brennt, sodass die ganze Hitze in den Raum (e) zwischen dem Kessel und dem Ringgefäß gedrängt wird. Darüber sitzt ein dicht schließender Deckel (f) mit einem Loch in der Mitte, durch das die heiße Luft gehen muss, ehe sie weiterzieht und den Boden eines darüber befestigten flachen Schneeschmelzers (c) erreicht. Die Luft gibt hier einen Teil ihrer Hitze ab und wird durch einen Mantel (g), der das Ganze umschließt, an der Außenseite des Ringgefäßes wieder nach unten geleitet, wo sie noch die Außenseite dieses Gefäßes erwärmt, sodass sie schließlich fast völlig abgekühlt am unteren Rand der äußeren Hülle entweicht.

Zum Heizen verwendeten wir einen unter dem Namen Primus bekannten schwedischen Petroleumapparat, in dem das Petroleum vor dem Verbrennen in Gas verwandelt wird, das vollständig verbrennt. Mit zwei Bechern, zwei Löffeln und einem Schöpflöffel aus Blech wog der Apparat vier Kilo, die Primuslampe 800 Gramm. Füllte man das Ringgefäß und das obere, flache Gefäß mit Eis, so wurde, während das Fleisch im Kochgefäß gar kochte, so viel Wasser erzeugt, dass wir mehr hatten, als für unseren Durst nötig war.

Als Brennstoff nahmen wir uns 20 Liter Petroleum mit und kamen damit 120 Tage aus, sie erlaubten uns, zweimal am Tag eine warme Mahlzeit zu kochen und Eis im Überfluss zu schmelzen. Spiritus, der früher auf arktischen Expeditionen verwendet worden ist, hat den Nachteil, dass er im Verhältnis zu seinem Gewicht keineswegs so viel Hitze entwickelt wie Petroleum, wenn es vollständig verbrennt, wie es bei der Primuslampe der Fall ist. Kälte machte unserem Petroleum nichts aus.

Verschiedene Paar Schneeschuhe waren erforderlich, da sie auf dem unebenen Treibeis brachen und sich außerdem zur Sommerzeit, wenn der Schnee nass und körnig wurde, stark abnutzten. Die Bretter waren zäh und liefen sehr leicht; sie waren aus Ahorn-, Birken- und Hickoryholz und mit einer Mischung von Teer, Stearin und Talg getränkt.

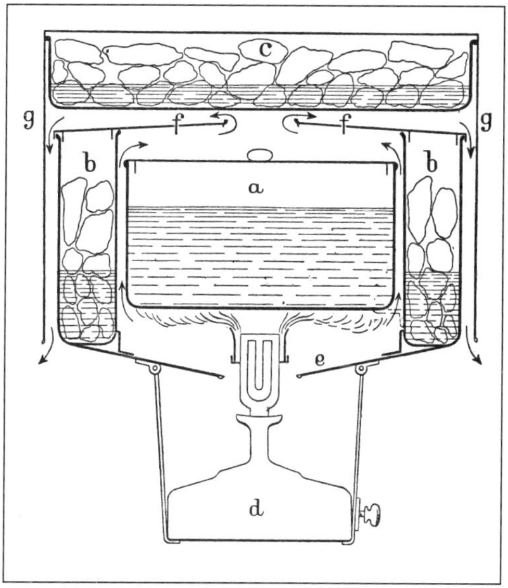

Kochapparat

Da wir bis zu einem gewissen Grade von dem leben mussten, was wir schossen, mussten wir auch Jagdwaffen bei uns haben. Das beste Gewehr auf solchen Reisen ist natürlich die gezogene Büchse. Aber da wir aller Wahrscheinlichkeit nach große Schneeflächen durchqueren mussten, auf denen wenig großes Wild, aber sehr wahrscheinlich mancherlei Vögel zu erwarten waren, hielt ich auch Schrotflinten für nützlich. Wir nahmen daher zwei doppelläufige Büchsflinten mit, die einen Schrotlauf und einen Kugellauf hatten, dazu 180 Kugel- und 150 Schrotpatronen.

Zur Bestimmung des Standortes und zu Peilungen führten wir einen kleinen, leichten Theodoliten mit, der für unsere Zwecke besonders konstruiert war und mit dem Kasten, den ich als Stativ hatte einrichten lassen, nur zwei Kilo wog, ferner einen Taschensextanten und einen künstlichen Glashorizont, einen leichten Peilkompass aus Aluminium und ein paar andere Kompasse. Für die meteorologischen Beobachtungen hatten wir ein paar Aneroidbarometer, zwei Minimum-Weingeistthermometer und drei Quecksilber-Schleuderthermometer. Außerdem nahmen wir ein gutes Fernrohr aus Aluminium und einen Fotoapparat mit.

Der wichtigste und vielleicht auch der schwierigste Punkt bei der Ausrüstung einer Schlittenexpedition ist eine gute und ausreichende Nahrung. Mit Rücksicht auf das Gewicht muss die Proviantlast durch sorgfältiges und vollkommenes Trocknen so weit wie möglich verringert werden. Da aber Fleisch und Fisch in getrocknetem Zustand schwer verdaulich sind, müssen sie in pulverisierter Form mitgenommen werden; die getrocknete Masse wird dabei so fein zerteilt, dass sie vom Organismus leicht aufgenommen werden kann. Wir nahmen nur Fisch und Fleisch mit, Muskelfleisch von Ochsen, von allem Fett, Knorpeln und so weiter befreit. Es wurde rasch getrocknet, gemahlen und im selben Verhältnis wie der gewöhnliche Pemmikan mit Nierenfett vermischt. Dieses Nahrungsmittel, das schon seit langer Zeit auf Schlittenexpeditionen verwendet wird, hat sich mit vollem Recht einen großen Ruf erworben; gut zubereitet ist es nahrhaft und leicht verdaulich.

Großen Wert legten wir auch auf Vaages Fischmehl. Es hält sich ausgezeichnet; in Wasser gekocht und mit Butter und Mehl oder getrockneten Kartoffeln vermischt, gibt es ein wohl schmeckendes Gericht. Man sollte bei der Zusammenstellung der Lebensmittel auch darauf achten, dass sie genossen werden können, ohne dass man sie erst kochen muss; denn wenn der Brennstoff verloren geht oder frühzeitig verbraucht ist, ist es misslich, wenn man keinen Proviant hat, der ungekocht genossen werden kann. Obendrein spart Essen, das nicht gekocht, sondern nur erwärmt zu werden braucht, Feuerung. Wir hatten auch getrocknete, geschälte Kartoffeln, Erbsensuppe, Schokolade, „Vril“-Speise und so weiter auf unserem Verpflegungszettel. Unser Brot bestand zum Teil aus sorgfältig getrocknetem Weizenhartbrot, zum Teil aus Aleuronatbrot, das ich aus Weizenmehl, vermischt mit etwa 30 Prozent Aleuronat (Backpulver aus Getreidekeimen), hatte herstellen lassen.

Wir nahmen ferner eine beträchtliche Menge (39 Kilo) Butter mit. Um alles überflüssige Wasser daraus zu entfernen, war sie an Bord gehörig durchgeknetet worden. Auf diese Weise sparten wir an Gewicht, und außerdem wurde die Butter in der Kälte auch nicht so hart. Im Ganzen muss ich sagen, dass unser Proviant viel Abwechslung bot und dass wir nie unter dem ewigen Einerlei der Speisen litten, über das frühere Schlittenexpeditionen so viel geklagt haben. Übrigens hatten wir andauernd einen wahren Wolfshunger, und alles schmeckte uns prachtvoll.

Unsere Apotheke bestand aus einem kleinen Sack, der natürlich nur das Allernotwendigste enthielt: einige Schienen und Binden, Gipsbandagen für Bein- und Armbrüche, Abführpillen und Opiumtinktur für Magenstörungen, an denen wir aber nie litten, Chloroform für den Fall einer Amputation, zum Beispiel bei Erfrierungen, ein paar kleine Gläser Kokainlösung für Schneeblindheit, ebenfalls nicht benutzt, Tropfen für Zahnschmerzen, Karbolsäure, Jodoformgaze, ein paar gebogene Nadeln und etwas Seide zum Zunähen von Wunden, ein Skalpell und zwei Arterienpinzetten, gleichfalls für Amputationen. Glücklicherweise blieb die Apotheke unangetastet, abgesehen davon, dass die Binden und Bandagen uns im Winter 1895 auf 1896 als Dochte für die Tranlampen sehr gelegen kamen.

Im Einzelnen war die Ausrüstung wie folgt verteilt:

Schlitten Nr. 1 (mit Nansens Kajak)

	Kilo
Kajak	18,7
Pumpe zum Auspumpen, falls die Kajaks leck werden	0,5
Segel	0,7
Axt und geologischer Hammer	0,6
Gewehr und Futteral	3,3
Zwei kleine Holzstangen, die zum Kochapparat gehören	0,4
Theodolit mit Kasten	2,2
Drei Ersatzquerstücke für Schlitten	0,9
Einige Stücke Holz	0,3
Leine für die Harpune	0,24
Pelzgamaschen	0,55
Fünf Knäuel Schnur	1,17
Kochapparat, 2 Becher, Schopflöffel, 2 Esslöffel	4,0
Petroleumlampe (Primus)	0,8
Feldflasche	0,17
Sack mit verschiedenen Kleidungsstücken	4,0
Wollene Decke	2,0
Wollene Jacke	1,15
Finnenschuhe, mit Gras gefüllt	1,4

Kragen, über die Öffnung im Kajak passend	0,2
Ein paar „Komager“ (Lappenschuhe)	0,95
Zwei Paar Kajakhandschuhe, Harpune und Leine	0,6
Wasserdichter Mantel aus Seehundsfell für das Kajak	1,4
Sack mit Werkzeug	1,2
Sack mit Nähzeug, Segelhandschuhen, Segelnadeln	1,2
Drei norwegische Flaggen	0,1
Apotheke	2,25
Fotoapparat	2,1
Eine Kassette und eine Blechbüchse mit Filmen	1,75
Ein Holzbecher	0,08
Ein Tau zum Befestigen des Kajaks auf dem Schlitten	0,9
Säcke aus Rentierfell, um das Scheuern der Kajaks zu verhüten	1,8
Hölzerne Schneeschaufel	1,0
Skistock mit einer Scheibe am unteren Ende	0,7
Ein Bambusstock	0,45
Zwei Eschenstöcke	1,2
7 Ersatzgeschirre für die Hunde und 2 Ersatzzugtaue	1,2
Eine Rolle Tauwerk	0,18
4 Bambusstangen zu Masten und zum Steuern der Schlitten	4,0
Ein Beutel Brot	2,7
Ein Beutel Molkepulver	1,5
Ein Beutel Zucker	1,0
Ein Beutel Aleuronatmehl	0,8
Ein Beutel Zitronensafttafeln	0,73
Ein Beutel Gemüsetafeln	1,1
Ein Beutel Frame-Food-Stamina-Tafeln	1,1

Als Bootslager auf dem Schlitten waren befestigt:

Drei Säcke Pemmikan, zusammen	108,2
Ein Sack Leberpastete (Teig)	42,7
Gewicht des Schlittens	19,7
Gesamtgewicht Kilo	245,87

Schlitten Nr. 2, auf dem in verschiedenen Säcken Folgendes verladen war:

	Kilo
Aleuronatmehl	6,8
Weizenmehl	7,0
Molkepulver	7,7
Maismehl	4,0
Zucker	3,2
„Vril"-Speise	14,2
Australischer Pemmikan	5,9
Schokolade	5,8
Hafermehl	5,0
Getrocknete Preiselbeeren	0,4
Zwei Säcke Weizenbrot	31,5
Ein Sack Aleuronatbrot	21,2
„Extraspeise", eine Mischung von Erbsenmehl, Fleischpulver, Fett und so weiter	29,0
Butter	39,0
Fischmehl von Vaage	15,5
Getrocknete Kartoffeln	6,9
Ein Schlafsack aus Rentierfell	9,0
Zwei Stahldrahtleinen mit Riemen für 28 Hunde	5,0
Ein Paar Schneeschuhe aus Hickoryholz	5,0
Gewicht des Schlittens	19,7
Gesamtgewicht Kilo	241,8

Schlitten Nr. 3 (mit Johansens Kajak)

	Kilo
Kajak	18,8
Zwei Stücke Rentierfell gegen Scheuern	0,8
Hundeschuhe	0,55

Ein Eskimo-Jagdschlitten mit Segel (für Seehundjagd auf dem Eis)	0,73
Zwei Schlittensegel	1,2
Pumpe	0,4
Ruderblätter aus Spanischrohr-Reifen, mit Segeltuch überspannt, an die Skistöcke zu binden	0,5
Büchse	3,26
Feldflasche	0,17
Netz zum Fang der Krustazeen	0,15
Ein Paar Komager	0,9
Wasserdichter Überzug aus Seehundsfell für das Kajak	1,0
Pelzgamaschen	0,21
Zwei Ersatzstücke Holz	0,28
Zwei Kannen mit Petroleum (20 Liter)	18,2
Mehrere Ersatzschnüre für die Schneeschuhe	0,43
Laterne für das Wechseln der fotografischen Platten usw.	0,49
Künstlicher Glashorizont	0,29
Sack mit Schnüren und nautischem Jahrbuch	0,13
Taschensextant	0,39
Zwei Pakete Zündhölzer	0,39
Eine Ersatzplatte Neusilber (um den Beschlag der Schlittenkufen zu erneuern)	0,21
Pech	0,1
Zwei Minimumthermometer in Etui	0,21
Drei Quecksilberthermometer in Etui	0,14
Ein Kompass	0,25
Ein Aluminiumkompass	0,24
Ein Aluminiumfernrohr	0,7
Sennegras für die Finnenschuhe	0,2
Sack mit Patronen	11,85
Ledertasche mit Ersatzteilen für die Gewehre, Kugeln, Pulver und so weiter	1,4
Ledertasche mit einer Glasflasche, einem Löffel und fünf Bleistiften	0,3

Sack mit Navigationstabellen, nautischem Jahrbuch, Karten und so weiter	1,1
Blechkasten mit Tagebüchern, Briefen, Fotografien, Beobachtungsblättern und so weiter	1,65
Kragen, über die Öffnung im Kajak passend	0,23
Ein Sack Fleisch-Schokolade	8,0
Ein Sack Suppe	3,0
Ein Sack Kakao	3,35
Ein Sack Fischmehl	1,70
Ein Sack Weizenmehl	0,90
Ein Sack Schokolade	2,0
Ein Sack Hafermehl	2,0
Ein Sack Vril-Speise	2,0

Als Bootslager auf dem Schlitten befestigt:

Ein Sack Hafermehl	13,2
Ein Sack Pemmikan	52,3
Ein Sack Leberpastete	50,8
Gewicht des Schlittens	19,7
Gesamtgewicht Kilo	226,8

Die Liste unserer Hunde und ihre Gewichte

			Kilo
Kvik	35,7	Katta	20,7
Freia	22,7	Narrifas	21,0
Barbara	22,5	Livjägeren	17,5
Suggen	28,0	Potifar	26,0
Flint	27,5	Storräven	31,8
Barrabas	28,0	Isbjörn	28,0
Gulen	27,5	Lilleräven	28,0

Haren	27,5	Kvindfolket	26,0
Barnet	17,7	Perpetuum	28,6
Sultan	31,0	Baro	27,5
Klapperslangen	27,0	Russen	26,5
Blok	26,8	Kaiphas	31,5
Bielki	17,3	Ulenka	26,0
Siöliget	18,0	Pan	29,5

Abschied von der *Fram*

Am 14. März endlich verließen wir um Mittag unter Kanonendonner die *Fram*, nachdem wir zum dritten Mal Lebewohl gesagt hatten. Einige Kameraden gingen noch eine kleine Strecke mit. Auf dem Gipfel eines Eishügels drückte ich Sverdrup die Hände; die *Fram* lag hinter uns, und ich erinnere mich noch, dass ich eine Zeit lang stehen blieb und Sverdrup nachblickte, der auf seinen Schneeschuhen gemächlich heimwärts zog. Beinahe hätte ich gewünscht, mit ihm umzukehren, um wieder im gemütlichen warmen Salon auszuruhen. Ich wusste nur zu gut, dass es lange dauern würde, bis wir wieder unter einem behaglichen Dach schliefen und speisten. Dass aber so viel Zeit bis dahin vergehen würde, hat damals keiner von uns nur geahnt. Wir alle meinten, dass die Expedition entweder glücken würde und wir dann noch im gleichen Jahre heimkehren würden oder dass sie – nicht glücken würde.

Nachdem Sverdrup uns verlassen hatte, musste eine Weile später auch Mogstad umkehren. Er hatte bis zum nächsten Tag bei uns bleiben wollen, aber seine schweren Beinkleider aus Wolfsfell waren, wie er sagte, beinahe voll von Schweiß, sodass er an Bord zurückkehren musste, um sie am Feuer zu trocknen. Jetzt waren noch Scott-Hansen, Hendriksen und Pettersen bei uns, jeder mit seiner Last auf dem Rücken, stapften sie schwitzend über das flache Eis. Es wurde ihnen sauer genug, mit uns Schritt zu halten, so schnell kamen wir vorwärts; als wir aber an die Eishügel gelangten, ging es viel langsamer. An einer Stelle waren die Eisgrate so schlimm, dass wir die Schlitten eine weite Strecke tragen mussten. Mit viel Mühe überwanden wir die Hindernisse. Peder schüttelte nachdenklich den Kopf und sagte zu Johansen, wir würden noch genug schwere Arbeit haben, ehe wir so viel von den Lasten aufgegessen hätten, dass die Schlitten leicht würden. Wir gelangten auf schlechtes Eis, und Peder sorgte sich immer lauter um unsere Zukunft; gegen Abend besserten sich die Verhältnisse. Als wir um sechs Uhr Halt machten, zeigte der Wegmesser elf Kilometer. Das war für das erste Tagewerk nicht schlecht. Wir verbrachten einen fröhlichen Abend in unserem Zelt, in dem wir fünf gerade noch Platz hatten. Pettersen war müde geworden, er zitterte und jammerte vor Kälte, während wir die Hunde ankoppelten, fütterten und das Zelt aufschlugen; er fand es aber sehr viel erträglicher, als er erst in seinen warmen Wolfskleidern im Zelt saß und einen Topf voll Schokolade vor sich hatte; in der einen Hand ein Stück Butter, in der andern ein Stück Hartbrot, rief er aus: „Nun geht es mir wie einem Prinzen!" Später verarbeitete er längere Zeit den erhebenden Gedanken, dass er hier mitten im Polarmeer in einem Zelt sitze. Guter Bursche! Er hatte so sehr gebeten, dass wir ihn auf diese Expedition mitnahmen; er wollte für uns kochen und sich sonst auch nützlich machen, als Klempner und als Schmied, und dann würde es so gemütlich sein, wenn wir zu dritt beisammen wären. Ich hatte ihm gesagt, dass ich nicht mehr als einen Gefährten mitnehmen könne. Er war deswegen mehrere Tage melancholisch gewesen; jetzt fand er Trost darin, dass er uns wenigstens ein Stück Weges begleitet hatte. Er erklärte voller Stolz, dass er sich jetzt als Wilder auf diesem großen, öden Meer befinde, was nicht viele Leute von sich behaupten könnten.

Die Kameraden hatten keinen Schlafsack mitgenommen. Sie bauten sich aus Schnee eine behagliche Hütte, in die sie mit ihrer Wolfsfellkleidung hineinkrochen. Sie verbrachten eine ziemlich gute Nacht. Ich war am nächsten Morgen schon früh wach. Als ich aus dem Zelt kroch, sah ich Peder, der von der Kälte aufgescheucht war und bereits auf und ab spazierte, um die steifen Glieder zu erwärmen. Er habe es jetzt versucht, meinte er; nie hätte er es für möglich gehalten, im Schnee zu schlafen, es sei gar nicht so schlimm gewesen. Er wollte nicht recht zugeben, dass er jetzt vor Kälte hin und her marschierte. Wir frühstückten zum letzten Mal gemeinsam, dann wurden die Hunde angeschirrt; noch ein Händedruck dem Kameraden, und ohne viel Worte ging es hinaus in die Einsamkeit.

Peder schüttelte traurig den Kopf, als wir davonzogen; ich drehte mich noch einmal um und sah ihn auf einem Eishügel stehen. Er blickte uns noch immer nach; seine Gedanken waren gewiss trüb; vermutlich dachte er, er habe zum letzten Mal mit uns gesprochen.

Wir fanden große Strecken flaches Eis und kamen rasch vorwärts, immer weiter fort von unseren Gefährten ins Unbekannte hinein, in dem wir mit den Hunden nun monatelang umherwandern sollten. Die Takelung der *Fram* war längst hinter dem Rand des Eises verschwunden. Oft gerieten wir an aufgetürmte Ketten und unebenes Eis, über das wir die Schlitten schieben und zuweilen sogar tragen mussten. Manchmal stürzten sie sogar um. Etwas erschöpft machten wir um sechs Uhr abends Halt. Neun Kilometer Tagesmarsch.

Das waren nicht gerade die Märsche, auf die ich gerechnet hatte; allein, wir hofften, dass die Schlitten allmählich leichter würden und wir besseres Eis zum Fahren fänden.

Am Sonntag, 17. März, schrieb ich in mein Tagebuch: „Das Eis scheint ebener zu werden, je weiter wir nach Norden kommen. Um halb sechs nachmittags hatten wir ungefähr neun Kilometer zurückgelegt. Da wir gerade einen guten Platz erreicht hatten und die Hunde müde waren, schlugen wir das Lager auf. Niedrigste Temperatur in der Nacht: minus 42,8 Grad."

Das Eis wurde an den folgenden Tagen ebener, sodass wir an einem Tag oft 15 Kilometer zurücklegten. Hin und wieder ereignete sich ein

Nansen und Johansen verlassen die *Fram* am 14. März 1895.

Unfall, der uns aufhielt; so riss uns eines Tages eine scharfe Eisspitze ein Loch in einen Sack mit Fischmehl. Der ganze kostbare Inhalt lief aus, und wir brauchten länger als eine Stunde, um alles wieder zu sammeln und den Schaden auszubessern. Zuletzt zerbrach auch noch der Wegmesser, der sich zwischen grobem Eis eingeklemmt hatte. Mehrstündige Ausbesserung.

Dann aber ging es nach Norden weiter, oft über große Eisflächen, die aussahen, als ob sie sich bis zum Pol hin ausdehnten. Manchmal überschritten wir auch Stellen, an denen das Eis wie hügeliges, schneebedecktes Land aussah und ungewöhnlich schwierig war. Es war unzweifelhaft sehr altes Eis, das auf seinem Weg vom Sibirischen Eismeer zur Ostküste von Grönland schon mehrere Jahre im Polarmeer umhergetrieben war und, Jahr für Jahr schweren Pressungen ausgesetzt, hohe Haufen und Hügel gebildet hatte. Diese Hügel waren, als sie sich bildeten, Sommer für Sommer durch die Sonnenstrahlen abgeschmolzen und im Winter wieder mit Schneemassen bedeckt worden, sodass sie nach und nach Formen annahmen, die mehr Eisbergen ähnelten als aufgestautem Meereis.

Am Mittwoch, 20. März, sagt mein Tagebuch: „Wieder schönes Wetter mit prächtigen Sonnenuntergängen, aber etwas kalt, namentlich nachts im Schlafsack. Wir hatten minus 41 und minus 42 Grad. Das Eis ebnet sich mehr und mehr, je weiter wir vordringen; an manchen Stellen ist es, als ob wir auf Inlandeis laufen. Wenn das so anhält, wird das Ganze wie ein Tanz gehen."

An diesem Tag verloren wir unseren Wegmesser, und da wir das erst nach einiger Zeit entdeckten und ich nicht wusste, wie weit wir zurückgehen müssten, hielt ich es nicht der Mühe wert, umzukehren und ihn zu suchen. Wir konnten fortan die zurückgelegten Tagesstrecken also nur noch schätzen. Am selben Tag hatten wir noch einen Unfall: einer der Hunde – es war Livjägeren – wurde so krank, dass er nicht mehr zog und wir ihn frei laufen lassen mussten. Erst spät am Tage entdeckten wir, dass er nicht bei uns war; er war, als wir morgens aufbrachen, auf dem Lagerplatz zurückgeblieben, und ich musste auf Schneeschuhen zu ihm zurück und ihn holen. Langer Aufenthalt!

Donnerstag, 21. März. Morgens neun Uhr minus 42 Grad. Minimum in der Nacht: minus 44 Grad. Klar, wie es bisher alle Tage waren; wunderschönes Wetter, herrlich zum Marsch, aber nachts kalt; das Quecksilber wie gewöhnlich gefroren. Bei solcher Temperatur im Zelt die Finnenschuhe zu flicken, während einem die Nase langsam erfriert, ist keineswegs ein Vergnügen.

Freitag, 22. März. Herrliches Wetter, um weiterzukommen; es geht immer besser. Große Flächen, hin und wieder ein aufgeworfener Eishügel dabei, aber überall gangbar. Blieben gestern von halb zwölf vormittags bis halb neun Uhr abends in Schwung und machten hoffentlich unsere 22 Kilometer. Wir müssen auf 85° Breite sein.

Unangenehm ist jetzt allein die Kälte. Unsere Kleidung wird am Tag mehr und mehr zu einem Eispanzer und nachts zu nassen Bandagen, ebenso die wollenen Decken. Der Schlafsack wird von der Feuchtigkeit, die am Haar im Innern gefriert, immer schwerer. Jeden Tag dasselbe klare, beständige Wetter. Wir sehnen uns nach einer Veränderung; einige Wolken und etwas mildere Temperatur wären uns höchst willkommen. In der Nacht minus 42,7 Grad. Eine Beobachtung im Laufe des Vormittags ergab für diesen Tag 85° 9' n. Br.

Sonnabend, 23. März. Ortsbestimmung, Festbinden der Lasten auf den Schlitten, Säckeflicken und ähnliche Beschäftigungen, die bei so niedriger Temperatur kein Spaß sind, erlaubten uns gestern nicht, vor drei Uhr nachmittags abzumarschieren. Wir hielten aus bis neun Uhr abends und setzten das Zelt in das schlimmste Eis, das wir in letzter Zeit gehabt haben. Der Nordostwind machte uns sehr zu schaffen.

Von nun an war es mit dem flachen Eis, auf dem das Marschieren Freude gemacht hatte, zu Ende. Schwierigkeiten über Schwierigkeiten stellten sich ein.

Am Sonntag, 24. März, schrieb ich: „Das Eis ist nicht gut. Gestern hatten wir einen schweren Tag. Wir kamen wohl etwas nordwärts; ich fürchte aber, nicht mehr als 15 Kilometer. Fortwährend mussten wir die schwer beladenen Schlitten anheben und schieben. Der arme Rücken verlor seine gute Laune. Hoffentlich kommen wieder bessere Bedingungen. Die Kälte ist auch fühlbar, sie wurde es besonders durch den starken Wind aus Nordost. Wir machten abends um halb neun Halt. Man merkt deutlich, wie die Tage länger werden und wie viel später die Sonne untergeht; in ein paar Tagen werden wir die Mitternachtssonne haben."

Gestern Abend töteten wir Livjägeren; es war ein schweres Stück Arbeit, ihn abzuhäuten. Er war der erste Hund, der dran glauben musste; später kam einer nach dem anderen an die Reihe. Es war die unangenehmste Aufgabe auf der ganzen Reise, besonders zu Anfang, als es noch so kalt war. Als der erste Hund in Stücke zerschnitten und an die Übrigen verteilt worden war, hungerten die meisten lieber die ganze Nacht, als dass sie das Fleisch anrührten. Im Laufe der Zeit aber lernten sie, Hundefleisch zu würdigen, obwohl wir später nicht einmal mehr so rücksichtsvoll waren, das geschlachtete Tier abzuhäuten, sondern es ihnen mit Haut und Haar vorsetzten.

Am nächsten Tag war das Eis gelegentlich etwas besser, in der Regel aber schlecht, und wir verloren unsere Kräfte unter der unaufhörlichen Anstrengung, die es kostete, den Hunden zu helfen, die umgefallenen Schlitten aufzurichten und über Hügel zu ziehen oder geradezu hinwegzuheben. Manchmal waren wir abends so müde, dass uns die Augen zufielen und wir im Gehen einschliefen. Doch plötzlich wachte ich dann auf, wenn ich auf den Schneeschuhen vornüberstolperte. Sobald wir einen Lagerplatz hinter einem Hügel oder einer Eiskette gefunden hatten, der etwas Schutz vor dem Wind bot, hielten wir an. Johansen sorgte für die Hunde, ich richtete das Zelt auf, füllte den Kochapparat mit Eis, zündete den Brenner an und machte so rasch wie möglich das Abendessen fertig. Es bestand in der Regel den einen Tag aus Labskaus von Pemmikan und Trockenkartoffeln, den andern aus „Fiskegratin" aus Fischmehl, Weizenmehl und Butter. Am dritten Tag gab es Erbsen-, Bohnen- oder Linsensuppe mit Brot und Pemmikan. Johansen zog Labskaus vor, ich hatte eine Schwäche für das Fiskegratin.

Sobald Johansen die Hunde versorgt hatte, trugen wir die Säcke mit den Lebensmitteln und unserer persönlichen Habe ins Zelt; dann wurden der Schlafsack ausgebreitet und die Zeltöffnung sorgfältig verschlossen, und jetzt krochen wir in den Sack, um die Kleidung aufzutauen. Das war keine angenehme Arbeit. Im Laufe des Tages hatten sich die Ausdünstungen des Körpers nach und nach in der äußeren Kleidung verdichtet, die nun eine Eismasse bildete und zu einem richtigen Panzer gefroren war. Er war so hart und steif, dass er allein gestanden haben würde, wenn wir ihn nur hätten ausziehen können; jedes Mal wenn wir uns bewegten, knisterte er hörbar. Die steifen Rockärmel scheuerten auf dem Marsch in meine Handgelenke eine tiefe Wunde; am rechten Arm kam Frost hinein, die Wunde wurde immer tiefer, fast bis auf den Knochen. Ich versuchte, sie mit Binden zu schützen, sie heilte aber erst im Spätsommer; die Narbe werde ich wahrscheinlich ein ganzes Leben behalten. Wenn wir abends in den Schlafsack gekrochen waren, taute also die Kleidung langsam auf. Dabei wurde viel Körperwärme verbraucht. Wir drückten uns im Sack dicht aneinander, aber es dauerte dann eine oder anderthalb Stunden, bis wir etwas Wärme verspürten. Endlich wurde die Kleidung schmiegsam, aber nur, bis sie morgens, wenige Minuten nachdem wir aus dem Sack gekrochen waren, wieder steif fror. Solange die Kälte anhielt, trockneten die Sachen nie richtig.

Wie froren wir, wenn wir zähneklappernd im Sack lagen und darauf warteten, dass das Essen fertig wurde. Ich war der Koch und musste mich einigermaßen wach halten, um auf das Kochen aufzupassen. Es gelang mir auch. Und wenn endlich das Abendessen ausgeteilt war, wie köstlich schmeckte es! Das waren die schönsten Augenblicke unseres Daseins, und wir freuten uns schon den ganzen Tag darauf. Manchmal aber waren wir so müde, dass uns die Augen zufielen und wir mit dem Löffel vor dem Mund einschliefen. Nach dem Essen leisteten wir uns in der Regel einen Becher Wasser mit aufgelöstem Molkepulver, so warm wir es schlucken konnten. Es schmeckte wie heiße Milch und belebte uns wunderbar; es wärmte uns bis hinab in die Zehenspitzen. Dann pflegten wir wieder tief in den Sack hineinzukriechen, die Klappe über den Köpfen sorgfältig festzuschnallen, uns dicht aneinander zu drängen und bald den Schlaf der Gerechten zu schlafen. Aber selbst in den Träumen marschierten wir unaufhörlich weiter nach Norden; quälten uns mit den Schlitten ab und trieben die Hunde an; oft hörte ich Johansen im Schlaf Pan, Barrabas oder Klapperslangen zurufen: „Willst du vorwärts, du Teufel, du! Prrr, prrr, ihr Höllenhunde! – *Sass, sass!* – Hol euch der Teufel mitsamt den Schlitten!“

Morgens musste ich als Koch zuerst aufstehen und das Frühstück bereiten. Den einen Morgen gab es Schokolade, Butterbrot und Pemmikan, den andern Hafermehlsuppe oder eine Mischung von Mehl, Wasser und Butter, ähnlich unserer heimischen Buttersuppe. Dazu tranken wir Milch aus Molkepulver und Wasser. War das Frühstück fertig – ich brauchte dazu eine Stunde –, weckte ich Johansen; dann setzten wir uns aufrecht im Schlafsack hin, breiteten eine der wollenen Decken als Tischtuch aus und machten uns ans Werk. Nach dem Frühstück schrieben wir ein wenig in unsere Tagebücher; dann mussten wir an den Aufbruch denken. Aber wie müde waren wir manchmal noch, wie oft würde ich nicht alles darum gegeben haben, wenn ich wieder in den Sack hätte hineinkriechen und volle 24 Stunden durchschlafen können! Es schien mir das größte Vergnügen der Welt zu sein. Wir mussten ja aber weiter, immer weiter nach Norden.

Also hinaus in die Kälte und die Schlitten bereitgemacht, die Zugleinen der Hunde entwirrt, die Tiere angeschirrt und so rasch wie möglich auf den Weg! Wie sehnten wir uns in diesen sauren Tagen nach unseren warmen Wolfspelzen, die wir auf der *Fram* gelassen hatten!

Wir zogen weiter. Ich ging voraus, um einen Weg durch das zerborstene und durcheinander geschobene Eis zu suchen, dann kam der Schlitten mit meinem Kajak. Die Hunde lernten bald zu folgen, hielten aber bei jedem Hindernis an; wenn man sie dann nicht durch Zuruf dazu brachte, dass sie alle zu gleicher Zeit anzogen und so den Schlitten über die schwierige Stelle hinwegzerrten, musste man umkehren und die Tiere peitschen oder ihnen helfen. Johansen folgte mit den beiden anderen Schlitten. Bald rief er den Hunden zu, sie müssten ordentlich ziehen, bald peitschte er sie, bald zog er selbst mit. Es war unleugbar eine Grausamkeit gegen die armen Tiere. Noch jetzt machte es mich schaudern, wenn ich daran denke, wie sie vor Erschöpfung anhielten. Das Herz blutete einem, wenn man es mit ansah, aber wir wandten den Blick ab und verhärteten uns. Es war notwendig. Wir mussten ja vorwärts. Das ist die traurige Seite von Expeditionen dieser Art, dass man jedes bessere Gefühl erstickt, bis nur der hartherzige Eigennutz übrig ist. Wenn ich an alle die prächtigen Tiere denke, die, ohne zu murren, für uns gearbeitet haben, solange sie einen Muskel rühren konnten, die niemals Dank, selten ein freundliches Wort dafür bekommen haben, die sich täglich unter der Peitsche krümmten, bis die Zeit kam, dass sie nicht mehr konnten und der Tod sie von ihrem Leiden befreite, dann mache ich mir bittere Vorwürfe.

Wir brauchten lange, um abends das Zelt aufzuschlagen, die Hunde zu füttern, zu kochen und so weiter und morgens alles wieder zum Aufbruch zu rüsten und uns selbst marschfertig zu machen. Die Tage waren uns immer zu kurz, wenn wir gehörige Märsche machen und außerdem den Schlaf haben wollten, den wir nachts brauchten. Da aber die Nächte heller wurden, hielten wir uns bald nicht länger an die Tagesstunden, sondern brachen auf, wann es uns gefiel, mochte es Nacht oder Tag sein. Ich machte Märsche von neun bis zehn Stunden zur Regel.

Freitag, 29. März. Wir quälen uns weiter. Es geht sehr langsam. Das Eis ist nur mittelmäßig, nicht so, wie es der Anfang versprach. Oft kommen wir an schauderhafte, große, aufgetürmte Eisrücken, die uns viel Zeit kosten. Man muss vorausgehen, einen Weg suchen und in der Regel einen Umweg machen, um darüber hinwegzukommen. Die Hunde werden matt, es ist schon fast unmöglich, mit ihnen weiterzukommen. Und dabei das endlose Entwirren der Zugleinen mit den satanischen Verdrehungen und Knoten, die von Mal zu Mal schwieriger zu lösen sind. Die Hunde springen uns unaufhörlich über- und durcheinander; kaum hat man die Zugleinen geordnet, sind sie schon wieder zu einem richtigen Strang zusammengedreht. Dann wieder wird einer der Schlitten durch einen Eisblock gehemmt. Die Hunde heulen vor Ungeduld, weil sie ihren Gefährten, die voraus sind, nicht folgen können. Sie werden eingefangen, und die Stränge müssen von neuem zusammengeknotet werden. So geht es unaufhörlich über das Eis; mindestens alle anderthalb Stunden halten wir an und entwirren die Stränge.

Sonnabend, 30. März. Gestern war ein Unglückstag. Anfangs trafen wir viel hügeliges Eis an und mussten große Umwege machen. Obwohl wir lange unterwegs waren, schafften wir nicht viel. Am Ende gelangten wir aber nach beträchtlicher Mühe auf schöne Flächen mit altem, schwerem Eis. Dann wurden wir noch durch einige Rücken schlimmster Art aufgehalten, Berge, die aus riesigen Eisblöcken aufgetürmt waren. Der letzte Rücken war der übelste von allen, zumal sich vor ihm ein Spalt in dem dicken Eis öffnete. Als der erste Schlitten hinüberging, fielen sämtliche Hunde hinein und mussten wieder heraufgezogen werden. Als der nächste Schlitten die Spalte überqueren wollte, fiel er hinein, wurde aber glücklicherweise nicht in Atome zerschmettert. Wir mussten den Schlitten vollständig abladen, um ihn heraufzuholen, und dann die Last wieder aufladen. Dann mussten die Hunde hinuntergeworfen und auf der anderen Seite heraufgezogen werden. Mit dem dritten Schlitten ging es besser. Endlich erreichten wir einen Lagerplatz und richteten das Zelt auf. Das Thermometer zeigte minus 43 Grad. Das Entwirren der Hundestränge mit bloßen Händen, die vor Frost schmerzten und fast keine Haut mehr hatten, war bei solcher Kälte eine verzweifelte Arbeit. Als wir schließlich in unserem treuen Schlafsack saßen, neben uns Freund Primus, wollte das Gerät nicht brennen. Ich untersuchte es, fand aber keinen Fehler, und so musste denn Johansen wieder aufstehen und Werkzeug und einen Reservebrenner holen, während ich den Kochapparat nachsah. Ich entdeckte, dass etwas Eis unter den Deckel geraten war. Es dauerte entsetzlich lange, bis die Erbsensuppe fertig war.

Um drei Uhr nachmittags stand ich auf, um wieder zu kochen. Gott sei Dank, dass es im Zelt warm und gemütlich ist, sonst wäre es unerträglich.

Sonntag, 31. März. Gestern ist das Wetter umgeschlagen. Wir haben lange darauf gewartet; südlicher Wind und steigende Temperatur. Heute früh minus 30 Grad, was wir wie richtiges Sommerwetter begrüßen. Wir machten uns erleichterten Herzens auf gutem Eis und mit dem Wind im Rücken auf den Weg. Alles ließ sich sehr gut an, bis sich plötzlich gerade vor dem ersten Schlitten eine Rinne öffnete. Mit Mühe und Not brachten wir den Schlitten hinüber, aber als wir zurückgingen, um auch die übrigen Schlitten zu holen, brach ein großes Stück Eis Johansen unter den Füßen weg, sodass er mit beiden Beinen ins Wasser geriet. Während sich die Rinne immer weiter öffnete, lief ich auf und nieder, um einen Übergang zu finden. Vergeblich! Da standen wir nun, ein Mann und ein Schlitten auf der einen, zwei Schlitten und ein durchnässter Mann auf der anderen Seite und dazwischen eine Öffnung, die größer und größer wurde. Die Kajaks konnten wir nicht zu Wasser lassen, weil sie durch das häufige Umstürzen der Schlitten Löcher bekommen hatten und für den Augenblick nicht zu gebrauchen waren. Tröstliche Aussichten für die Nacht: ich auf der einen Seite mit dem Zelt, Johansen, vermutlich steif gefroren, auf der andern! Endlich, nach einem langen Umweg, fand ich einen Übergang, doch war es ganz ausgeschlossen weiterzugehen, da Johansens Beine eine einzige Eismasse bildeten und seine Windhose so zerrissen war, dass sie schleunigst geflickt werden musste.

Ein harter Kampf

Dienstag, 2. April. Wir müssen viele Schwierigkeiten überwinden. Am schlimmsten sind die Kleinigkeiten vor jedem Aufbruch. Obwohl ich mich am Montagabend schon um sieben Uhr ans Kochen machte, wurde es doch fast zwei Uhr morgens, ehe wir das Lager verließen. Die Last auf Johansens Schlitten musste neu befestigt werden, da wir den Inhalt eines Sackes unter dem Kajak nun verbraucht hatten und durch einen Sack mit Brot ersetzen mussten, ein anderes Bootspolster musste zugenäht werden, weil der Pemmikan herausfiel. Dann musste der Schlitten, dem wir den Brotsack entnommen hatten, wieder mit Tauen festgezurrt werden, und da wir die Leinen doch einmal gelöst hatten, nahmen wir gleich noch Kartoffeln heraus. Dabei entdeckten wir, dass der Sack mit Fischmehl ein Loch hatte. Kaum hatten wir es geflickt, fanden wir, dass ein weiterer großer Sack ausgebessert werden musste. Als wir dann den Kartoffelsack verstauten, hatte auch er ein Loch, und so ging es weiter. Dann wurden die Hundestränge geordnet, die sich zu einem Wirrwarr verschlungen hatten; die Knoten und Verdrehungen des vereisten, gefrorenen Tauwerks ließen sich von einem Mal zum andern immer schlechter lösen. Johansen beeilte sich und wurde mit dem Flicken seiner Hosen vor dem Frühstück fertig.

Mit Südwind machten wir uns im Schneetreiben auf den Weg. Anfangs ging alles prächtig; dann aber tauchte eine Eiskette nach der andern auf, und die nächste war immer schlimmer als die vorhergehende. Um acht oder neun Uhr morgens suchten wir uns einen geschützten

Platz an der Leeseite eines Eisrückens aus und hielten eine lange Mittagsrast. Wir breiteten den Schlafsack aus und krochen mit unserm Essen hinein; aber ich war so müde, dass ich mit dem Löffel in der Hand einschlief.

Mir träumte, ich sei in Norwegen und besuchte bei Fredrikshalde Leute, die ich in meinem Leben nur einmal gesehen hatte; sie waren so lieb und freundlich. Es war der erste Weihnachtsfeiertag, und ich wurde in ein großes, leeres Zimmer geführt, in dem wir Mittag essen sollten. Es war dort so kalt, dass ich zitterte, doch dampften bereits einige heiße Schüsseln auf der Tafel, dazu eine wunderschöne, fette Gans. Unsagbar freute ich mich auf die Gans! Dann sah ich durchs Fenster andere Gäste ankommen; als ich hinausging, sie zu begrüßen, stolperte ich und fiel in tiefen Schnee. Der Wirt lachte darüber – und ich wachte auf und fand mich zitternd vor Kälte in einem Schlafsack auf dem Treibeis im fernen Norden. Wie elend und unglücklich fühlte ich mich da!

Wir standen auf, packten schweigend unsere Sachen zusammen und setzten den Marsch fort; erst um vier Uhr nachmittags hielten wir an. Mir schien alles düster und trostlos, und es dauerte lange, bis ich meine Enttäuschung verwunden hatte. Was würde ich nicht für das Mittagessen gegeben haben oder für eine Stunde in jenem Speisesaal, so kalt er auch war! Der Wind dringt durch und durch!

Die Eisrücken und die zugefrorenen Rinnen mit zusammengeschobenen Eisblöcken auf beiden Seiten machten den Marsch zur Qual. Es war eine verzweifelte Arbeit, sich über die Eisgrate einen Weg zu bahnen. Die Schneeschuhe können nicht benutzt werden, weil zwischen den aufgetürmten Eisblöcken zu wenig Schnee liegt, man muss also waten. Bei diesem unsichtigen Wetter ist alles weiß in weiß, und es ist unmöglich, Unebenheiten und Löcher zu erkennen, zumal sich zwischen den Eisblöcken eine dünne, trügerische Schneeschicht befindet, durch die man in Spalten und Gruben hineinstürzt; dabei kann man noch von Glück sagen, wenn man ohne Beinbruch davonkommt. Um einen Weg zu finden, muss man weite Strecken vorausgehen, manchmal in der einen, manchmal in einer anderen Richtung suchen, und hat man einen entdeckt, heißt es wieder umkehren und die Schlitten holen,

Nordwärts durch das Schneetreiben

sodass man denselben Weg viele Male machen muss. Als wir gestern anhielten, war ich fast fertig. Das Schlimmste war jedoch, dass wir zu lange unterwegs gewesen waren und versäumt hatten, unsere Uhren aufzuziehen. Johansens Uhr war stehen geblieben; meine Uhr ging glücklicherweise noch, als ich sie aufzog. Hoffentlich ist sie noch in Ordnung! Um zwölf Uhr mittags minus 31,5 Grad. Klarer, südöstlicher Wind. Das Eis ist sehr schlecht, und ich zweifle bereits, ob es klug ist, den Marsch zu lange nach Norden fortzusetzen.

Mittwoch, 3. April. Brachen gestern Nachmittag etwa um drei Uhr auf. Der Schnee war nach dem südöstlichen Wind, der bis spät am Tag anhielt, gut, das Eis leidlich gangbar, und alles sah hoffnungsvoll aus, da das Wetter schön war und wir gut vom Fleck kamen. Allein, nach mehreren flachen Strecken mit altem, höckerigem Eis gelangten wir an einige sehr unebene Stellen, die von offenen Wasserläufen durchschnitten und mit Eisrücken besetzt waren. Das Eis wurde nicht besser, und heute Morgen hielt uns eine neu zugefrorene Rinne auf, die mit so dünnem Eis überzogen war, dass es uns nicht trug. Da wir sonst einen sehr weiten Umweg hätten machen müssen, schlugen wir das Lager auf. Hier tötete ich Russen. Das war der zweite Hund, den das Schicksal ereilte. Wir teilten das Fleisch in 26 Portionen, aber acht Hunde wollten es nicht fressen. Wir mussten sie mit Pemmikan füttern.

Das Eis vor uns sieht nicht sehr einladend aus; die Eisketten bringen uns zur Verzweiflung. Ich habe wenig Hoffnung, dass sich die Verhältnisse bessern. Um Mittag stand ich auf, um eine Meridianhöhe zu nehmen, sie versetzt uns auf 85° 54' n. Br. Es ist erstaunlich, dass wir noch nicht weiter gelangt sind; wir quälen uns ab, so viel wir können, aber ohne große Fortschritte zu machen. Hat es Sinn, noch viel weiter nach Norden zu gehen? Nach Franz-Joseph-Land ist es dreimal so weit, wie die Strecke beträgt, die wir jetzt zurückgelegt haben. Wir können kaum darauf rechnen, dass das Eis besser ist als hier und dass wir schneller vorwärts kommen. Außerdem kennen wir auch Gestalt und Ausdehnung des Landes nicht. Vielleicht werden wir dort auch nicht sofort Wild finden!

Ich habe längst eingesehen, dass es unmöglich ist, den Pol selbst oder seine unmittelbare Nachbarschaft auf einem Eis wie diesem und mit diesen Hunden zu erreichen. Wir müssen umkehren, früher oder später.

Zwölf Uhr Mittag: minus 29,4 Grad, klar, Ostwind von einem Meter Geschwindigkeit; zwölf Uhr Mitternacht: minus 34 Grad, klar und still.

Es war mir rätselhaft, dass wir so geringe Fortschritte nach Norden machten. Während des Weitermarsches zählte ich fortwährend unsere Märsche zusammen, um immer zu demselben Ergebnis zu kommen, nämlich dass wir weit über den 86. Breitengrad hinaus sein müssten, vorausgesetzt, dass das Eis stillstand. Es wurde mir jedoch bald klar, dass es südwärts trieb und wir in seiner eigensinnigen Drift, ganz nach Willkür von Wind und Strömung, unseren schlimmsten Feind zu bekämpfen hatten.

Freitag, 5. April. Wir brachen gestern um drei Uhr morgens auf. Das

Eis war schlecht, mit Rinnen und Ketten besetzt, sodass wir nur langsam vorwärts kamen. Diese Rinnen mit den beiderseits aufgetürmten Eisblöcken bringen uns zur Verzweiflung; es ist gerade, als fahre man über lange, mächtige Geröllhalden. Es hemmt uns fürchterlich. Erst verliere ich viel Zeit mit dem Wegsuchen und dann mit dem Durchkommen; dabei fällt man zur Abwechslung ins Wasser, wie mir das gestern zweimal widerfahren ist. Johansen ist mit den beiden Schlitten, auf die er aufzupassen hat, auch nicht besser dran; es ist ein schwieriges Stück Arbeit, nur einen Schlitten über die Eisblöcke zu bringen, von den Eisrücken gar nicht zu reden, aber Johansen ist ohne Frage ein mutiger Kerl und gibt niemals auf. Gestern fiel er beim Übergang über eine Rinne wieder ins Wasser und wurde bis zu den Knien nass; ich war kurz vorher auf Schneeschuhen hinübergegangen und hatte nicht bemerkt, dass das Eis schwach war. Er kam mir ohne Schneeschuhe nach und ging neben einem Schlitten, als plötzlich das Eis nachgab und er einbrach; er kriegte glücklicherweise den Schlitten zu fassen, und die Hunde, die nicht angehalten hatten, zogen ihn heraus. Ein solches Bad ist kein Vergnügen; denn wir haben keine Möglichkeit, die Kleidung zu trocknen oder zu wechseln; man muss mit einem Eispanzer gehen, bis die Kleidung am Körper auftaut und trocknet.

Gestern Morgen nahm ich eine Beobachtung zur Bestimmung der Länge, und heute habe ich den ganzen Vormittag im Sack gerechnet, um unseren Ort genau festzustellen. Ich finde, dass unsere Breite gestern 86° 2,8' war. Das ist sehr wenig, aber was sollen wir machen, wenn das Eis so widerwärtig ist? Und die Hunde, die armen Tiere, können auch nicht mehr arbeiten, als sie es tun. Die Länge war gestern 98° 47' 15" Ost.

Ja, wir werden vor der ursprünglich festgesetzten Zeit umkehren müssen. Es sind vermutlich ungefähr 280 Seemeilen, 410 Kilometer bis Petermann-Land (in Wirklichkeit waren es über 360 Seemeilen = 670 Kilometer bis Kap Fligely), und wahrscheinlich wird es uns die größte Mühe kosten, diese Entfernung zu bewältigen. Die Frage ist nur: Sollen wir noch versuchen, auf jeden Fall 87° n. Br. zu erreichen? Ich bezweifle, ob es uns gelingen wird, wenn sich das Eis nicht bessert.

Sonnabend, 6. April. Zwei Uhr morgens: minus 24,2 Grad. Das Eis ist grauenhaft. Als wir heute Morgen Halt machten, war ich drauf und dran umzukehren. Ich will noch einen Tag weitergehen und sehen, ob das Eis nach Norden hin wirklich so schlecht ist, wie es von dem zehn Meter hohen Eisrücken bei unserem Lagerplatz aussieht. Gestern haben wir kaum einige Kilometer zurückgelegt. Rinne, Ketten und raues Eis; es sieht aus wie eine endlose Moräne von Eisblöcken. Und dabei das unaufhörliche Heben der Schlitten über jede Unebenheit hinweg. Es genügt, Riesen zu ermüden. Seltsam ist dieses aufgebrochene Eis; zum größten Teil ist es nicht sehr massig, sondern sieht aus, als sei es in neuerer Zeit in die Höhe gedrängt worden. Es ist nur teilweise mit losem Schnee bedeckt, in den man unversehens bis zum Leib einsinkt. Und so dehnt sich das Eis meilenweit nach Norden aus. Hin und wieder findet man alte Schollen mit Hügeln, die durch die Sonnenwärme oben abgerundet sind und oft aus sehr dickem Eis bestehen.

Ich sehe ein, dass längeres Verweilen nicht ratsam ist. Wir werden nicht weiter nach Norden kommen, und eine grausame und langwierige Arbeit steht uns bevor, wenn wir auf dem Weg nach Franz-Joseph-Land mehr von dieser Sorte Eis antreffen.

Montag, 8. April. Nein, das Eis ist zu schlecht. Wir kommen nicht weiter. Eine Kette folgt auf die andere, und es gibt nichts als Eisblöcke, über die wir fahren müssen. Wir brachen heute Morgen gegen zwei Uhr auf und setzten den Weg, solange wir konnten, fort. Wir mussten die Schlitten fast während der ganzen Zeit tragen; schließlich wurde es zu arg. Ich war auf Schneeschuhen eine gute Stunde vorausgeeilt und sah selbst von den höchsten Hügeln überall nur dasselbe Eis. Es ist ein wahres Chaos von Eisblöcken, das sich bis an den Horizont ausdehnt. Es hat keinen Sinn, noch weiter vorzudringen; wir opfern kostbare Zeit und erreichen nichts. Wir werden also umkehren und unseren Kurs auf Kap Fligely richten.

Auf diesem nördlichsten Lagerplatz leisteten wir uns ein großes Festmahl, Labskaus, Brot und Butter, Schokolade, gedämpfte Preiselbeeren und heißen Molketrank. Froh und übersatt krochen wir in unseren lieben Sack, unseren besten Freund. Ich nahm heute eine Meridianhöhe. Wir sind ungefähr auf 86° 10' n. Br.

Dienstag, 9. April. Gestern machten wir den ersten Marsch heimwärts. Wir erwarteten, das gleiche ungangbare Eis anzutreffen, kamen aber, als wir noch nicht weit gegangen waren, zu unserer Überraschung auf ziemlich gutes Gelände, das sich stetig besserte. Mit geringfügigen Aufenthalten blieben wir bis heute Morgen auf den Beinen.

Donnerstag, 11. April. Besser und immer besser. Fanden gestern nichts als schöne, ebene Eisstrecken mit wenigen Rücken, die wir leicht überschritten. Ein paar Rinnen mit dünnem Eis darauf liefen ungefähr in unserer Richtung. Wir gingen an ihnen entlang und überquerten sie später leicht, obgleich sich das Eis unter uns und den Schlitten mehr bog, als uns lieb war. Spät am Nachmittag stießen wir auf eine weitere Rinne. Mit dem ersten Schlitten gewannen wir ziemlich sicher die andere Seite, nicht aber mit den anderen. Kaum hatten die Leithunde des einen Gespanns die gefährliche Stelle erreicht, an der das Eis am dünnsten und etwas Wasser von unten heraufgekommen war, als sie anhielten und vorsichtig die Pfoten ins Wasser tauchten; im selben Augenblick brach einer von ihnen ein. Das Wasser umherspritzend, quälte er sich ab, um herauszukommen. Jetzt sank das Eis unter dem Gewicht der anderen Hunde und des Schlittens, sodass alles vom Wasser überströmt wurde. Ich zog Hunde und Schlitten so rasch wie möglich zurück und brachte sie alle sicher auf das feste Eis. Nach einem weiten Umweg schafften wir endlich die beiden Schlitten hinüber. Wir fanden auch einen guten Lagerplatz, auf dem wir die wärmste Nacht und den bequemsten, ja, ich möchte fast sagen, behaglichsten Morgen verbrachten, den wir bis jetzt erlebt hatten. Zwei Uhr nachmittags: minus 27,6 Grad.

Sonnabend, 13. April. Seit drei Tagen sind wir nur über gutes Eis gekommen; wenn das so weitergeht, werden wir die Rückreise schneller machen, als ich gedacht hatte. Ich begreife diese plötzliche Veränderung des Eises nicht. Sollte es möglich sein, dass wir in einer Richtung mit den Rücken und Unebenheiten wandern, sodass wir jetzt an ihnen entlanggehen, anstatt sie zu kreuzen? Die Rinnen, die wir bis jetzt getroffen haben, scheinen darauf hinzudeuten; sie folgen ziemlich genau unserem Kurs.

Ich bin überzeugt, dass wir im Durchschnitt der letzten drei Tage täglich nicht weniger als 22 Kilometer gemacht und folglich 67 Kilometer in der Richtung Süd 22° West zurückgelegt haben. Als wir gestern hier Halt machten, wurde Barbara getötet.

14. April, Ostersonntag. Es ist recht ungemütlich, in einem gefrorenen Sack die gefrorenen Kleider und Schuhe aufzutauen, gleichzeitig die Beobachtungen auszurechnen und mit den schmerzenden, vom Frost erstarrten Fingern Logarithmen aufzuschlagen. Wir haben aber den Abend behaglich bei folgendem Mahl gefeiert: heißes Molkewasser, Fiskegratin, gedämpfte Preiselbeeren und Zitronensaftgrog, das heißt Zitronensafttafeln und etwas Zucker in heißem Wasser aufgelöst. Ein geradezu herrliches Essen. Wir schmausten uns gehörig voll und krochen um zwei Uhr unter die Decken.

Zur Abwechslung war der Himmel heute bezogen, aber abends, als wir unsere zweite Mahlzeit einnahmen, schien die Sonne wieder freundlich durch die Zeltwand. So mild angenehm ist es bis jetzt noch nicht gewesen. Zehn Uhr abends minus 25,6 Grad.

Dienstag, 16. April. Als wir gestern Morgen um ein Uhr anschirrten und aufbrechen wollten, schlich sich Baro davon. Er hatte gesehen, dass wir ein paar von den anderen Hunden anspannten, und wusste, was nun folgen würde. Da ich den Hund, den besten, den ich in meinem Gespann hatte, nicht verlieren wollte, ging ich ihn suchen. Ich rief und rief und schaute hinter alle Hügel, sah aber nichts als Kette hinter Kette bis an den Horizont, der von der Mitternachtssonne im fernsten Norden umloht war. Die Eiswelt träumte im hellen, kalten Morgenlicht. Wir mussten ohne den Hund aufbrechen, jedoch erblickte ich ihn später zu meiner größten Freude weit hinten auf unserem Weg. Er schämte sich offenbar, als er herankam und stehen blieb, und blickte mich flehentlich an. Ich schirrte ihn an und sagte kein Wort. Ich hatte den Hund durchpeitschen wollen, wurde aber durch seinen Blick entwaffnet.

Wir trafen gangbares Eis, wenn es auch nicht immer ganz eben war, und machten befriedigende Fortschritte. Im Laufe des Morgens entdeckte ich, dass ich irgendwo meinen Kompass liegen gelassen hatte. Da wir ihn nicht entbehren konnten, musste ich umkehren und danach suchen. Ich fand ihn auch wieder, aber der Rückweg war ein schweres Stück Arbeit, und zum ersten Mal machte mir unterwegs die Hitze zu schaffen. Die Sonne brannte fast unerträglich. Als ich endlich die Schlitten eingeholt hatte, fühlte ich mich etwas schwach; Johansen saß auf dem Kajak, schlief in der Sonne und fand es schön und warm. Dann ging es weiter. Licht und Wärme ermatteten uns. Wir kamen nur langsam vorwärts. Um zehn Uhr vormittags lagerten wir. Als ich dann die meteorologischen Beobachtungen vornahm, fand ich zu meinem Erstaunen, dass das Schleuderthermometer minus 26,2 Grad zeigte. Wir richteten das Zelt in der brennenden Sonne auf, und bald war es drinnen nett und warm.

Mittwoch, 17. April: minus 28 Grad. Gestern haben wir zweifellos den längsten Tagesmarsch gemacht. Das Eis ähnelt hier dem, das wir um die *Fram* herum hatten; wir sind jetzt etwa dort, wo sie treiben muss. Ich bin überzeugt, dass wir gestern 30 Kilometer marschiert sind. Die auf dem Heimweg zurückgelegte Strecke muss nun etwa 126 Kilometer betragen.

Das Wetter ist herrlich, nicht kalt. Wir haben beständig Sonnenschein ohne Wind von Bedeutung. Die Atmosphäre ist hier oben merkwürdig gleichmäßig und ruhig. Wir sind jetzt über einen Monat über das Eis gewandert und noch nicht ein einziges Mal durch schlechtes Wetter aufgehalten worden; während der ganzen Zeit hatten wir Sonnenschein. Das Dasein wird schöner und schöner, die Kälte ist vorüber, und wir wandern immer weiter dem Land und dem Sommer entgegen. Jetzt ist es keine Prüfung mehr, morgens aufzustehen, einen tüchtigen Marsch vor sich zu wissen, zu kochen, dann behaglich und warm im Sack zu liegen und von einer glücklichen Zukunft zu träumen.

Freitag, 19. April. Wir haben jetzt noch für zwei oder drei Tage Futter für die Hunde. Ich werde zunächst die schlechtesten Hunde als Futter für die anderen verwenden. Gestern töteten wir Perpetuum. Wir führen das Tier immer hinter einen Hügel, damit die anderen nicht sehen, was geschieht.

Noch immer derselbe helle Sonnenschein Tag und Nacht. Gestern frischte der Nordwind etwas auf, er wehte auch heute noch, doch störte er uns kaum, wir hatten ihn ja im Rücken. Die Temperatur, die jetzt zwischen 20 und 30 Grad unter null schwankt, ist angenehm und ganz sicher ein Glück für uns; denn wäre es wärmer, so würden sich die Rinnen länger offen halten. Ich wünsche jetzt sehnlich, dass wir in die Nähe von Land kommen, ehe die Rinnen gefährlich werden.

Sonntag, 21. April. Vorgestern brachen wir um vier Uhr auf. Die Rast zum Mittagessen, bei dem wir in die Tiefe unseres warmen und behaglichen Sackes hineinkriechen, stärkt uns stets außerordentlich. Nach einem Schläfchen machten wir uns wieder auf den Weg; doch wurden wir bald durch die abscheulichste Rinne aufgehalten, die wir bis jetzt noch getroffen haben. Ich ging an ihr entlang, um einen Übergang zu finden, traf aber überall nur aufgebrochenes Eis. Die Rinne blieb gleich breit und unzugänglich, angefüllt mit morschem Eis und zusammengefrorenen Blöcken, die deutlich beweisen, dass das Eis hier während langer Zeit in Bewegung gewesen und durch die unaufhörlichen Pressungen zermalmt und zertrümmert worden war. Endlich fand ich einen Übergang. Ich führte die Karawane auf einem weiten Umweg dorthin, aber in der Zwischenzeit hatte sich die Rinne schon verändert, und wir wagten nicht hinüberzugehen. Obgleich ich so weit wie nur möglich vordrang, fand ich doch überall nur dieselbe ekelhafte Rinne, voll Eisstücke, die mich angrinsten, und auf jeder Seite hohe Eisketten. Manche Eisstücke waren mit Schlamm vermischt, und an einer Stelle war die ganze Scholle, deren Blöcke zu einem Rücken in die Höhe gepresst waren, völlig dunkelbraun gefärbt; ich konnte jedoch aus der Ferne nicht bestimmen, ob diese Farbe von Schlamm oder von organischer Masse herrührte. Die Rücken waren bis zu acht Meter hoch.

Unverrichteter Dinge kehrten wir um. Sehr ärgerlich; denn auf der anderen Seite der Rinne sah ich schönes, flaches Eis, das sich weit nach Süden hin ausdehnte. Ich hatte mich bereits damit vertraut gemacht, hier zu lagern und zu warten, als ich bei der Rückkehr zu unserem ursprünglichen Halteplatz ganz in der Nähe einen Weg fand. Wir querten nunmehr, während das Eis unter unseren Füßen fortwährend mahlte, die Rinne. Es war inzwischen sechs Uhr morgens geworden. Eine Weile setzten wir den Weg auf schönem, ebenem Eis noch fort, allein die Hunde waren müde. Seit der letzten Fütterung waren fast 48 Stunden verflossen.

Während wir weiterhasteten, stießen wir auf ein riesiges Stück eines Balkens, das schräg aus dem Eis hervorragte; es war sibirisches Lärchenholz und wahrscheinlich vor langer Zeit durch Eisdruck in die Höhe gehoben worden. Manche schöne Mahlzeit hätten wir uns damit kochen können, es war aber zum Mitnehmen zu schwer. Wir zeichneten den Balken mit F. N. H. J. 85° 30' und setzten unseren Weg fort.

Noch immer Eisebenen vor uns; ich freue mich schon darauf, wieder unterwegs zu sein. Auf Schneeschuhen über diese glatte Fläche hinzufliegen wäre eine Lust. Land und Heimat kommen näher, und während man dahinjagt, schweifen die Gedanken südwärts zu allem, was schön ist. Sechs Uhr morgens: minus 30 Grad.

Montag, 22. April. Wenn wir schon in den vorhergehenden Tagen gute Fortschritte gemacht haben, so hat sich der gestrige Tag geradezu selbst übertroffen. Ich glaube, ich kann für unseren Tagesmarsch 37 Kilometer annehmen, werde aber, um ganz sicherzugehen, die beiden letzten Tage zusammenwerfen und 60 Kilometer für sie rechnen. Die Hunde werden müde, es wird Zeit, dass wir lagern. Sie waren ungeduldig auf das Futter. Sie sind immer gieriger auf Hundefleisch geworden und stürzen sich wie Wölfe auf die dampfenden Stücke, die ihnen mit Haut und Haaren zugeworfen werden. Nur Kvik und Barnet halten sich zurück, solange das Fleisch noch warm ist, fressen es dann aber mit Heißhunger, sobald es gefroren ist. Zwölf Uhr Mitternacht: minus 33,3 Grad.

Freitag, 26. April. Gestern Morgen war ich nicht wenig erstaunt, als ich im Schnee die Fährte eines Tieres entdeckte. Es war ein Fuchs gewesen. Die Fährte war ganz frisch. Was in aller Welt machte ein Fuchs in diesem wilden Meer? Ganz ohne Nahrung war er hier nicht, wie die Losung auf seinem Weg bewies. Ist in der Nähe Land? Unwillkürlich blickte ich danach aus; aber es war gestern unsichtig, und wir konnten Land vielleicht nahe sein, ohne es zu sehen. Jedenfalls ein warmblütiges Säugetier auf dem 85. Breitengrad! Bald stießen wir auf eine zweite Fuchsfährte, die in der Richtung der ersten verlief und den Windungen der Rinne folgte, die uns aufgehalten und zum Lagern gezwungen hatte. Unbegreiflich ist mir, wo diese Tiere auf dem Eis ihre Nahrung finden. Ich vermute, dass sie in den offenen Rinnen Krustentiere erwischen. Weshalb verlassen sie aber die Küste und kommen hierher? Ob sie sich verirrt haben? Ich suche jetzt eifrig, ob wir heute nicht auch die Spur eines Bären entdecken; das würde mich besonders befriedigen, weil man daraus schließen könnte, dass wir uns wieder wohnlichen Gebieten nähern.

Ich habe soeben nach den Peilungen unseren Kurs auf der Karte abgesteckt und dabei gerechnet, dass wir in den vier Tagesmärschen seit unserer letzten Beobachtung 111 Kilometer gemacht haben. Danach könnten es zum Petermann-Land, wenn es dort liegt, wo Payer es angegeben hat, nicht viel mehr als 220 Kilometer sein.

Gegen Ende unseres gestrigen Marsches überkletterten wir viele Rinnen und Eisrücken; in einem neu gebildeten Rücken waren ungeheure Stücke von Süßwassereis in die Höhe geschraubt worden. Das Eis war mit Ton und grobem Sand durchsetzt, und die Blöcke sahen aus der Ferne dunkelbraun aus. Man konnte sie leicht für Felsen halten. Ich glaubte selbst, dass es sich um Gestein handelte. Ich kann mir nichts anderes denken, als dass dieses Eis Flusseis ist und aus Sibirien stammt; weiter nördlich sah ich wiederholt solche Süßwasserblöcke, und sogar auf 86° Breite fand ich noch Ton auf dem Eis.

Sonntag, 28. April. Auch gestern haben wir gute Fortschritte gemacht; ich nehme 30 Kilometer an. Wir brachen nachmittags um halb vier auf und marschierten bis heute Morgen fort. Das Land kommt näher, und die aufregende Zeit beginnt, dass wir es am Horizont erwarten können. Wie ich mich nach Land sehne, um endlich etwas anderes unter den Füßen zu haben als immer nur Eis und Schnee, ganz abgesehen davon, dass dann auch der Blick auf etwas anderem ruhen kann!

Im Laufe des Tages musste Gulen dran glauben; er war völlig erschöpft, hielt sich kaum noch auf den Beinen, taumelte und lag, als wir ihn auf einen Schlitten legten, ganz still und rührte sich nicht. Wir hatten schon vorher beschlossen, ihn an diesem Tag zu töten. Armes Tier! Treu, gutmütig und willig arbeitete es bis zu seinem Ende für uns, und wurde dann zum Dank dafür, dass es nicht mehr konnte, getötet, um den anderen zum Fraß zu dienen. Gulen wurde am 13. Dezember 1893 auf der *Fram* geboren und hat als echtes Kind der Polarnacht nie etwas anderes als Eis und Schnee gesehen.

Montag, 29. April. Minus 20 Grad. Kaum waren wir gestern ein Stück weitergezogen, als uns offenes Wasser aufhielt. Es war ein breiter See oder Kanal, der quer vor unserem Kurs lag. Wir arbeiteten uns eine Weile westwärts an ihm entlang. Plötzlich schob sich das Eis vor unseren Augen zusammen und schloss den See an einer verhältnismäßig schmalen Stelle. In wenigen Minuten türmte es sich auf, und wir gelangten über die lärmende Eiskette, die unter unseren Füßen donnerte und krachte, ans andere Ufer. Wir mussten uns beeilen und Hunde und Schlitten rasch hinüberbringen, wenn wir zwischen den rollenden Eisblöcken nicht eingeklemmt werden wollten. Fast hätte sich dieser Eisrücken auf Johansens Schneeschuhe geworfen, die er einen Augenblick zurückgelassen hatte, während wir den letzten Schlitten hinüberschafften. Natürlich verdiente eine solche Arbeit eine Sonderzuteilung Fleischschokolade.

So ärgerlich es auch ist, mitten auf dem schönen, ebenen Eis durch eine Rinne aufgehalten zu werden, wenn man vorwärts möchte, so ist es doch ein wundervolles Gefühl, das offene Wasser vor sich und die Sonne auf den vom Wind bewegten kleinen Wellen spielen zu sehen. Man stelle sich nur einmal vor: nach so langer Zeit wieder offenes Wasser und glitzernde Wellen! Die Gedanken schweiften zurück zur Heimat und zum Sommer. Vergeblich schaute ich mich überall um, ob ich nicht in der Rinne den Kopf eines Seehundes oder an den Rändern einen Bären entdeckte. Die Hunde verloren sichtlich ihre Kräfte, sie waren nur noch schwer vorwärts zu treiben. Barnet war völlig entkräftet und wurde an diesem Abend getötet. Selbst Baro, mein bester Hund, lässt in seinem Eifer nach, von Kvik gar nicht zu sprechen; vielleicht muss ich mit dem Futter ein wenig freigebiger sein.

Gestern sah ich wieder eine Fuchsfährte. Dass wir so viele finden, lässt mich ernstlich an die Nähe von Land glauben; ja, ich erwarte, es jede Minute zu sehen. (In Wirklichkeit dauerte es fast noch drei Monate, ehe dieses Wunder – am 24. Juli 1895 – eintrat.)

Dienstag, 30. April. Minus 21,4 Grad. Trotz allem war es gestern ein böser Tag. Er fing mit hellem Sonnenschein an, es war warm, und im gleißenden Sonnenlicht lagen weite Strecken von schönem, ebenem Eis und lockten uns; alles versprach uns ein tüchtiges Tagewerk. Aber wer dachte an die grässlichen dunklen Spalten, die quer über unseren Weg liefen und uns das Leben zur Last machten? Der Wind hatte den Schnee hart gemacht und uns eine feste, schöne Bahn bereitet, sodass wir rasch vorwärts kamen. Wir waren jedoch noch nicht weit, als uns eine Rinne mit offenem Wasser aufhielt, die sich gerade vor unserem Weg ausdehnte. Wir folgten ihr eine Strecke und fanden schließlich einen Übergang.

Nicht lange nachher trafen wir wieder auf eine Rinne. Sie verlief ungefähr in derselben Richtung. Mit Umweg kamen wir auch hier wohlbehalten hinüber. Drei Hunde fielen ins Wasser. Ebenso wurde eine dritte Rinne bewältigt, die vierte war zu viel für uns. Diese Rinne war sehr breit. Wir folgten ihr weit nach Westen, ohne jedoch einen Übergang zu finden. Dann lief ich noch vier Kilometer allein weiter, um die Gegend zu erforschen, musste aber ohne Erfolg zu Johansen und den Schlitten zurückkehren. Es ist ein fruchtloses Stück Arbeit, eine Rinne zu verfolgen, die im rechten Winkel zu unserm Kurs verläuft; besser ist es, zu lagern, eine gute Pemmikansuppe zu kochen und sich in der Hoffnung auf bessere Zeiten schlafen zu legen. Das Wetter ist ruhig, sodass sich hoffentlich keine neuen Rinnen mehr bilden. Denn die Rinnen bilden sich ja am häufigsten bei Wind, da das Eis dann in Bewegung kommt. Wenn es sich so verhält, wird uns das sehr von Nutzen sein; dann mögen sich so viele Rinnen bilden, wie sie wollen. Kommt es anders und schlimmer, so bleibt uns nichts weiter übrig, als die durchlöcherten Kajaks auszubessern. Wie sie jetzt sind, werden sie voll laufen, sobald sie aufs Wasser kommen.

Ich muss hier wohl erklären, weshalb ich das Ausbessern der Kajaks so lange wie möglich aufgeschoben hatte. Das geschah einmal deshalb, weil diese Arbeit lange Zeit beansprucht hätte, die Tage aber waren kostbar, weil wir Land gewinnen wollten, ehe das Eis ungangbar wurde; zum anderen wäre es schwierig gewesen, bei der Temperatur, die wir jetzt hatten, die Arbeit ordentlich auszuführen. Obendrein würden die Fahrzeuge durch das Kentern der Schlitten bald wieder Löcher bekommen. Schließlich verspürte ich wenig Lust, mit den Kajaks Rinnen zu kreuzen, weil sie noch mit jungem, mehr oder weniger dickem Eis bedeckt waren. Es wäre schwierig gewesen, dieses Eis zu durchbrechen, selbst wenn wir den Bug der Kajaks durch einen Neusilberbeschlag und doppeltes Segeltuch vor dem Durchschnittenwerden hätten schützen können.

Die Eisverhältnisse wurden jetzt wieder sehr schlecht und unsere Märsche dementsprechend kürzer. Am Freitag, 3. Mai, schrieb ich: „Gestern haben wir keine so gute Marschleistung vollbracht, wie ich erwartet hatte, auch wenn wir durchaus vom Fleck kamen. Das Eis war eben, und eine Zeit lang schritten wir tüchtig aus. Aber dann hatten wir mehrere Rinnen und Eisrücken, über die wir eben noch hinwegkrochen, obwohl das Eis oft unter unseren Füßen zusammengepresst wurde. Allmählich nahm der Südostwind zu. Als er eine Geschwindigkeit von neun bis zehn Metern in der Sekunde erreichte und starkes Schneetreiben einsetzte, war es alles andere als angenehm, sich vorwärts zu arbeiten.

Mehrere Male wurden wir durch neu gebildete Rücken aufgehalten. Dann sah ich ein, dass es vernünftig war, das Zelt aufzuschlagen. Wir fanden einen passenden Platz, verzehrten unser Fiskegratin und krochen in den Schlafsack. Der Wind rüttelte an den Zeltwänden und türmte rundherum hohe Schneewehen auf. Wir waren gezwungen gewesen, das Zelt dicht an einem neu gebildeten Eisrücken aufzurichten, und das war nicht sehr angenehm, weil Eispressungen eintreten konnten. Noch ehe ich einschlief, begann das Eis unter uns zu krachen, und bald darauf fing auch die Kette hinter uns mit den uns wohl bekannten ruckweisen Pressungen an. Ich horchte und überlegte, ob es nicht besser wäre aufzustehen, ehe die Eisblöcke auf uns herabstürzten, schlief darüber aber rasch ein und träumte von einem Erdbeben. Einige Stunden später erwachte ich, alles war ruhig. Nur der Wind heulte um das Zelt, zerrte an den Wänden und peitschte den Schnee hoch hinauf.

Gestern Abend wurde Potifar getötet. Wir haben jetzt noch 16 Hunde; unser Bestand nimmt erschreckend ab, und wir sind noch so weit vom Land! Wenn wir nur erst dort wären!“

Sonnabend, 4. Mai. Legten gestern etwa 15 Kilometer zurück, aber die Rinnen werden immer schlimmer. Als wir nachmittags aufbrachen, hatte sich der Wind gelegt, und es schneite ruhig und still in großen Flocken wie im Winter zu Hause. Unangenehm war, dass man fast nichts sah; man wusste nicht, ob das Gelände günstig oder ungünstig war; aber wir kamen vorwärts. Es war himmlisch, bei diesem milden Wetter (minus 11,3 Grad) zu fahren; man brauchte keine Angst zu haben, mit bloßen Händen zu hantieren, und es brauchte einem auch nicht zu grauen, einen Knopf aufzuknöpfen. Man konnte die wunden, erfrorenen Finger wieder benutzen, ohne dass man unerträgliche Schmerzen litt, wenn man etwas anfasste.

Das Leben wurde uns jedoch bald durch offene Rinnen vergällt. Nur mit Umwegen und Verlust von kostbarer Zeit gelangten wir über sie hinweg. Dann kamen weite Strecken ebenes Eis, auf dem wir lustig weiterzogen, zumal bald darauf auch die Sonne durchbrach. Es ist wunderbar, wie das aufmuntert. Kurze Zeit vorher, als ich mich an einer schrecklichen Rinne entlang durch Eisblöcke und über Eisrücken weiterquälte, ohne einen Durchgang zu entdecken, war ich nahe daran, vor Erschöpfung umzusinken, und kein Vergnügen der Welt erschien mir größer, als in den Sack zu kriechen; jetzt aber, wenn das Glück wieder lächelt und man vorwärts kommt, ist alle Müdigkeit verschwunden.

In der Nacht wurde das Eis ernstlich schlecht. Rinne folgte auf Rinne, eine schlimmer als die andere, und nur durch große Abweichungen vom Kurs und schwierige Umwege konnten wir sie meistern. Es war zum Verzweifeln. Das ist eine Plackerei ohne Ende! Was würde ich nicht darum geben, wenn ich auf Land einen sicheren Weg vor mir hätte, auf bestimmte Tagesmärsche rechnen könnte und von dieser Sorge durch Rinnen frei wäre. Niemand weiß, welche Mühseligkeiten sie uns noch bringen, ehe wir Land erreichen. Dabei haben wir immer weniger Hunde. Die armen Tiere erhalten alles, was wir ihnen geben können, aber was nützt das? Ich bin so müde, dass ich auf den Schneeschuhen schwanke. Wenn ich falle, würde ich am liebsten liegen bleiben, so fürchte ich die Mühe, die das Aufstehen macht.

Heute Morgen um fünf Uhr kamen wir an eine breite Rinne. Da es unmöglich war, die Hunde noch weiterzubringen, lagerten wir. Ist man erst einmal im Zelt und hat man sich im Sack verkrochen, eine Schüssel Labskaus vor sich, so stellt sich ein Wohlbehagen ein, das weder durch Rinnen noch durch sonst etwas gestört werden kann.

Fast sämtliche Rinnen schienen dieselbe Richtung einzuhalten, ungefähr quer zu unserem Kurs mit geringer Abweichung nach Südwesten. Heute Morgen war die Temperatur wieder auf minus 17,8 Grad gesunken. Ich hoffe, dass das Wasser zufriert. Vielleicht sollten wir den Wind nicht verwünschen; denn unsere Leute auf der *Fram* sind sicher froh darüber, dass endlich Südostwind aufgekommen ist. Gewiss haben sie auf ihn gewartet, und nun er endlich da ist, wünsche ich ihn dahin, wo der Pfeffer wächst! Freilich habe ich mich über den Wind um ihretwillen gefreut; das hindert aber nicht, dass ich viel dafür gäbe, wenn sie mit dem Weitertreiben warten wollen, bis wir Land erreicht haben.

Mittwoch, 8. Mai. Das Eis ist ganz merkwürdig; es scheint immer ebener zu werden, je mehr wir uns dem Land nähern, und doch haben wir gerade das Gegenteil erwartet. Wenn es nur so bleiben wollte! Einige Rinnen sind schmal, ganz neu und mit Schneeschlamm bedeckt. Diese Decke ist allerdings trügerisch; es sieht wie festes, ebenes Eis aus, stößt man aber den Stock hinein, so geht er vollständig hindurch bis ins Wasser.

Heute Morgen rechnete ich unsere Position aus; die Breite betrug (Sonntag, 5. Mai) 84° 31' Nord, die Länge 66° 15' Ost. Wir waren nicht so weit südlich, wie ich erwartet hatte, aber erheblich weiter westlich. Die Drift hat uns zurück und nach Westen versetzt. Ich werde daher in Zukunft einen südlicheren Kurs als bisher nehmen, da ich sonst fürchte, zu weit nach Westen zu kommen. Hoffentlich sehen wir bald Land, dann werden wir wissen, welchen Kurs wir zu halten haben.

Gestern wurde kein Hund getötet, weil noch vom Tag vorher zwei Drittel von Ulenka übrig waren, die für die Hunde ausreichten. Ich werde fortan nur jeden zweiten Tag einen Hund töten; vielleicht begegnen wir auch bald einem Bären.

Freitag, 10. Mai. Minus 8,8 Grad. Wir müssen viele Schwierigkeiten überwinden. Gestern versprach der Tag gut zu werden, aber das unsichtige Wetter hielt uns auf. Als wir vormittags aus dem Zelt krochen, war es schön; die Sonne schien, die Bahn war ungewöhnlich gut und das Eis ebener als sonst. Wir machten ziemlich gute Fortschritte, obwohl wir nur noch 13 Hunde hatten, vier vor meinem Schlitten, vier vor dem Birkenholzschlitten und fünf vor Johansens Schlitten. Im Laufe des Nachmittags wurde es rasch unsichtig, es schneite, sodass wir unseren Weg nicht sahen. Wir gerieten bald wieder zwischen abscheuliche Eisrücken und fuhren zwischen hohe Rücken hinein und über steile Abhänge hinweg, ohne sie zu sehen. Wohin man sich wandte, erschienen plötzlich Vertiefungen und Fallgruben, obwohl unter der Schneedecke alles schön und eben aussah.

Sonntag, 12. Mai. Minus 17,5 Grad. Gestern war der Tag besser, als wir erwartet hatten. Zwar war es während der ganzen Zeit bewölkt und unsichtig, sodass wir unseren Weg mehr fühlen mussten als sahen, auch war das Eis nicht besonders gut, trotzdem drängten wir vorwärts.

Inzwischen vergeht die Zeit. Wir haben jetzt noch zwölf Hunde. Gestern wurde Katta getötet. Unser Proviant nimmt ebenfalls ab, wenn wir auch, Gott sei Dank, noch einen guten Vorrat haben. Die erste Kanne Petroleum (zehn Liter) wurde vor drei Tagen leer, und bald werden wir auch den zweiten Sack Brot aufgezehrt haben.

Montag, 13. Mai. Minus 13 Grad, Minimum minus 14,2 Grad. Das ist in der Tat ein beschwerliches Dasein. Die Tiere sind träge und lassen sich schwer antreiben. Das Eis verschlechtert sich, je mehr wir uns dem Land nähern, und ist außerdem mit viel tiefem, losem Schnee bedeckt. Man sinkt fast bis zur Hüfte zwischen den Eisstücken ein, sobald man die Schneeschuhe ablegt, um den Schlitten weiterzuhelfen. Die aufgebrochene Eisfläche ermüdet außerordentlich, wenn die Schneeschuhe nicht sicher an den Füßen befestigt sind. Man kann sie aber nicht ordentlich anlegen, wenn man jeden Augenblick den Hunden helfen oder ewig an den Schlitten schieben oder ziehen muss. Auf solchem Boden sind unbedingt indianische Schneeschuhe vorzuziehen. Ich wünschte, ich hätte welche.

Dienstag, 14. Mai. Minus 14,1 Grad. Wir hatten einen behaglichen Ruhetag. Gerade als wir uns nach dem Frühstück auf den Weg machen wollten, bewölkte sich der Himmel, und ein tüchtiger Schneesturm setzte ein; der Marsch bei solchem Wetter über das unebene Eis, das wir jetzt vor uns haben, hätte uns nichts genützt. Wir beschlossen deshalb, im Lager zu bleiben und einiges zu tun, was getan werden musste, zum Beispiel die Ladung des Birkenholzschlittens auf die beiden anderen Schlitten zu verteilen, um diesen endlich loszuwerden. Das kostete Zeit, musste aber sowieso irgendwann gemacht werden; so verloren wir durch den eintägigen Aufenthalt nichts.

Wir hatten jetzt von dem Schlitten und von zerbrochenen Skistöcken so viel Holz, dass ich hoffte, einige Zeit damit kochen und Petroleum sparen zu können. Wir zerschlugen also den Schlitten und zündeten ein Feuer an. Es gelang uns, aus einer leeren Petroleumkanne einen Kochtopf zu bauen, den wir über das Feuer hängten. Beim ersten Versuch in der Zeltöffnung hätten wir beinahe das Zelt niedergebrannt. Der Rauch zog hinein, sodass wir kaum noch aus den Augen sehen konnten. Aber es wärmte schön und sah wunderbar freundlich aus. Dann verlegten wir das Feuer auf das Eis hinaus, wo es weder das Zelt gefährden noch uns ausräuchern konnte; aber das war auch die ganze Freude. Wir verfeuerten fast den ganzen Schlitten und brachten doch nur einen lumpigen Topf Wasser zum Kochen. Außerdem schmolz die Scholle, auf der wir lagerten, fast durch. Da gab ich den Gedanken auf, mit Schlitten zu kochen, und kehrte zu unserm lieben Primus zurück, der ein getreuer Kamerad ist und obendrein ein unterhaltsamer Gefährte. Man kann ihn neben sich stehen haben, selbst wenn man im Schlafsack liegt. Wir haben genug Petroleum, sollte ich denken, weshalb uns also um andere Dinge kümmern? Wenn das Petroleum früher zu Ende geht, nun, dann können wir den Bären, Seehunden und Walrossen so viel Tran abzapfen, wie wir benötigen.

Ich bin sehr neugierig auf das Ergebnis der Umladung. Unsere beiden Kajakschlitten sind ohne Zweifel etwas schwerer geworden, aber dafür werden wir für jeden sechs Hunde haben, solange sie aushalten. Unsere Geduld ist endlich durch hellen Sonnenschein und glänzenden Himmel belohnt worden; dabei ist es im Zelt so warm, dass ich schwitze. Man könnte fast glauben, man liege unter einem Sonnensegel an einem Sommertag in der Heimat. Letzte Nacht war es fast zu warm zum Schlafen.

Donnerstag, 16. Mai, schrieb ich in das Tagebuch: „Einige Hunde scheinen sehr erschöpft zu sein. Baro, der Leithund meines Gespanns, war gestern mit seinen Kräften am Ende; er konnte sich zuletzt kaum noch bewegen. Gestern hatte Johansen Geburtstag; er ist 28 Jahre alt geworden. Mit Labskaus, seinem Lieblingsgericht, und gutem, heißem Zitronensaftgrog feierten wir den Tag. Die Mittagssonne machte es warm und gemütlich im Zelt. Sechs Uhr morgens: minus 15,8 Grad.

Habe heute die Breite und Länge für gestern ausgerechnet und finde 83° 36' n. Br. und 59° 55' ö. L. Unsere Breite stimmt genau mit der überein, die ich nach unserm Besteck angenommen hatte, aber die Länge ist Besorgnis erregend westlich, obwohl unser Kurs während der ganzen Zeit ungefähr südlich gewesen ist. Das Eis scheint hier starke Drift zu haben, und es wird besser sein, wenn wir uns etwas östlich von Süd halten, um nicht am Land vorbeizutreiben. Es ist merkwürdig, dass wir noch keine Anzeichen von Land gesehen haben."

Freitag, 17. Mai. Minus 10,9 Grad, Minimum minus 19 Grad.

Gestern war ein schwerer Tag. Das Wetter war schön, sogar herrlich; die Bahn war vorzüglich, und das Eis war gut, dass man hätte Fortschritte erwarten können, wenn die Hunde nicht gewesen wären. Sie halten bei allem an. Wer vorausgeht, muss den Weg stets dreimal machen: zuerst um den Weg zu suchen und einen Pfad herzustellen, dann wieder zurück, um die Hunde anzutreiben; es ist wirklich ein langsames Dahinkriechen. Auf ganz ebenem Eis halten die Hunde ein ziemlich gutes Tempo ein, aber bei der ersten Schwierigkeit stehen sie still. Ich versuchte gestern, mich ihnen vorzuspannen, und es ging auch gut; aber als ich auf schlechtem Eis einen Weg suchen sollte, musste ich es wieder aufgeben.

Trotzdem dringen wir vorwärts, und wir werden schließlich unseren Lohn erhalten, der vorläufig schon sehr reich sein würde, wenn wir nur ohne diese grässlichen Rinnen Land und Landeis erreichten. Wir stießen gestern auf eine Rinne oder eigentlich einen Teich von ungewöhnlicher Breite. Die Rinne war mit jungem Eis bedeckt, das nicht trug. Vertrauensvoll gingen wir an ihr in südwestlicher Richtung entlang und glaubten bald einen Übergang zu finden; aber das „Bald" kam nicht. Gerade da, wo wir einen Übergang vermuteten, bot sich unseren Augen ein überwältigender Anblick. Der Teich dehnte sich in südwestlicher Richtung bis an den Horizont aus, sodass wir das Ende nicht absahen. Was war da zu tun? Hinüberzukommen schien unmöglich zu sein; das Eis war zu dünn, um zu tragen, und zu dick, um die Kajaks durchzubringen. Wie lange es in dieser Jahreszeit dauerte, bis das Eis trug, wusste ich nicht, aber in einem Tag geschah das sicher nicht. Zu lagern und darauf zu warten schien mir doch zu viel. Wie weit der Teich sich ausdehnte und wie weit wir an ihm entlanggehen mussten, bis wir eine Übergangsstelle fanden, wussten wir ebenso wenig, vielleicht dauerte es Tage. Gleichwohl zogen wir an ihm entlang.

Nach kurzer Zeit kamen wir an eine neue Rinne, die quer zum Teich verlief. Hier trug das Eis, und als ich dann den Teich selbst jenseits der Querrinne untersuchte, fand ich eine Zone, in der sich das junge Eis durch Pressungen zu mehreren Schichten zusammengeschoben hatte, sodass es glücklicherweise auch trug und wir wohlbehalten hinüberkamen. Dann ging es mit Mühe und Not weiter, bis wir um halb neun Uhr abends wieder vor einem Teich oder einer Rinne standen. Hier gab es weit und breit keinen Übergang. Überall war ein Eisstreifen, manchmal breit, manchmal schmal, aber zu dünn für die Schlitten. Wir lagerten und beschlossen, bis heute zu warten, weil wir hofften, dass sich das Eis bis dahin erstärken würde. Nun sitzen wir immer noch mit derselben Rinne vor uns. Der Himmel mag wissen, welche Überraschungen der Tag uns noch bringt.

Sonntag, 19. Mai. Die Überraschung, die uns der „Siebzehnte" gebracht hat, waren Narwale. Gerade als wir uns auf den Weg gemacht hatten und die Rinne überschreiten wollten, an der wir am Tag vorher hatten Halt machen müssen, wurde ich auf ein Pusten aufmerksam, das wie das Blasen der Wale klang. Zuerst dachte ich, es rühre von den Hunden her; doch hörte ich dann genau, dass das Geräusch aus der

Rinne kam. Johansen hatte es, wie er sagte, schon den ganzen Morgen gehört, aber gemeint, es sei nichts als das Pressen des Eises in der Ferne. Nun, das war es nicht, diesen Ton kannte ich gut genug. Ich beobachtete eine Öffnung im Eis, aus der das Geräusch zu kommen schien. Plötzlich sah ich eine Bewegung, die nicht von berstendem Eis herrühren konnte, und richtig – da tauchte der Kopf eines Narwals auf, dann kam der Körper, machte den bekannten Bogen und verschwand wieder. Nun stieg ein zweiter in die Höhe. Es war eine ganze Herde. Ich rief, es seien Wale da, lief zu meinem Schlitten und holte meine Büchse heraus. Johansen besorgte eine Harpune. Dann war ich zur Verfolgung bereit. Inzwischen waren die Tiere aus der Öffnung, in der ich sie zuerst gesehen hatte, verschwunden, doch hörte ich ihr Pusten aus anderen Löchern weiter östlich. Ich folgte der Rinne, kam aber nicht zum Schuss, obwohl ich den Tieren ein- oder zweimal nahe war. Sie kamen in verhältnismäßig kleinen Öffnungen, die sich längs der ganzen Rinne befanden, in die Höhe.

Wir hatten alle Aussichten, dass wir sie erlegten, wenn wir nur einen Tag blieben und eine der Öffnungen beobachteten; wir hatten aber keine Zeit übrig, und wenn wir wirklich einen Wal bekommen hätten, hätten wir von ihm doch nicht viel mitnehmen können, die Schlitten waren ohnehin schon schwer genug. Bald nach dieser erfolglosen Jagd fanden wir einen Übergang und setzten die Reise fort.

Als wir später im Laufe des Tages besseres Eis trafen, machten wir gute Fortschritte, und als wir gestern Morgen um halb zwölf Uhr anhielten, hatten wir nach meiner Schätzung auf diesem Tagesmarsch 15 Kilometer zurückgelegt. Das bringt uns auf ungefähr 83° 20' Breite.

Endlich waren wir also auf Breiten angekommen, die schon vor uns Menschen erreicht haben und wo das Land nicht mehr fern sein kann.

Am 19. Mai schrieb ich: „Bin auf den höchsten Hügel hinaufgeklettert, den ich bis jetzt erstiegen habe. Habe ihn grob gemessen und festgestellt, dass er siebeneinhalb Meter über das Eis emporragte, von dem aus ich hinaufgeklommen war; da dieses Eis sich in beträchtlicher Höhe über dem Wasserspiegel befand, betrug die Gesamthöhe wahrscheinlich ungefähr neun Meter."

An diesem Tag stießen wir auf die ersten Bärenfährten. Die Aussicht auf einen Bärenschinken machte uns sehr fröhlich. Am 20. Mai trat ein fürchterlicher Schneesturm ein. Es bleibt uns nichts übrig, als wieder unter Dach zu kriechen und so lange zu schlafen, bis uns der Hunger weckt. Dann stehe ich auf und koche köstliches Labskaus aus Leberteig; darauf trinken wir einen Becher Molkewasser, dann krieche ich wieder in den Sack, schreibe oder schlummere, wie sich's gerade trifft. Hier liegen wir und haben nichts zu tun, als zu warten, bis sich das Wetter ändert und wir weiterziehen können.

Wir können kaum noch weit von 83° 10' n. Br. entfernt sein und müssten Petermann-Land schon erreicht haben, wenn es da liegt, wo Payer es angegeben hat. Entweder sind wir des Teufels, oder das Land muss sehr klein sein. Inzwischen wird uns dieser Ostwind westwärts in die See hinaustreiben, in Richtung auf Spitzbergen. Nur der Himmel weiß, welche Geschwindigkeit die Drift hat. Ich bin übrigens nicht im Geringsten entmutigt. Wir haben ja noch zehn Hunde. Und wenn wir bei Kap Fligely vorbeitreiben, so liegt westlich von uns Land genug, das wir schwerlich verfehlen können. Verhungern werden wir kaum. Sollte das Allerschlimmste eintreten, nämlich dass wir hier überwintern müssten, so werden wir auch damit fertig werden. Wenn nur zu Hause niemand auf uns wartete!

Endlich, am Nachmittag des nächsten Tages (21. Mai), machten wir uns wieder auf. Es schneite noch so dicht, dass wir oft wie Blinde dahinstolperten. Da das Eis eben war und wir starken Wind gerade im Rücken hatten, setzte ich das Segel auf meinen Schlitten. Er lief nun beinahe allein, beflügelte aber die Hunde in ihrem Schritt nicht im Mindesten, sie behielten dasselbe langsame Tempo bei wie vorher. Die armen Tiere werden müder und müder, und dabei ist die Bahn so schwierig und locker. Wir kreuzten an diesem Tag viele neu überfrorene Teiche.

Ich glaube nicht zu übertreiben, wenn ich für unseren heutigen Tagesmarsch 22 Kilometer annehme, wir müssten 83° n. Br. hinter uns haben, trotzdem ist noch kein Anzeichen von Land zu sehen. Das macht einen allmählich etwas gespannt.

Freitag, 24. Mai. Minus 7,4 Grad, Minimum minus 11,4 Grad. Gestern war der schlechteste Tag, den wir bis jetzt gehabt haben. Die Rinne, die vor uns lag, als wir am Tag vorher Halt machen mussten, erwies sich schlimmer als alle früheren. Nach dem Frühstück um ein Uhr morgens flickte Johansen das Zelt, und ich trabte fort, um eine Übergangsstelle zu suchen. Drei Stunden war ich unterwegs und fand keine. Es blieb uns nichts anderes übrig, als an der Rinne entlang nach Osten zu gehen; schließlich mussten wir irgendwo hinüberkommen. Aber dies dauerte länger, als wir erwartet hatten. Als wir dahin kamen, wo die Rinne zu enden schien, waren die Eismassen rundherum in alle Richtungen geborsten, und die Schollen mahlten aneinander mit reißender Geschwindigkeit; nirgends war ein sicherer Weg. Hier und da sah es aus, als ob sich eine gangbare Stelle bildete, wenn ich aber im nächsten Augenblick die Schlitten heranbrachte, war nur mehr offenes Wasser zu sehen. Immerhin führten wir einige schwierige Manöver von einer Scholle zur anderen aus, immer weiter nach Osten, um hinüberzukommen. Das Eis schob sich unter und rund um uns zusammen. Es nahm kein Ende. Wohin man sich wandte, überall gähnten einem Rinnen entgegen. In allen Richtungen sah man am bewölkten Himmel das Wasser sich dunkel und drohend widerspiegeln. Es schien wirklich, als ob das Eis vollständig aufgebrochen wäre. Wir waren hungrig und todmüde. Nach neunstündiger Arbeit entschlossen wir uns zu einer Mahlzeit. Es ist merkwürdig, mag die Welt so düster aussehen, wie sie will, liegt man erst einmal im Sack und kommt das Essen, dann werden alle Sorgen vergessen, der Mensch wird zum zufriedenen Tier, das sich satt isst, solange es die Augen offen halten kann, und mit dem Essen im Mund einschläft. Glücklicher Leichtsinn! Um vier Uhr mussten wir uns aber aufs Neue an die alte, hoffnungslose Arbeit machen und Übergänge in dem Gewirr von Rinnen suchen. Um das Maß voll zu machen, wurde es so diesig, dass man nicht mehr sah, sondern erst spürte, wenn man gegen einen Eiswall rannte oder in einen Spalt stürzte. Wir haben genug von diesem Wetter. Wie viele Rinnen und Spalten wir überschritten, über wie viele schwierige Rücken wir kletterten und dabei die schweren Schlitten nachschleppten, weiß ich nicht, wir zählten sie nicht. Sie liefen und wendeten sich in alle Richtungen, und überall stießen wir auf Wasser und Schlammeis.

Aber alles nimmt ein Ende, auch diese Plage. Schließlich hatten wir die letzte Rinne hinter uns gebracht, und eine liebliche Ebene lag vor uns. Insgesamt waren wir fast zwölf Stunden auf den Beinen gewesen. Außerdem war ich morgens einer Rinne drei Stunden lang gefolgt, sodass für mich 15 Stunden herauskamen. Wir waren vollständig fertig und gründlich nass. Wie viel Mal wir durch die trügerische Schneekruste, die das Wasser zwischen den Eisstücken verbirgt, eingesunken sind, ist nicht zu sagen. Am Morgen war ich nur mit genauer Not davongekommen. Vertrauensvoll war ich auf meinen Schneeschuhen über das Eis gelaufen, das ich für fest hielt, als plötzlich der Boden unter mir versank. Glücklicherweise waren einige Eisstücke in der Nähe, auf die ich mich werfen konnte, während das Wasser über den Schnee spülte, auf dem ich eben noch gestanden hatte. Wahrscheinlich hätte ich bei einem anderen Ausgang des Abenteuers eine lange Schwimmreise durch das Schlammeis machen müssen, die nicht angenehm gewesen wäre, zumal ich allein war.

Endlich hatten wir ebenes Eis voraus; aber unser Glück sollte nur von kurzer Dauer sein. An der dunklen Wolkenbank am Himmel erkannten wir, dass sich vorn eine neue Rinne befand, und um acht Uhr abends hatten wir sie auch erreicht. Die Richtung der Rinne zu verfolgen und einen Übergang zu suchen, dazu war ich zu müde. Wir lagerten und errichteten das Zelt. Bald sang traulich der Primus, das Fiskegratin duftete köstlich, im Schlafsack lagen zwei glückliche Menschen, freuten sich ihres Daseins und waren zufrieden.

Während des Frühstücks ging ich einmal hinaus und nahm eine Mittagshöhe, die uns auf 82° 52' n. Br. versetzte. Große Freude!

Sonntag, 26. Mai. Das unebene Eis erschwert das Marschieren unglaublich. Der Schnee liegt lose, und wenn man die Schneeschuhe nur einen Augenblick abnimmt, sinkt man gleich bis über die Knie ein. Dazu kommt, dass man bei so unsichtigem Wetter, wie es gestern war, leicht in die größten Spalten oder Schneewehen hineinrennt. Man sieht nichts, weil unter der neuen Schneedecke alles gleichmäßig weiß ist und das Licht von allen Seiten kommt, sodass es keinen Schatten wirft. Dann stürzt man mit aller Wucht hinein und kann nur mit Mühe wieder aufstehen. Das wiederholt sich fortwährend, und je länger es dauert, umso schlimmer wird es. Schließlich schwankt man vor Müdigkeit auf den Schneeschuhen weiter wie betrunken. Aber wir gewinnen Raum, und das ist die Hauptsache, mögen die Schienbeine noch so zerschunden werden und schmerzen.

Heute ist ein gemütlicher Sonntagmorgen im Zelt; die Beobachtungen haben mich in frohe Stimmung versetzt, das Leben scheint hell vor uns zu liegen. Bald müssen wir in der Lage sein, mit ordentlicher Geschwindigkeit über offenes Wasser zu fahren. Das wird ein Vergnügen sein, wieder Kajakruder und Flinte zu handhaben, anstatt diese unaufhörliche Mühsal mit den Schlitten zu ertragen! Und dann das Geschrei mit den Hunden, dass sie anziehen sollen – es zerreißt und zersprengt einem die Ohren und jeden Nerv im Leib.

Montag, 27. Mai. Seit gestern Morgen haben wir beständig Widerschein von Wasser am Himmel; ich richte unseren Kurs auf die Stelle, die, nach dem Schein zu urteilen, die größte Ansammlung von Eis und infolgedessen den leichtesten Übergang verspricht.

Wir stehen auf 82° 30' n. Br. Sehr seltsam, dass wir nichts von Bodennähe merken! Ich kann mir das auf keine andere Weise erklären, als dass wir einige Grade östlicher stehen, als wir annehmen. Dass wir so weit westlich sein sollten, wie nötig ist, um Petermann-Land und König-Oskar-Land deutlich zu sehen, ohne in der Tat auch nur etwas davon zu bemerken, halte ich für ganz unwahrscheinlich. Ich habe unsere früheren Beobachtungen nochmals durchgesehen, unser Besteck durchgerechnet, die Geschwindigkeit und Richtung des Windes und alle Möglichkeiten der Drift berücksichtigt. Dass ein großer Fehler darin sein soll, ist undenkbar.

Gestern Abend wurde Kvik getötet. Das arme Tier war schon vollständig ausgemergelt und konnte nicht mehr ziehen. Es tat mir Leid, mich von ihr zu trennen; aber was sollte man mit ihr machen? Selbst wenn wir frisches Fleisch bekommen hätten, hätte es lange gedauert, um sie wieder herauszufüttern, und selbst dann hätten wir keine Verwendung für sie gehabt, sondern hätten sie doch töten müssen. Aber ein schönes, großes Tier war Kvik doch; sie reichte für unsere übrigen acht Hunde drei Tage.

Mittwoch, 29. Mai. Gestern legte ich die Finnenschuhe ab und zog die Lappenschuhe an. Es war ein angenehmer Übergang. Dabei bleiben einem die Füße trocken, und man erspart sich außerdem die Mühe, abends und morgens auf die Finnenschuhe zu achten, die bei jeder milden Temperatur so dicht werden wie unser einheimisches „Lefse“, eine Art zäher Fladenkuchen aus Roggenmehl. Nun braucht man, um die Schuhe zu trocknen, auch nicht mehr mit nassen Lappen auf der Brust und den Beinen zu schlafen.

An diesem Tag sahen wir unseren ersten Vogel, einen Eissturmvogel.

Donnerstag, 30. Mai. Gestern Morgen um fünf Uhr setzten wir im Glauben, dass wir jetzt endlich das ganze Netzwerk von Rinnen hinter uns hätten, den Marsch fort. Wir waren aber noch nicht weit gekommen, als der Widerschein neuer Rinnen vor uns auftauchte. Ich erkletterte rasch einen Hügel. Der Anblick, der sich mir bot, war alles andere als erfreulich. Rinne hinter Rinne, kreuz und quer, nicht nur vor uns, sondern auch auf beiden Seiten, so weit das Auge reichte. Es sah aus, als ob es ganz einerlei sei, welche Richtung wir einschlagen, es würde alles nichts nutzen, um aus dem Gewirr herauszukommen. Das ganze Eis schien aufgebrochen zu sein und blieb aller Wahrscheinlichkeit nach so bis zum Land. Wir hatten es jetzt nicht mehr mit dem zusammenhängenden, festen Polareis zu tun, sondern mit dünnem, zertrümmertem Packeis, der Willkür des Windes aus allen Himmelsrichtungen preisgegeben. Wir mussten uns mit dem Gedanken vertraut machen, von einer Scholle zur anderen zu klettern. Ich würde jetzt viel darum gegeben haben, wenn es März wäre mit seiner Kälte und seinem Leiden statt Ende Mai mit seiner Wärme. Es war gerade das Ende des Mai, das ich schon immer gefürchtet hatte, die Zeit, in der wir bereits auf Land hätten sein müssen.

Oder wäre es einen Monat später gewesen! Das Eis würde sich dann vielleicht lockern, sodass es mehr offene Teiche und Rinnen gab, in denen wir im Kajak leicht vorwärts kamen. Ja, wer konnte dies wissen?

Dieses dünne, zerbrechliche, junge Eis schien von allem etwas zu sein, und dabei war nach jeder Richtung hin Widerschein von Wasser am Himmel, meist aber weit, weit vor uns. Wenn wir nur dort, nur in Landnähe wären! Sollte das Schlimmste kommen, müssten wir warten, bis mildes Wetter eintritt und das Eis im Ernst aufbricht. Haben wir aber Proviant genug dafür? Das war mehr als zweifelhaft.

Während ich, in diese trüben Beobachtungen versunken, auf dem hohen Hügel stand, hörte ich plötzlich den wohl bekannten Ton eines schnaufenden Wals aus einer Öffnung dicht hinter mir. Das war die Antwort auf meine Besorgnisse. Verhungern würden wir nicht; es gibt hier Tiere, und wir haben Büchsen und Harpunen, und zu gebrauchen wissen wir sie auch. Es war eine ganze Herde von Narwalen, die dort in der Öffnung Atem holten und unaufhörlich schnauften. Ich stand lange Zeit da und schaute ihnen zu; indessen hatten wir jetzt nicht Wale zu betrachten, sondern unsern Kurs nach Südwest oder Südwest zu Süd fortzusetzen und vorzudringen, so gut wir konnten. Und mit diesem Entschluss kehrte ich zu den Schlitten zurück.

Während wir im Lauf des Morgens einen Weg zwischen ein paar Rinnen verfolgten, sah ich plötzlich einen schwarzen Gegenstand durch die Luft flattern; es war eine Grilllumme, die uns mehrere Male umkreiste. Nicht lange nachher hörte ich ein seltsames Geräusch in südwestlicher Richtung, als ob auf einem Horn geblasen würde; ich vernahm es verschiedene Male, und auch Johansen hörte es, doch konnte ich nicht herausbekommen, was es war. Das Geräusch rührte unzweifelhaft von Seehunden her, die oft einen Ton ausstoßen, der wie ein lang gezogenes „Ho" klingt. Eine Weile darauf segelte ein Eissturmvogel auf uns zu und flog über unseren Köpfen um uns herum. Ich holte die Flinte hervor, aber noch ehe ich eine Patrone eingeschoben hatte, war der kleine Vogel fort. Später sah ich einen Seehund auf dem Eis; es war eine kleine Kragenrobbe. Es wird hier lebendig, und es ist tröstlich für uns, so viel Leben zu sehen; man hat das Gefühl, dass man sich freundlicheren Gebieten nähert.

Freitag, 31. Mai. Der heutige letzte Tag im Mai ist wieder schön. Auch dieser Monat ist hingegangen, ohne dass wir Land erreicht, ja ohne dass wir es nur gesehen haben. Sicher wird der Juni nicht in derselben Weise verlaufen – es ist unmöglich, dass wir jetzt noch weit haben. Gestern Mittag fanden wir die frischen Fährten eines Bären mit zwei Jungen, die an einer Rinne entlanggezogen waren. Wir haben also Aussicht auf frisches Fleisch, obwohl merkwürdigerweise keiner von uns besonders danach verlangt. Wir sind ganz zufrieden mit der Nahrung, die wir haben; für die Hunde wäre es aber sehr wichtig. Gestern Abend mussten wir wieder einen töten, und zwar kam diesmal Pan, unser bester Hund, dran. Es war nichts mehr zu machen; er war erschöpft und konnte nicht mehr. Die sieben Hunde, die wir jetzt noch haben, können drei Tage mit dem Fleisch Pans gefüttert werden.

Das Eis ist stark zerstückelt; es wäre richtiges Packeis, wenn nicht große Schollen und ebene Stellen dazwischen wären. Hätte dieses Eis Platz, sich zu lockern, so wäre es leicht, zwischen den Schollen zu rudern. Manchmal sank mir gestern der Mut, wenn wir durch Rinnen aufgehalten wurden und ich einen Hügel erklommen hatte und nach vorn sah. Ich glaubte, wir müssten die Hoffnung weiterzukommen aufgeben, weil vor uns ein wahres Chaos von Blöcken und Schneeschlamm war, das im offenen Wasser durcheinander trieb. In solchem Wasser von einer Scholle zur anderen zu springen, mit Hunden und zwei schweren Schlitten hinter sich her, ist nicht gerade leicht; aber nach vielen Versuchen kamen wir schließlich doch hinüber und erreichten wieder ebenes Eis. Diese Manöver wiederholten sich immer wieder; immer neue Rinnen traten auf. Das Eis, auf dem wir jetzt weiterziehen, ist neues Eis. Es wird beständig dünner und ist hier nicht dicker als ein Meter.

Wir haben höllisch viel schlechtes Wetter. Aber was sollen wir machen? Um uns hier niederzulassen, haben wir kaum Proviant genug; es bleibt also, meine ich, nichts übrig, als uns weiter zu quälen.

Ich nahm heute eine Mittagshöhe; wir mussten auf 82° 21' n. Br. sein, und noch immer ist kein Schimmer von Land zu sehen; ich stehe vor einem Rätsel. Was würde ich darum geben, könnte ich jetzt den Fuß auf festes Land setzen – aber es heißt immer: Geduld, Geduld!

Mit Schlitten und Kajak

Sonnabend, 1. Juni. Nun haben wir also Juni. Was wird er uns bescheren? Wird uns auch dieser Monat das Land nicht bringen, nach dem wir uns sehnen? Das Glück ist ein wunderliches Ding. Gestern Morgen erwartete ich von diesem Tag so wenig wie möglich; wir hatten starken Gegenwind und Schneetreiben, die uns beinahe die Luft nahmen. Es wurde auch nicht besser, als wir gleich nach dem Aufbruch an eine Rinne kamen, die unüberwindbar zu sein schien; alles war dunkel und düster. Und doch machte sich dann der Tag besser, als wir erwartet hatten. Wir fanden einen Übergang über die Rinne und kamen auf lange, schöne Ebenen, auf denen wir bis Mittag weiterzogen. Von fünf Uhr nachmittags an hatten wir weitere anderthalb Stunden gutes Eis; aber dann war es zu Ende. Rinnen, die in alle Richtungen liefen, schnitten uns jedes weitere Vordringen ab. So blieb uns nichts anderes übrig, als zu lagern und vom nächsten Tag Besserung zu erhoffen. Nun ist der Morgen da, aber ob die Welt besser aussieht und die Rinne sich mehr geschlossen hat, weiß ich noch nicht. Als wir gestern Abend um neun Uhr das Zelt aufschlugen, klärte es sich nach dem schauderhaften Schneetreiben wie gewöhnlich plötzlich auf. Der Wind legte sich, und das Wetter wurde wunderschön, mit blauem Himmel und leichten weißen Wolken, sodass man sich beinahe weit fort, in den Sommer der Heimat versetzt, träumen konnte. Der Horizont im Westen und Südwesten war klar genug, doch war nichts weiter zu sehen als derselbe Wasserhimmel, auf den wir schon lange zusteuern und der jetzt glücklicherweise sichtlich höher ist. Wir kommen ihm also näher.

Wenn wir nur Land erreichen, bevor unser Proviant zu Ende geht! Dann halten wir uns für gut geborgen auf demselben Land, auf dem Payer seiner Ansicht nach der Hungertod sicher bevorstand, wenn er dort hätte bleiben sollen und die *Tegetthoff* nicht wieder gefunden hätte. Er war aber auch nicht zweieinhalb Monate auf dem Treibeis zwischen 83° und 86° umhergestreift, ohne ein lebendes Wesen zu sehen.

Ist es nicht seltsam? Die ganze Nacht hindurch, sooft ich aufwachte, schien die Sonne durch die seidenen Zeltwände zu uns herein, und es war so warm und hell, dass ich vom Sommer, fern von Rinnen und Quälerei und endloser Mühsal, träumte. Ach, wie schön erscheint in solchen Augenblicken das Leben, wie licht die Zukunft! Aber sobald ich um halb zehn aufstand, um zu kochen, verhüllte die Sonne ihr Antlitz, und der Schnee rieselte wieder herab. Das wiederholt sich fast jeden Tag. Will uns die Sonne zwingen, hier zu bleiben und auf den Sommer, die Lockerung des Eises und auf offenes Wasser zu warten, das uns die Mühe sparen würde, einen Weg durch dieses hoffnungslose Gewirr von Rinnen zu suchen? Ich fürchte, dass es noch dazu kommen wird. Selbst wenn wir mit dem Proviant durchkämen, indem wir die Hunde töten und essen und Wild erlegen, würden wir doch sehr spät in Spitzbergen ankommen. Wir müssten dann den Winter dort zubringen, und zu Hause müssten sie noch ein weiteres Jahr auf uns warten.

Sonntag, 2. Juni. Pfingstsonntag. Ich hätte nie gedacht, dass wir zu dieser Zeit noch immer auf dem Treibeis sind, ohne Land zu sehen. Aber das Schicksal kennt keine Barmherzigkeit und lässt sich weder mildern noch ändern.

Die Rinne, die uns gestern aufhielt, hat sich nicht geschlossen, sondern sich noch weiter geöffnet, sodass westlich von uns ein großer See entstanden ist und wir mitten darin auf einer Scholle leben, ohne irgendwo einen Weg zum anderen Ufer zu haben. Wir müssen also die Kajaks ausbessern und seetüchtig machen. Die Hülle meines Kajaks abzureißen und zum Flicken ins Zelt zu bringen war im Nu geschehen. Dann verbrachten wir einen gemütlichen, ruhigen Pfingstabend im Zelt. Bald war der Kochapparat in Gang gesetzt, und wir aßen dampfend heißes Labskaus. Die Haut des Bootes war bald geflickt; dann musste ich hinaus und die Schnüre, die sich am Gerippe meines Kajaks gelöst hatten, fester anziehen und aufs Neue binden. Das ist kein ganz unbedeutendes Stück Arbeit; denn es sind mindestens vierzig Befestigungen. Außerdem sind ein paar Rippen zersplittert. Auch Johansen nahm die Haut von seinem Kajak herunter. Wenn beide Gestelle in Ordnung gebracht und die Kajaks wieder überzogen sind, sind wir aufs

Neue bereit, allen Hindernissen entgegenzutreten, seien es Rinnen, Teiche oder das offene Meer.

Wir werden uns beruhigt aufmachen; die dauernde Sorge, ungangbare Rinnen anzutreffen, wird ein Ende haben. Nichts wird uns hindern, bald Land zu erreichen, und es kann jetzt kaum noch lange dauern, bis wir auf Rinnen und offenes Wasser stoßen, und darin können wir weiterrudern. Aber was tun wir mit den Hunden, die noch übrig sind? Wir müssen uns von ihnen trennen. Gestern Abend wurden die Rationen für die Hunde eingeteilt, außerdem haben wir von Pan noch etwas übrig. Klapperslangen ist der Nächste, der dran glauben muss. Dann werden wir nur mehr sechs Hunde haben, die wir noch vier Tage behalten könnten, sodass wir mit ihnen noch eine tüchtige Strecke weiterkommen werden.

Pfingsten – es liegt etwas so Liebliches, Sommerliches in dem Wort! Es ist hart zu denken, wie schön sie es jetzt zu Hause haben und dass wir noch immer hier im Schnee, Wind und Eis liegen müssen. Aber dass man sich dorthin sehnt, was nutzt es? Klein Liv wird heute Mittag zu ihrer Großmutter gehen; vielleicht ziehen sie ihr gerade in diesem Augenblick das neue Kleid an. Nun ja; die Zeit wird kommen, dass ich dabei bin, aber wann? Ich muss mich an die Arbeit bei den Bootsbefestigungen machen, dann wird alles wieder in Ordnung sein!

An den folgenden Tagen arbeiten wir mit großem Eifer an den Kajaks; wir nahmen uns nicht einmal Zeit zum Essen. Zuweilen vergingen zwölf Stunden zwischen den einzelnen Mahlzeiten, und unser Arbeitstag dauerte mehrmals 24 Stunden. Nachdem wir die Hüllen und Gerippe instand gesetzt hatten, wurde die Haut übergezogen und straff gespannt. Alles das musste natürlich mit großer Sorgfalt geschehen. Wir hatten dann aber auch seetüchtige Kajaks, die auf der Überfahrt nach Spitzbergen wohl einen Sturm aushielten. Doch mit alldem verging kostbare Zeit.

Am Dienstag, 4. Juni, schrieb ich in mein Tagebuch: „Mir scheint, dass es nicht mehr lange dauern kann, bis wir an offenes Wasser und lockeres Eis kommen. Das Eis ist so dünn und zerstückelt und das Wetter so sommerlich. Gestern waren es minus 1,5 Grad, und der Schnee, der herunterkam, war mit Regen untermischt; er schmolz auf dem Zelt, und die Wände tropften. Den ganzen Tag hatten wir abscheuliches Schneewetter. Heute aber ist das Wetter prachtvoll, der Himmel klar und blau, und die Sonne ist eben über den Gipfel des Hügels gekommen und schaut ins Zelt herein. Es wird ein herrlicher Tag werden, um draußen zu sitzen und zu arbeiten, nicht wie gestern, als alles nass wurde und wir die Schnüre beim Festmachen nicht genügend straffen konnten. Die Sonne ist doch ein treuer Freund! Früher, als sie immer da war, war ich ihrer fast überdrüssig, aber wie froh sind wir, wenn wir sie jetzt sehen, und wie heitert sie uns auf! Lasst uns nur erst offenes Wasser haben und die Kajaks darauf setzen, dann wird es auch nicht lange dauern, bis wir zu Hause sind!

Heute Abend haben wir zum ersten Mal während der ganzen Reise die Rationen zum Frühstück abgewogen, Butter: 50 Gramm, Aleuronat-Brot: 200 Gramm. Wir müssen uns ans Gewicht halten, wenn der Proviant reichen soll. Ehe wir weitergehen, werde ich ein genaues Verzeichnis von allem, was wir noch haben, aufstellen.

Das Glück war nur von kurzer Dauer. Die Sonne ist wieder verschwunden, der Himmel ist überzogen, und der Schnee fällt in Flocken."

Mittwoch, 5. Juni. Immer noch auf derselben Stelle.

Wir schossen unser erstes Wild; es war eine Elfenbeinmöwe, die über das Zelt hinflog. Es gab auch andere Möwen hier, wir sahen vier auf einmal. Ich ging ihnen nach, verfehlte sie aber und verschwendete eine Patrone; das darf nicht wieder vorkommen. Im Teich sah ich einen Seehund; Johansen hatte ebenfalls einen bemerkt, auch Narwale haben wir gesehen und gehört. Es ist hier Leben genug, und wenn die Kajaks schon in Ordnung wären und wir aufs Wasser hinausrudern könnten, würden wir sicher Beute machen. Aber das ist jetzt noch nicht notwendig. Wir haben augenblicklich Proviant genug, und es ist besser, die Zeit zu nutzen, um weiterzukommen. Der Hunde wegen wäre es freilich gut, etwas großes Wild zu erlegen, damit wir nicht noch mehr von unseren vierbeinigen Kameraden töten müssen, bevor die Schlittenreise beendet ist. Die Tiere sind ausgehungert. Gestern mussten wir Klapperslangen töten, und Lilleräven fraß einen Riemen. Ich bin nicht sicher, ob die anderen Hunde sich nicht auch hin und wieder ein Stück Segeltuch erlauben.

Donnerstag, 6. Juni. Immer noch auf demselben Fleck. Wir brennen darauf, mit dem ganzen Zeug endlich wieder unterwegs zu sein und auf offenem Wasser zu schwimmen. Dann wird das Leben etwas anders aussehen. Frei von diesem Eis und den Rinnen, der mühseligen Plackerei mit den Schlitten, den endlosen Schwierigkeiten mit den Hunden und wir selbst in einem leichten Fahrzeug über die schaukelnden Wellen tanzend: Es ist zu schön, daran zu denken! Vielleicht haben wir noch manchen harten Kampf zu bestehen, ehe wir dieses Ziel erreichen, noch manche schwere Stunde durchzumachen, aber einmal muss es kommen.

Gestern sind wir endlich mit dem Ausbessern der Gerippe beider Kajaks fertig geworden. Morgen Abend werden wir hoffentlich aufbrechen können. Diese Reparatur ist sehr an unsere Schnüre gegangen; von drei Knäueln haben wir nur noch ein angebrochenes übrig, das ich nun schonen werde. Vielleicht brauchen wir es einmal zum Fischen.

Unsere Proviantvorräte schwinden. Ich wog gestern die Butter und fand, dass wir nur noch 2,3 Kilo besaßen; wenn wir täglich 50 Gramm pro Mann rechnen, kommen wir damit noch 23 Tage aus. Heute notierte ich zum ersten Mal eine Temperatur über dem Gefrierpunkt, nämlich 0,2 Grad am Morgen. Der Schnee ist sehr nass, und die Hügel tropfen; es wird nicht mehr lange dauern, bis wir Wasser auf den Schollen haben. Gestern Abend hat es richtig geregnet. Es war nur ein kurzer Schauer; erst feiner Sprühregen, dann große, schwere Tropfen, sodass wir im Zelt Schutz suchten – aber es war Regen, Regen! Es war ein geradezu sommerliches Gefühl zu hören, wie es auf das Zelt tropfte. Ein tüchtiger Regen wäre gut, dann schmilzt der Schnee, und wir laufen auf blankem Eis. Nun, es mag kommen, wie es will; es kann nicht lange dauern, bis sich das Blatt wendet – Land oder Wasser, was es auch sei!

Sonnabend, 8. Juni. Vollendeten und probierten gestern endlich die Kajaks, nachdem wir von vorgestern bis gestern Abend ununterbrochen an der Arbeit geblieben waren. Es ist merkwürdig, wie diese langen

Tage wirken! Wären wir zu Hause, wären wir nach den vielen Arbeitsstunden zwischen den Mahlzeiten sehr müde und hungrig; hier sind wir nicht müde, wenngleich wir ständig einen Riesenhunger haben und unsere Fähigkeit zu schlafen nicht gering ist. Es scheint nicht, dass wir schon jetzt schwach oder skorbutkrank werden; tatsächlich sind wir ungewöhnlich kräftig und gesund und voller Elastizität.

Als wir die Kajaks in einer Rinne probierten, zeigte sich, dass sie durch die raue Behandlung auf der Reise in den Nähten und im Segeltuch stark leck geworden waren. Ich hoffe aber, dass das Segeltuch dicht wird, wenn wir die Boote im Wasser etwas durchweicht haben werden.

Nun wollen wir heute endlich aufbrechen. Eine volle Woche haben wir im „Kajak-Ausbesserungslager" zugebracht. Gestern setzte Südostwind ein; heute ist er, nach dem Pfeifen um die Hügel draußen zu urteilen, ziemlich stark geworden. Sämtliche Rinnen rundherum haben sich geschlossen, sodass nur wenig offenes Wasser zu sehen ist. Dies rührt wohl vom Wind her; wenn er die Rinnen für uns schließt, dann lass ihn nur weiterblasen. Der Boden ist die reine Eisbahn; es läuft sich gut, und das Eis wird hoffentlich eben sein, dann werden wir fein zurechtkommen.

Ich wog gestern das Brot. Wir haben noch 12 Kilo Weizen- und 8,8 Kilo Aleuronat-Brot, sodass wir damit noch 35 bis 40 Tage auskommen. Wie weit wir dann sein werden, wissen die Götter, aber einen Teil des Weges müssen wir jedenfalls zurückgelegt haben.

Sonntag, 9. Juni. Gestern haben wir also in der Tat unseren Lagerplatz verlassen. Trotz des wütenden Schneesturms aus Osten freuten wir uns beide, wieder unterwegs zu sein. Wir kamen auch von der Scholle, auf der wir uns so lang aufgehalten hatten, gut fort, wir brauchten die Kajaks nicht einzusetzen, obwohl wir eine ganze Woche darauf verwendet hatten, sie für diesen Zweck auszubessern. Der Wind hatte alle Rinnen sorgfältig geschlossen. Wir fanden ebenes Eis und gewannen Raum, obgleich es sich ganz niederträchtig schlecht ging, da sich der frisch gefallene Schnee unbarmherzig an den Schneeschuhen festballte und die Schlitten, sobald sie anhielten, darin festklebten. Man konnte nicht hundert Meter voraussehen. Der Schnee sammelte sich an der Windseite an der Kleidung und durchnässte uns bis auf die Haut. Trotzdem war es herrlich. Wir kamen vorwärts, unserm widerspenstigen Ziel entgegen.

Wir gelangten an Rinnen, die mit ihrem verworrenen Netzwerk von Spalten sehr schlimm waren. Einige waren breit und von morschem Eis, sodass es unmöglich war, die Kajaks zu benutzen. Aber an manchen Stellen war das Eis so fest zusammengepresst, dass wir darauf gehen konnten. Und doch sind die Aufenthalte unerquicklich; denn man muss viele Wege hin und her machen, ehe man ordentlich weiterkommt. Häufig glaubte Johansen, wenn ich überhaupt nicht zurückkommen wollte, dass ich in einer Rinne eingebrochen und für immer verschwunden sei. Wenn man auf dem Kajak sitzt und wartet und wartet und in die Einsamkeit vor sich starrt, dann gehen einem wunderliche Gedanken durch den Kopf; mehrere Male hatte Johansen den nächsten Hügel erklommen, um angstvoll über das Eis zu spähen. Entdeckte er endlich weit in der Ferne einen schwarzen Fleck, der auf der Eisfläche umherfuhr, so wurde ihm leichter ums Herz.

Als Johansen gestern wieder einmal wartete, beobachtete er, dass die Seiten der Scholle vor ihm langsam auf und nieder gingen, als ob sie von einer leichten Dünung bewegt würden. Ist es möglich, dass offenes Wasser in der Nähe ist? Kann dies eine große Dünung aus dem Meer draußen sein? Wie gern würden wir das glauben! Aber vielleicht war es nur der Wind, der das dünne Eis, auf dem wir uns jetzt befinden, in wellenförmige Bewegung versetzte. Oder sollten wir wirklich offenes Wasser in Südosten haben? Es ist merkwürdig, dass dieser Wind das Eis zusammenschweißt, während der Südwestwind, der vor Tagen wehte, es lockerte.

Gestern stießen wir wieder auf eine Bärenfährte. Wie alt sie war, ließ sich in diesem Schnee, der in wenigen Minuten alles verwischt, nicht leicht bestimmen. Wahrscheinlich stammt sie aber von gestern. Haren hatte etwas gewittert und war gegen den Wind davongerannt. Johansen meinte, der Bär müsse in der Nähe sein. Nun, alt oder frisch, ein Bär war hier gewesen, während wir ein wenig nördlicher an den Kajaks nähten; eines Tages wird er uns wohl in den Weg kommen. Dass ein Bär da ist, bewies uns auch eine Möwe, die Johansen geschossen hatte. Beim Herunterstürzen brach sie ein großes Stück Walrossspeck aus; sie musste also bei Bären und Walrossen gewesen sein.

Montag, 10. Juni. Trotz undurchdringlichem Nebel und abscheulicher Beschaffenheit des nassen Schnees, in dem die Schlitten schwer liefen, kamen wir gestern gut weiter. Unendlich viele Rinnen überwanden wir und balancierten auf losen Eisstücken nur mit knapper Not von Ufer zu Ufer. Aber das Eis ist überall eben, und das hilft schon. Wasser stand auf dem Eis. Man ging in einem Schneebrei. Tatsächlich ist das Eis hier nichts anderes als reines, aufgebrochenes Meereis, das aus großen und kleinen Schollen, nicht selten auch aus dicht zusammenhaltenden, sehr kleinen Schollen besteht. Wenn sie sich lockern, werden sie sich über das ganze Meer ausbreiten, wir werden dann Wasser genug haben, um nach jeder Richtung hin zu rudern.

Tauwetter und nasser Schnee. Gott weiß, ob wir noch mehr Frost bekommen, das würde uns eine glänzende Schneebahn verschaffen.

Jedes Mal wenn es eine Weile klarer ist, schauen wir nach Land aus; aber es ist nichts zu sehen. Inzwischen entdeckten wir aber ständig Anzeichen von Land oder offenem Wasser. Die Zahl der Möwen nimmt zu; gestern sahen wir in einer Rinne einen Krabbentaucher. Im Süden und Südwesten ist die Luft dunkel. Ich habe das Gefühl, dass die Lösung nahe ist. Aber wie lange habe ich das nicht schon gedacht?

Dienstag, 11. Juni. Alles in allem ein einförmiges Leben, so einförmig, wie man es sich nur denken kann; Tag auf Tag, Woche auf Woche, Monat auf Monat sich an dieselbe mühselige Quälerei über das Eis zu machen. Zuweilen scheint es unmöglich, dass Geschöpfe ohne Flügel hier noch weiterkommen. Sehnsüchtig verfolgt man den Flug einer Möwe und denkt, wie weit man bald sein würde, könnte man sich ihre Schwingen leihen. Dann aber findet man doch einen Weg und hofft von neuem. Lasst die Sonne nur einen Augenblick durch die Wolkenbank brechen und die Eisflächen in ihrem glänzenden Weiß funkeln, lass die Sonnenstrahlen auf dem Wasser spielen, und das Leben erscheint trotz allem schön und des Kampfes wert!

Es ist wunderbar, wie wenig es bedarf, um einem neuen Mut zu geben. Gestern fand ich in einer Rinne einen kleinen toten Polar-Kabeljau; ich bin überzeugt, dass meine Augen vor Freude geglänzt haben, als ich ihn sah. Er kam mir wirklich vor wie ein gefundener Schatz. Wo es Fische im Wasser gibt, kann man wohl nicht verhungern; ich warf daher, ehe ich heute Morgen ins Zelt kroch, in einer Rinne eine Leine aus. Freilich, wie viel dieser kleinen Fische braucht es, um einen Menschen satt zu machen? Man müsste an einem Tag mehr haben, als man in einer Woche, ja vielleicht in einem Monat fangen kann! Und doch ist man voller Hoffnung und überlegt, ob nicht im Wasser noch größere Fische vorhanden sind und ob sie sich nach Herzenslust fangen lassen.

Gestern war es schwieriger, vorwärts zu kommen, als an den vorhergehenden Tagen. Wir wurden durch viele böse Rinnen aufgehalten, sodass wir nur wenige Kilometer schafften. Meiner Meinung nach sind wir jetzt auf 82° 8' oder 82° 9' n. Br., wenn uns der anhaltende Südostwind nicht wieder nordwärts gebracht hat. Das Gehen wird immer schlimmer. Der Schnee ist bis zum Grund nass und trägt die Hunde nicht mehr. Es ist harte Arbeit für sie und würde es auch sein, wenn sie nicht so jämmerlich erschöpft wären; beim geringsten Anlass halten sie an. Man muss ihnen helfen oder sie mit der Peitsche weitertreiben. Die armen Tiere haben es schlecht. Lilleräven, Storräven und Kaiphas vor meinem, Suggen und Haren vor Johansens Schlitten. Von Isbjörn, der gestern Morgen geschlachtet wurde, ist Futter noch auf drei Tage da, und bis dahin, meinte Johansen, würde sich das Rätsel gelöst haben. Vergebliche Hoffnung, fürchte ich.

Gestern begannen wir unseren Marsch um halb sieben abends und machten heute Morgen um Viertel nach drei vor einer Rinne Halt. Unser Öl nimmt bedenklich ab. Wetter und Bahn sind unverändert; kein Vergnügen, sich an das schwere Tagewerk zu machen. Hier liege ich und denke an den Juni zu Hause, wie die Sonne über Forst und Fjord und Hügel scheint! Aber einmal werden wir zum Leben zurückkehren. Es wird dann schöner sein als je vorher.

 Mittwoch, 12. Juni. Es wird immer schlimmer. Gestern kamen wir fast gar nicht weiter, kaum zwei Kilometer. Miserabler Schnee, unebenes Eis, Rinnen und Hundewetter hielten uns auf. Allerdings war auf dem Schnee eine Kruste, auf der die Schlitten gut liefen, wenn sie oben blieben, wenn sie aber durchbrachen – und das taten sie alle Augenblicke –, standen sie unbeweglich fest. Auch für die Hunde, diese armen Teufel, war es schlimm. Sie sanken unaufhörlich im Schnee ein, sie schwammen beinahe wie durch einen Brei.

Eine der letzten hässlichen Rinnen überwanden wir, indem wir uns aus kleinen Schollen, die wir zur schmalsten Stelle flößten, eine Brücke bauten. Dann aber setzte schändliches, nasses Schneetreiben oder richtiges Schlackerwetter mit großen Flocken ein, und der Wind nahm zu, sodass wir in diesem Labyrinth von Rinnen und Eis keinen Weg sahen und nass wurden wie ins Wasser getauchte Krähen. Sich bei solchem Wetter und solchem Schnee mit Gewalt weiterzuquälen und keine Fortschritte zu machen war sinnlos. Als wir einen guten Lagerplatz gefunden hatten, richteten wir nach nur vierstündigem Marsch unser Zelt auf.

Hier sind wir nun und wissen kaum, was wir jetzt machen sollen. Wie die Bahn wird, weiß ich nicht; wahrscheinlich nicht viel besser als gestern. Sollen wir weiter vordringen, oder sollen wir lieber versuchen, einen Seehund zu fangen?

Freitag, 14. Juni. Heute sind es drei Monate, seit wir die *Fram* verlassen haben. Ein Vierteljahr sind wir in dieser Eiswüste umhergewandert, und noch immer sind wir hier. Wann wir das Ende davon sehen werden, vermag ich mir nicht vorzustellen; ich hoffe nur, dass es nicht sehr fern ist, offenes Wasser oder Land, sei es Wilczek-Land oder Zichy-Land oder Spitzbergen oder ein anderes Land.

Gestern war es nicht so schlimm, wie ich erwartet hatte. Wir kamen wirklich vorwärts, wenn auch nicht sehr weit – kaum mehr als einige Kilometer –, aber in dieser Jahreszeit müssen wir damit zufrieden sein. Die Hunde brachten die Schlitten allein nicht weiter; wenn niemand neben ihnen war, hielten sie bei jedem zweiten Schritt an. Das Einzige, was man dabei tun konnte, war, den Weg hin und her zu machen und auf diese Weise die Strecke dreimal zu gehen. Erst ging ich voraus, um das Eis zu erforschen, dann trieb Johansen die Schlitten vorwärts, so weit er konnte, erst meinen, dann seinen. Bis dahin war ich zurück und trieb nun meinen Schlitten so weit, wie ich einen Weg gefunden hatte; dann wurde das Verfahren wiederholt. Ein rasches Vorwärtskommen war das nicht, aber es war wenigstens etwas.

Das Eis, auf dem wir jetzt gehen, ist noch ziemlich fest und alt, mit Hügeln nach allen Richtungen verziert, ohne wirklich ebene Stellen. Bald gelangten wir an eine Stelle, an der das zu kleinen Schollen aufgebrochene Eis mit hohen Rücken und breiten, mit Schlamm und morschem Eis angefüllten Rinnen durchsetzt war, sodass das Ganze aussah wie ein Trümmerfeld. Es war kaum Platz zum Stehen, geschweige denn Aussicht zum Weiterkommen. In solcher Lage war es nur menschlich, dass man den Mut verlor und für den Augenblick den Versuch aufgab, vorwärts zu dringen. Wohin ich mich auch wandte, der Weg war versperrt. Die Kajaks ins Wasser zu bringen hätte nichts genützt, weil wir sie nie und nimmer durch dieses Eis gebracht hätten. Ich war daher beinahe entschlossen, zu warten und unser Glück beim Fischen mit Netz und Leine zu versuchen. Vielleicht fingen wir doch in einer der Rinnen einen Seehund.

Es sind Augenblicke der höchsten Sorge, wenn man von einem Hügel hinab über das Eis blickt und die zweifelnden Gedanken fortwährend zu derselben Frage zurückkehren: Haben wir Proviant genug, um die Zeit abzuwarten, bis der Schnee geschmolzen ist, das Eis sich gelockert hat und von so vielen Rinnen durchschnitten ist, dass man rudern kann? Das sind große und wichtige Fragen, die ich noch nicht mit Bestimmtheit beantworten kann. Dass es lange dauern wird, ehe dieser Schnee geschmolzen ist und der Weg einigermaßen gangbar wird, ist sicher; wann sich aber das Eis lockern und das Vordringen möglich wird, können wir nicht sagen, und bis jetzt haben wir weiter nichts erbeutet als zwei Elfenbeinmöwen und einen kleinen Fisch. Wo wir jetzt sind, scheint wenig Aussicht zu sein, etwas zu fangen. In den letzten Tagen habe ich keinen einzigen Seehund gesehen.

Ich beschloss, einen letzten Versuch zu machen, um vorwärts zu kommen, indem wir uns weiter östlich hielten. Diesmal hatte ich Erfolg. Ich fand über kleine Schollen hinweg einen Übergang. Auf der anderen Seite war zusammenhängendes, zum Teil sommeraltes Packeis, das von Landnähe kommen musste, da es uneben und voll von Schlamm war. Wir wanderten über dieses Eisfeld, ohne Rinnen anzutreffen.

Wir begannen den Marsch am Mittwoch um acht Uhr abends und machten heute, Donnerstag, morgens um fünf Uhr hier Halt. Im Laufe des Vormittags ging der Wind nach Nordosten herum, und die Temperatur fiel. Der Schnee wurde härter, und schließlich war die Bahn gar nicht schlecht. Die Schneekruste trug die Hunde und einigermaßen auch die Schlitten, sodass wir auf einen tüchtigen Fortschritt am nächsten Tag hofften. Dabei sollten wir aber wieder eine Enttäuschung erleben. Kaum befanden wir uns im Zelt, als es zu schneien anfing. Den ganzen Tag, während wir schliefen, schneite es fort. Gestern Abend, als wir hinausgingen, um das Frühstück zu bereiten und uns wieder auf den Weg zu machen, schneite es immer noch. Tiefer, loser Schnee lag überall; der Weg war über alle Beschreibungen schlecht. Es hatte keinen Sinn weiterzugehen. Wir blieben, um zu sehen, was aus dem Wetter noch werden würde. Inzwischen waren wir hungrig geworden, aber da wir uns ein vollständiges Frühstück nicht leisten konnten, kochte ich eine Fischsuppe. Dann zogen wir uns wieder in den Sack zurück. Johansen, um weiterzuschlafen, ich, um alle meine Beobachtungen von der Zeit an, als wir die *Fram* verließen, nochmals nachzurechnen und zu sehen, ob nicht ein Fehler das Geheimnis aufklären würde, weshalb wir noch immer kein Land gefunden hatten.

Ich habe gerechnet und gerechnet und hin und her studiert, kann aber keinen Fehler von Bedeutung finden; die ganze Geschichte ist mir ein Rätsel. Ich kann es wirklich nicht begreifen, dass wir östlich stehen sollten; denn in diesem Fall könnten wir nicht mehr als 5 Grad östlich von der Länge sein, auf die uns unsere Beobachtungen versetzten. Wir würden also jetzt anstatt auf 61° auf 66° ö. L. oder etwa 111 Kilometer von Kap Fligely entfernt sein. (Wir waren in Wirklichkeit in der Nähe des Punktes, den ich hier annehme, und befanden uns annähernd auf 67° Ost. Dass wir das hier erwartete Land nicht sahen, lag daran, dass es, wie sich später erwies, nicht existiert!)

Aber wir müssten ja ebenso gut im Süden Land sehen. Wilczek-Land kann nicht so niedrig sein und sich nicht plötzlich so weit nach Süden wenden, wenn Kap Budapest auf etwa 61° ö. L. und 82° n. Br. liegen sollte, es könnte also nicht über 75 Kilometer von uns entfernt sein. Das ist und bleibt unbegreiflich. Inzwischen ist nichts weiter zu tun, als den Weg fortzusetzen, wie wir es bisher schon getan haben; eine Lösung muss kommen.

Als ich meine Berechnungen beendet, etwas geschlafen hatte und um Mittag wieder aufstand, hatten sich die Schneeverhältnisse noch nicht gebessert, eher verschlimmert. Der frische Schnee war nass und ballte sich, und es ging sich unglaublich schwer. Indessen mussten wir vorwärts zu kommen suchen; mit Warten war hier nichts zu gewinnen, und ein Schritt vorwärts ist ein Schritt vorwärts, sei er noch so klein.

Sonnabend, 15. Juni. Mitte Juni und noch immer keine Aussicht auf das Ende! Die Lage ist nur noch schlimmer geworden. So schlecht wie gestern aber ist es noch nie gewesen, und schlimmer kann es glücklicherweise kaum sein. Die Schlitten liefen fürchterlich schwer in dem frisch gefallenen, losen, nassen und tiefen Schnee, und oft steckten sie, wenn wir anhielten, so fest, als ob sie angeleimt wären. Dazu kam noch, dass sich unter den Schneeschuhen Schneeklumpen und Eis bildeten, sodass man plötzlich von den Schneeschuhen abglitt und bis hoch über die Knie in den Schnee fiel, wenn man die Schlitten ziehen oder ihnen weiterhelfen wollte. So war nichts weiter zu tun, als sich wieder aufzuraffen und sich aufs Neue auf die Schneeschuhe hinaufzuarbeiten. Ohne sie in solchem Schnee dahinzuwaten ist unmöglich. Zu allem kommt, dass das Eis voller Hügel und alter Rücken ist und man überhaupt nur weiterkommt, wenn man sich wie ein Aal windet.

Die Hunde werden immer matter. Lilleräven, der letzte Überlebende meines ersten Gespanns, kann kaum noch gehen, von Ziehen ist keine Rede, er taumelt wie ein Betrunkener und kommt, wenn er fällt, nur schwer wieder auf die Füße. Heute soll er getötet werden, und ich bin dankbar, wenn uns dann sein jammervoller Anblick erspart bleibt. Storräven zieht ebenfalls kaum noch; von meinen Hunden arbeitet nur Kaiphas noch richtig, aber auch er nur, solange einer von uns schiebt.

Gestern Abend rechnete ich eine Beobachtung aus und fand wider Erwarten, dass wir stark nach Westen, aber dabei auch wieder eine tüchtige Strecke nach Norden getrieben sind. Wir freuen uns dennoch, weil so viel Bewegung im Eis ist. Wir hoffen, dass wir schließlich in offenes Wasser hinaustreiben. Denn dass wir durch unsere Märsche allein dorthin gelangen, bezweifle ich jetzt. Die Fläche und der Weg sind zu schlecht, eine Hoffnung sind Rinnen und lockeres Eis. Glücklicherweise hat sich Nordostwind aufgemacht. Gestern wehte eine frische Brise aus Nordnordwest, und heute ist es ebenso. Mag es nur weitergehen; wenn der Wind uns nach Nordwesten versetzt hat, so kann er uns auch nach Südwesten und unserm Ziel entgegentreiben, auf Franz-Joseph-Land oder auf Spitzbergen zu.

Nach dieser Beobachtung zweifle ich mehr denn je, dass wir östlich von Kap Fligely sind, und ich glaube, dass das erste Land, das wir sehen werden – wenn wir hoffentlich überhaupt noch Land sehen –, Spitzbergen sein wird. Dann würden wir nicht einmal einen Schimmer von Franz-Joseph-Land sehen, dem Land, von dem ich Tag und Nacht geträumt habe! Nun, wenn es nicht sein soll, dann ist es auch so gut. Und wenn wir so weit westlich sind, wie wir es zu sein scheinen, dann habe ich mehr Hoffnung als vorher, lockeres Eis und offenes Wasser zu finden; darum auf nach Spitzbergen! Wenn wir uns nur genug Proviant verschaffen können, dann wird es wohl gehen; aber eben die Nahrung ist die große Frage.

Lange habe ich mit meinen Berechnungen und Grübeleien über unsere Drift und die Zukunft zugebracht. Dann habe ich eine Zeit lang geschlafen. Bei diesen Wegverhältnissen treibt uns nichts zur Eile; das Wetter ist heute kaum besser als gestern, und dann ist es der milden Temperatur wegen auch günstiger, bei Nacht zu manövrieren als bei Tag. Das Beste ist, die Zeit so lange wie möglich hinauszuziehen, ohne mehr Proviant zu verzehren, als unbedingt notwendig ist. Der Sommer kann die Lage nur verbessern, und wir haben noch drei Monate Sommer vor uns. Es fragt sich nur, können wir uns während dieser Zeit Nahrung verschaffen? Es müsste schon sehr seltsam zugehen, wenn wir es nicht könnten. Es sind beständig Vögel da; gestern sah ich wieder eine große Möwe, vermutlich eine Silbermöwe; allerdings haben wir nicht genug Patronen, als dass wir von so kleiner Beute leben könnten. Meine Hoffnung sind Seehunde oder Bären; nur einen, und wir sind für lange Zeit geborgen!

Sonntag, 16. Juni. Gestern war es sehr schlecht. Der Weg konnte einen zur Verzweiflung bringen, und das Eis war schrecklich. Ich überlege, ob es nicht am klügsten wäre, die Hunde für uns selbst zu schlachten und dann unseren Weg fortzusetzen, so gut, wie es ohne sie möglich ist. Auf diese Weise würden wir Vorrat für 15, vielleicht für 20 Tage bekommen. Andererseits ist es möglicherweise nicht weit bis zum Land oder zum offenen Wasser oder jedenfalls zu aufgebrochenem Eis, und dann ist jeder Kilometer wichtig, den wir nach Süden machen können. Also ist es vielleicht doch richtiger, die Hunde noch zu benutzen.

Inzwischen mussten wir gestern zwei Hunde töten. Lilleräven konnte kaum gehen, als wir aufbrachen; seine Beine schienen wie gelähmt zu sein, er fiel nieder und kam nicht wieder auf. Ich schleppte ihn und den Schlitten eine Zeit lang weiter, musste den Hund schließlich auf die Ladung setzen, und als wir einige Hügel erreicht hatten, tötete Johansen ihn. Mein anderer Hund, Storräven, war fast ebenso übel dran. Er ging eine kleine Strecke, stolperte und fiel, und bald war er ebenso schwach, wie Lilleräven gewesen war; er ließ die Zugtaue unter die Schlittenkufen kommen und wurde mitgeschleift. Da ich mit dem Ziehen des Schlittens mehr als genug zu tun hatte, ließ ich ihn frei in der Hoffnung, dass er uns folgte. Er tat es auch eine Weile, blieb dann aber zurück. Johansen musste ihn holen und auf seinen Schlitten legen: Als wir dann lagerten, kam er ebenfalls an die Reihe. Nur Kaiphas ist jetzt noch übrig, um mir beim Schlittenziehen zu helfen, und Johansen hat Haren und Suggen.

Unsere ziemlich primitive Art beim Ziehen musste verbessert werden. Wir fertigten für uns aus zwei Hundegeschirren ordentliche Zuggeschirre an. Ordentliches Zuggeschirr ist eine wichtige Sache und strengt, vor allem auf längere Sicht, viel weniger an als der gewöhnliche Zugriemen oder die Zugleine über die Brust und eine Schulter. Das Geschirr, das ich benutzte, bestand aus zwei Riemen, die wie die Träger eines Rucksacks über beide Schultern liefen und kreuzweise über dem Rücken an einem Ledergürtel befestigt waren, zu dem auch das Zugtau vom Schlitten führte. Auf diese Weise kann man beim Ziehen die Kraft gleichmäßig auf beide Schultern und den Gürtel, das heißt die Hüfte und den Unterleib, verteilen. Der „Schwerpunkt" des Ziehens liegt bei dieser Methode im Körper tiefer, gerade oberhalb der Beine, die die Arbeit tun, und die Zugleine drückt nicht wie sonst allein auf den Oberkörper.

Nunmehr legten wir die Schneeschuhe fest an, und wo das Eis eben war, schleppten wir wirklich den Schlitten weiter, auch wenn uns nur ein Hund half. Auf halbwegs erträglichem Boden erreichten wir im Lauf des Tages einige Fortschritte, obwohl die Schlitten sofort stillstanden, sobald die geringste Unebenheit kam. Wir mussten uns mit aller Macht ins Geschirr legen, und selbst dann gelang es noch nicht, den Schlitten nur einen Zoll weiterzurücken. Man musste umkehren, bis er schließlich bei äußerer Anstrengung über das Hindernis hinweg- und einem neuen entgegenglitt, bei dem sich dasselbe Verfahren wiederholte. Auf diese Weise ging es Schritt für Schritt weiter, bis wir vielleicht an ein kleines Stück ebenen Eises kamen, auf dem das Tempo beschleunigt werden konnte. Gelangten wir aber an Rinnen oder Rücken, dann wurde es schlimmer denn je, da ein Mann allein mit dem Schlitten nicht fertig wird, sondern für jeden Schlitten zwei Mann erforderlich sind.

So quälen wir uns weiter. Schnelligkeit und lange Märsche sind nicht an der Tagesordnung. Aber es ist besser als nichts, und außerdem ist es das Einzige, was wir tun können.

Dem Himmel nach zu urteilen, müssen im Süden und Südwesten viele Rinnen sein. Vielleicht führt uns unser mühseliger Marsch zu etwas Besserem. Wir brachen gestern Abend um zehn Uhr auf und hielten heute Morgen um sechs Uhr an. In den letzten Tagen haben wir kein Mittagessen gehabt, um eine Mahlzeit zu sparen. Aus demselben Grund sammelten wir heute Morgen das Blut Storrävens und bereiteten eine Art Brei daraus anstelle des Fiskegratins. Er schmeckte gut, wenn es auch nur Hundeblut war; außerdem haben wir dabei eine Portion Fischmehl gespart. Ehe wir uns in den Sack legten, zählten wir unsere Patronen und fanden zu unserer Freude, dass wir 148 Schrot-, 181 Büchsenpatronen und außerdem 14 Vollkugelpatronen besitzen. Mit so viel Munition müssen wir imstande sein, unseren Proviant auf lange Zeit hinaus zu vermehren. Denn wenn unseren Gewehren sonst nichts zur Beute fallen sollte, so würden die Vögel da sein, und mit 148 Vögeln reicht es lange. Wenn wir halbe Ladungen verwenden, können wir die Munition noch weiter strecken. Endlich haben wir zum Neuladen der Patronen ein halbes Pfund Pulver und einige Vollkugeln für die Büchsen sowie Zündhütchen. Diese Entdeckung hat meine Stimmung gehoben; ich muss gestehen, dass ich unsere Aussichten nicht mehr günstig beurteilt hatte. Wir werden jetzt vielleicht drei Monate aushalten, und in dieser Zeit muss etwas geschehen. Wir können auch Möwen mit der Angel fangen, und wenn es zum Schlimmsten kommen sollte und wir uns ernstlich ans Werk machen, können wir wahrscheinlich einige kleine Tiere mit dem Netz erwischen. Möglicherweise werden wir Spitzbergen nicht so rechtzeitig erreichen, dass wir noch ein Schiff finden. Wir werden also dort überwintern müssen; aber das wird ein luxuriöses Leben werden im Vergleich zu diesem hier auf dem Eis, wo wir nicht wissen, wo wir sind und wohin wir treiben, und wo wir trotz unserer mühseligen Arbeit kein Ziel sehen. Ich möchte diese Zeit nicht noch einmal durchleben. Wir haben es teuer büßen müssen, dass wir damals vergessen haben, die Uhren aufzuziehen. Wenn niemand zu Hause warten würde, wäre ein Winter auf Spitzbergen vielleicht ganz verlockend. Nun liege ich hier und träume davon, wie behaglich und schön wir uns dort einrichten könnten. Außerhalb dieses Eises erscheint alles rosig, und – heraus werden wir früher oder später doch kommen! Wir müssen uns mit dem Sprichwort trösten, dass die Nacht vor der Morgendämmerung am dunkelsten ist. Natürlich hängt es davon ab, wie dunkel die Nacht ist, aber beträchtlich dunkler, als sie jetzt ist, kann sie wohl nicht sein. Alle unsere Hoffnungen sind auf den Sommer gerichtet. Ja, es muss besser werden, wenn der Sommer kommt.

„Mittlerweile zeigt sich hier neues Leben", schreibe ich am 20. Juni. „Krabbentaucher fliegen in Scharen umher, und es ist wirklich ein Vergnügen, ihnen zuzuschauen; schade nur, dass sie so klein und darum einen Schuss nicht wert sind. Es ist auffällig, wie sich der Himmel mit Vögeln belebt hat, seit vorgestern Westwind einsetzte. Es kommt uns irgendwie bedeutungsvoll vor, dass die Krabbentaucher plötzlich in dichten Scharen erschienen sind. Sie schwirren mit fröhlichem Gezwitscher am Zelt vorbei, und ihr Treiben gibt einem das Gefühl, man wäre in wirtlichere Gebiete gekommen. Aber es nützt alles nichts, Land ist nicht zu erspähen, und der Weg ist so jämmerlich, wie er nur sein kann. Kräftiges Tauwetter, damit der Schnee rascher verschwindet, kommt auch nicht. Gestern Morgen machte ich vor dem Frühstück einen Gang nach Süden, um die Aussichten für ein Weiterkommen zu erkunden. Das Eis war eine Strecke weit eben und gut, aber bald begannen die Rinnen wieder schlimm zu werden. Wir müssen jetzt energischer vorgehen und die Kajaks, obwohl sie leck sind, vom Stapel lassen, und dann müssen wir so viel wie möglich auf den Rinnen fahren. Mit diesem Entschluss kehrte ich um. Der Schnee war noch immer unverändert nass, sodass man zwischen den Eishügeln tief einsank. Wir konnten uns kein richtiges Frühstück erlauben, nur 50 Gramm Brot und 50 Gramm Pemmikan je Mann. Dann machten wir uns ans Werk. Wir besserten die Pumpen aus und brachten die Kajaks für die Überfahrt in Ordnung.

Nach einem mäßigen Abendessen, 60 Gramm Aleuronat-Brot und 30 Gramm Butter für jeden, krochen wir in den Sack, um so lange wie möglich zu schlafen und die Zeit totzuschlagen, ohne zu essen. Es handelt sich jetzt nur darum auszuhalten, bis der Schnee geschmolzen und das Weiterkommen leichter ist. Nachmittags um ein Uhr standen wir auf und erlaubten uns ein etwas reichlicheres Frühstück mit Fiskegratin, aber wir dürfen von nun an nicht mehr so viel essen, wie wir Lust haben. Wir freuen uns, von der Stelle zu kommen und meine Taktik zu versuchen: anstatt die Rinnen zu meiden, sie zu nutzen und in ihnen fortzurudern. Etwas wird dies jedenfalls helfen, und je weiter südlich wir kommen, umso mehr ist Aussicht auf Rinnen und Beute für unsere Büchsen.

Sonst ist das Dasein düster genug. Augenblicklich keine Aussicht weiterzukommen: ungangbares Packeis in jeder Richtung, Vorräte, die rasch abnehmen, nichts zu fangen, nichts zu schießen. Ein Versuch, mit dem Netz zu fischen, schlug fehl; ein Flossenfüßer und einige wenige Krustazeen waren die ganze Beute. Ich liege nachts wach und quäle mein Hirn stundenlang, um einen Weg aus diesen Schwierigkeiten zu finden. Nun, schließlich muss sich einer öffnen!"

Sonnabend, 22. Juni. Halb zehn vormittags nach einem tüchtigen Frühstück von Seehundsfleisch, -leber, -speck und -suppe!! Hier liege ich und gebe mich lichten Träumen hin; das Leben ist wieder Sonnenschein. Welch kleinen Zufall braucht es, um unsere Aussichten zu verändern! Gestern und die letzten Tage waren düster und traurig genug. Da kommt ganz zufällig ein Seehund in der Nähe der Kajaks empor und tummelt sich um uns herum. Johansen hat gerade noch Zeit, ihm eine Kugel zuzuschicken, bevor er verschwindet; er treibt aber, sodass ich ihn harpunieren kann. Es ist der erste bärtige Seehund, den wir bis jetzt gesehen haben, mit ihm haben wir für länger als einen Monat Überfluss an Nahrung und Brennstoff. Wir brauchen uns nicht mehr zu beeilen, wir können uns niederlassen, die Kajaks und Schlitten für die Fahrt auf den Rinnen besser instand setzen, weitere Seehunde fangen und besseres Eis abwarten. Wir haben uns beim Abendessen und beim Frühstück richtig voll gegessen. Zugegeben: Wir hatten schon manchen Tag Hunger gelitten.

Es waren allerdings keine großen Erwartungen, mit denen wir am Donnerstag aufbrachen. Der Weg war der gewohnte; eine harte Kruste, die sich auf dem weichen Schnee gebildet hatte. Sie verbesserte die Sache nicht, die Schlitten brachen oft ein und waren nicht fortzubringen, bis man sie wieder herausgeschoben hatte. Das Eis war uneben und schlecht, der Schnee lose und mit Wasser durchsetzt, sodass wir sogar mit den Schneeschuhen tief einsanken.

Wir sahen ein, dass es unmöglich war, auf diese Weise weiterzukommen. Der einzige Ausweg war, uns von allem zu entlasten, was irgendwie entbehrlich war, und nur mit Proviant, Kajaks, Gewehren und den nötigsten Kleidungsstücken weiterzuziehen, um unter allen Umständen Land zu erreichen, bevor wir den letzten Bissen verzehrt hatten. Wir gingen die Sachen durch, um zu sehen, wovon wir uns trennen könnten:

Am Rand des Eises entlang

die Apotheke, die Ersatzbretter unter den Schlitten, die Ersatzschneeschuhe und die Schneestrümpfe, die schmutzigen Hemden und das Zelt. Als wir an den Schlafsack kamen, stießen wir einen tiefen Seufzer aus, aber nass und schwer, wie er jetzt immer ist, müsste er ebenfalls fort.

Fest entschlossen, diese Entlastung schon am nächsten Tag vorzunehmen, zogen wir weiter. Bald kamen wir an einen großen Teich, über den wir hinüberfahren mussten. Schnell waren die Kajaks zu Wasser gebracht. Sie lagen nebeneinander, mit den querüber durch die Strippen gesteckten Schneeschuhen versteift, eine richtige, zuverlässige Flottille. Dann wurden die Schlitten mit ihrer Ladung hinaufgeschoben, der eine vorn, der andere hinten. Wegen der Hunde waren wir in Verlegenheit gewesen und hatten nicht gewusst, wie wir sie veranlassen sollten mitzugehen; aber sie folgten den Schlitten auf die Kajaks und legten sich dort nieder, als ob sie in ihrem Leben nichts anderes getan hätten. Kaiphas thronte vorn auf einem Schlitten, die anderen beiden hinten.

Während wir damit beschäftigt waren, kam ganz in der Nähe ein Seehund an die Oberfläche. Ich hielt es für besser, mit dem Schießen zu warten, bis die Kajaks fertig waren; wir konnten dann sicher sein, dass wir ihn auch bekamen, ehe er untertauchte. Natürlich zeigte er sich nicht wieder. Diese Seehunde scheinen verhext zu sein; es ist gerade, als ob sie uns geschickt würden, um uns aufzuhalten. Schon vorher hatte ich am selben Tag zwei gesehen und ihnen vergeblich aufgelauert. Ich hatte es sogar fertig gebracht, einen zu verfehlen, das dritte Mal bei einem Seehund. Es sieht für unsere Munition böse aus, wenn ich weiter so schlecht schieße; ich halte bei diesen kurzen Entfernungen zu hoch.

Dann fuhren wir über das blaue Wasser, das erste Mal, dass wir uns auf einer längeren Fahrt befanden, eine höchst merkwürdige Flottille, beladen mit Schlitten, Säcken, Gewehren und Hunden; eine echte Zigeunerbande, meinte Johansen. Wenn uns damals irgendwer begegnet wäre, er würde schwerlich gewusst haben, was er von uns halten sollte. Polarforscher hätte er gewiss nicht vermutet.

Das Rudern war zwischen den Schlitten und den Schneeschuhen, die auf beiden Seiten weit hinausragten, keine leichte Aufgabe; aber wir kamen damit zurecht, und wir könnten uns glücklich schätzen, wenn es so den ganzen Tag weiterginge, statt diese unerträglichen Schlitten über das verwünschte Eis zu ziehen. Unsere Kajaks waren nicht wasserdicht; mehrere Male mussten wir zu den Pumpen greifen, doch fanden wir uns leicht damit ab und wünschten nur, wir hätten noch mehr offenes Wasser. Endlich hatten wir das Ende des Teiches erreicht; ich sprang auf den Rand des Eises, um die Kajaks heraufzuziehen, als ich plötzlich neben uns starkes Plätschern hörte. Es war ein Seehund, der dort gelegen hatte. Bald darauf vernahm ich ein ähnliches Plätschern auf der anderen Seite, und dann erschien zum dritten Mal ein ungeheurer, schwimmender Kopf, der sich schnaufend hin und her bewegte und dann tief unter den Rand des Eises tauchte, ehe wir Zeit hatten, die Büchsen herauszuholen. Es war ein schöner, großer, bärtiger Seehund.

Wir waren überzeugt, dass er für immer verschwunden war; aber kaum hatte ich einen der Schlitten halbwegs auf das Eis heraufgezogen, als der ungeheure Kopf wieder ganz in der Nähe des Kajaks auftauchte. Ich sah mich nach meiner Büchse um, erreichte sie aber nicht, da sie auf dem Kajak lag. „Rasch, Johansen, schießen Sie; rasch, rasch!" Im Augenblick hatte er die Büchse an die Wange gerissen, und gerade als der Seehund unter dem Eisrand verschwinden wollte, knallte es. Das Tier bäumte sich ein wenig auf und trieb dann oben. Blut floss ihm aus dem Kopf. Ich ließ den Schlitten fallen, ergriff die Harpune, und schnell wie der Blitz warf ich sie in den Rücken des Seehundes. Da regte er sich; es war noch Leben in ihm. Besorgt, dass die Harpune mit der dünnen Leine nicht hielt, wenn sich das ungeheure Tier kräftiger bewegte, zog ich das Messer und stieß es dem Seehund in den Hals, sodass ein Blutstrom hervorquoll. Das Wasser rötete sich auf eine weite Strecke, und ich bedauerte sehr, dass diese Zutat zu einer schönen Mahlzeit vergeudet wurde. Daran war jedoch nichts zu ändern; unter keinen Umständen wollte ich das Tier verlieren. Der Sicherheit wegen versetzte ich ihm noch einen zweiten Harpunenstoß. Mittlerweile glitt der Schlitten, der schon halb aufs Eis hinaufgezogen war, wieder hinab, und die Kajaks waren mit Johansen und den Hunden abgetrieben. Johansen versuchte, den Schlitten auf das Kajak zu ziehen; vergeblich, der Schlitten blieb mit dem einen Ende im Wasser und mit dem anderen auf dem Kajak hängen. Er holte die ganze Flottille über, Johansens Kajak so weit, dass die eine Seite im Wasser lag. Dabei leckte das Boot wie ein Sieb, und das Wasser stieg im Innern aufregend schnell. Der Kochapparat, der auf Deck gestanden hatte, fiel herunter und trieb mit seinem gesamten wertvollen Inhalt lustig vor dem Wind fort, von dem wasserdichten Aluminiummantel glücklicherweise über Wasser gehalten. Auch die Schneeschuhe schwammen umher, während die Flottille tiefer und tiefer sank. Inzwischen stand ich und hielt unsere kostbare Beute fest, die ich nicht loslassen durfte. Das Ganze war ein Bild vollständiger Verwirrung. Johansens Kajak hatte sich inzwischen dermaßen auf die Seite geneigt, dass das Wasser die Öffnung auf Deck erreichte und das Fahrzeug sofort voll lief. Nun blieb mir keine andere Wahl, als den Seehund loszulassen und das Kajak heraufzuschleppen, ehe es in die Tiefe sank. Es glückte, so schwer das mit Wasser gefüllte Boot auch war. Dann kam der Seehund an die Reihe. Wir hatten unsere liebe Not, das ungeheure Tier Zug um Zug auf das Eis zu zerren. In unserm Jubel tanzten wir ausgelassen rund um unsere Beute; ein voll Wasser gelaufenes Kajak und unsere durchnässten Sachen galten in diesem Augenblick nichts. Hier hatten wir Lebensmittel und Feuerung auf lange Zeit, und unsere Sorgen waren mit einem Schlag verschwunden.

Dann ging es ans Bergen und Trocknen unserer Sachen, zuerst und vor allen Dingen der Munition; es war unser gesamter Vorrat. Glücklicherweise waren die Patronen ziemlich wasserdicht. Sie hatten nicht viel Schaden gelitten. Sogar die Schrotpatronen mit ihren Hülsen aus Papier hatten nicht lange genug im Wasser gelegen, um ganz durchzuweichen. Schlimmer stand es um das Pulver; die kleine Blechbüchse, in der wir es aufbewahrten, war voll Wasser. Um die übrigen Dinge sorgten wir uns weniger, wenn es auch nicht gerade tröstlich war, dass das Boot völlig vom Salzwasser durchweicht war.

In der Nähe fanden wir einen Lagerplatz. Rasch war das Zelt aufgeschlagen, der Fang zerteilt und in Sicherheit gebracht, und ich kann wohl sagen, selten haben auf dem Treibeis Menschen gehaust, die sich so zufrieden gefühlt haben wie die beiden, die an diesem Morgen in ihrem Sack saßen und Seehundsfleisch, Speck und Suppe schmausten, bis der Magen voll war. Wir waren einer Meinung, dass wir eine bessere Mahlzeit nicht hätten bekommen können. Dann krochen wir tief in den lieben Schlafsack hinein, von dem wir uns fürs Nächste noch nicht zu trennen brauchten, und schliefen den Schlaf der Gerechten in dem Bewusstsein, dass wir uns um die nächste Zukunft jedenfalls noch keine Sorgen zu machen brauchten.

Wir können für den Augenblick nichts Besseres tun als bleiben, wo wir sind, von unserem Fang leben, ohne den Proviant auf dem Schlitten anzurühren, und so die Zeit abwarten, bis sich das Eis mehr lockert oder die Wegverhältnisse sich bessern. Inzwischen wollen wir die Kajaks wasserdicht machen; ferner wollen wir unsere Ausrüstung so viel wie möglich erleichtern. Ein Weitermarsch wäre nur unter Zurücklassung des größten Teils des Seehundes möglich. Das aber wäre unter diesen Umständen Wahnsinn.

Sonntag, 23. Juni. Heute ist der Tag vor Johannis, zugleich Sonntag. Wie jubeln heute alle Schulkinder! Wie werden die Leute zu Hause in Norwegen in Scharen in die schönen Wälder und Täler hinausströmen … und wir sitzen hier noch immer auf dem Treibeis, kochen und braten uns Seehundsspeck, essen Seehundsfleisch, bis uns der Tran vom Leibe tropft, und vor allen Dingen wissen wir nicht, wie schnell dieses Leben ein Ende nehmen wird! Vielleicht haben wir noch einen Winter vor uns. Am allerwenigsten hätte ich geglaubt, dass wir jetzt hier sein würden.

Indes ist es eine angenehme Veränderung, dass wir erst unsere Rationen und die Feuerung auf ein Minimum herabgesetzt hatten und jetzt wieder verschwenden und so viel und so oft essen können, wie wir mögen. Gut schmeckt das Seehundsfleisch, und wir gewinnen es von Tag zu Tag lieber. Den Speck finde ich roh wie gebraten ausgezeichnet, er ersetzt die Butter gut. Das Fleisch ist in unseren Augen so gut, wie Fleisch nur sein kann. Wir verzehrten es gestern zum Frühstück als Suppe mit rohem Speck. Zum Mittagessen briet ich Schnitten, die selbst im „Grand Hotel" nicht besser hätten sein können, wenn auch ein gutes Seidel Bockbier eine willkommene Zugabe gewesen wäre. Zum Abend bereitete ich Blutpfannkuchen, in Speck gebacken; sie waren so vorzüglich, dass Johansen sie für erstrangig erklärte, von meiner eigenen Überzeugung gar nicht zu reden.

Das Braten im Zelt auf einer Tranlampe ist freilich ein zweifelhaftes Vergnügen. Wenn die Lampe selbst nicht raucht, so tut es der Speck, der die Augen des unglücklichen Kochs unter peinigenden Schmerzen tränen lässt. Aber die Folgen könnten noch schlimmer sein. Die Tranlampe, die ich aus einem Stück Neusilberblech hergestellt hatte, überhitzte sich eines Tages unter der heißen Bratpfanne, und schließlich geriet alles, die Speckstücke und der Tran, in Brand. Die Flamme schoss hoch empor. Das Beste wäre gewesen, die Lampe hinauszutragen, doch dazu war keine Zeit. Das Zelt füllte sich mit erstickendem Rauch, als ich als letztes Mittel unglücklicherweise eine Hand voll Schnee ergriff und ihn auf den brennenden Tran warf. Es spritzte und prasselte; das brennende Öl flog in alle Richtungen, und von der Lampe selbst stieg ein Flammenmeer auf. Halb erstickt warfen wir uns beide gegen die verschlossene Öffnung, sprengten die Knöpfe ab und stürzten uns kopfüber ins Freie, froh, dass wir mit dem Leben davongekommen waren.

Bei der Explosion war die Lampe ausgegangen; als wir dann das Zelt untersuchten, war in die seidene Wand gerade über der Stelle, auf der die Bratpfanne stand, ein großes Loch gebrannt. Eins unserer Schlittensegel musste die Strafe für das Loch erleiden. Wir krochen wieder ins Zelt, beglückwünschten uns, so leicht davongekommen zu sein, und zündeten mit großer Mühe wieder Feuer an, sodass ich den letzten Pfannkuchen backen konnte. Dann aßen wir ihn in frohester Stimmung mit Zucker und erklärten ihn für die köstlichste Speise, die wir je genossen hätten.

Wir hatten aber auch guten Grund, in gehobener Stimmung zu sein, da uns die Beobachtung von diesem Tag auf 82° 4,3' n. Br. und 57° 48' ö. L. versetzte. Trotz der westlichen und zeitweise südwestlichen Winde waren wir in drei Tagen fast 14 Minuten nach Süden und beinahe gar nicht nach Osten gekommen. Höchst überraschend und befriedigend! Draußen wehte noch immer Nordwind, und wir trieben infolgedessen südwärts in mildere Gebiete.

Mittwoch, 26. Juni. Der 24. Juni war natürlich mit großer Festlichkeit begangen worden. Zunächst war es der Tag, an dem wir vor zwei Jahren von daheim aufgebrochen waren; zweitens war es hundert Tage – genau waren es zwei Tage mehr – her, dass wir die *Fram* verlassen hatten, und drittens war Johannistag. Wir verbrachten den Feiertag damit, dass wir von holderen Zeiten träumten, unsere Karten studierten, die späteren Aussichten besprachen und alles Lesbare, das zu finden war, das heißt nautisches Jahrbuch und Navigationstabellen lasen. Johansen machte einen Gang an den Rinnen entlang und brachte es fertig, eine Kragenrobbe in einem Tümpel östlich von uns zu verfehlen. Dann kam – ziemlich spät in der Nacht – das Abendessen: Blutpfannkuchen mit Zucker. Sie schmeckten unübertrefflich. Anschließend dämpften wir uns einige Preiselbeeren, die herrlich schmeckten, obwohl sie bei der Katastrophe vor einigen Tagen in Salzwasser gelegen hatten. Morgens um acht Uhr krochen wir in den Sack.

Um Mittag stand ich wieder auf, um eine Meridianhöhe zu nehmen. Das Wetter war prächtig. Ich setzte mich auf einen Hügel und wartete, bis die Sonne ihren höchsten Stand erreichte, sonnte mich in ihren Strahlen und blickte über das Eis und den Teich vor mir, der glänzend und still wie ein Bergsee seine eisigen Ufer im klaren Wasser widerspiegelte. Kein Luftzug regte sich; es war still, die Sonne brannte, und ich träumte von der Heimat.

Ehe ich zum Zelt ging, holte ich Salzwasser zur Suppe, die wir zum Frühstück essen wollten; gerade in diesem Augenblick kam ein Seehund neben dem Eis in die Höhe. Ich rannte zurück, um meine Büchse und das Kajak zu holen. Draußen auf dem Wasser zeigte sich, dass das Boot vom Liegen in der Sonne leck geworden war, sodass ich rascher, als ich gekommen war, zurückrudern musste, um nicht zu sinken. Während ich das Kajak entleerte, tauchte der Seehund vor mir wieder auf, und diesmal hatte mein Schuss Erfolg; das Tier trieb wie ein Korken auf dem Wasser. Es dauerte nicht lange, bis ich das lecke Fahrzeug wieder auf dem Teich hatte und meine Harpune im Nacken des Tieres saß. Dann schleppte ich den Seehund ans Ufer, während sich das Kajak mit Wasser füllte, meine Beine nass wurden und meine Komager voll liefen. Nachdem ich die Beute zum Zelt hinaufgeschleppt hatte, zerlegte ich sie, sammelte alles Blut und schnitt das Fleisch in Stücke; dann schlüpfte ich ins Zelt, zog trockene Unterkleider an und kroch wieder in den Sack, während die Hosen draußen in der Sonne trockneten. Jetzt ist es leicht, sich im Zelt warm zu halten. Gestern Abend war die Hitze darin so groß, dass wir kaum schlafen konnten, obwohl wir statt im Sack auf ihm lagen.

Donnerstag, 27. Juni. Gestern haben wir Seehundfleisch in dünne Scheiben geschnitten und zum Trocknen aufgehängt. Das ergibt Proviant für die Weiterfahrt, es ist die bequemste Weise, etwas von dem Seehund mitzunehmen. Wenn die Seehunde selten sind, gibt es Gott sei Dank noch Vögel. Gestern Abend waren ein paar Elfenbeinmöwen so dreist, sich auf dem Seehundsfell dicht neben der Zeltwand niederzulassen und am Speck zu picken; wir jagten sie fort, aber sie kamen immer wieder. Wenn uns das Fleisch ausgeht, werden wir Vögel fangen.

Am 29. Juni schrieb ich: „Noch immer will die Temperatur nicht so steigen, dass der Schnee wegtaut. Wir suchen die Zeit so gut wie möglich hinzubringen, wir sprechen davon, wie schön es sein wird, wenn wir wieder nach Hause kommen, und wie wir das Leben dann genießen wollen. Manchmal sprechen wir aber auch davon, wie nett wir uns im Winter auf Spitzbergen einrichten wollen, wenn wir in diesem Jahr nicht nach Hause kommen. Schlimmstenfalls werden wir vielleicht sogar hier überwintern müssen – nein, das wird doch nicht geschehen."

Sonntag, 30. Juni. So ist also der letzte Junitag gekommen, und wir befinden uns ungefähr auf derselben Stelle wie zu Beginn des Monats. Und der Weg? Besser ist er sicher nicht geworden. Aber heute ist es schön. Es ist so warm, dass wir im Zelt schwitzen. Durch die offene Tür sehen wir hinaus auf das Eis und in die Sonne, die durch weiße Zirruswolken auf das blendende Weiß herabscheint. Sonntägliche Stille, mit einer schwachen Brise, meist aus Südost, glaube ich. Heute ist es lieblich zu Hause; alles in Blüte, der Fjord im Sonnenschein. Nun sitzt du vielleicht draußen auf der Spitze mit Liv oder bist in einem Boot auf dem Wasser! Aber noch manche Eisscholle liegt zwischen uns und dem Wiedersehen.

Wie zwei schwarze, rußige Räuber rühren wir den Suppenbrei im Kessel um. Auf allen Seiten umgibt uns Eis, Eis und nichts als Eis, glänzend und weiß, in der Reinheit, die uns selbst fehlt. Alles ist nur zu rein! Das Auge späht bis zum fernsten Horizont nach einem dunklen Punkt, um darauf zu ruhen, aber vergeblich. Wann wird das endlich eintreten? Wir haben jetzt zwei Monate darauf gewartet. Heute scheinen alle Vögel wieder verschwunden zu sein; nicht einmal ein munterer Krabbentaucher ist zu sehen. Gestern sind sie nach Norden und nach Süden geflogen. Wahrscheinlich haben sie sich in Richtung Land entfernt, wohl, weil jetzt hier so wenig Wasser ist. Wenn wir uns nun ebenso leicht wie sie bewegen könnten!

Mittwoch, 3. Juli. Was habe ich diesen Blättern anzuvertrauen? Nichts als dasselbe überwältigende Sehnen, aus dieser Einförmigkeit fort und zu Hause zu sein! Ein Tag ist wie der andere, ausgenommen vielleicht, dass es früher warm und ruhig war, während in den letzten

48 Stunden Südwind geweht hat, und eine Meridianhöhe gestern ergab, dass wir bis 82° 8,4' n. Br. zurückgetrieben sind. Der Horizont war im Süden klar. Das ist er schon seit langer Zeit nicht mehr gewesen. Aber wir haben vergeblich nach Land ausgespäht. Ich begreife es nicht.

Gestern Abend schneite es; das Zelt leckte, und der Sack wurde nass. Dass der Schnee nicht in Regen übergeht, ist zum Verzweifeln; der Neuschnee wird gewöhnlich zu einer dicken Schicht auf dem alten Schnee, und das verzögert das Auftauen.

Sonnabend, 6. Juli. 1 Grad plus, Regen! Endlich, nach vierzehn Tagen schienen wir das Wetter zu bekommen, auf das wir gewartet haben. Es hat die ganze Nacht und den Vormittag geregnet und hält auch jetzt noch an, echter, tüchtiger Regen. Nun wird sich dieser ewige Schnee vielleicht endlich davonmachen; er ist so weich und lose wie Schaum. Wenn der Regen nur eine ganze Woche anhalten wollte! Aber ehe wir nur Zeit haben, uns umzublicken, haben wir wieder einen kalten Wind mit Schnee; es wird sich eine Kruste bilden, und wir müssen wieder warten. Ich bin zu sehr an Enttäuschungen gewöhnt, um noch an etwas zu glauben. Immerhin hat uns der Regen in gute Stimmung versetzt.

Wir kalfaterten und strichen die Fahrzeuge an, um sie wasserdicht zu machen. Das Anstreichen macht viel Mühe. Manchen Tag habe ich Knochen gebrannt, bis der ganze Platz wie die Knochenmehlfabrik in Lysaker roch; dann kam das mühsame Verfahren, sie zu zerstoßen und zu zerreiben. Der Knochenstaub wurde endlich mit Tran vermischt, und nun war ich so weit, eine Probe zu machen. Die Farbe erwies sich als völlig unbrauchbar. Ich musste sie also doch mit Ruß vermischen, wie ich es ursprünglich gewollt hatte, und mehr Öl hinzufügen. Jetzt bin ich bei dem Versuch, Ruß herzustellen, damit beschäftigt, den ganzen Raum auszuräuchern. Dabei gewinne ich, wenn ich den Ruß sammle, trotz aller Mühen nur eine Prise, obwohl der Rauch so hoch emporsteigt, dass er auf Spitzbergen zu sehen sein müsste. Ja, man hat viele Unannehmlichkeiten, wenn sich nebenan kein Laden befindet! Was würde ich nicht für einen kleinen Eimer Ölfarbe, nur für gewöhnlichen

Lampenruß geben! Wir werden auch diese Schwierigkeit meistern; aber bald werden wir wie Schornsteinfeger aussehen.

Am Mittwochabend wurde Haren getötet. Er war in der letzten Zeit nicht mehr recht zu gebrauchen, war aber ein vorzüglicher Hund, und ich kann mir denken, dass es Johansen schwer geworden ist, sich von ihm zu trennen. Er blickte das Tier gramvoll an, bevor es in die glücklichen Jagdgefilde abging oder wohin sonst solche Ziehhunde kommen mögen, vielleicht an Orte, an denen es nur ebene Eisflächen und keine Rücken und Rinnen gibt. Jetzt sind noch zwei Hunde übrig, Suggen und Kaiphas.

Vorgestern Abend entdeckten wir im Osten einen schwarzen Hügel. Wir untersuchten ihn durch das Glas; er sah wie ein schwarzer Felsen aus, der aus dem Schnee aufstieg, und war höher als die benachbarten Hügel. Ich prüfte ihn von dem höchsten Rücken unserer Umgebung, konnte aber nicht entscheiden, was es war. Für einen aufgetürmten Haufen, der teilweise aus schwarzem Eis bestand oder mit Schlamm durchsetzt war, kam er mir zu groß vor; ich habe niemals Ähnliches gesehen. Dass er eine Insel ist, erscheint mir unwahrscheinlich; denn er bleibt stets in derselben Entfernung von uns, obgleich wir treiben.

Sobald sich der Horizont im Süden aufklärt, kann man auch schon einen von uns bald mit, bald ohne Fernrohr den üblichen Weg zu dem „Wachturm“, einem Hügel neben dem Zelt, gehen sehen, um nach Land auszuspähen; man sieht aber nie etwas anderes als denselben kahlen Horizont.

Jeden Tag unternehme ich in der Umgebung einen Rundgang auf dem Eis, um nachzusehen, ob der Schnee abgenommen hat. Es scheint nicht so, und mir kommen Augenblicke des Zweifels, ob er in diesem Sommer überhaupt verschwinden wird. Ist dies nicht der Fall, sind unsere Aussichten mehr als düster. Das Beste, worauf wir dann hoffen können, wäre, den Winter irgendwo auf Franz-Joseph-Land zuzubringen. Jetzt aber regnet es; es strömt an den Zeltwänden herunter und tropft auf das Eis. Alles erscheint wieder hoffnungsvoll, und wir malen uns die Freuden des Herbstes und Winters in der Heimat aus!

Mittwoch, 10. Juli. Es ist seltsam, dass ich jetzt, da ich wirklich etwas Interessanteres als gewöhnlich erzählen kann, weniger Neigung zum Schreiben habe als sonst. Alles will einem gleichgültiger werden.

Was wollte ich sagen? Ja, dass wir uns gestern ein schönes Lager aus Bärenfellen als Unterlage für den Schlafsack gemacht und einen vollen Tag geschlafen haben, ohne es zu wissen. Ich glaubte, es sei sechs Uhr morgens, als ich aufstand. Als ich aus dem Zelt trat, kam mir der Stand der Sonne etwas merkwürdig vor; ich grübelte eine Weile darüber nach, bis ich zu dem Schluss gelangte, dass es sechs Uhr abends war; wir hatten also 22 Stunden geschlafen. In letzter Zeit hatten wir allerdings auch wenig geschlafen, weil wir auf den Schneeschuhen, die wir unter den Sack gelegt hatten, um ihn von den Wassertümpeln unter uns frei zu halten, wie gerädert wurden.

Der wohltätige Regen hielt am Sonnabend den ganzen Tag an und tilgte eine beträchtliche Menge Schnee. Um das gute Wetter zu feiern, beschlossen wir, zum Abend Schokolade zu trinken; sonst lebten wir nur von dem Seehund. Wir kochten uns also Schokolade, die, mit rohem Seehundsspeck aufgetischt, ganz ausgezeichnet mundete. Sie war aber die Ursache einer großen Enttäuschung; denn nachdem wir uns auf den jetzt so seltenen Schmaus riesig gefreut hatten, brachte ich es mit großem Geschick fertig, den Becher umzustoßen, sodass der ganze kostbare Inhalt über das Eis floss. Während ich auf die zweite Tasse wartete, die über der Tranlampe kochte, heulte Kaiphas draußen los. Ich zweifelte nicht, dass er ein Tier gesehen hatte, und wollte darum schleunigst auf den Ausguck, um über das Eis zu spähen.

Ich streckte den Kopf aus der Zeltöffnung und war nicht wenig erstaunt, als ich einen Bären sah, der auf die Hunde zutrottete und Kaiphas beschnüffelte. Ich sprang nach meiner Büchse, die geladen neben dem Zelt im Schnee stand, und riss das Futteral herunter. Der Bär blieb stehen und glotzte mich an. Ich schickte ihm eine Kugel durch Schulter und Brust, überzeugt, dass er auf der Stelle niederstürzen würde; er taumelte aber nur etwas, drehte sich um und machte sich davon. Ehe ich eine neue Patrone aus der Tasche ziehen konnte, war er schon zwischen den Hügeln. Ich ging ihm nach. Johansen folgte mir. Kaum hatte ich einige Schritte gemacht, als wir etwas weiter entfernt zwei andere Köpfe auftauchen sahen. Sie gehörten zwei jungen Bären, die auf den Hinterbeinen standen und zu ihrer Mutter blickten, die taumelnd, mit einer Blutspur hinter sich, auf sie zukam. Dann machten sich alle drei über eine Rinne davon; nun entspann sich eine wilde Jagd über Ebenen und Rücken und Rinnen und allerlei andere Hindernisse. Dieser Jagdeifer ist wunderbar; es ist gerade, als ob Pulver angezündet würde. Wo es zu anderen Zeiten beschwerliche Arbeit gewesen wäre, überhaupt weiterzukommen, wo man bis an die Knie in den Schnee sinkt und zögern würde, über eine Rinne zu gehen, da nimmt man im Jagdeifer unbedenklich jedes Hindernis.

Die Bärin war schwer verwundet und schleppte das linke Vorderbein nach; sie lief nicht schnell, aber immerhin so rasch, dass ich genug Mühe hatte, mich in der Nähe zu halten. Die Jungen irrten ängstlich um die Mutter herum, sie wussten nicht, was ihr fehlte. Plötzlich schauten sie sich alle drei nach mir um, der ich, so rasch ich konnte, hinter ihnen hersauste. Ich war schon viele Male in Schussweite gewesen, aber die Bärin hatte mir stets ihre Kehrseite zugewendet; wenn ich schoss, wollte ich nun auch sicher sein, der Sache ein Ende zu machen, da ich nur drei Patronen bei mir hatte, für jeden eine.

Endlich bekam ich auf dem Gipfel eines Hügels ihre Breitseite zu sehen, und dort brach die Bärin auch zusammen. Die Jungen eilten ängstlich zu ihr hin, als sie fiel. Der Anblick konnte einem Leid tun. Sie schnüffelten an ihr herum, stießen sie an, liefen immer rundherum und wussten nicht, was sie in ihrer Verzweiflung tun sollten. Inzwischen hatte ich eine andere Patrone in den Lauf geschoben und schoss das eine Junge von einem Vorsprung herunter; es stürzte mit dumpfem Geheul über den Abhang an die Seite der Mutter. Noch mehr erschrocken als vorher, eilte das andere Junge zu seiner Hilfe herbei; aber was konnte das arme Ding tun? Während sein Bruder sich brüllend umherwälzte, schaute es traurig bald ihn, bald die Mutter an, die im Sterben lag. Als ich mich näherte, wandte es gleichgültig den Kopf weg; was fragte es jetzt nach mir? Alles, was ihm teuer war, lag dort vernichtet. Es wusste nicht mehr, wohin es gehen sollte, und bewegte sich nicht von der Stelle. Ich trat dicht heran, und mit einer Kugel in der Brust stürzte es tot neben der Mutter nieder.

Bald darauf kam Johansen, der durch eine Rinne aufgehalten worden war, herbei. Wir weideten die Tiere aus und kehrten zum Zelt zurück, um die Schlitten, die Hunde und ordentliche Schlachtmesser zu holen. Unsere zweite Tasse Schokolade schmeckte uns nach dieser Unterbrechung ausgezeichnet. Wir häuteten zwei der Bären ab, zerschnitten sie in Stücke und ließen sie auf einem Haufen zurück, den wir mit den Fellen bedeckten, um das Fleisch vor Möwen zu schützen; den dritten nahmen wir mit.

Am nächsten Tag holten wir auch die beiden anderen Bären, und jetzt haben wir mehr Fleisch, als wir verzehren können. Es ist gut, dass wir nun auch für die Hunde viel rohes Fleisch haben. Suggen, der arme Kerl, ist in sehr schlechter Verfassung, und es ist die Frage, ob wir ihn noch weiter brauchen können. Als wir ihn am ersten Tag zu den Bären mitnahmen, konnte er nicht laufen, wir mussten ihn auf den Schlitten setzen. Er heulte fürchterlich, als ob er sagen wollte, es sei unter seiner Würde, auf diese Weise befördert zu werden, sodass Johansen ihn zurückbringen musste. Die Hunde scheinen an den Beinen gelähmt zu sein, sie fallen hin und haben die größte Mühe, wieder hochzukommen. So ist es von Gulen an mit ihnen allen der Fall gewesen. Nur Kaiphas ist so frisch und wohl wie je.

Merkwürdig, wie groß die jungen Bären waren. Ich konnte mir kaum vorstellen, dass sie in diesem Jahr geboren wurden, ich würde sie für ein Jahr alt gehalten haben, wenn die Bärin nicht Milch gehabt hätte; es ist kaum anzunehmen, dass die Jungen anderthalb Jahre gesäugt werden. In den Mägen der Jungen befanden sich Stücke Seehundshaut.

Mittwoch, 17. Juli. Endlich naht die Zeit, dass wir uns wieder auf den Weg machen, heimwärts! Der Schnee hat genügend abgenommen. Die Kajaks sind mit Ruß und Tran angestrichen und mit trockenen Pastellfarben, die zerstoßen und ebenfalls mit Tran vermischt wurden, gedichtet worden. Es wird noch eine gründliche Durchsicht unserer Ausrüstung stattfinden, und alles, was nicht unbedingt notwendig ist, wird zurückgelassen. Hier müssen wir unserm Schlafsack Lebewohl sagen. Die

Tage der Behaglichkeit sind für uns vorüber; fortan werden wir unter freiem Himmel nächtigen, bis wir uns an Bord eines Schiffes befinden, das wir in Spitzbergen zu treffen hoffen.

Mittlerweile ist hier – wir haben die Stelle „Sehnsuchtslager" genannt – die Zeit vorübergegangen. Wir aßen morgens, mittags und abends Bärenfleisch und haben gefunden, dass die Brust der jungen Tiere wirklich etwas für Feinschmecker ist. Es ist eigentümlich, dass diese ausschließliche Fleisch- und Fettkost uns nicht im Geringsten schlecht bekommt; ja, wir vermissen Mehlspeisen nicht einmal so sehr, wenn wir vielleicht auch einen großen Kuchen als höchste Glückseligkeit betrachtet hätten. Hin und wieder heitern wir uns mit Zitronensaftgrog, einem Blutpfannkuchen oder gedämpften Preiselbeeren auf und träumen davon, wie schön es sein wird, nun binnen kurzem heimzukommen, und wie wir die Annehmlichkeiten der Zivilisation in vollen Zügen genießen wollen. Glückliche Ungewissheit! Vielleicht wird es manchen langen Tag dauern, vielleicht wird noch manche schwere Prüfung zu bestehen sein, ehe wir zu Hause sind. Aber ich will das Beste hoffen! Wir haben noch zwei Monate Sommer, und da kann noch viel geschehen.

Freitag, 19. Juli. Heute flogen zwei ausgewachsene Rosenmöwen, von Nordosten kommend, über uns hinweg nach Westen. Als sie schon in der Ferne waren, stießen sie ein Geschrei aus, das mich an das des Wendehalses erinnerte. Sie flogen ganz niedrig, gerade über meinem Kopf hin, sodass ich die Rosafarbe ihrer Unterseite deutlich sah.

Dienstag, 23. Juli. Gestern Morgen kamen wir endlich vom „Sehnsuchtslager" los, und jetzt sind wir gottlob wieder unterwegs, Tag und Nacht haben wir gearbeitet, um fortzukommen. Erst glaubten wir, es würde am 19. sein, dann am 20., darauf am 21., aber immer tauchte wieder etwas auf, was getan werden musste, ehe wir uns aufmachen konnten. Das vom Seewasser durchweichte Brot musste in der Bratpfanne über der Lampe sorgfältig getrocknet werden. Das nahm mehrere Tage in Anspruch. Dann mussten die Strümpfe geflickt und die Kajaks genau nachgesehen werden und so weiter. Wir wollten zum letzten Abschnitt der Reise heimwärts in guter Verfassung aufbrechen. So geschah es auch.

Die *Fram* im Juli 1895

Sicherer Hafen: die *Fram* im Eis

Alles geht wie ein Tanz. Die Aussichten für das Weiterkommen sind besser, als wir erwartet hatten, obwohl das Eis nicht eben ist; die Schlitten sind leichter zu ziehen, nachdem wir alles, was entbehrlich war, zurückgelassen haben, und der Schnee hat beträchtlich abgenommen. Auf dem letzten Stück des Marsches konnten wir sogar ohne Schneeschuhe gehen. Johansen führte ein Kunststück aus und setzte allein mit seinem Kajak über eine Rinne. Suggen lag dabei auf dem Vordeck, während Johansen auf dem Hinterdeck kniete und das Fahrzeug beim Rudern im Gleichgewicht hielt. Ich wollte denselben Versuch mit meinem Kajak machen, es schwankte mir aber zu sehr, um die Fahrt zu wagen, ich schleppte daher das Kajak mit Kaiphas auf Deck hinüber, während ich, daneben vorsichtig über Eisstücke springend, auch hinüberkam.

Wir haben jetzt den Vorteil, dass wir überall Trinkwasser finden. Wir leben auch wieder von unserm alten Proviant; aber seltsam genug, weder Johansen noch ich fanden das Essen so schmackhaft, wie man nach der einmonatigen Fleischkost hätte annehmen sollen.

Es ist gut, dass wir wieder unterwegs sind. Das Angenehme dabei sind die leichteren Schlitten. Wir haben aber auch wirklich sehr viel im „Sehnsuchtslager" zurückgelassen – außer einem ansehnlichen Haufen Fleisch und Speck drei schöne Bärenfelle. Auch unser alter Freund, der Sack, liegt oben auf dem Bären, ferner eine Menge Holz, Bretter der Unterseiten der Schlitten, Schneeschuhe und andere Dinge, mehr als die Hälfte von Blessings schönen Mitteln – Gipsverbände, Gazebinden, hygroskopische Baumwollwatte, außerdem Tauwerk, unsere Bratpfanne mit dem Schmelzapparat, eine Tranlampe, Säcke, Werkzeuge, Segeltuch, Finnenschuhe, unsere Fausthandschuhe aus Wolfsfell und aus Wolle, ein geologischer Hammer, ein halbes Hemd, Strümpfe und vieles andere. Anstelle dieser Dinge haben wir aber ein Plus in Gestalt eines Sackes getrockneten Seehunds- und Bärenfleisches und die zweite Hälfte des Aluminiummantels voll Speck. Wir haben uns jetzt aller überflüssigen Dinge so gründlich entledigt, dass wir kaum einen Holzpflock machen können, um ihn durch das Ende der Zugleine zu schieben.

Endlich Land!

Mittwoch, 24. Juli. Endlich hat sich das Wunder ereignet. Land, Land, nachdem wir unseren Glauben daran schon beinahe aufgegeben hatten! Nach fast zwei Jahren sehen wir über der endlosen weißen Linie am Horizont wieder etwas aufsteigen. Diese weiße Linie hat sich seit vielen Jahrtausenden über dieses einsame Meer ausgedehnt und wird sich in künftigen Jahrtausenden ebenso darüber ausdehnen. Wir verlassen das Eis und lassen keine Spur zurück; denn die Fährte unserer kleinen Karawane über die Ebenen ist längst verschwunden. Ein neues Leben beginnt für uns.

Wie lange hat dieses Land unsere Träume heimgesucht, und nun kommt es wie eine Vision, wie ein Feenland! Schneeweiß wölbt es sich über dem Horizont wie ferne Wolken, von denen man fürchtet, dass sie im nächsten Augenblick verschwinden. Das Wunderbarste aber ist, dass wir das Land während der ganzen Zeit gesehen haben, ohne es zu wissen. Ich habe es vom „Sehnsuchtslager" aus mehrere Male studiert in dem Glauben, dass es Schneefelder seien, bin aber stets zu dem Schluss gekommen, dass es nur Wolken sind, weil ich niemals einen dunklen Punkt entdeckte. Außerdem wechselte es auch seine Form, wahrscheinlich durch den Nebel, der stets darüber lagerte; es kam aber mit seiner merkwürdig regelmäßigen Wölbung immer an derselben Stelle wieder.

Das Eis war gestern zerstückelt und aufgebrochen; es war eine harte Arbeit, sich einen Weg über Eisrücken zu bahnen, die wie Berge, Täler und Schluchten waren. Bei Rinnen, über die ein Übergang schwer zu finden war, brachten wir die Kajaks zu Wasser. Manchmal gelangten wir nach einer sehr schlechten Stelle auf eine kurze Strecke ebenes Eis, über das es mitten durch Tümpel und Lachen wie im Flug ging.

Als ich gestern Morgen einmal eine Strecke voraus war, bestieg Johansen einen Hügel, um über das Eis auszuschauen. Er bemerkte einen seltsamen schwarzen Streifen über dem Horizont, hielt ihn aber für eine Wolke, und ich dachte nicht weiter daran. Eine Weile später aber sah ich von einem Hügel aus den gleichen schwarzen Streifen; er lief vom Horizont schräg hinauf in etwas, was ich für eine weiße Wolkenbank hielt. Je länger ich die Bank und den Streifen ansah, desto verdächtiger kamen sie mir vor, bis ich daran dachte, das Fernrohr zu holen. Kaum hatte ich das Rohr auf den schwarzen Streifen gerichtet, als mir plötzlich einfiel, dass das Land sein müsse, das nicht einmal weit entfernt sein konnte. Es war ein großer Gletscher, aus dem schwarze Felsen emporragten. Auch Johansen überzeugte sich mit dem Glas, dass wir wirklich Land vor uns hatten. Wir waren beide natürlich hoch entzückt. Dann sah ich eine ähnliche gewölbte weiße Linie ein wenig weiter östlich. Sie war jedoch zum größten Teil mit weißem Nebel bedeckt, in dem sie nur schwach zu unterscheiden war und beständig die Form wechselte. Bald aber kam sie vollständig heraus; sie war beträchtlich größer und höher als die erste, jedoch war kein schwarzer Fleck darauf zu sehen. So also sah das Land aus! Ich hatte es mir in vielen Formen vorgestellt, mit hohen Spitzen und glänzenden Firnfeldern, aber nie so wie dieses. Es war nichts Freundliches daran, doch war es uns darum nicht weniger willkommen, und im Ganzen konnten wir auch bei dem Schnee, der hier fällt, nichts anderes erwarten, als dass das Land schneebedeckt sein würde.

Wir schlugen nunmehr unser Zelt auf und nahmen ein der Gelegenheit entsprechendes Festmahl ein: Labskaus aus Kartoffeln (zum vorletzten Mal, wir hatten sie lange Zeit für diese Gelegenheit aufgespart), Pemmikan, getrocknetes Bären- und Seehundsfleisch und Bärenzungen, alles durcheinander gehackt. Dann hatten wir einen zweiten Gang, Brotkrumen, in Bärenfett gebacken, Vrilspeise und Butter sowie ein Stück Schokolade zum Nachtisch.

Wir hielten das Land für so nahe, dass wir glaubten, es spätestens am nächsten Abend betreten zu können. Aber es sollten noch 13 Tage mit derselben einförmigen Quälerei über das Treibeis vergehen, bis es so weit war!

Am 25. Juli schrieb ich: „Als wir gestern Abend wegen des Nebels

Halt machten, hatte ich das Gefühl, dass wir dem Land ziemlich nahe gekommen waren. An diesem Morgen war natürlich das Erste, was Johansen tat, als er Wasser holte, dass er auf den nächsten Hügel kletterte und nach dem Land aussah. Da lag es, erheblich näher als vorher; er ist ganz sicher, dass wir es vor Abend erreichen."

Ich entdeckte an diesem Tag noch ein neues Land westlich von uns. Es lag wie ein Schild da, regelmäßig gewölbt, ähnlich dem erstgesehenen Land, erhob sich wenig über den Horizont und schien sehr weit entfernt zu sein. Später ergab sich, dass es Kronprinz-Rudolf-Land war. Wir setzten den Weg über Rinnen und raues Eis, so rasch wir konnten, fort, kamen an diesem Tag aber nicht weit, und das Land schien nicht viel näher zu rücken. In Wirklichkeit war kein Unterschied zu bemerken, obgleich wir uns einbildeten, dass es immer höher stieg.

Sonnabend, 27. Juli. Der Wind hielt letzte Nacht an, ist jetzt aber abgeflaut. Die Sonne scheint. Wir suchen uns mit allen Mitteln, die uns zu Gebote stehen, in unserm neuen, aus wollenen Decken hergestellten Schlafsack eine behagliche Nachtruhe zu verschaffen. Wir haben auf dem nackten Eis gelegen, dann auf den Schneeschuhen und heute Nacht wieder auf dem nackten Eis, aber das ist hart und nicht sehr bequem; es ist auch etwas kalt, wenn man nass ist. Wir werden ein gutes, warmes Bett umso höher schätzen, wenn wir es erst haben.

Dienstag, 30. Juli. Wir kamen unglaublich langsam weiter. Jede Art von Hindernis scheint sich uns in den Weg zu legen. Jetzt habe ich einen solchen Hexenschuss, dass ich mich gestern nur unter Aufbietung meiner ganzen Willenskraft weiterschleppte. An schwierigen Stellen musste Johansen mir mit meinem Schlitten weiterhelfen. Die Schmerzen fingen vorgestern an; gegen Ende unseres Marsches lief Johansen voran und suchte einen Weg. Gestern ging es mir viel schlechter; wie es mir heute geht, weiß ich nicht, ehe ich mich bewege. Ich will aber dankbar sein, falls ich mich überhaupt weiterschleppen kann. Gestern Morgen waren wir neun Stunden gegangen und mussten des Regens wegen um drei Uhr lagern; der Regen durchnässte uns gründlich, noch ehe wir einen Platz für das Zelt gefunden hatten. Hier sind wir einen Tag geblieben, während es in Strömen goss, und wir sind dabei nicht trockener geworden. Unter uns sind Pfützen, und der Sack ist auf der Unterseite durchgeweicht.

Der Wind hat gerade auf Westen gedreht. Es hat aufgehört zu regnen. Wir bereiten uns Brei zum Frühstück und gedenken dann weiterzuziehen. Aber wenn es wieder regnet, müssen wir Halt machen, denn wir dürfen nicht nass werden, da wir keine Kleidung zum Wechseln haben.

Montag, 5. August. Wir brachen gestern Morgen um sieben Uhr auf und kamen auf besonders schlechtes Eis. Nach einem erschöpfenden Marsch erreichten wir endlich eine Rinne, die wir mit den Kajaks überqueren mussten. Wir machten den Rand der Rinne von dem jungen und dem Schlammeis frei. Dann zog ich meinen Schlitten an den Rand und hielt ihn fest, damit er nicht hineinglitt. Plötzlich wurde es hinter mir lebendig, und Johansen schrie: „Schnell die Büchse!"

Ich drehe mich um und erblicke einen ungeheuren Bären, der sich gerade auf Johansen wirft. Ich greife nach einer Büchse, die – im Futteral! – auf dem Verdeck liegt, allein in diesem Augenblick gleitet das Kajak ins Wasser. Mein erster Gedanke ist, mich ebenfalls ins Wasser und über das Kajak zu werfen und von dort aus zu schießen, ich sehe aber ein, dass es gefährlich ist. Ich versuche daher, das Kajak mit seiner schweren Ladung so rasch wie möglich auf den hohen Rand des Eises zurückzuholen, und liege dabei ziehend und zerrend auf den Knien, um die Büchse zu fassen. Ich habe keine Zeit, mich umzublicken, als ich Johansen plötzlich in aller Ruhe hinter mir rufen höre: „Schieß schnell, wenn es nicht zu spät sein soll!"

Wie ich mich beeilte! Endlich hatte ich das Schaftende erfasst, zog die Büchse heraus, drehte mich sitzend herum und spannte im Nu den Hahn des Schrotlaufes. Der Bär stand jetzt keine zwei Meter entfernt, bereit, Kaiphas ein Ende zu machen. Es war keine Zeit mehr zu verlieren. Ich konnte nicht erst den Hahn des anderen Laufes spannen, ich jagte dem Bären eine Schrotladung hinter das Ohr und streckte ihn tot zwischen uns nieder.

Der Bär musste unserer Fährte wie eine Katze gefolgt sein und sich, von den Eisblöcken verdeckt, herangeschlichen haben, während wir das

„Schieß schnell!“

Eis in der Rinne entfernt und ihm den Rücken zugedreht hatten. An der Spur sahen wir, dass er über einen Rücken unter der Deckung eines Hügels neben Johansens Kajak gekrochen war. Während Johansen, ohne etwas zu argwöhnen oder sich umzublicken, zurückging und sich bückte, um die Zugleine aufzunehmen, hatte er plötzlich am Ende des Kajaks ein Tier hocken sehen, aber geglaubt, es sei Suggen. Ehe er noch Zeit hatte, recht zu begreifen, dass das Tier dazu zu groß war, hatte er einen Schlag hinter das rechte Ohr bekommen, dass ihm die Funken aus den Augen stoben, und war dann auf den Rücken gefallen. Er suchte sich so gut wie möglich mit den Händen zu wehren; mit der einen Hand packte er das Tier bei der Kehle und drückte sie mit aller Kraft zu. Gerade als ihn der Bär in den Kopf beißen wollte, hatte Johansen gerufen: „Schieß schnell!“ Der Bär hatte fortwährend nach mir hergeblickt und ohne Zweifel darüber nachgedacht, was ich wohl tat. Dann aber hatte er den Hund zu sehen bekommen und sich ihm zugewandt. Schnell wie der Gedanke hatte Johansen losgelassen und war fortgekrochen. Der Bär versetzte Suggen einen Schlag, der den Hund ebenso kräftig aufheulen ließ, als wenn er von uns Prügel bekommen hätte. Dann hatte Kaiphas einen Klaps auf die Nase erhalten. Inzwischen war Johansen auf den Beinen und bei seiner Büchse, die aus dem Kajak herausragte. Dann schoss ich. Der einzige angerichtete Schaden bestand darin, dass der Bär Johansen etwas Schmutz von der rechten Backe abgekratzt hatte, sodass man dort einen weißen Streifen sah. Und Kaiphas hatte eine Schramme an der Nase.

Nachdem wir den Bären zerteilt, die Hunde tüchtig gefüttert, selbst etwas rohes Fleisch verzehrt und die Schinken in den Kajaks verstaut hatten, fuhren wir endlich über die Rinne und setzten unseren Weg fort.

Das Eis war und blieb schlecht, und wir standen bald vor einigen fürchterlichen Rinnen, voll von dicht zusammengepackten Eisblöcken. Es war zum Verzweifeln; aber vorwärts mussten wir. Durch das Glas sah ich das offene Wasser am Fuß des Gletschers. Jetzt können wir es nicht mehr weit haben!

Mittwoch, 7. August. Endlich sind wir in der Nähe des Landes, endlich liegt das Treibeis hinter uns und vor uns offenes Wasser, hoffentlich bis zum Ende. Gestern war der wichtige Tag. Als wir vorgestern Abend aus dem Zelt krochen, glaubten wir beide, dass wir dem Rand des Gletschers nahe waren. Mit neuem Mut und in der schwachen Hoffnung, das Land an diesem Tag zu erreichen, machten wir uns wieder auf den Weg. Und doch wagten wir nicht daran zu denken, dass unser Leben auf dem Treibeis zu Ende ging. Nachdem wir fünf Monate darauf gewandert waren und so viele Enttäuschungen erlebt hatten, waren wir auf einen Fehlschlag unserer Hoffnung nur zu gefasst. Zunächst gelangten wir an breite Rinnen voll von Schlamm und unebenem Eis, Hügeln und Tälern und tiefem Schnee mit Wasser. Wir sanken bis an die Hüften ein. Nach ein paar solchen Rinnen besserte es sich ein wenig, und wir kamen auf ebenes Eis. Bald war es augenfällig, wie viel näher wir dem Rand des Gletschers waren. Er konnte unmöglich noch weit entfernt sein. Da kam Leben in uns! Wir spannten uns wieder vor die Schlitten, nahmen einen Anlauf, und fort ging es durch Schnee und Wasser, über Hügel und Ketten. Es ging wie im Fluge. Was fragten wir danach, wenn wir bis über die Pelzgamaschen ins Wasser sanken, sodass die Komager voll liefen und das Wasser in ihnen bei jedem Schritt wie in einer Pumpe auf- und niederging!

Endlich stand ich am Rand des Eises. Vor mir lag die dunkle Meeresfläche mit weißen, treibenden Eisschollen; weit in der Ferne stieg die Gletscherwand jäh aus dem Wasser auf; das Ganze in düsterer, nebelhafter Beleuchtung. Unsere Freude war unbeschreiblich, in Worten nicht auszudrücken. Hinter uns lagen nun alle unsere Sorgen, vor uns hatten wir das freie Meer, den Weg in die Heimat. Ich winkte Johansen, der ein Stück zurück war, und er schwenkte seinen Hut: hurra!

Da tauchte der Kopf eines großen Seehunds auf und verschwand wieder in aller Stille; bald zeigten sich mehrere. Es beruhigte zu wissen, dass wir uns jederzeit so viel zu essen verschaffen konnten, wie wir wollten.

Nun wurden die Kajaks für die Seefahrt aufgetakelt. Natürlich wäre es besser gewesen, wenn wir einzeln gerudert wären; aber mit den langen, großen Schlitten an Deck war das nicht leicht, auch wagte ich nicht, sie zurückzulassen, da wir sie noch gut verwenden konnten. Wir befestigten die beiden Kajaks also nebeneinander, versteiften sie mit den Schneeschuhen und legten die Schlitten quer darüber, den einen vorn, den andern hinten.

Traurig war es, dass nicht daran zu denken war, unsere beiden letzten Hunde mitzunehmen. Wir hatten sie sehr lieb gewonnen. Treu und ausdauernd hatten sie uns auf der ganzen Reise gedient, und nun, da bessere Zeiten anbrachen, war ihre letzte Stunde gekommen. Wir opferten eine Patrone für jeden. Ich erschoss Johansens Hund, er meinen.

Nun standen wir zum Aufbruch bereit. Es war ein Vergnügen, die Kajaks über das Wasser tanzen zu lassen und die Wellen an den Seiten plätschern zu hören. Seit zwei Jahren hatten wir eine solche Wasserfläche nicht mehr gesehen. Wir waren noch nicht weit, als wir ein Segel setzen konnten. Bequem glitten wir vor dem Wind dem Land zu, das wir die vielen Monate ersehnt hatten. Welche Änderung gegenüber der Plackerei auf dem Eis! Der Nebel hatte uns das Land eine Zeit lang verhüllt, doch jetzt teilte er sich, und wir sahen den Gletscher gerade vor uns steil aufsteigen. Die Sonne brach durch. Ich kann mich kaum eines schöneren Morgens erinnern. Bald waren wir beim Gletscher, ließen das Segel herab und ruderten westwärts, die Eiswand entlang, die 16 bis 20 Meter hoch war und an der wir nicht landen konnten. Es schien wenig Bewegung in dem Gletscher zu sein; das Wasser hatte sich am Fuß einen Weg tief ausgewaschen; der Gletscher war glatt und spaltenlos. An der ganzen Höhe der Wand sah man ungewöhnlich scharf abgezeichnete Jahresschichten.

Bald entdeckten wir, dass die Gezeitenströmung mit großer Geschwindigkeit an der Gletscherwand entlang nach Westen setzte. Mit ihr kamen wir rasch weiter. Dagegen war es nicht leicht, einen Lagerplatz zu finden. Schließlich waren wir gezwungen, auf einer treibenden Scholle zu rasten. Es war herrlich, sich zur Ruhe zu legen in dem Bewusstsein, nicht zu neuen Qualen im Treibeis aufstehen zu müssen.

Donnerstag, 8. August. Nachdem wir das Gepäck über einige Schollen gezogen hatten, kamen wir gestern ohne Schwierigkeiten ins offene Wasser. Es herrschte Nebel, sodass wir nicht weit sehen konnten; wir wussten nichts von dem Land oder der Küste, die wir erreicht hatten. Wir setzten die Fahrt wie bisher auf dem Doppelkajak fort, mit den Schlitten vorn und hinten quer über Deck.

Das Wetter klarte auf, nur über dem Land blieb der Nebel hartnäckig hängen. Es war totenstill, die Wasserfläche lag wie ein Spiegel vor uns, und kleine Stücke Eis, hier und dort eine Scholle, trieben darauf umher. Es war ein wunderschöner Anblick und wirklich herrlich, in unseren leichten Fahrzeugen zu sitzen und ohne Anstrengung über das Wasser zu gleiten. Ein Seehund tauchte vor uns auf. Elfenbeinmöwen, Stummelmöwen, Eissturmvögel, Krabbentaucher, Rosenmöwen und ein paar Seeschwalben flogen über uns hin. Hier gab es genug Nahrung.

Anfangs war unser Kurs West zu Nord; dann aber wendete sich das Land immer mehr nach Westen und Südwesten, und das Wasser breitete sich zu einer weiten See in südwestlicher Richtung aus. Aus Nordnordwest kam eine Brise auf. Dadurch entstand eine erhebliche Bewegung, die unangenehm war, weil das Wasser beständig zwischen den beiden Fahrzeugen emporspülte und uns durchnässte. Gegen Abend legten wir auf dem Eis an und richteten das Zelt auf. Kaum war das geschehen, begann es zu regnen, sodass es für uns hohe Zeit gewesen war, unter Dach zu kommen.

Freitag, 9. August. Gestern Morgen mussten wir die Schlitten mit den Kajaks wieder über Eis schleppen, das vor dem Lager zusammengetrieben war. Bei dieser Arbeit brachte ich es fertig, ins Wasser zu fallen. Mit Mühe kamen wir endlich durch, hinaus ins offene Wasser. Der Wind wehte aus Nordwesten. Je weiter wir vorwärts kamen, desto besser konnten wir einen südlichen Kurs einhalten, und da wir den Wind hinter uns hatten, setzten wir Segel und segelten den ganzen Tag, bis wir gestern Abend anhielten.

Wir haben bis jetzt des Nebels wegen wenig von dem Land gesehen, an dem wir entlangfahren; soweit ich aber beobachten kann, besteht es aus Inseln. Zuerst war da eine große, mit einem Gletscher bedeckte Insel; westlich davon war eine kleinere, auf der die beiden Felsenklippen emporragen, die uns zuerst auf die Nähe des Landes aufmerksam gemacht haben; dann kamen ein langer Fjord oder Sund mit schwerem Küsteneis und endlich ein niedriges Vorgebirge oder, wohl richtiger, eine Insel, an deren Südseite wir uns jetzt gelagert haben.

Das Küsteneis, das sich längs des Landes hinzieht, ist sehr merkwürdig. Es ist ungewöhnlich schwer und uneben und scheint aus zusammengepressten, ungeheuren Blöcken zu bestehen, die jedenfalls zum großen Teil von Gletschern herstammen. Vielleicht hat auch ein heftiger Druck gegen das Land stattgefunden und das Meereis zugleich mit den Gletscherbrocken emporgehoben. Das Ganze ist dann zu einer zusammenhängenden Masse gefroren. Wo wir jetzt sind, ist flaches Buchteneis zwischen der niedrigen Insel und einer größeren weiter nach Süden.

Das Land ist mir rätselhaft. Ich kann immer noch nicht sagen, wo wir sind. Es scheint seltsam, dass sich die Küste beständig nach Süden erstreckt anstatt nach Südwesten. Vielleicht sind wir an der Westküste von Franz-Joseph-Land; aber dazu kann ich mir nicht erklären, woher so viele Rosenmöwen kommen sollen. Auf Spitzbergen ist noch keine einzige mit Sicherheit festgestellt worden, und wenn meine Annahme richtig ist, so könnte Spitzbergen nicht weit entfernt sein.

Sonnabend, 10. August. Wir haben die kleine Insel bestiegen, in deren Nähe wir gelagert haben. Sie war mit einem Gletscher bedeckt, der sich wie ein regelrechter Schild darüber wölbte; alle Seiten fielen langsam ab. So gering war die Neigung, dass unsere Schneeschuhe auf der Schneekruste nicht einmal von selbst glitten. Von der Höhe hatten wir einen guten Ausblick, und da der Nebel sich gerade hob, sahen wir das Land rundherum ziemlich klar.

Es zeigte sich deutlich, dass es nur Inseln waren, an denen wir entlanggefahren sind. Die erste war die größte. Die Insel im Süden von uns sah ebenfalls groß aus; sie schien vollständig von einem Gletscher bedeckt zu sein.

Ich nannte die erste Insel Eva-Insel, die zweite Liv-Insel und die kleine, auf der wir uns befanden, Adelaide-Insel. Die vierte Insel, südlich von uns, ist vielleicht schon von Payer gesehen und von ihm Freeden-Insel genannt worden. Die ganze Inselgruppe taufte ich „Hvidtenland", Weißes Land.

Zwischen den Inseln und so weit wir nach Südosten und Osten sehen konnten, war die See mit flachem Buchteneis bedeckt, Land war an dieser Richtung nicht zu erkennen.

Der Gletscher, der die kleine Insel bedeckte, auf der wir standen, ging fast unmerklich in Buchteneis über, und nur einige Spalten längs der Küste deuteten an, wo er anfing. An der Westseite der Insel lag vor dem Gletscher ein Wall von Eis und Schnee, der sich wahrscheinlich aus zusammengeschweißten Stücken von Gletscher und Meereis gebildet hatte. Mit einer glatten Böschung ging dieser Wall ganz sanft in den Gletscher über.

Gegen drei Uhr nachmittags machten wir uns in offenem Wasser auf und segelten bis ungefähr acht Uhr abends. Dann schloss sich das Wasser, und wir schlugen das Zelt auf.

Am 10. August schleppten wir bald die Schlitten über das Eis, bald ruderten wir auf offenem Wasser in südwestlicher Richtung. Dabei kamen wir an einer Herde Walrosse vorbei, die auf einer Scholle lagen. Es war erfreulich, so viel Nahrung an einer Stelle zu sehen, wir nahmen aber keine Notiz davon, da wir vorläufig genug Fleisch und Speck hatten. Wir verfolgten jetzt einen westlichen Kurs und hielten uns an den Rand des festen und unebenen Eises. Aber die Strömung lief uns entgegen, und außerdem hatte sich tagsüber junges Eis gebildet, das so dick war, dass wir nicht mehr rudern konnten. Wir gingen daher an Land und schleppten die Schlitten noch bis um zehn Uhr abends über das Eis.

Bärenfährten, alte und neue, in allen Richtungen, einzelne von alten Junggesellen und auch von Bärinnen mit Jungen. Es sieht aus, als ob sie sich hier ein allgemeines Stelldichein gegeben hätten oder als ob eine Schar von ihnen hin und her getrabt wäre. Nie in meinem Leben habe ich so viele Bärenfährten an einer Stelle gesehen.

Heute haben wir sicher 20 Kilometer zurückgelegt, und doch halte ich unsere Fortschritte für zu gering, wenn wir Spitzbergen noch in diesem Jahr erreichen wollen. Ich überlege, ob wir nicht die Schlitten kürzen sollen, damit jeder sein eigenes Kajak rudern kann. Aber das junge Eis und die 6 Grad unter dem Gefrierpunkt, die wir jetzt haben, halten mich noch davon zurück. Vielleicht steht der Winter vor der Tür, dann können wir die Schlitten sehr gut gebrauchen.

Es ist ein seltsames Gefühl, so im Nebel zu rudern, wie wir es tun, ohne auch nur einen Kilometer weit voraus zu sehen. Das Land, das wir entdeckt haben, haben wir hinter uns gelassen. Wir hoffen auf klares Wetter, damit wir sehen können, wo das Land vor uns liegt – denn Land muss dort sein. Dieses ebene, ununterbrochene Eis muss mit irgendwelchem Land in Verbindung stehen. Aber klares Wetter, scheint es, sollen wir nicht haben; unaufhörlich Nebel.

Nachdem wir die Schlitten eine Stunde über das Eis geschleppt hatten, kamen wir am nächsten Tag (11. August) wieder an offenes

Wasser und ruderten vier oder fünf Stunden. Während ich von einem Eishügel aus das Wasser vor uns überblickte, tauchte ein Ungetüm von Walross ganz nahe bei uns auf. Es lag prustend auf der Wasseroberfläche und glotzte uns an. Wir fuhren weiter. Plötzlich kam das riesige Tier dicht neben uns wieder in die Höhe, richtete sich aus dem Wasser empor, schnaubte, dass die Luft erzitterte, und drohte, seine Zähne durch unser gebrechliches Fahrzeug zu stoßen. Wir langten nach den Büchsen; indes verschwand es im selben Augenblick und tauchte unmittelbar darauf an der anderen Seite neben Johansens Kajak auf, wo es dasselbe Manöver wiederholte. Ich hatte Johansen gesagt, dass wir eine Patrone an das Tier verschwenden müssten, falls es sich bedrohlich verhält und angreift. Es kam mehrere Male empor und verschwand wieder; wir sahen es unten im Wasser, wie es, auf der Seite liegend, rasch unter unseren Fahrzeugen durchschlüpfte. Da wir befürchteten, dass es mit den Hauern ein Loch durch den Boden stieß, schlugen wir mit den Rudern ins Wasser und scheuchten es fort. Plötzlich tauchte es aber nochmals neben Johansens Kajak empor, wütender als vorher. Johansen schickte ihm eine Ladung direkt in die Augen. Das Tier stieß ein fürchterliches Bellen aus, wälzte sich herum und verschwand. Ein Blutstreifen blieb auf dem Wasser zurück. Wir ruderten, so stark wir konnten, und fühlten uns erst außer Gefahr, als wir das Walross weit hinter uns an der Stelle, an der es verschwunden war, wieder auftauchen sahen.

Um sieben Uhr abends wechselte die Gezeitenströmung, und die Rinne schloss sich; anstatt die Schlitten über das Eis weiterzuschleppen, blieben wir an Ort und Stelle und warteten, bis sich die Rinne beim Flutwechsel am nächsten Tag wieder öffnete. In der Zwischenzeit schnitten wir die Enden unserer Schlitten ab. Dann stellten wir gute Doppelruder her, damit wir nun schneller in den Einzelkajaks weiterkamen.

Während wir mit dieser Arbeit beschäftigt waren, klarte es auf, und vor uns dehnte sich Land aus, das sich weit weg nach Süden und Westen, von Südost nach Nordnordwest erstreckte. Es schien eine Kette von größeren und kleineren Inseln zu sein, mit Sunden dazwischen. Sie waren größtenteils mit Gletschern bedeckt; nur hier und dort stiegen steile schwarze Bergwände empor.

Aber wo waren wir? Das war die Frage, schwieriger als je zu beantworten. War es möglich, dass wir trotz allem an der Ostseite von Franz-Joseph-Land waren? Die Annahme leuchtete sehr ein. Dann aber mussten wir sehr weit im Osten sein und uns auf eine lange Seefahrt gefasst machen, ehe wir Kap Fligely auf Kronprinz-Rudolf-Land erreichten.

Dienstag, 13. August. Nachdem wir ein paar Stunden geschlafen hatten, erhoben wir uns aus dem Sack. Die Strömung hatte gewechselt, und eine breite Gasse war vorhanden. In den Einzelkajaks kamen wir gut vorwärts. Wir ruderten etwa acht Kilometer, dann schloss sich die Rinne, und wir mussten auf das Eis hinaufklettern. Wir hielten es für ratsam, zu warten und zu sehen, ob sich nicht eine weitere Rinne öffnen würde, wenn die Strömung umschlug. Allein die Gasse öffnete sich nicht, und wir mussten die Schlitten weiterschleppen.

Am nächsten Tag war es nicht viel anders. Bald ruderten wir ein Stück in Rinnen, bald schleppten wir die Lasten über Schollen, die in der reißenden Strömung aneinander mahlten. Sehr schnell kamen wir hier mit den kurzen, verstümmelten Schlitten nicht weiter, und Wasser, in dem wir hätten rudern können, fanden wir immer weniger. Mehrere Male warteten wir darauf, dass sich das Eis beim Gezeitenwechsel öffnete. Aber das geschah nicht, und am Morgen des 15. August gaben wir es auf, gingen auf das Landeis zu und hielten uns an das Küsteneis. Wir hatten den Kurs jetzt westwärts dem Sund zu gerichtet, den wir schon seit mehreren Tagen gesehen und den zu erreichen wir uns schwer gequält hatten. Das Eis war ziemlich eben, und wir kamen gut vorwärts. Unterwegs trafen wir auf einen eingefrorenen Eisberg, den höchsten, den wir in diesen Gegenden gesehen haben; ich schätzte ihn auf etwa 16 bis 20 Meter. Ich wollte hinaufklettern, um einen besseren Überblick zu erhalten, er war aber so steil, dass wir den Versuch nach dem ersten Drittel aufgeben mussten.

Abends erreichten wir endlich die Inseln, auf die wir an den letzten Tagen zugesteuert waren, und zum ersten Mal seit zwei Jahren hatten wir eisfreies Land unter den Füßen. Es war ein unbeschreiblich herrliches Gefühl, von einem Basaltblock zum andern zu springen. Es wurde noch schöner: Wir fanden in einem versteckten Winkel zwischen den Steinen Moos und Blumen, großen schönen Mohn, Steinbrech und eine Sternmiere! Selbstverständlich musste die norwegische Flagge über diesem unserem ersten eisfreien Land wehen und ein Festessen gekocht werden. Das Petroleum war leider ein paar Tage zuvor zu Ende gegangen, sodass wir eine andere Lampe erfinden mussten, in der wir Tran brennen konnten. Das dampfende, heiße Labskaus aus Pemmikan und den letzten Kartoffeln schmeckte köstlich, als wir im Zelt saßen und nach Herzenslust den nackten Kies mit den Füßen traten.

Wo wir sind, ist nach wie vor unbegreiflich. Westlich von uns scheint ein breiter Sund zu liegen, aber welcher? Die Insel, auf der wir uns jetzt befinden und so herrlich geschlafen haben – dies schreibe ich am Morgen des 16. August –, ohne dass das Eis zu Pfützen unter uns schmolz, ist ein langer, moränenartiger Rücken, der fast ausschließlich aus Steinblöcken mit einzelnen Klippen besteht. Ich nannte die Insel Houen-Insel. Westlich von uns liegt eine kahle, etwas höhere Insel, die wir seit mehreren Tagen sehen. An der Küste entlang führt eine entschieden ausgeprägte Strandlinie. Nördlich von uns sind zwei Inselchen und eine kleine Inselklippe.

Sonnabend, 17. August. Gestern war ein guter Tag. Wir befinden uns, so weit ich sehen kann, in offenem Wasser an der Westküste von Franz-Joseph-Land und können wieder hoffen, noch in diesem Jahr nach Hause zu kommen. Gegen Mittag wanderten wir von unserem Moränen-Inselchen über das Eis zu der höheren Insel westlich von uns. Da ich vor Johansen fertig war, ging ich voran, um die Insel zu untersuchen. Als er mir folgte, sichtete er auf dem flachen Eis in Lee einen Bären, der gegen den Wind gerade auf ihn zugetrottet kam. Johansen hatte seine Büchse schussbereit. Aber als das Tier näher gekommen war, blieb es stehen, überlegte sich die Sache noch einmal, kehrte plötzlich um, setzte sich in Bärengalopp und verschwand.

Die Insel, zu der wir jetzt kamen, schien uns eine der herrlichsten Stellen der Erde zu sein. Ich habe sie Torup-Insel genannt. Ein schöner, flacher Strand, eine alte Strandlinie mit weißen Muscheln, längs der Küste ein schmaler Gürtel offenen Wassers, in dem Schnecken und Seeigel auf dem Grund zu sehen waren und Flohkrebse umherschwammen. In den Klippen über uns hunderte von kreischenden Krabbentauchern. Neben uns flatterten Schneeammern mit fröhlichem Gezwitscher von Stein zu Stein. Die Sonne brach durch die Wolkendecke, und der Tag schien eitel Sonnenschein. Hier war Leben und eisfreies Land, nicht mehr das ewige Treibeis! Auf dem Meeresgrund dicht am Strand sah ich ganze Wälder von Seetang, unter den Klippen Schneefelder mit rosenfarbigem Schnee. Die Farbe rührt von einer zierlichen, mikroskopischen roten Alge her, die auf dem Schnee wächst. Man sah auch einige gelblich grüne Flecke im Schnee, die sicher einer anderen Algenart zugeschrieben werden müssen.

Auf der Nordseite der Insel saßen Scharen von Mantelmöwen mit ihren Jungen auf den Klippen. Natürlich mussten wir hinaufklettern und diese ungewöhnliche Familienszene aufnehmen. Als wir oben waren, lag das Treibeis wie eine weiße Ebene unter uns und verschwand am fernen Horizont. Darüber waren wir gewandert, und noch weiter draußen trieb die *Fram* mit den Gefährten.

Ursprünglich wollte ich auf den Gipfel dieser Insel klettern, um bessere Aussicht zu haben und vielleicht die Frage, wo wir eigentlich waren, zu beantworten. Aber bald setzte wieder Nebel ein und umhüllte den Gipfel. Wir stiegen hinunter und setzten die Fahrt fort. Am Land entlang zog sich eine Rinne. Wir probierten sie; aber sie war überall mit einer so dünnen, neuen Eisschicht bedeckt, dass wir sie mit unseren Kajaks nicht zu durchbrechen wagten; das hätte Löcher gegeben. Etwas weiter südlich legten wir schließlich an, um die Kajaks hinaufzuschleppen und uns wieder auf dem Eis zu halten. Während wir dabei waren, streckte ein ungeheurer, bärtiger Seehund nach dem anderen den Kopf neben dem Eisrand hervor und stierte uns mit großen Augen verwundert an; dann verschwanden sie mit gewaltigem Kopfsprung, tauchten aber bald darauf an der anderen Seite wieder auf. Sie spielten rings um uns, schnaubend, tauchend, sich überschlagend, sodass das Wasser rundum schäumte.

Endlich standen wir am Rand des Eises. Vor uns lag die blaue Wasserfläche, so weit der Blick ging, und wir dachten, dass wir in Zukunft nur noch mit ihr zu tun haben würden. Nach Norden zu war Land, dessen schwarze Basaltklippen senkrecht in das Meer abfielen. Wir sahen Vorgebirge hinter Vorgebirge und in weitester Ferne noch einen bläulichen Gletscher. Das Innere war überall vergletschert. Es ergab sich später, dass es Kronprinz-Rudolf-Land war.

Nunmehr paddelten wir weiter an dem Gletscher entlang, der das ganze Land südlich von uns bedeckte. Je mehr wir uns dem Vorgebirge im Westen näherten, desto gespannter wurden wir. Würde sich die Küste hier südwärts wenden, und würde westwärts kein Land mehr sein? Davon hing es ab, ob wir die Heimat noch in diesem Jahr erreichten oder irgendwo überwintern mussten. Endlich hatten wir das Vorgebirge erreicht, und das Herz schlug uns vor Freude, als wir nach Westen hin nur Wasser und die Küste sich nach Südwesten wenden sahen. In einiger Entfernung ragte ein kahler Berg aus dem Gletscher hervor; es war ein merkwürdig hoher Rücken, so scharf wie eine Messerklinge, dunkler, säulenförmiger Basalt mit Zinnen und Zacken. Der Berg hatte in der Mitte einen Einschnitt, und dort hinauf kletterten wir, um den Wasserweg nach Süden zu betrachten. Die Felsenmauer war nur schmal. An der Südseite stürzte sie über hundert Meter senkrecht ab. Ein schneidender Wind blies in dem Einschnitt.

Plötzlich vernahm ich ein Geräusch hinter mir und erblickte zwei Füchse, die sich um einen Krabbentaucher balgten, den sie soeben gefangen hatten. Sie kratzten und zerrten und rissen dicht am Rand des Abgrundes. Wir standen keine zehn Schritte entfernt. Als sie uns bemerkten, hörten sie auf zu streiten, schauten verwundert auf, liefen um uns herum und betrachteten uns erst von der einen, dann von der anderen Seite. Über uns flogen Scharen von Krabbentauchern hin und her und ließen unaufhörlich ihren schrillen Schrei hören. Soweit wir sehen konnten, schien am Land entlang nach Westen hin offenes Meer zu sein.

Der Wind war günstig, und obwohl wir müde waren, richteten wir Mast und Segel und segelten ab. Wir fuhren bis zum Morgen; dann legte sich der Wind, wir landeten wieder an der Kante des festen Eises und schlugen nahe bei Kap Brögger das Lager auf.

Ich bin glücklich, dass wir jetzt endlich an der Westküste von Franz-Joseph-Land stehen, offenes Wasser vor uns haben und unabhängig von Eis und Strömung sind.

Mittwoch, 24. August. Die Widerwärtigkeiten wollen kein Ende nehmen. Als ich zuletzt schrieb, war ich voller Hoffnung und Mut. Und hier werden wir nun durch stürmisches Wetter schon den siebenten Tag aufgehalten von einem Eis, das dicht gegen die Küste gepackt und von allen Seiten unzugänglich geworden ist. Wir sehen nichts als aufgetürmte Rücken, Hügel und zerstückeltes Eis ringsum. Mut ist noch vorhanden, aber die Hoffnung – die Hoffnung, bald wieder zu Hause zu sein – ist aufgegeben, und vor uns liegt die Gewissheit eines langen dunklen Winters.

Es war um Mitternacht zwischen dem 17. und 18., als wir bei wunderschönem Wetter unseren letzten Lagerplatz verließen. Die Sonne war nicht sichtbar, aber man sah doch längs des Horizonts im Norden den herrlichsten rötlichen Glanz und von der Sonne golden geränderte Wolken. Das Meer lag glänzend und träumerisch in seiner Farbenpracht. Auf dem Meer, glatt wie ein Spiegel, ohne einen Eisblock, so weit das Auge reichte, glitten die Kajaks dahin, während das Wasser bei jedem Schlag von den Rudern rieselte. Es war wie in einer Gondel auf dem Canal Grande in Venedig, und wir hätten es uns nicht besser wünschen können. Es lag beinahe etwas Unheimliches in dieser Stille. Das Barometer war rasch gefallen.

Wir steuerten auf das Kap im Südwesten zu, das ich 22 Kilometer entfernt schätzte. Nach einigen Stunden erblickten wir Eis voraus, hielten es aber nur für einen Streifen loser Eisstücke, die mit der Strömung trieben, und paddelten vertrauensvoll weiter. Als wir näher kamen, sahen wir, dass das Eis zusammenhing und sich immer weiter hinaus erstreckte. Wir kletterten auf einen Hügel, um die beste Route ausfindig zu machen.

Der Blick, der sich uns bot, war nicht ermutigend. Auf der Höhe des Vorgebirges, auf das wir zusteuerten, lag eine Anzahl Inselchen und

Felsen, die sich ins Meer hinaus erstreckten; sie waren es, die das Eis festhielten. Zu Wasser weiter vorzudringen war unmöglich. Der einzige Weg, der sich uns bot, war, uns am Rand des Küsteneises zu halten und zu hoffen, dass vielleicht dort entlang eine Rinne lief. Wir fanden auch eine solche Rinne, aber sie war völlig mit jungem Eis bedeckt, sodass wir nicht vorwärts kamen. Dazu hatte sich noch Wind aus Südsüdwest aufgemacht, und das Eis trieb auf uns zu. Es blieb uns nichts weiter übrig, als den Rand des Eises anzulaufen und zu warten, bis es sich wieder lockerte. Wir holten den Schlafsack hervor, breiteten das Zelt über uns aus und legten uns zur Ruhe in der Hoffnung, bald weiterfahren zu können. Aber diese Hoffnung trog. Der Wind frischte auf, das Eis schob sich immer dichter zusammen, und bald war das Wasser in keine Richtung mehr offen, und selbst das offene Meer, von dem wir hergekommen, war verschwunden. Alle unsere Hoffnungen, in diesem Jahr noch die Heimat zu erreichen, versanken mit einem Schlag. Es blieb nichts anderes übrig, als unsere Lasten auf das Küsteneis hinaufzubringen und das Lager aufzuschlagen. Die Kajaks über das unebene Eis zu schleppen, das schlimmer war als alles Eis, das wir seit Beginn unserer Reise angetroffen hatten, war ausgeschlossen. Wir wären an einem Tag nicht sehr weit gekommen.

Wir warteten Tag und Nacht darauf, dass sich der Wind legte oder drehte. Er wehte aber während der ganzen Zeit aus derselben Richtung, und die Dinge wurden noch verschlimmert durch starken Schneefall, der das Eis ungangbar machte.

Unsere Lage war keineswegs schön; vor uns aufgebrochenes Meereis dicht bei Land, und Gott weiß, ob es sich in diesem Jahr öffnen wird; hinter uns Land, Kap Helland, das nicht zum Überwintern einlädt; um uns herum ungangbares Eis und dabei geht der Proviant stark zur Neige. Die Südküste des Landes und Eira-Hafen erschienen uns jetzt als ein wahres Kanaan, und wir meinten, alle unsere Sorgen würden vorüber sein, wenn wir nur dort wären. Wir hofften, Leigh Smiths Hütte oder doch einige Überbleibsel davon zu finden, sodass wir darin leben könnten. Wir hofften weiter, dass da, wo zweifellos viel offenes Wasser war, auch leicht Wild zu finden sein müsste. Wir bedauerten, dass wir keine Seehunde geschossen hatten, als sie zu haben waren. Auf unserem letzten Lagerplatz waren viele in der Nähe gewesen. Als Johansen am Rand des Eises stand und etwas an seinem Kajak richtete, war ein Seehund gerade vor ihm aufgetaucht; er hatte gemeint, es sei eine Art, die er noch nicht gesehen hätte, und hatte mich gerufen. Aber im Augenblick war in aller Stille ein schwarzer Kopf nach dem andern, zehn bis zwanzig an der Zahl, in die Höhe gekommen, die ihn alle mit großen Augen anstarrten. Er war verdutzt und glaubte, es sei der reine Spuk; ebenso geräuschlos, wie sie gekommen, waren sie wieder verschwunden.

Ich tröstete ihn und sagte, es sei wirklich eine Art, die wir auf unserer Reise noch nicht gesehen hätten; es seien junge grönländische Seehunde.

Mittlerweile schlugen wir die Zeit tot, so gut wir konnten, hauptsächlich mit Schlafen. Früh am Morgen des 21. – ich dachte gerade darüber nach, was aus uns werden sollte, wenn das Eis sich nicht lockerte und wir keine Gelegenheit hatten, unsere Vorratskammer zu ergänzen – hörte ich draußen etwas scharren und sich bewegen. Ich sprang auf und sagte zu Johansen, es müsse ein Bär sein; da hörte ich das Tier auch schon an der Zeltwand schnüffeln. Ich schaute durch einige Löcher an der einen Seite, und nun erblickte ich einen ungeheuren Bären. Er entdeckte mich im selben Augenblick ebenfalls und schlich davon, blieb dann aber stehen und sah zum Zelt zurück. Im Nu schob ich die Büchse durch das Loch und sandte dem Bären eine Kugel mitten in die Brust. Er stürzte vornüber, erhob sich wieder und taumelte davon, sodass ich nochmals schießen musste. Er stolperte noch weiter, brach dann aber zusammen. Es war ein ungewöhnlich großes Männchen. Vorläufig sind die Sorgen wegen der Nahrung zu Ende. Aber der Wind bläst unverdrossen aus der gleichen Richtung. Wir haben das Lager weiter einwärts auf das Ufereis verlegt, wo wir uns noch befinden.

NUN KOMMT eine große Lücke im Tagebuch, und erst am Freitag, 6. Dezember, schreibe ich: „Endlich muss ich dieses Loch in meinem Tagebuch zuflicken. Ich habe so viel zu tun gehabt, dass ich nicht zum Schreiben kam; diese Entschuldigung gilt jetzt aber nicht mehr, denn wir schlafen den ganzen Tag."

Nachdem ich die Eintragung für den 24. August gemacht hatte, ging ich hinaus, um einen besser geschützten Platz zu suchen. Der Wind hatte sich gedreht und blies nun gerade ins Zelt hinein. Ich fand einen vorzüglichen Platz, und während wir umzogen, bemerkten wir, dass das Eis landwärts zerrissen und bereits eine breite Rinne entstanden war. Wir wünschten gewiss, dass sich das Eis öffnete, nicht aber auf der dem Land zugewandten Seite. Nun handelte es sich darum, um jeden Preis wieder auf das Küsteneis zu gelangen, um nicht mit dem Packeis in die See hinauszutreiben. Aber der Wind war zur steifen Brise geworden, und es war mehr als zweifelhaft, ob wir es fertig brachten, dagegen anzurudern, selbst das kleine Stück über die Rinne, die rasch breiter und breiter wurde. Wir mussten es indes versuchen, fanden aber, dass es unmöglich war, die Kajaks flottzumachen, ohne dass sie voll schlugen. Es wehte so, dass der Schaum über das Wasser und der Wasserstaub weit über das Eis getrieben wurden. Es war also wenig anderes zu tun, als das Zelt aufzurichten und auf bessere Zeiten zu warten. Noch hatten wir nicht lange gelegen, als der Wind so stark wurde, dass wir das Zelt lieber herunterließen, damit es nicht zerriss.

Nunmehr konnten wir ruhig in unseren Säcken schlafen, mochte der Wind auch über uns wüten. Als er nachgelassen hatte, richteten wir das Zelt wieder auf. Ich kroch hinaus und sah nach dem Wetter. Wenig angenehm überrascht, entdeckte ich dabei, dass wir schon ins Meer hinausgetrieben waren, acht bis zehn Kilometer weit. Das Land erschien jetzt ganz niedrig, weit draußen am Horizont. Inzwischen hatte sich das Wetter aber beträchtlich gebessert, und wir brachten die Kajaks zu Wasser. Das war nicht leicht. Noch immer wehte es stark, und die See ging hoch. Dazu kam, dass lose Schollen umhertrieben, sodass wir aufpassen mussten, nicht mitsamt den Kajaks zwischen ihnen zermalmt zu werden. Nach einigen vergeblichen Versuchen wurden wir endlich flott, aber Wind und Wogen waren zu stark; wir kamen so nicht weiter. Unser einziger Ausweg war Segeln. Wir banden die Kajaks zusammen, richteten den Mast auf und stachen in See. Bald hatten wir ein Segel gehisst und kamen nun zu unserer großen Freude vorzüglich vom Fleck. Stundenlang segelten wir weiter und machten gute Fortschritte.

Am Abend hatten wir endlich das schwierige Kap hinter uns. Nun wurde der Wind so schwach, dass wir das Doppelsegel hissen mussten, aber selbst dann ging es nur langsam weiter. Wir setzten auch während der Nacht die Fahrt längs der Küste fort, entschlossen, den Wind so viel wie möglich auszunutzen. Wir fuhren an einem niedrigen Kap vorüber, das von einem sanft abfallenden Gletscher bedeckt war. Rundherum lagen Inseln, die das Eis festgehalten haben mussten. Etwas weiter hinten kamen wir an hohen Basaltklippen vorbei, und hier hörte der Wind vollständig auf. Da es außerdem unsichtig war und wir zur Rechten wie zur Linken von uns Land und Inseln kaum unterschieden, sodass wir nicht wussten, in welche Richtung wir steuern sollten, legten wir an, zogen die Kajaks auf den Strand, schlugen das Zelt auf und kochten uns eine Mahlzeit, die uns nach dem guten Tagewerk ausgezeichnet schmeckte. Über unseren Köpfen an der ganzen Bergwand hinauf lärmten unaufhörlich die Krabbentaucher, unterstützt von den Elfenbein-, Stummel-, Mantel- und Raubmöwen. Wir schliefen trotz dieses Geschreis aber nicht schlechter. Es war ein hübscher Berg; er bestand aus dem schönsten Säulenbasalt, den man sich denken kann. Die Pfeiler und Nischen an der Außenseite der Klippe und die unzähligen Zacken und Spitzen an jedem Kamm erinnerten an den Mailänder Dom. Von oben bis unten folgte eine Säule auf die andere, bis sie sich am Fuß in der Geröllhalde verloren.

Als wir am nächsten Morgen aufstanden, hatte sich das Wetter so weit aufgeklärt, dass wir den Weg, den wir einschlagen wollten, besser sahen. Es schien ein tiefer Fjord oder Sund zu sein, der sich vor uns ostwärts erstreckte, und unser Weg führte deutlich um eine Spitze, die wir ungefähr in Südsüdwest an der anderen Seite des Fjords hatten. Vor uns war jetzt offenes Wasser bis über das Vorgebirge hinaus. Das Wetter war gut, und alles versprach einen erfolgreichen Tag. Wir waren noch nicht weit, als der Wind herumging und aus der entgegengesetzten Richtung, Südwesten, kam. Er wurde rasch stärker, und bald lief eine hohe See. Der Himmel im Süden überzog sich und kündigte Sturm an. Wir waren noch mehrere Seemeilen vom Land auf der anderen Seite des Fjords und hätten vielleicht noch stundenlang schwer rudern müssen, ehe wir an Land gekommen wären. Wie es so dalag, vom Gipfel bis an die Küste mit Gletschern bedeckt, sah es alles andere als einladend aus, es wäre kein guter Platz gewesen, um dort Zuflucht zu suchen. Am besten war es also, an Land zu gehen und besseres Wetter abzuwarten. Die Aussicht, nochmals im Treibeis eingeschlossen zu werden, lockte uns nicht; wir hatten genug davon und steuerten darum auf das Land zu, das etwas hinter uns lag. Sollte es schlimm werden, so war das vielleicht ein Platz zum Überwintern.

Kaum hatte ich den Fuß an Land gesetzt, als ich ein Stück an der Küste hinauf einen Bären sah. Wir zogen die Kajaks herauf, um den Bären zu schießen. Er kam auf uns zugetrottet. Wir legten uns ruhig hinter die Kajaks und warteten. Als er uns ganz nahe war, sah er unsere Fußspuren im Schnee und beschnüffelte sie. Da sandte ihm Johansen eine Kugel hinter die Schulterblätter. Der Bär brüllte und versuchte zu laufen, aber die Kugel war durch das Rückgrat gedrungen, das Hinterteil war gelähmt. Er biss und schlug seine Hinterpfoten, dass sie bluteten; es war, als ob er sie durch Prügel veranlassen wollte, ihre Pflicht zu tun. Eine Kugel durch den Schädel machte ein Ende mit ihm.

Nachdem wir den Bären abgehäutet hatten, machten wir einen Ausflug ins Innere, um unser neues Reich zu besichtigen. Draußen im Meer erblickten wir ein Walross, das den Kopf aus dem Wasser streckte und so stark Luft holte, dass man es auf weite Entfernung hörte. Etwas später näherte sich das Tier dem Rand des Eises, schlug die großen Hauer ins Eis und holte schwer Atem wie ein erschöpfter Schwimmer. Dann hob es sich hoch auf den Hauern empor, schaute nach einem Eisloch hin, neben dem zwei andere Walrosse lagen, und tauchte wieder unter.

Ein Walrosskopf ist, wenn er über dem Wasser erscheint, kein hübscher Anblick. Mit den Hauern, den groben Schnauzborsten und der plumpen Form hat er etwas Wildes und Koboldartiges an sich, das in den Zeiten, als noch mehr Aberglauben herrschte, leicht begreifliche Furcht einflößte und wohl auch zu der Vorstellung von fabelhaften Ungetümen Anlass gab.

Jetzt kam das Walross in dem Loch, neben dem die anderen lagen, in die Höhe und hob sich mit den Hauern ein wenig über den Eisrand.

Das größere der beiden, ein altes Männchen, erwachte plötzlich zum Leben. Es grunzte drohend und bewegte sich ruhelos umher. Der neu Angekommene beugte den Kopf achtungsvoll bis zum Eis hinab, zog sich aber bald vorsichtig auf die Scholle hinauf, bis er sich mit der Vorderflosse am Eis festhalten konnte. Nun kam der alte Bulle ganz in Harnisch. Er drehte sich herum, bellte und watschelte an den Neuankömmling heran, um ihm die Hauer in den Rücken zu stoßen. Der Neue verbeugte sich demütig und legte wie der Sklave vor dem Sultan den Kopf aufs Eis. Beruhigt kehrte der alte Bulle zu seinem Gefährten zurück. Eine Weile verharrte der neu Angekommene in seiner knechtischen Lage, dann rührte er sich, und schon stieß der alte Bulle grunzend nach ihm. Der andere zog sich nun zurück. Das wiederholte sich mehrere Male. Endlich, nach vielem Hinundhermanövrieren, zog sich der Neuankömmling ganz auf die Scholle hinauf und lagerte sich schließlich neben die anderen. Ich meinte, eine zarte Neigung müsse etwas mit diesem Vorgang zu tun haben, ich entdeckte jedoch später, dass es sich sämtlich um Männchen handelte. In dieser freundschaftlichen Weise empfangen also die Walrosse ihre Gäste. Das Mitglied der Schar, das diese gastlichen Pflichten zu erfüllen hat, scheint ausgewählt zu werden, und ich glaube, dass es der Führer ist, der sich diese Würde aneignet und jedem Neuankömmling zu zeigen wünscht, dass man ihm gehorchen muss. Die Tiere müssen außerordentlich gesellig sein, wenn sie trotz solcher Behandlung doch die Gesellschaft der anderen suchen und immer dicht beieinander liegen. Als wir später zurückkamen und nach ihnen sahen, hatte sich noch ein Tier hinzugesellt, und am nächsten Morgen lagen sechs nebeneinander. Man sollte fast nicht glauben, dass diese Klumpen auf dem Eis lebende Tiere sind. Mit eingezogenem Kopf, die Hinterbeine glatt unter dem Körper, verharren sie stundenlang vollständig bewegungslos und sehen aus wie ungeheure Würste. Es ist leicht zu verstehen, dass sich diese Burschen sicher fühlen und nichts auf der Welt fürchten.

Nachdem wir den Walrossen lange zugeschaut hatten, kehrten wir zurück, aßen Bärenfleisch und gingen schlafen. Am Strand machten die Elfenbeinmöwen einen fürchterlichen Lärm. Sie hatten sich aus allen

Richtungen in Scharen versammelt und konnten sich über die gerechte Verteilung der Eingeweide des Bären nicht einigen. Es ist eine Laune der Natur, dass sie diesen Vogel so hübsch gemacht und ihm dabei eine so hässliche Stimme gegeben hat. Ein wenig entfernt saßen gravitätisch und feierlich die Tauchermöwen und schauten zu. Draußen auf dem Meer schnaubten und bellten die Walrosse unentwegt, doch alles das wurde von den zwei müden Männern im Zelt nicht beachtet; sie schliefen fest, obwohl sie nur die nackte Erde als Lager hatten.

Mitten in der Nacht wurden wir durch einen sonderbaren Ton geweckt; es war, als ob jemand wimmerte und weinte. Durch das Guckloch sah ich neben unserm Bärenfleisch eine Bärin und ihr Junges. Sie schnüffelten an den blutigen Spuren im Schnee. Die Bärin jammerte dazu, als ob sie um einen teuren Verstorbenen trauere. Unverzüglich ergriff ich die Büchse und schob sie gerade vorsichtig hinaus, als mich die Bärin am Gucklock erblickte, und schon rannten beide davon, die Mutter voran, das Junge so rasch, wie es konnte, hinterdrein. Ich ließ sie gern laufen. Wir hatten wirklich keine Verwendung für sie.

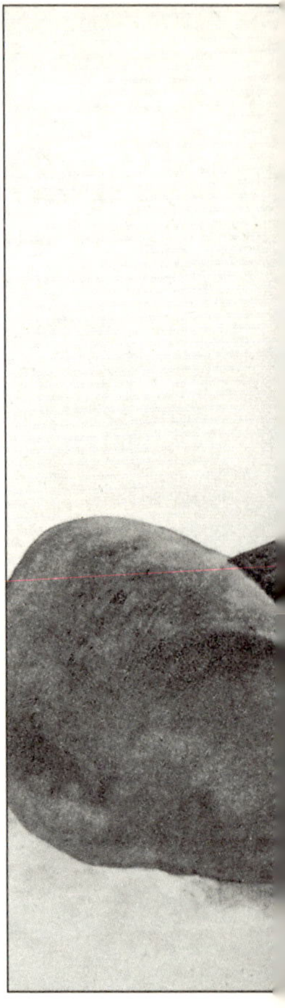

Aus dem Sturm, den wir befürchtet hatten, wurde nichts. Der Wind wehte aber stark genug, um unser abgenutztes Zelt zu zerreißen und zu zerschlagen. Wo wir lagen, fanden wir keinen Schutz. Wir hofften, am nächsten Morgen die Reise fortzusetzen, fanden aber zu unserer Enttäuschung den Weg versperrt; der Wind hatte das Eis wieder herumgetrieben.

Wir müssen zunächst bleiben, wo wir sind, und versuchen, es uns so gemütlich wie möglich zu machen. Da wir keinen geschützten Platz für das Zelt fanden, mussten wir etwas bauen. Wir brachen in dem Geröll der unteren Klippe Steine und schleppten so viele wie möglich zusammen. Das einzige Gerät, das wir zum Steinbrechen hatten, war die Kufe

Walross-Idyll

eines Handschlittens; meist mussten wir die bloßen Hände nehmen. Wir arbeiteten die ganze Nacht. Was nach unserer ersten Absicht nur ein Schutz vor dem Wind sein sollte, wuchs allmählich zu vier Wänden heran, und dann blieben wir bei der Arbeit, bis wir eine Hütte hatten. Sie war kein Wunderwerk; nicht einmal so lang, dass ich bei meiner Länge ausgestreckt liegen konnte, ich musste die Füße zur Tür hinausstrecken. Und sie war eben breit genug, dass wir beide nebeneinander liegen konnten und noch Raum für den Kochapparat hatten. Das Schlimmste war jedoch die Höhe. Platz zum Liegen hatten wir wohl, aber anständig gerade zu sitzen war für mich unmöglich. Als Dach war das dünne, schwache Seidenzelt über Schneeschuhe und Bambusstäbe gebreitet. Die Tür schlossen wir mit unseren Jacken, und durch die Wände konnten wir auf allen Seiten das Tageslicht sehen. Später nannten wir es die „Höhle". Es war wirklich eine schreckliche Höhle; aber wir waren stolz auf das Bauwerk. Jedenfalls konnte es nicht umgeweht werden, auch wenn der Wind hindurchblies. Als wir unser Bärenfell als Lager ausgebreitet hatten und warm und behaglich in dem Sack lagen, während ein Topf voll Fleisch über der Tranlampe brodelte, hielten wir das Leben für eine Lust, und selbst der Umstand, dass es so rauchte, dass die Augen rot wurden und stark tränten, konnte unsere Zufriedenheit nicht stören.

Da wir auch am folgenden Tag (28. August) nicht weiterkamen und der Herbst jetzt herannahte, beschloss ich endgültig, den Winter über hier zu bleiben. Ich glaubte, wir hätten noch mehr als 223 Kilometer bis zum Eira-Hafen oder zum Winterquartier Leigh-Smiths. Es hätte uns viel Zeit gekostet, dorthin zu gelangen, und dann waren wir noch nicht sicher, eine Hütte zu finden. Und wenn wir hinkamen, war es mehr als zweifelhaft, ob vor Eintritt des Winters noch Zeit genug war, ein Haus zu bauen und Vorräte zu sammeln. Es war daher unzweifelhaft das Sicherste, sofort mit den Vorbereitungen für das Überwintern zu beginnen, solange wir noch reichlich Wild bekamen. Ich war sicher, dass wir an der Westküste von Franz-Joseph-Land und in diesem Augenblick ein wenig nördlich von dem nordwestlichsten Punkt Leigh-Smiths, Kap Lofley, waren. Unsere Beobachtung an diesem Tag versetzte uns auf ungefähr 81° 14' n. Br.

Am liebsten hätte ich nun zunächst die Walrosse geschossen, die während der ersten Tage auf dem Eis gelegen hatten, aber sie waren inzwischen natürlich verschwunden. Das Meer wimmelte von ihnen; sie bellten und schnaubten Tag und Nacht. Wir entleerten die Kajaks, damit wir bei dieser einigermaßen gefährlichen Jagd leichter manövrieren konnten.

Johansen sichtete eine Bärin mit ihrem Jungen, die von Süden her am Rand des Eises entlangkam. Unverzüglich nahmen wir die Büchsen und eilten ihnen entgegen. Als sie die Küste erreichten, waren sie in Schussweite, und Johansen jagte der Mutter eine Kugel durch die Brust. Ein Schrotschuss machte dem Leben des Jungen ein Ende. Das war ein guter Anfang für unseren Wintervorrat.

Nächst dem Sammeln von Nahrungsmitteln und Brennstoff war nun das Wichtigste, eine Winterhütte zu bauen. Die Wände aufzurichten war nicht schwer; es gab eine Menge Stein und Moos. Größere Schwierigkeiten bot das Dach, und wir hatten bis jetzt noch keine Ahnung, woraus wir es herstellen sollten. Glücklicherweise fand ich einen angetriebenen, gesunden Fichtenstamm, der nicht weit von unserer Höhle an den Strand geworfen worden war; er ergab ein vorzügliches Firststück für das Dach. Und wenn dort einer war, so konnten sich auch mehrere finden. Wir machten also einen Ausflug an der Küste entlang und suchten; alles, was wir fanden, war ein Stück verfaultes Holz, das zu nichts zu gebrauchen war. Ich kam nun auf den Gedanken, Walrosshäute zu verwenden.

Am nächsten Tag (29. August) versuchten wir unser Glück auf der Walrossjagd. Wir verspürten keine große Lust, die Tiere im Einzelkajak anzugreifen; davon hatten wir genug, und die Aussicht, umgeworfen zu werden oder die Hauer durch den Boden des Kajaks oder in unsere Lenden dringen zu sehen, war nicht verlockend. Die Kajaks wurden darum zusammengebunden. In dem Loch sitzend, stießen wir ab, auf einen großen Bullen zu, der eben draußen lag und tauchte.

Wir waren gut mit Büchsen und Harpunen ausgerüstet und meinten, die Sache sei ganz einfach. Wir gelangten leicht in Schussweite und feuerten in den Kopf; das Tier blieb einen Augenblick betäubt liegen, und wir ruderten zu ihm hin, aber plötzlich schlug und wälzte es sich wie verrückt im Wasser herum. Ich schrie, wir müssten zurück, aber es war zu spät; das Walross kam unter die Kajaks, und wir erhielten bei seinen gewaltsamen Drehungen mehrere Stöße von unten, ehe das Tier untertauchte. Bald darauf kam es wieder nach oben, Blut strömte ihm aus Maul und Nase und färbte das Wasser rundum. Unverzüglich ruderten wir heran und jagten ihm eine neue Salve in den Kopf. Wieder tauchte es unter, und wir zogen uns vorsichtig zurück. Bald erschien es wieder oben, und wir ruderten aufs Neue näher heran. Dieses Manöver wiederholte sich, und jedes Mal wenn das Walross an die Oberfläche kam, erhielt es wenigstens eine Kugel in den Kopf. Da es uns stets das Gesicht zuwandte, war es schwierig, ihm eine tödliche Wunde hinter dem Ohr beizubringen.

Einmal wandte das Walross doch den Kopf ein wenig, und schon saßen ihm zwei Kugeln gerade hinter dem Ohr. Nun lag es still, und wir ruderten hin, um die Harpune zu werfen. Aber ehe wir nahe genug waren, sank es unter und verschwand. Es war ein trauriges Ende der Geschichte; insgesamt hatten wir neun Patronen nutzlos verschwendet. Wir ruderten schweigend und niedergeschlagen an Land.

An diesem Tag versuchten wir nicht mehr, Walrosse von den Kajaks aus zu jagen, aber wir sahen jetzt eins, das aufs Küsteneis gekommen war. Es dauerte nicht lange, dann kam ein zweites neben dem ersten herauf. Ich beobachtete sie und ließ ihnen Zeit, sich zu sammeln. Dann machten wir uns auf. Sie hatten lange gebellt und fürchterlichen Lärm geschlagen, jetzt lagen sie arglos und schliefen, während wir uns vorsichtig zu ihnen hinschlichen, ich voran, Johansen mir dicht auf den Fersen. Ich näherte mich erst dem Kopf des nächsten Tieres, das mit dem Rücken uns zugekehrt lag. Da es den Kopf ziemlich tief hinabgezogen hatte, war es schwer, nach einer verwundbaren Stelle zu zielen. Das zweite lag für einen Schuss besser, und als ich Johansen bei dem Kopf des ersten bereitstehen sah, schoss ich hinter den Hals. Das Tier drehte sich ein wenig herum und blieb dann tot liegen. Bei dem Knall sprang das erste Tier auf, erhielt aber im selben Augenblick Johansens Kugel. Halb betäubt drehte es seinen Riesenleib gegen uns herum, und schon hatte ich den Kugelschuss abgefeuert, traf aber wie Johansen zu weit nach vorn in den Kopf. Das Blut strömte aus den Nasenlöchern und dem Maul, und das Tier schnaubte und prustete, dass die Luft erzitterte. Sich auf die Hauer stützend, lag es jetzt still und verlor Blut, völlig gleichgültig uns gegenüber. Trotz seines ungeheuren Körpers und seines unförmigen Aussehens, das an einen Kobold, Riesen, Kraken und andere böse Dinge erinnerte, war etwas so sanft Flehendes und Hilfloses in den runden Augen, als das Tier so dalag, dass man das koboldartige Äußere und die eigene Not in dem Mitleid mit dem Tier vergaß. Es sah beinahe wie Mord aus. Ich machte seinem Leiden durch eine Kugel hinter das Ohr ein Ende, aber die Augen verfolgen mich jetzt noch. Ich kann nicht leugnen, dass wir uns bei dem Gedanken an das Fleisch und den Speck freuten; es glich die Patronen aus, die wir bei dem anderen gesunkenen Tier verschwendet hatten.

Wir hatten die Walrosse aber noch nicht an Land, und es war eine langwierige Arbeit, sie abzuhäuten, zu zerlegen und heimzubringen. Zunächst holten wir Schlitten und Messer. Da es möglich war, dass das Eis losbrach und ins Treiben geriet, hielt ich es für klug, auf den Schlitten auch die Kajaks mitzunehmen, zumal es vom Fjord her etwas wehte. Eine glückliche Vorsichtsmaßregel! Schwer zu sagen, was ohne sie aus uns geworden wäre. Während wir mit dem Abhäuten beschäftigt waren, nahm der Wind rasch zu und war bald zum Sturm angewachsen. Landwärts von uns befand sich die schmale Rinne, neben der die Walrosse gelegen hatten, und ich fürchtete, dass sich das Eis hier öffnete und wir forttrieben. Während wir arbeiteten, behielt ich die Rinne im Auge, um zu sehen, ob sie sich verbreiterte; sie blieb aber unverändert. Als das erste Walross halb abgehäutet war, blickte ich zufällig landwärts über das Eis. Es war in beträchtlicher Entfernung von uns durchgebrochen, und das Stück, auf dem wir standen, schon längere Zeit getrieben. Zwischen uns und dem Ufereis war schwarzes Wasser, und der Wind wehte so stark, dass der Wasserstaub von den schäumenden Wogen flog. Es war keine Zeit zu verlieren. Ob wir gegen diesen Wind und Seegang ankamen, war zweifelhaft. Die Tiere ganz aufzugeben brachten wir nicht übers Herz. Wir schnitten darum so viel Fleisch herunter, wie es die Eile erlaubte, und schleuderten es in die Kajaks. Dann schnitten wir ungefähr den vierten Teil der Haut mit dem Speck daran ab, warfen ihn obenauf und machten uns auf den Weg zur Küste. Kaum hatten wir die Beute verlassen, als sich die Möwen in Scharen auf die halb abgehäuteten Kadaver warfen. Beneidenswerte Geschöpfe! Wind und Wellen und Treiben kümmerte sie nicht; sie kreischten und lärmten und dachten nur an den Schmaus, den sie hatten. Die Kadaver trieben ins Meer hinaus, und die Vögel sammelten sich wie Schneewolken darum. Inzwischen strengten wir unsere Kräfte aufs Äußerste an, um das feste Eis zu gewinnen; aber dieses Eis hatte jetzt in allen Richtungen Spalten und Rinnen bekommen. Als ich einen Kanal mit einigen losen Schollen kreuzte, sank das Eis unter meinem Gewicht, sodass ich rasch zurückspringen musste, um einem Bad zu entgehen. Wir versuchten es an mehreren Stellen, aber überall sank es unter uns und den Schlitten weg, sodass uns nichts übrig blieb, als uns auf dem Wasser zu halten und an der Leeseite des Eises entlangzufahren. Dabei zeigte es sich, dass wir bei dem starken Wind besser in Einzelkajaks vorwärts kamen, allerdings mussten wir dann die Walrosshaut mit dem Speck opfern, die bis jetzt quer über dem Heck beider Kajaks lag. Als wir die Boote auseinander banden, türmte sich rings um uns das Eis plötzlich so hoch auf, dass wir sie schleunigst aus dem Wasser nehmen mussten. Sonst wären sie zerdrückt worden. Wir versuchten an mehreren Stellen herauszukommen, doch das Eis mahlte rundherum wie in einer Wirbelströmung. Kaum hatten wir, wenn sich eine Gasse öffnete, die Kajaks zu Wasser gebracht, so schloss sie sich auch schon wieder, und wir mussten die Boote aufs Eis herausreißen. Inzwischen hatte der Sturm noch zugenommen, der Wasserstaub stob über uns weg, und wir trieben weiter und weiter in die See hinaus. Es war wirklich keine angenehme Lage.

Endlich kamen wir doch frei und brachten unter Aufbietung aller Kräfte die Kajaks gegen den Wind weiter. Es ruderte sich schwer, und die Arme schmerzten, aber wir krochen dem Land langsam näher. Die See war bewegt und bös, doch die Kajaks waren seetüchtig. Hin und wieder waren die Böen so stark, dass wir glaubten, wir müssten kentern. Je näher wir unter die hohen Klippen kamen, desto ruhiger wurde es, und endlich, nach langer, langer Zeit, erreichten wir die Küste und konnten Atem schöpfen. Dann ruderten wir in ruhigem Fahrwasser am Land entlang zum Lagerplatz. Endlich kletterten wir an Land. Wie unbeschreiblich behaglich war es, als wir zwar nass, aber wieder bequem innerhalb der vier Wände unserer Höhle lagen! Dann wurde ein Topf Fleisch gekocht; denn wir hatten einen Wolfshunger.

Ich hatte noch nicht lange geschlafen, als mich Johansen weckte. Es

Wasserrinne im Eis

sci ein Bär draußen! Ich hörte vor der Tür ein seltsames, dumpfes Grunzen, sprang auf, ergriff die Büchse und kroch hinaus. Eine Bärin mit zwei großen Jungen kam am Strand herauf. Ich schoss auf die Bärin, verfehlte sie aber. Sie fuhr zusammen und kehrte mir ihre Breitseite zu. Da bekam sie eine Kugel in die Brust. Sie stieß ein fürchterliches Gebrüll aus; dann rannten sie alle drei den Strand hinab. Dort fiel die Mutter in einen Tümpel. Die Jungen liefen weiter, stürzten sich ins Meer, dass der Schaum in die Höhe spritzte, und schwammen hinaus. Ich eilte zu der Mutter hin, sie quälte sich, aus dem Tümpel herauszukommen. Um uns die Mühe zu ersparen, das schwere Tier herauszuschleppen, wartete ich, bis es sich selbst auf den Rand hinaufgezogen hatte, und machte dann seinem Dasein ein Ende. Inzwischen hatten die beiden Jungen ein Eisstück erreicht, das für beide sehr klein war; da saßen sie nun balancierend und in den Wellen auf- und abtauchend.

Hin und wieder fiel eins von ihnen herunter, kletterte aber gleich wieder unverdrossen hinauf. Sie schrien unaufhörlich und konnten offenbar nicht begreifen, weshalb die Mutter so lange auf sich warten ließ. Der Wind war noch immer stark und trieb sie mit der Strömung rasch aufs Meer hinaus. Wir brauchten also die Kajaks für die Jagd. Als wir zu den Booten kamen, bot sich uns ein trauriger Anblick. Alles Walrossfleisch, das wir mit so vieler Mühe nach Hause gebracht hatten, lag verstreut, zerrissen und angefressen am Strand; jedes bisschen Fett und Speck war verschwunden. Die Bären hatten hier schön gehaust, während wir schliefen. Das Kajak, in dem das Fleisch gewesen, war halb ins Wasser, das andere hoch hinauf zwischen die Steine geschleppt worden.

Wir brachten die Kajaks zu Wasser. Sobald die Jungen uns herankommen sahen, wurden sie unruhig und sprangen ins Wasser. Wir machten einen Bogen um sie herum und trieben sie dem Land zu, wo wir sie schließlich erlegten.

Wir hatten also an diesem Tag drei Bären geschossen; das war eine gute Entschädigung für die Walrosse, die ins Meer hinausgetrieben waren. Außerdem trieb das gesunkene Walross vom Tag vorher am Rand des Ufereises. Ein großes Glück! Unverzüglich schleppten wir es an eine sichere Stelle in einem Einschnitt und machten es dort fest. Diese Beute vergrößerte unseren Wintervorrat außerordentlich.

Es war schon spät in der Nacht, als wir uns niederlegten, nachdem wir die Bären abgehäutet, auf einen Haufen gelegt und wieder mit den Häuten bedeckt hatten, um die Möwen abzuhalten. Dann holten wir den Schlaf für zwei Nächte nach.

Erst am 2. September konnten wir uns ans Werk machen und das Walross abhäuten, das noch im Wasser lag. Wir machten es in einer Öffnung des Küsteneises dicht bei der Höhle fest und hofften, es dort aufs Land ziehen zu können. Da das Gletschereis ins Wasser hineinragte, schien das nicht schwer zu sein. Aber wir mochten uns quälen, wie wir wollten; alles, was wir erreichten, war, den ungeheuren Kopf über den Rand des Eises zu bringen. Mitten in der Arbeit schrie Johansen: „Halt, sehen Sie, dort!“ Ein großes Walross schwamm gerade auf uns zu. Es schien es nicht eilig zu haben. Es hatte wohl den Gefährten erblickt und wollte sehen, was wir mit ihm machten. Langsam und würdevoll kam es bis ganz nahe an uns heran. Glücklicherweise hatten wir die Gewehre bei uns; als ich mich näherte, erhob sich das Tier nur im Wasser und blickte mich lange forschend an. Ich wartete geduldig, bis es sich ein wenig drehte, und jagte ihm dann eine Kugel in den Hinterkopf. Es war eine Zeit lang betäubt, rührte sich aber bald wieder, sodass mehrere Schüsse nötig waren. Wir freuten uns über unser Jagdglück, hätten aber fürs Leben gern gewusst, was das Walross in diesem engen Kanal sucht. Diese Tiere müssen ungewöhnlich neugierig sein.

Wir hatten jetzt große Walrosse in dem Kanal schwimmen. Noch einmal versuchten wir, das eine herauszuschleppen, aber der Versuch scheiterte ebenso wie vorher. Der einzige Ausweg war, sie im Wasser abzuhäuten. Dies war aber weder leicht noch angenehm. Als wir spät am Abend endlich eine Seite des Tieres gehäutet hatten, war Ebbe, das Walross lag auf dem Grund, und es war nicht möglich, es umzudrehen. Wir mussten die Flut am nächsten Tag abwarten.

Während wir an diesem Tag eifrig mit den Walrossen beschäftigt waren, war auf einmal der ganze Fjord weiß von Weißwalen, die rundherum Luftsprünge machten. Es war eine unglaublich große Zahl. Nach einer Stunde verschwanden sie wieder; woher sie gekommen waren und wohin sie gingen, habe ich nicht entdecken können.

An den nächsten Tagen quälten wir uns weiter mit den Walrossen. Es war eine ekelhafte Arbeit, im Wasser auf den Tieren zu liegen und so tief zu schneiden, wie man unter die Oberfläche des Wassers reichte. Dass wir nass wurden, störte uns nicht, denn man wird wieder trocken; schlimmer aber war, dass wir uns von Kopf bis Fuß mit Speck, Tran und Blut beschmierten. Unsere schon lange sehr mitgenommene Kleidung – in der wir noch ein weiteres Jahr stecken sollten, ehe wir sie wechseln konnten – nahm dabei so viel Tran in sich auf, dass er bis auf die Haut drang.

Das Abspecken der Walrosse war die schlechteste Arbeit auf der ganzen Expedition; wäre sie nicht notwendig gewesen, wir hätten die Tiere liegen lassen. Aber wir brauchten Brennstoff für den Winter, wenn wir uns auch ohne das Fleisch hätten behelfen können. Endlich war die

Arbeit getan, und große Haufen Speck und Fleisch wurden dicht mit dicken Walrosshäuten abgedeckt.

In dieser Zeit sammelten sich Elfenbein- und Tauchermöwen in Scharen und ließen sich die Abfälle schmecken. Wenn sie sich satt gefressen hatten, saßen sie draußen auf den Eishügeln und schnatterten um die Wette. Sobald ein Fetzen Speck fiel, stürzten sie sich darauf und kämpften darum, dass die Federn stoben.

Draußen segelten Sturmvögel in ihrem stillen, geisterhaften Flug über das Wasser, und am Rand der Küste flogen Stummelmöwen auf und nieder und schossen pfeilschnell auf das Wasser hinab, sobald sich dort ein Krustentier zeigte. Wir liebten diese anmutigen Vögel, weil sie sich ausschließlich an Meerestiere hielten und unseren Speck in Frieden ließen. Unentwegt aber jagte die Raubmöwe am Ufer, und alle Augenblicke erschreckte uns ein kläglicher Notschrei über unseren Köpfen: Eine Stummelmöwe wurde von einer Raubmöwe verfolgt. Wie oft haben wir die wilde Jagd da oben mit den Augen verfolgt, bis die Stummelmöwe ihre Beute fallen ließ, die Raubmöwe herabschoss und den Raub auffing, bevor er noch das Wasser berührte! Hoch in der Luft flogen viele Krabbentaucher; man hörte das Schwirren ihrer Flügel von weitem. Da war Geschrei und Leben auf allen Seiten. Die Vögel werden einer nach dem anderen Richtung Süden verschwinden – die Polarnacht wird beginnen.

Endlich, am 7. September, begannen wir mit dem Bau der Winterhütte. Wir hatten einen guten Platz dafür gefunden. Täglich morgens gingen wir mit einem Eimer Trinkwasser in der einen und der Büchse in der andern Hand zur Arbeit. Wir brachen in dem Geröll Steine los, schleppten sie zusammen, hoben den Grund aus und bauten die Mauern auf. Viel Werkzeug hatten wir nicht; meist mussten wir die Fäuste nehmen. Die Schlittenkufe diente wieder als Spitzhacke, um die festgefrorenen Steine zu lösen, und wenn wir mit den Händen nicht zurechtkamen, benutzten wir zum Aufgraben des Baugrundes einen Skistock mit eiserner Zwinge. Aus dem Schulterblatt eines Walrosses stellten wir uns einen Spaten her und aus einem Walrosshauer, der an einem Querträger des Schlittens festgemacht wurde, eine Hacke. Es waren zerbrechliche Dinger, wenn man damit arbeiten wollte; aber mit Geduld brachten wir es doch fertig, und ganz langsam erhoben sich feste Steinmauern mit Moos und Erde dazwischen. Das Wetter wurde allmählich kälter und hemmte uns bei der Arbeit, da der Boden, den wir auszugraben hatten, gefror und die Steine, die wir losbrechen mussten, festsaßen; und dann kam auch Schnee. Groß war darum unsere Überraschung, als wir am Morgen des 12. September aus unserer Höhle krochen und das schönste Tauwetter fanden, mit vier Grad Wärme. Das war beinahe die höchste Temperatur, die wir auf der ganzen Expedition gehabt haben. Auf allen Seiten stürzten Ströme in schäumenden Fällen von dem Berg und dem Gletscher herab, Bäche nahmen fröhlich murmelnd ihren Weg zwischen den Steinen zum Meer hinunter. Überall tropfte und rauschte Wasser; wie mit einem Zauberschlag war das Leben in die erstarrte Natur zurückgekehrt, und die Hügel zeigten überall Grün. Man konnte sich in den fernen Süden versetzt glauben und vergessen, dass ein langer Winter vor der Tür stand.

Der nächste Tag, und schon war das vorbei. Die sanften Götter des Südens waren geflohen, die Kälte war wiedergekehrt, Schnee hatte alle Spuren zugedeckt. Nun wich der Winter nicht mehr.

Nach einer Woche Arbeit waren die Mauern der Hütte fertig. Sie waren nicht hoch, kaum einen Meter über dem Erdboden, aber wir hatten ebenso tief in den Grund hineingegraben, sodass die Hütte nach unserer Berechnung hoch genug werden musste, um aufrecht darin zu stehen. Nun handelte es sich darum, das Dach zu bauen; dies war nicht so leicht. Das einzige Material, das wir zu diesem Zweck hatten, waren Walrosshäute und der Baumstamm, den wir gefunden hatten. Der Stamm war volle 30 Zentimeter dick. Johansen brauchte einen ganzen Tag, um ihn mit unserem kleinen Beil zu halbieren. Mit viel Mühe rollten wir ihn zur Baustelle und legten ihn als Firststück auf das Dach. Dann holten wir die Häute. Aber sie waren steif und an den Fleisch- und Speckhaufen festgefroren. Mit Keilen aus Walrosshauern, Steinen und Holz brachten wir sie los. Der Transport der Häute zur Hütte war eine nicht weniger schwierige Aufgabe; durch Rollen, Tragen und Schleifen schafften wir es aber ebenfalls. Das Schlimmste von allem war, die gefrorenen Häute über der Hütte auszubreiten. Mit drei halben Fellen wurden wir ziemlich gut fertig; aber die vierte Hälfte war ganz steif, sodass wir sie ins Meer versenken mussten, um sie erst aufzutauen.

Es machte mir Sorge, dass wir in der ganzen Zeit nichts von Bären sahen. Sie waren es, von denen wir den Winter hindurch leben mussten, und mit den sechsen, die wir hatten, kamen wir nicht weit. Erleichtert atmete ich daher auf, als wir am 23. September endlich wieder zwei Bären erlegen konnten. In mehrstündiger Verfolgung jagte ich den einen den Fjord hinauf bis unter die Gletscherwand, wo ich ihn schoss. Als ich zurückkam, war Johansen schon beim Abhäuten des anderen Bären. Unser Wintervorrat vergrößerte sich.

Am nächsten Tag (24. September) gingen wir wieder an die Arbeit an der Hütte. Wir sahen eine große Herde Walrosse draußen auf dem Eis. Johansen meinte, wir brauchten sie nicht und könnten sie in Frieden lassen, ich hielt es aber für unverantwortlich, Nahrung und Brennstoff vor der Tür liegen zu lassen. Wir gingen also auf die Jagd. Uns unter Deckung einiger Eishügel an die Tiere heranzuschleichen war nicht schwer; bald waren wir ihnen bis auf 20 Meter nahe gekommen und konnten sie beobachten. Es kam nur darauf an, den Schuss gut anzubringen, um keine Patronen zu verschwenden. Es waren alte und junge Tiere. Wir beschlossen, mit den kleinsten einen Versuch zu machen; mehr als zwei brauchten wir nicht. Während wir darauf warteten, dass sie den Kopf wendeten, hatten wir Muße, sie zu beobachten.

Es sind merkwürdige Tiere. Als sie so beisammenlagen, stießen sie einander unaufhörlich mit den Hauern in den Rücken, die großen Alten wie die kleinen Jungen. Wenn sich eins etwas umdrehte und seinem Nachbar zu nahe kam oder ihn störte, erhob sich der sofort mit Gegrunze und grub die Hauer in den Rücken des anderen. Es war keineswegs eine zarte Liebkosung. Nur gut, dass sie eine so dicke Haut hatten; trotzdem bluteten mehrere am Rücken.

Bewegung im Lager entstand aber erst, wenn ein neuer Gast aus dem Meer auftauchte. Dann grunzten alle im Chor, und einer der alten Bullen, der dem neu Angekommenen am nächsten lag, gab ihm einige wohl gemeinte Stöße. Der Neuling zog sich vorsichtig auf das Eis hinauf, verbeugte sich respektvoll und schob sich ganz sachte zwischen die anderen, die ihm dann ebenfalls so viele Stöße versetzten, wie die Zeit und Umstände gestatteten. Schließlich besänftigten sich alle und lagen ruhig.

Da die Tiere verhältnismäßig klein waren, schien eine Kugel in die Mitte der Stirn zu genügen, und wir brannten endlich los. Sie sprangen aber auf und rollten sich halb betäubt ins Wasser. Dann gab es eine Bewegung. Die ganze Herde erhob die hässlichen Köpfe, glotzte uns an und warf sich eins nach dem andern dem Rand des Eises zu. Wir hatten schleunigst wieder geladen und gaben Feuer. Da lagen zwei Tiere, ein junges und ein altes. Draußen aber kochte das Wasser von den wütenden Tieren, die ringsherum das Eis zertrümmerten und die Luft mit ihrem Gebrüll erfüllten. Besonders der große Bulle schien nicht geringe Lust zu haben, uns anzugreifen; er kehrte beständig zum Eisrand zurück, hob sich halb hinauf, grunzte und bellte uns lange an und betrachtete seine toten Kameraden. Allein wir wollten keinen Schuss mehr an ihn verschwenden. Nun glaubten wir genug Speck als Brennstoff für den Winter zu haben; außerdem hatten wir Überfluss an Häuten für das Hüttendach.

Die Häute reichten von einer Seite der Hütte über den First bis zur anderen Seite. Wir streckten sie, indem wir mit Hautstreifen an beiden Enden große Steine befestigten, die sich durch ihr Gewicht über die Mauerkante zogen. Die Ränder belasteten wir mit Steinen. Mit Steinen, Moos, Hautstreifen und Schnee dichteten wir die Fugen der Mauern ab. Um die Hütte wohnlich zu machen, bauten wir im Innern Steinbänke als Lager und stellten eine Tür her. Die Tür war weiter nichts als eine Öffnung. Sie führte in einen im Erdboden ausgehobenen kurzen Gang, der mit Eisblöcken ungefähr in derselben Weise überdacht war, wie es der Eingang zu den Eskimohäusern ist. Der Gang war so niedrig, dass wir durchkriechen mussten, um in die Hütte zu gelangen. Die innere Gangöffnung wurde mit einem Vorhang von Bärenfell verschlossen, das wir fest an die Walrosshaut des Daches nähten. Das äußere Ende war mit einem Bärenfell bedeckt, das lose über der Mündung lag.

Es wurde jetzt kalt, unter minus 20 Grad, und das Leben in der bisherigen niedrigen Höhle, in der wir uns nicht rühren konnten, war kaum noch erträglich. Der Rauch der Tranlampe drang uns beim Kochen in die Augen. Täglich wuchs unsere Ungeduld, in das neue Haus zu ziehen, das uns jetzt als der Gipfel der Bequemlichkeit erschien. Während des Baues wiederholten wir uns immer, wie nett und behaglich es sein würde, wenn wir erst darin wären, und wir malten uns die vielen angenehmen Stunden aus, die wir dort verbringen wollten. Die Hütte war gewiss nicht groß; sie war 3,5 Meter lang und 1,8 Meter breit, und wenn man quer darin lag, stieß man auf der einen Seite mit den Füßen und auf der andern mit dem Kopf an. Man konnte sich jedoch ein wenig darin bewegen, und selbst ich vermochte beinahe aufrecht zu stehen. Das war der Gedanke, der uns besonders vorgeschwebt hatte. Man stelle sich einmal vor, was es für uns bedeutete, einen vor dem Wind geschützten Raum zu haben, in dem man die Beine ein wenig ausstrecken konnte! Das hatten wir seit März, seit der *Fram* nicht mehr gehabt. Es dauerte aber lange, bis alles in Ordnung war; denn wir wollten nicht umziehen, ehe wir die Hütte nicht ganz vollendet hatten.

Als wir die letzten Walrosse abhäuteten, hatte ich mehrere Sehnen aus dem Rücken genommen in der Hoffnung, sie bei der Anfertigung von Winterkleidung verwenden zu können. Erst einige Tage später, am 26. September, merkte ich, dass die Sehnen auf dem Eis liegen geblieben waren. Ich ging hin, um nachzusehen, aber die Möwen und Füchse hatten sich längst damit davongemacht.

Johansen kam hinter mir hergelaufen, winkte und wies Richtung Meer. Ich sah dort einen großen Bären, der auf und ab lief und uns beobachtete. Schnell holten wir die Büchsen, und während Johansen in der Nähe des Landes blieb, um den Bären zu empfangen, machte ich auf dem Eis einen weiten Bogen, um ihn landwärts zu treiben. Inzwischen hatte er sich draußen neben einigen Löchern niedergelegt, vermutlich um Seehunden aufzulauern. Ich schlich mich heran, er sah mich und kam anfangs auf mich zu; dann aber überlegte er es sich anders und zog langsam und majestätisch seewärts über das neue Eis.

Ich hatte keine Lust, ihm zu folgen, und versuchte, ihn aus der Ferne zu erlegen. Die erste Kugel ging zu hoch; dann noch eine; diese traf. Der Bär sprang auf, machte mehrere Sätze und trampelte in seiner Wut auf das Eis, bis es brach und er ins Wasser fiel. Da lag er plätschernd und spritzend und durchbrach das dünne Eis durch sein Gewicht bei den Versuchen herauszukommen. Rasch war ich neben ihm. Ich wollte aber keine weitere Patrone verschwenden und hoffte auch, dass es ihm gelang, allein aus dem Wasser zu kommen und uns die Mühe zu sparen, ein so schweres Tier herauszuziehen. Ich rief Johansen zu, mit einem Tau, Schlitten und Messern zu kommen. Der Bär quälte sich gewaltig und machte das Loch im Eis immer größer. Er war am Vorderbein verwundet, sodass er nur das andere und die Hinterbeine gebrauchen konnte. Er fasste das Eis immer wieder und zog sich in die Höhe, aber sobald er halb oben war, gab das Eis nach, und er sank wieder hinein. Allmählich wurden seine Bewegungen schwächer, zuletzt lag er still und schnaufte.

Dann gingen Zuckungen über seinen Körper; er streckte die Beine steif aus, der Kopf sank ins Wasser, und dann wurde alles still. Inzwischen hatte ich mehrere Male Walrosse gehört, die die Köpfe durch das Eis streckten; ich dachte mir, dass ich sie bald auch hier haben würde. Im selben Augenblick erhielt der Bär einen heftigen Stoß von unten, der ihn zur Seite warf. Ein gewaltiger Kopf mit großen Hauern tauchte auf, schnaufte, blickte verächtlich auf den Bären, schaute dann mich verwundert an und verschwand wieder. Walrosse scheinen keine Furcht vor Bären zu haben.

Endlich kam Johansen mit einem Tau. Wir warfen dem Bären eine Schlinge um den Hals und versuchten, ihn herauszuziehen. Es ging über unsere Kräfte. Bei jedem Versuch zerbrachen wir nur das Eis unter dem Bären. Ihn aufzugeben kam uns hart an; es war ein großer Bär, der ungewöhnlich fett zu sein schien. Wir hoben eine schmale Rinne, nur so breit, um das Tau durchzuziehen, im jungen Eis bis zum Rande eines großen Eisstückes aus. Nun war es leicht, den Bären unter dem Eis hierher zu schleppen und herauszuziehen, nachdem wir ein großes Loch ins Eis gebrochen hatten. Wir häuteten das Tier ab, zerschnitten es, und schwer beladen mit unserer Beute lenkten wir spät abends die Schritte heimwärts zu unserer Höhle.

Als wir am nächsten Morgen (Sonnabend, 28. September) aus der Höhle krochen, sahen wir einen großen Bären, der auf unserm Speckhaufen – schlief! Johansen schoss ihn durch die Kehle. Der Bär stand langsam auf und schritt ruhig, mit gemessenen Schritten davon, als ob nichts geschehen sei. Bald darauf hatte er von jedem von uns ein paar Kugeln im Leib. Draußen auf dem dünnen Eis brach er zusammen. Er hatte sich so voll gefressen, dass ihm Speck, Tran und Wasser aus dem Maul liefen. Wir zogen ihn an Land. Es war einer der größten Bären, den ich je gesehen habe, aber auch einer der magersten, es war keine Spur von Fett an ihm, weder unter der Haut noch zwischen den Eingeweiden. Er muss lange Zeit gefastet haben und hatte eine unglaubliche Menge Walrossspeck gefressen. Und wie hatte er ihn umhergezerrt! Erst hatte er das eine Kajak heruntergeworfen, den Speck in alle Richtungen hin verstreut, sich darauf das beste Fett von jedem einzelnen Stück gekratzt; dann hatte er den Speck wieder gesammelt und sich glücklich in dem seligen Gefühl des Sattseins darauf zum Schlafen niedergelegt.

Vorher hatte er noch ein anderes Stück geliefert, das wir erst später entdeckten. Er hatte zwei junge Bären getötet, die zu uns zu Besuch gekommen waren. Wir fanden sie nicht weit entfernt mit zerschmetterten Schädeln, steif gefroren. Die Spuren zeigten, dass der große Bär erst den einen, dann den andern auf das neue Eis hinaus verfolgt hatte; hierauf hatte er sie ans Land geschleppt und dort liegen lassen. Welches Vergnügen ihm diese Tat gemacht haben kann, begreife ich nicht; hat er Wettbewerber im Kampf um den Lebensunterhalt ausschalten wollen, oder war er ein mürrischer alter Herr, der junge Leute nicht leiden konnte? „Es ist hier jetzt so nett und ruhig“, sagte der Riese, als er das Land ausgeräumt hatte.

Unser Wintervorrat flößte jetzt wirklich Vertrauen ein.

Am Abend des 28. September zogen wir endlich in die Winterhütte. Die erste Nacht war kalt. Bis jetzt hatten wir die ganze Zeit in einem Sack geschlafen, hielten es nun aber nicht länger für notwendig, da wir die

Hütte durch mehrere Tranlampen so warm machen wollten, dass es jeder sehr gut unter einer wollenen Decke aushielt; wir hatten also den Sack auseinander getrennt. Lampen stellten wir in der Weise her, dass wir die Ränder von Neusilberblech in die Höhe bogen, diese Behälter mit zerquetschtem Speck füllten und als Docht Binden aus der Apotheke nahmen. Die Lampen brannten vorzüglich und gaben auch so gutes Licht, dass es unserer Meinung nach ganz behaglich aussah; sie reichten aber weder damals noch später aus, die ziemlich undichte Hütte zu erwärmen, und so lagen wir denn die ganze Nacht und zitterten vor Kälte.

Am nächsten Morgen schmeckte uns das Frühstück ausgezeichnet; wir tranken riesige Mengen heißer Bärenbouillon, um warm zu werden. Wir stellten an der Hinterwand der Hütte eine Pritsche her, breit genug, dort nebeneinander zu liegen. Die wollenen Decken wurden wieder zusammengenäht; dann breiteten wir die Bärenfelle unter uns aus, und nun fanden wir es so gemütlich, wie es den Umständen nach nur möglich war. Eine halbwegs ebene Unterlage zu schaffen gelang uns nicht; wir hatten jetzt nur raue, eckige Steine zur Hand, alles andere war festgefroren. Wir warfen und wendeten uns daher den ganzen Winter hin und her, um zwischen den Höckern einen einigermaßen bequemen Platz zu finden. Es war und blieb aber hart, und wir bekamen sogar wunde Stellen an den Hüften. Wir schliefen trotzdem.

In einem Winkel der Hütte bauten wir einen kleinen Koch- und Bratherd auf. Im Dach über uns schnitten wir ein Loch in die Walrosshaut und führten aus Bärenfell einen Rauchfang hinauf; bald zeigte sich aber, dass wir einen Schornstein brauchten, da ohne ihn der Wind von oben hereinschlug. Es war so viel Rauch in der Hütte, dass man es zuweilen nicht aushielt. Die einzigen Materialien, die wir jetzt zum Bauen hatten, waren Eis und Schnee. Damit errichteten wir auf dem Dach einen großartigen Schornstein, der seinem Zweck entsprach und tüchtigen Zug brachte. Obwohl wir ihn mit Walrossfleisch, Knochen und Ähnlichem verstärkten, war er trotzdem nicht recht dauerhaft, da sich das Zugloch ständig erweiterte. Da es aber genug Eis und Schnee gab, war es nicht schwer, den Schornstein ab und zu zu erneuern. Das war im Lauf des Winters dreimal nötig.

Unsere Kocherei war so einfach wie möglich. Morgens kochten wir Bärenfleisch und Bouillon, abends brieten wir Bärenschnitten. Bei jeder Mahlzeit verzehrten wir große Mengen und wurden seltsamerweise dieser Nahrung niemals überdrüssig. Manchmal aßen wir auch Speck dazu oder tauchten die Fleischstücke in Tran. Oft verging lange Zeit, in der wir fast nichts als Fleisch aßen und Fett kaum kosteten. Dann aber, wenn einer von uns einmal wieder Verlangen hatte, fischte er sich vielleicht einige angebrannte Stücke Speck aus den Lampen oder aß die Grieben, die beim Auslassen des Trans für die Lampe entstanden. Wir nannten diese Reste „Gebäck“ und fanden sie ungewöhnlich delikat; wir sprachen auch stets davon, wie köstlich sie sein müssten, wenn wir etwas Zucker dazu hätten.

Wir besaßen noch immer einen Teil des Schlittenproviants, den wir von der *Fram* mitgenommen hatten, nahmen uns aber vor, während des Winters nichts davon zu verwenden. Wir brachten die Vorräte in ein Depot, sie sollten dort liegen, bis wir im Frühjahr die Reise fortsetzten. Das Depot wurde mit Steinen zum Schutz gegen Füchse gesichert. Die Füchse waren übrigens jetzt schon unverschämt genug und stahlen, was sie nur kriegten. So entdeckte ich am 10. Oktober, dass sie sich mit einer Menge Kleinigkeiten, die ich während des Baues der Hütte in einem anderen Depot niedergelegt hatte, davongemacht hatten, Bambus, Stahldraht, Harpunen und Harpunenleinen, meine Sammlung von Gesteinen, Moose in kleinen Beuteln aus Segeltuch. Das Schlimmste aber war, dass sie auch einen großen Knäuel Segelgarn weggeschleppt hatten. Damit wollten wir uns für den Winter Kleidung, Schuhe und einen Schlafsack aus Bärenfellen machen. Ein Glück, dass sie nicht auch den Theodoliten und unsere anderen Instrumente, die ebenfalls dort standen, gestohlen hatten; sie müssen ihnen zu schwer gewesen sein. Ich ärgerte mich, als ich diese Entdeckung machte, zumal es an meinem Geburtstag geschah.

Inzwischen verging die Zeit. Die Sonne sank tiefer und tiefer. Am 15. Oktober sahen wir sie zum letzten Mal über den Bergen im Süden; die Tage wurden rasch dunkler; unsere dritte Polarnacht begann.

Wir sahen im Herbst noch zwei Bären, einen am 8., einen am 21. Oktober; dann erschienen sie erst im Frühling wieder.

Wir hatten nicht viel Abwechslung. Unser Leben begann morgens mit Kochen und Frühstücken. Dann kam vielleicht wieder ein Schläfchen. Dann pflegten wir hinauszugehen, um uns etwas Bewegung zu verschaffen. Dies geschah jedoch nicht öfter und länger als notwendig, da sich unsere von Fett durchweichte, abgetragene und zerrissene Kleidung nicht gerade recht dazu eignete, im Winter in der freien Luft spazieren getragen zu werden. Unsere Windkleidung war so zerrissen, dass wir sie nicht benutzen konnten, und wir hatten zu wenig Zwirn, sie zu flicken. Ich hielt es für richtig, sie erst im nächsten Frühjahr anzuziehen, wenn wir uns zum Aufbruch vorbereiteten. Ich hatte auf Kleidung aus Bärenfell gerechnet, aber es brauchte seine Zeit, die Felle von allem Speck und Fett zu reinigen, und eine noch viel langsamere Arbeit war es, sie zu trocknen. Wir breiteten sie unter dem Dach der Hütte aus, wo jedoch immer nur Raum für ein Fell war. Als eins fertig war, mussten wir es vor allen Dingen zu unserem Lager verwenden, da wir auf rohen, schmierigen Fellen lagen, die allmählich verfaulten. Dann mussten wir uns einen neuen Schlafsack herstellen, weil der alte wollene mit der Zeit zum Schlafen zu kalt wurde. Um Weihnachten hatten wir ihn fertig.

Die Spaziergänge waren ebenfalls ein zweifelhaftes Vergnügen, weil unter der steilen Klippe stets ein scharfer Wind wehte. Wir empfanden es als wunderbare Wohltat, wenn es gelegentlich einmal beinahe windstill war. In der Regel pfiff der Wind über uns und peitschte den Schnee dermaßen umher, dass alles in Nebel eingehüllt wurde. Zuweilen vergingen viele Tage, ohne dass wir die Nase vor die Tür steckten, und nur die dringende Notwendigkeit trieb uns hinaus, um Eis zum Trinkwasser, einen Schinken, ein Stück Bärenfleisch oder Speck für die Lampe zu holen.

Wenn wir hineinkamen und Hunger hatten, bereiteten wir das Abendbrot, aßen uns satt und krochen dann in den Sack, um so lange wie möglich zu schlafen und die Zeit hinzubringen. Im Großen und Ganzen hatten wir ein sehr bequemes Leben. Mit unseren Tranlampen konnten wir mitten im Raum die Temperatur ungefähr auf dem Gefrierpunkt halten; in der Nähe der Mauer war es aber beträchtlich kälter. Dort schlug sich die Feuchtigkeit in Form von wunderschönen

Eiskristallen nieder, sodass die Steine weiß waren und wir in glücklichen Augenblicken träumen konnten, wir wohnten in einem Marmorschloss. Diese Pracht hatte ihre Nachteile; wenn die Außentemperatur stieg oder wenn es in der Hütte etwas wärmer wurde, dann liefen die Bäche von der Mauer in den Schlafsack.

Jeder war eine Woche lang abwechselnd Koch, und der Dienstag, an dem die Kochwoche des einen endete und die des andern begann, bot die einzige Abwechslung in unserem Leben; nach ihr teilten wir unsere Zeit. Beständig rechneten wir, wie viel Kochwochen wir noch vor uns hatten, ehe wir im Frühjahr das Lager abbrechen konnten.

Ich wollte in diesem Winter viel tun, meine Beobachtungen und Notizen ausarbeiten und einiges über unsere Reise schreiben, aber es geschah sehr wenig. Es war nicht nur das armselige, flackernde Licht der Tranlampe, das mich daran hinderte, auch nicht die unbequeme Lage, die uns nur erlaubte, auf dem Rücken zu liegen oder auf den harten Steinen zu sitzen, wobei jeder Körperteil schmerzte: Die ganze Umwelt machte geistige Arbeit unmöglich. Das Gehirn arbeitete nur träge, und ich hatte nie Lust zu schreiben. Das Geschriebene war auch nicht sauber zu halten. Sobald man ein Stück Papier nur anfasste, ließen die Finger einen braunen Fettfleck zurück, und wenn der Zipfel eines Kleidungsstückes darüber hinwischte, entstand ein dunkler Streifen. Die Tagebücher aus dieser Zeit sehen fürchterlich aus, es sind „Schmierbücher“ im buchstäblichen Sinne des Wortes. Oft hatte ich Mühe, die Bleistiftnotizen zu lesen, die ich am Tag zuvor geschrieben hatte, und jetzt, während ich dieses Buch schreibe, habe ich meine liebe Not herauszubekommen, was einst auf den schmutzigen dunkelbraunen Blättern gestanden hat; ich beleuchte sie von allen Seiten, untersuche sie mit dem Vergrößerungsglas, trotzdem muss ich es oft aufgeben.

Die Eintragungen in mein Tagebuch sind in dieser Zeit äußerst mager; es sind zuweilen Wochen, in denen nichts als die notwendigsten meteorologischen Beobachtungen und Bemerkungen aufgezeichnet sind. Unser Leben verlief so einförmig, dass es nichts gab, um darüber zu schreiben. Dieselben Gedanken kamen und gingen einen Tag wie den andern; es war darin nicht mehr Abwechslung als in unserer

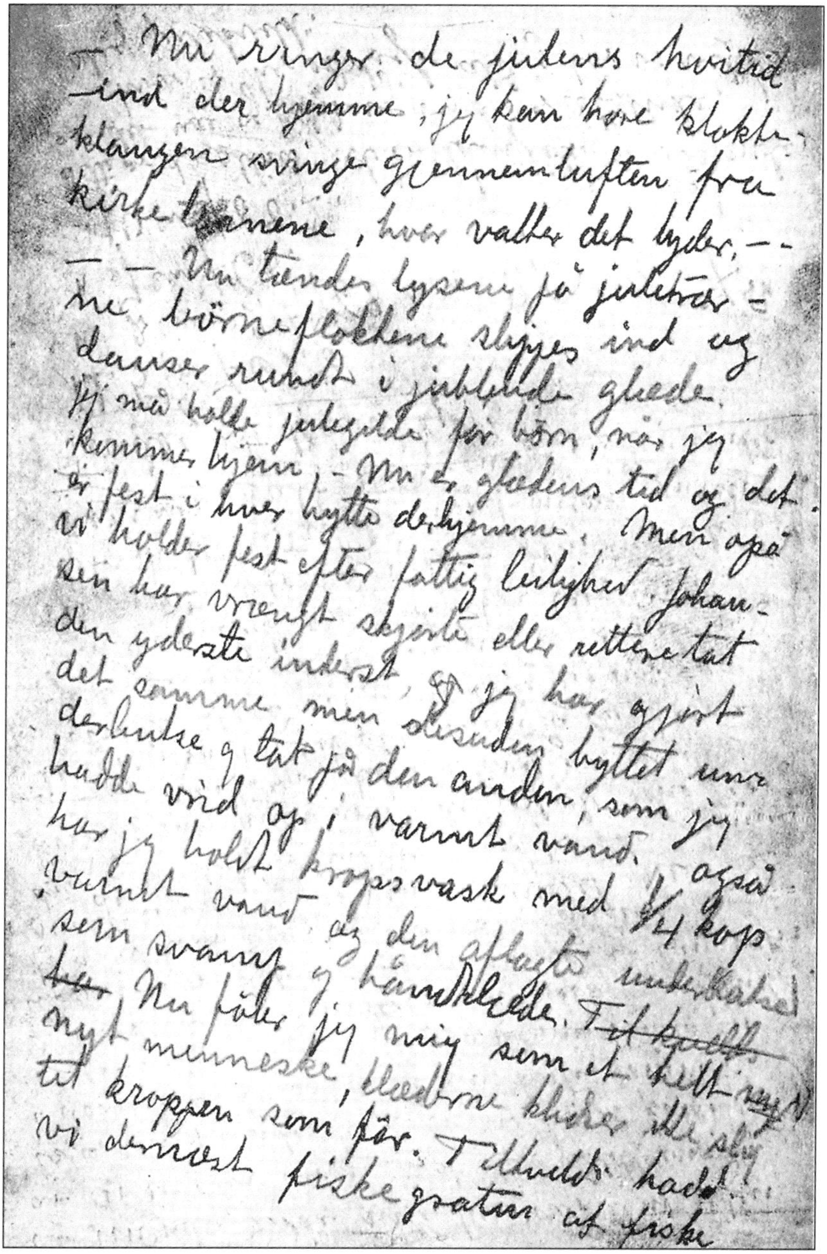
— Nu ringer de julens høitid
ind der hjemme, jeg kan høre klokke-
klangen svinge gjennem luften fra
kirketaarnene, hvor vakkert det lyder. — —
— — Nu tændes lysene på juletræ-
ne, børneflokkene slippes ind og
danser rundt i jublende glæde.
Jeg må holde julegilde for børn, når jeg
kommer hjem. — Nu er glædens tid og det
er fest i hver hytte derhjemme. Men også
vi holder fest efter fattig leilighet. Johan-
sen har vrengt skjorte eller rettere tat
den yderste inderst, og jeg har gjort
det samme men desuden byttet unr-
derbukse og tat på den anden, som jeg
hadde vrid op i varmt vand.
har jeg holdt kropsvask med 1/4 kop også
varmt vand
som svamp og den aflagte underbukse
~~ter~~ Nu føler jeg mig som et helt nyt
nyt menneske, klæderne klæber ikke slig
til kroppen som før. Til middag hadde
vi dennegang fiskegratin af fiske

Tagebuchblatt vom Weihnachtsabend 1895

Unterhaltung. Gerade die Leere des Tagebuchs veranschaulicht am besten unser Leben während der neun Monate, die wir hier zubrachten.

Mittwoch, 27. November. Minus 23 Grad. Der Wind wirbelt einem den Schnee um die Ohren, sobald man den Kopf aus dem Eingang streckt. Alles grau in grau. Die schwarzen Steine im Schnee in der Geröllhalde weiter oben sind nur undeutlich zu erkennen, wir unterscheiden noch die dunkle Klippe hoch über unseren Köpfen. Wohin sich aber sonst der Blick wenden mag, hinaus nach der See oder den Fjord hinauf, überall dieselbe bleischwere Dunkelheit; man ist von der weiten Welt abgesperrt und in sich selbst eingeschlossen. Der Wind pfeift am Bergkamm und heult in den Spalten und Löchern der Basaltmauern dieselbe ewige Melodie, die er schon Jahrtausende gesungen hat und noch Jahrtausende singen wird. Und der Schnee wirbelt dahin, wie er es immer getan im Wechsel der Zeiten, und füllt alle Spalten und Vertiefungen. Aber die Steine der Geröllhalde vermag er nicht zuzudecken; schwarz wie immer ragen sie in die Nacht hinein. Auf dem freien Platz vor der Hütte springen zwei Gestalten in der Winternacht wie Gespenster hin und her, um sich warm zu halten, und so werden sie auf dem Pfad, den sie sich ausgetreten haben, Tag für Tag hin und her rennen, bis der Frühling kommt.

Sonntag, 1. Dezember. Wunderbar schönes Wetter die letzten Tage; man kann gar nicht müde werden, draußen auf und ab zu gehen, während der Mond diese Eiswelt in ein Feenland verwandelt. Da liegt die Hütte noch im Schatten des Berges, der dunkel-drohend überhängt, aber das Mondlicht schwebt über Eis und Fjord und wird glitzernd von allen beschneiten Kämmen und Hügeln zurückgeworfen. Eine seltsame, gefühllose Schönheit von einem erloschenen Planeten, aufgebaut aus glänzendem weißem Marmor. So müssen die Berge dort stehen, gefroren und eiskalt, so müssen die Seen erstarrt unter der Schneedecke liegen, wenn das große Schweigen kommt, das eines Tages herrschen wird, wenn die Erde wieder wüst und leer ist, wenn der Fuchs nicht mehr in diesem Geröll haust, wenn der Bär nicht mehr draußen auf dem Eis umherstreift, wenn selbst der Wind nicht mehr tost: unendliches Schweigen! In Nordlichtflammen schwebt der Geist des Raumes über den gefrorenen Gewässern. Die Seele beugt sich vor der Majestät der Nacht und des Todes.

Montag, 2. Dezember. Morgens. Heute höre ich, dass es draußen wieder weht; es wird also ein ungemütlicher Spaziergang werden. Es ist bitterkalt in unserer abgetragenen, fettigen Kleidung. Selbst leiser Wind geht einem durch und durch. Doch wird der Frühling nicht eines Tages auch hierher kommen? Ja, und über uns wölbt sich derselbe Himmel jetzt und immerdar, ebenso hoch, ebenso ruhig. Während wir zitternd vor Kälte auf und ab schreiten, blicken wir hinauf zum endlosen Sternenzelt, und alle Entbehrungen, alle Sorgen schwinden in leeres Nichts.

Dienstag, 10. Dezember. Es ist ein böser Wind gewesen. Johansen entdeckte heute, dass sein Kajak verschwunden war. Er suchte und fand es mehrere hundert Meter entfernt unten in der Geröllhalde wieder; der Wind musste es erst über mein Kajak gehoben und dann über einen großen Stein nach dem andern geworfen haben. Es wehte am Fuße des Berges oft sehr stark. Ein andermal wurde einer meiner Schneeschuhe, der in einem Schneehaufen neben der Hütte steckte, vom Wind abgebrochen; er war aus starkem Ahorn.

In der Nacht wurde es auf einmal wundervoll ruhig, und die Luft war überraschend mild. Es war entzückend draußen; wir haben schon seit geraumer Zeit nicht mehr so lange Spaziergänge gemacht. Es tut gut, hin und wieder die Beine zu bewegen, sonst werden wir ganz steif. Man denke nur, ganze 12 Grad Kälte mitten im Dezember!

Donnerstag, 12. Dezember. Zwischen sechs und neun Uhr morgens beobachteten wir eine Menge Sternschnuppen, die meisten im Sternbild der Schlange. Einige kamen gerade aus dem Großen Bären heraus, später hauptsächlich aus dem Stier oder dem Aldebaran und den Plejaden. Mehrere waren sehr hell, einige ließen einen Streifen leuchtenden Staub hinter sich zurück. Angenehmes Wetter! Aber Nacht und Tag sind jetzt gleich dunkel. Wir wandern ununterbrochen auf und ab. Nur der Himmel weiß, wie viele Schritte wir noch machen werden, bis der Winter zu Ende ist.

Ganz schwach sieht man durch die Dunkelheit die schwarzen Klippen, die Felsgrate und die großen Steine am Strand, die der Wind immer rein fegt. Über uns breitet der klare Sternenhimmel seinen Frieden über die Erde aus. Fern im Westen fällt ein Sternschnuppenschwarm nach dem andern, einige schwach, kaum sichtbar, andere wie römische Lichter, alle bringen eine Botschaft von fernen Welten. Tief im Süden liegt eine Wolkenbank, hin und wieder begrenzt vom Schimmer des Nordlichts, aber draußen über dem Meer ist der Himmel dunkel, dort ist die See offen. Wenn man sie betrachtet, fühlt man sich nicht so eingeschlossen. Es ist wie ein Bindeglied mit dem Leben, dieses dunkle Meer. Im nächsten Sommer wird es uns heimwärts tragen.

Sonntag, 22. Dezember. Ging gestern Abend lange Zeit draußen spazieren, während Johansen als Vorbereitung zum Christfest die Hütte gründlich sauber machte. Das bestand hauptsächlich darin, dass er die Asche aus dem Herd kratzte, die Knochen und Fleischabfälle sammelte und fortwarf und dann das Eis aufbrach, das mit allerlei Kehricht auf dem Boden zusammengefroren war, so dick, dass die Hütte niedriger geworden war.

Wunderbares Nordlicht! Wie oft man auch das seltsame Spiel sehen mag, nie wird man müde, es zu betrachten. Es beginnt mit einem blassgelben geisterhaften Lichtschimmer hinter dem Berg im Osten, gleich dem Widerschein einer fernen Feuersbrunst; es wird breiter, und bald ist der östliche Himmel eine einzige glühende Feuermasse. Nun wird es wieder schwächer und sammelt sich in einem hell glänzenden Nebelgürtel, der sich nach Südwesten erstreckt, während hier und dort einige glänzende Lichtnebel sichtbar sind. Nach einer Weile schießen plötzlich da und dort Strahlen aus dem feurigen Nebel empor, bis sie fast den Zenit erreichen; es kommen noch mehr, in wilder Jagd spielen sie von Osten nach Westen über den Gürtel. Sie scheinen aus weiter, weiter Ferne heranzueilen. Und plötzlich ergießt sich ein wahrer Strahlenschleier vom Zenit über den nördlichen Himmel, so zart und hell wie feinste, glitzernde Silberfäden.

Nun ist wieder die Wintersonnenwende gekommen, und die Sonne hat ihren niedrigsten Stand erreicht; um Mittag können wir noch einen schwachen Schimmer von ihr über den Bergen im Süden erkennen.

Jetzt beginnt sie wieder nordwärts zu steigen; Tag für Tag wird es heller werden, und die Zeit wird rascher vergehen.

Dienstag, 24. Dezember. Zwei Uhr nachmittags: minus 24 Grad. Heute ist also Weihnachtsabend. Kalt und windig ist es draußen, kalt und zugig hier drinnen. Wie einsam es ist! Noch niemals haben wir einen solchen Weihnachtsabend gehabt.

Nun läuten zu Hause die Glocken das Christfest ein. Jetzt werden die Lichter am Weihnachtsbaum angezündet, die Kinderschar wird hereingelassen, und in Freude und Jubel tanzen sie um den Baum herum. Wenn ich wieder nach Hause komme, muss ich ein Weihnachtsfest für Kinder veranstalten. Es ist die Zeit der Freude, und zu Hause ist in jeder Hütte ein Fest.

Auch wir feiern mit unseren ärmlichen Mitteln ein Fest. Johansen hat sein Hemd gewendet; ich habe dasselbe getan und außerdem die Unterhosen gewechselt. Ich habe mich in warmem Wasser gewaschen, wobei die abgelegten Unterhosen als Schwamm und Handtuch dienten. Jetzt fühle ich mich wie neugeboren. Dann hatten wir zum Abendessen Fiskegratin aus Fisch und Maismehl mit Tran anstatt Butter gebacken und gebraten, eins so trocken wie das andere, und zum Nachtisch in Tran geröstetes Brot. Morgen früh werden wir Schokolade und Brot haben. Weihnachts- und Silvesterabend waren die einzigen Gelegenheiten, bei denen wir etwas von den Schlittenvorräten nahmen.

Mittwoch, 25. Dezember. Schönes Weihnachtswetter; fast Windstille und heller Mondschein. Es versetzt einen in eine ganz feierliche Stimmung; es ist der Frieden von Jahrtausenden.

Nachmittags war das Nordlicht einzig schön. Um sechs Uhr war am südlichen Himmel ein heller blassgelber Bogen. Er glomm eine Zeit lang, dann schoss auf einmal das Licht an dem Bogen entlang nach Westen hin; überall stiegen Strahlen zum Zenit empor, und im nächsten Augenblick stand der ganze südliche Himmel in Flammen. Es flackerte und loderte, es drehte sich wie ein Wirbelwind herum, und die Strahlen schossen hin und her, bald rot und rötlich violett, bald gelb, grün und blendend weiß; jetzt waren die Strahlen unten rot und oben gelb und grün, und dann war es wieder umgekehrt. Höher und höher stieg das Nordlicht; einen Augenblick zeigte sich eine prachtvolle Korona, und dann wurde es zu einer einzigen wirbelnden Feuermasse: ein Wirbelstrom von rotem, gelbem und grünem Feuer, der das Auge blendete. Es war wie eine gewaltige elektrische Entladung.

In der Heimat findet heute in den Familien das festliche Mittagessen statt. Ich sehe die würdigen Familienväter glücklich lächelnd in der Tür stehen, um Kinder und Enkel willkommen zu heißen. Draußen fällt der Schnee sanft und still in großen Flocken; frisch und rotwangig stürmt das junge Volk herein, trampelt im Eingang den Schnee von den Füßen, schüttelt die Mäntel ab, hängt sie auf und kommt dann ins Wohnzimmer, wo das Feuer im Kachelofen gemütlich knistert; und durch die Fenster sieht man draußen die Schneeflocken fallen und die Julfestgarben bedecken. Aus der Küche kommt ein köstlicher Bratenduft, und im Speisezimmer ist ein langer Tisch gedeckt für das Essen mit gutem, altem Wein. Wie ist alles so hübsch und gemütlich! Man könnte krank werden vor Sehnsucht nach der Heimat. Aber warte, warte, wenn der Sommer kommt … Der Weg zu den Sternen ist lang und beschwerlich!

Dienstag, 31. Dezember. Auch dieses Jahr geht zu Ende. Es ist merkwürdig gewesen, aber trotz allem eigentlich gut. Zu Hause läuten sie das alte Jahr zu Ende. Unsere Kirchenglocke ist der eisige Wind, der über Gletscher und Schneefeld pfeift und wütend heult, wenn er den Schnee in Wolken hoch emporjagt und vom Berggrat auf uns herunterfegt. Weit den Fjord hinauf sieht man die Schneewolken, von den Windstößen getrieben, über das Eis jagen, und der Schneestaub glitzert im Mondlicht. Ruhig und schweigsam zieht der Vollmond von dem einen Jahr ins andere hinüber. Er scheint auf Gute und Böse herab und achtet nicht des Jahreswechsels, der Entbehrungen, der Sehnsucht. Einsam, verlassen, hunderte von Meilen fern von allem, was uns teuer ist; aber die Gedanken fliegen rastlos auf ihren stillen Bahnen. Wieder wendet sich ein Blatt im Buch der Ewigkeit, eine neue weiße Seite ist aufgeschlagen, und niemand weiß, was darauf geschrieben werden wird.

Neujahr 1896

Mittwoch, der 1. Januar 1896. Minus 41,5 Grad. Das neue Jahr ist gekommen, das Jahr der Freude, der Heimkehr. Mit hellem Mondschein schied 1895, mit hellem Mondschein beginnt 1896; aber es ist bitterkalt; es waren die kältesten Tage, die wir hier bis jetzt kennen gelernt haben. Ich habe das gestern gefühlt, als ich mir die Fingerspitzen erfror.

Freitag, 8. Januar, morgens. Es ist draußen noch immer klar und kalt; ich höre das Knallen vom Gletscher her. Er liegt auf dem Kamm des Berges wie ein mächtiger Eisriese, der auf uns herabblickt; er breitet seinen Riesenkörper über das Land und dehnt seine Glieder auf allen Seiten zum Meer aus. Aber sobald es kalt wird, kälter als wir es bisher gehabt haben, windet er sich in fürchterlichen Schmerzen; Spalte auf Spalte öffnet sich in dem ungeheuren Körper, und es donnert wie von Kanonen; Himmel und Erde erzittern, und der Boden unter uns erbebt. Man fürchtet beinahe, dass sich der Gletscher eines Tages auf uns herabwälzt.

Johansen schnarcht, dass die Hütte dröhnt. Gut, dass seine Mutter ihn nicht sieht; sie würde ihren Jungen bedauern, so schwarz und schmutzig und zerrissen, wie er ist, das ganze Gesicht schwarz von Ruß. Aber warte nur, warte! Sie wird ihn wiederhaben, gesund, frisch und sauber!

Mittwoch, 8. Januar. Gestern Abend wehte der Wind den Schlitten, an dem unser Thermometer hing, über den Abhang. Stürmisches Wetter draußen – wütender Wind, der einem fast den Atem nimmt, wenn man den Kopf hinausstreckt. Wir liegen hier und schlafen, verschlafen die Zeit. Immer können wir es aber nicht. Diese langen, schlaflosen Nächte, wenn man sich von einer Seite auf die andere wälzt, die Füße hochzieht, um sie ein wenig zu wärmen, und sich auf der ganzen Welt nur eines wünscht – Schlaf! Die Gedanken beschäftigen sich unermüdlich mit allem in der Heimat; der lange, schwere Körper sucht zwischen den rauen Steinen vergebens eine erträgliche Lage. Die Zeit kriecht weiter. Heute ist Klein Livs Geburtstag. Heute ist sie drei Jahre alt und muss nun ein großes Mädchen sein. Kleines Ding, du vermisst deinen Vater noch nicht; an deinem nächsten Geburtstag werde ich hoffentlich bei dir sein. Was für gute Freunde wir werden! Du wirst huckepack reiten, und ich werde dir Geschichten erzählen von Bären, Füchsen, Walrossen und den anderen merkwürdigen Tieren im Eis.

Sonnabend, 1. Februar. Hier liege ich nun mit Rheumatismus darnieder. Draußen wird es von Tag zu Tag heller, der Himmel über den Gletschern im Süden rötet sich mehr und mehr, bis schließlich eines Tages die Sonne über dem Bergkamm aufgehen und unsere letzte Winternacht vorüber sein wird.

Es ist ein merkwürdiges Dasein, den ganzen Winter hindurch in einer unterirdischen Hütte zu liegen und nichts zu haben, womit man sich beschäftigen kann. Wie sehnten wir uns nach einem Buch! Wie herrlich war es auf der *Fram*, als wir die ganze Bibliothek hatten! Oft sagten wir uns, dass dieses Leben trotz allem schön wäre, wenn wir nur etwas zu lesen hätten. Johansen schwärmte stets von Heyses Novellen, er habe sie an Bord besonders gern gelesen und hatte die letzte angefangen, aber nicht beendet. Die Navigationstabellen und das nautische Jahrbuch hatte ich schon so viele Male gelesen, dass ich alles beinahe auswendig kannte, von der norwegischen Königsfamilie, von scheintoten Ertrunkenen und der Selbsthilfe für Fischer. Und dennoch war es immerhin ein Trost, diese Bücher zu sehen; der Anblick der gedruckten Buchstaben ließ uns fühlen, dass trotz allem noch ein kleines bisschen vom zivilisierten Menschen in uns steckte. Alles, worüber wir wirklich zu sprechen hatten, war schon vor langer Zeit gründlich durchgedroschen, und es gab tatsächlich nicht viele Gedanken, die wir noch nicht ausgetauscht hätten. Das Hauptvergnügen, das uns noch blieb, war, uns gegenseitig auszumalen, wie wir uns im nächsten Winter zu Hause für alles das entschädigen wollten, was wir hier entbehrten. Wir hatten gelernt, auf alle Güter des Lebens Wert zu legen, auf Essen, Trinken, Kleidung, Schuhe, Haus, Heimat, gute Nachbarn und so weiter. Oft beschäftigten wir uns auch damit auszurechnen, wie weit die *Fram* getrieben sein könnte und ob sie vor uns nach Norwegen heimkehrte. Wir nahmen an, dass das Schiff bis nächsten Sommer oder Herbst wieder in Norwegen sein würde. Aber ebenso gut war es auch möglich, dass sie schon im Sommer ankam oder vielmehr, dass wir erst im Herbst die Heimat erreichten. Das war die große Frage, auf die wir keine Antwort hatten, und wir fürchteten, dass die *Fram* zuerst nach Hause käme. Was würden unsere Freunde dann von uns denken? Es würde kaum jemand die geringste Hoffnung haben, uns wiederzusehen, nicht einmal unsere Kameraden an Bord der *Fram*.

Unser Leben war nicht sehr behaglich. Wie sehnten wir uns nach Abwechslung in unserer täglichen Nahrung! Hätten wir nur ein wenig Zucker oder Mehlspeise zu dem ausgezeichneten Fleisch gehabt, wir hätten wie die Fürsten gelebt. Wir dachten sehnsüchtig an große Schüsseln Kuchen; Brot und Kartoffeln gar nicht zu erwähnen. Wie wollten wir uns für die verlorene Zeit entschädigen, wenn wir erst zu Hause waren! Noch mehr als auf das Essen freuten wir uns freilich auf saubere Kleidung. Die Kleidung, die wir trugen, war fürchterlich. Wir stellten uns einen großen, hellen, sauberen Laden vor, dessen Wände mit nichts als neuen, weichen, wollenen Anzügen behängt waren, aus denen wir uns aussuchen konnten, was wir wollten. Man denke: saubere Hemden, Westen, Unterhosen, weiche, warme wollene Hosen, köstliche, bequeme Jacken und dann auch reine wollene Strümpfe und warme Filzpantoffeln – kann man sich etwas Schöneres vorstellen? Und nun gar ein römisches Bad! Wir pflegten stundenlang in unserem Schlafsack nebeneinander zu sitzen und von diesen Dingen zu plaudern. Wie Leim klebten die schweren, fettigen Lumpen am Körper, besonders die Hosen. Wenn wir uns bewegten, rieben sie die Haut, bis alles wund und blutig war. Ich musste diese Wunden dauernd mit Moos oder einem Stück Binde auswaschen, damit sie sich nicht entzündeten. Nie vorher war mir zum Bewusstsein gekommen, welch großartige Erfindung Seife ist. Wir machten viele Versuche, den schlimmsten Schmutz fortzuwaschen, sie waren alle gleich erfolglos. Wasser hatte auf diese Schmiere keinen Einfluss; besser war es, sich mit Moos und Sand zu scheuern. Sand hatten wir in den Mauern der Hütte reichlich, wenn wir das Eis abhackten. Die beste Methode war, die Hände mit warmem Bärenblut und Tran einzuschmieren und mit Moos abzureiben. Dann wurden sie so weiß und weich wie die zartesten Damenhände, sie schienen gar nicht zu unserem Körper zu gehören. Die zweitbeste Methode war, die Haut mit einem Messer abzukratzen. Wir wandten sie an, wenn wir kein Bärenblut hatten.

Fiel es uns schon schwer, den Körper zu reinigen, so war dies bei unserer Kleidung völlig unmöglich. Wir versuchten es auf alle erdenkliche Weise. Wir kochten die Hemden stundenlang. Nahmen wir sie dann aus dem Topf, waren sie noch ebenso voll Fett wie vorher. Dann versuchten wir den Tran herauszuwinden; das ging ein wenig besser. Das Einzige, was wirklich einige Wirkung tat, war, sie zu kochen und, solange sie noch warm waren, das Fett mit einem Messer abzukratzen. Das abgekratzte Fett war natürlich ein willkommener Zuwachs zu unserem Brennstoffvorrat.

Inzwischen ließen wir Bart und Haar wild wachsen. Zwar besaßen wir eine Schere und hätten die Haare schneiden können; aber wir taten es nicht, weil das lange Haar wärmte. Es war ebenso rabenschwarz wie unser Gesicht, und als es im Frühjahr wieder Tageslicht gab, glänzten unsere Zähne und das Weiße der Augen unheimlich weiß. Im Ganzen hatten wir uns aber an unser Aussehen so gewöhnt, dass wir nichts Besonderes mehr daran fanden; erst als wir andere Leute trafen und merkten, dass sie entschieden anderer Meinung waren, sahen wir ein, dass gegen unser Äußeres doch vielleicht einiges einzuwenden war.

Dienstag, 25. Februar. Angenehmes Wetter heute, um draußen zu sein; es ist, als wolle der Frühling beginnen. Wir haben die ersten Vögel gesehen, eine Schar Krabbentaucher; sie kamen aus Süden am Land entlang, augenscheinlich durch die Straße im Südosten, und verschwanden hinter dem Bergrücken im Nordwesten von uns. Ihr fröhliches Zwitschern rief ein Echo in uns wach. Etwas später hörten wir es nochmals, und dann schien es uns, als ob sich die Vögel auf dem Berg über uns niedergelassen hätten. Der erste Gruß vom Leben.

Es war gerade wie an einem Frühlingsabend zu Hause. Der rote Sonnenglanz verschwand allmählich, und der Mond ging auf. Ich lief draußen auf und nieder und träumte, ich sei in Norwegen.

Freitag, 28. Februar. Ich habe entdeckt, dass wir aus einem Stück Segelgarn zwölf Fäden erstellen können. Ich bin darüber so glücklich wie ein König. Jetzt haben wir Zwirn, und unsere Windkleidung soll geflickt werden. Wir können auch das Segeltuch der Säcke auftrennen und als Zwirn verwenden.

Sonnabend, 29. Februar. Die Sonne steht hoch über dem Gletscher. Wir müssen mit dem Tran sparen, sonst bleibt zu wenig Speck für die Reise übrig.

Mittwoch, 4. März. Als Johansen heute Morgen hinausging, war der ganze Berg über uns mit Krabbentauchern bedeckt, die zwitschernd von Vorsprung zu Vorsprung flogen und überall auf dem Gletscher saßen.

Freitag, 6. März. Es geht uns schlecht. Um Tran zu sparen, müssen wir im Dunkeln schlafen und können nur einmal am Tag kochen.

Sonntag, 8. März. Schoss einen Bären.

Dienstag, 10. März. Der Bär war vorgestern gerade zur rechten Zeit gekommen! Ich hatte den Sonntagmorgen damit verbracht, meine Windhosen zu nähen und meine Komager zu flicken, um in jeder Hinsicht vorbereitet zu sein, falls ein Bär erscheinen sollte. Johansen, der seine Kochwoche hatte, reinigte die Hütte und wollte Knochen und Fleischabfälle hinaustragen. Kaum aber hatte er den Kopf ins Freie gesteckt, rief er: „Ein Bär!" Er griff nach der Büchse, und dann sah ich, dass er sie an die Schulter hob, aber wieder sinken ließ; er hatte vergessen zu spannen. Der Bär kratzte in dem Durchgang herum, als ob er hereinkommen wollte. Johansen schoss. Ich hörte ein dumpfes Brummen und das Knirschen schwerer Tritte, die sich aufwärts zum Geröll hin verloren. Johansen hatte wieder geladen und stürzte dem Bären nach.

Mittlerweile hatte ich auf eine Socke Jagd gemacht. Endlich fand ich sie – auf dem Erdboden natürlich. Dann war auch ich fertig und folgte mit Büchse, Patronen, Messer und Feile (zum Schärfen des Seehundsmessers). Ich hatte auch meine Windhosen an, die ich während des ganzen Winters mangels Zwirn nicht getragen hatte; jetzt aber, als die

Temperatur nur minus zwei Grad betrug, mussten sie natürlich angezogen werden. Ich folgte den Spuren an der Küste entlang. Dort kam mir Johansen entgegen, er habe den Bären mit einem Schuss in den Rücken erledigt und wolle nun die Schlitten holen. Als ich mich der Stelle näherte, wo der Bär liegen sollte, sah ich das „tote" Tier in weiter Entfernung lebhaft die Küste entlangtraben. Er war also wieder lebendig geworden. Hin und wieder blieb er stehen und sah sich nach mir um. Ich lief auf das Eis hinauf, um auf seine andere Seite zu kommen und ihn zurückzutreiben, damit wir ihn nicht zu weit zu schleppen hätten. Als ich auf gleiche Höhe mit ihm gekommen war, bog er ab und kletterte am Gletscher die zerrissene Klippe empor. Dann verschwand er hinter einem Vorsprung. Bald darauf sah ich ihn wieder, ein gutes Stück höher hinauf außer Schussweite. Er reckte den Hals, um zu sehen, ob ich ihm nachkäme. Da er aber am Berg rascher lief, als ich ihm in dem tiefen Schnee folgen konnte, kletterte ich wieder zu dem Fjordeis hinab.

Nach einer Weile kam der Bär auf steilem Geröll hervor. Es sah nicht danach aus, als ob er da festen Halt für die Füße hätte. Unter der Klippe wehte es ordentlich, und ich sah, dass sich der Bär bei den schlimmsten Windstößen platt niederlegte und mit den Klauen festhielt; er hatte aber dazu nur drei Füße, das rechte Vorderbein war zerschossen. Ich stellte mich nun an einen großen Stein am unteren Rand des Gerölls, zielte gut und gab Feuer. Ich sah die Kugel gerade unter ihm in den Schnee einschlagen; getroffen oder nicht, sprang er auf und versuchte über eine Schneewehe zu setzen, glitt aber aus und überschlug sich. Ein paarmal versuchte er, sich festzuhalten, fiel aber weiter, bis er schließlich auf den Füßen stand und nun langsam wieder hinaufkroch. Inzwischen hatte ich erneut geladen; die Entfernung war jetzt geringer, und ich schoss nochmals. Der Bär stand einen Augenblick still und glitt dann am Abhang hinab, erst langsam, dann schneller und immer schneller; er überschlug sich mehrfach. Ich glaubte, er käme gerade auf mich zu, und schob eine neue Patrone in den Lauf. Das Tier war jetzt bei dem Geröll unten am Abhang angekommen; er war mit Steinen und Schneeklumpen zusammen in einer Reihe von Sätzen, von denen einer immer größer als der andere war, heruntergestürzt. Es war ein seltsamer Anblick, diesen großen, weichen Körper durch die Luft fliegen und einen Luftsprung nach dem andern machen zu sehen, als ob er ein Stück Holz wäre. Endlich machte er noch einen gewaltigen Satz und stieß darauf an einen großen Stein. Ein starker Krach, und er lag dicht neben mir; dann gingen noch einige Zuckungen durch den Körper, und alles war vorüber.

Es war ein ungewöhnlich großes Männchen mit wunderschönem, dickem Pelz, den man gern zu Hause haben möchte; das Beste aber war, dass er auch sehr fett war.

Nach einer Weile kam Johansen herbei, und bald hatten wir den Bären zerlegt und zum Eis hinabgeschleppt. Sechs Wochen lang lebten wir von dieser Beute.

Als Johansen heute Morgen um sechs draußen war, glaubte er Millionen von Krabbentauchern die Straße hinauffliegen zu sehen, und als wir nachmittags um zwei Uhr hinauskamen, flog unaufhörlich eine Schar nach der andern Richtung Meer; es dauerte bis zum späten Nachmittag. Ich sah auch zwei Grilllummen. Nun, da das Frühjahr fortschritt, hatten wir gute Gelegenheit zu beobachten, wie die Krabbentaucher in großen Scharen zu gewissen feststehenden Tageszeiten vom Land auf die offene See hinausflogen und zu anderen Zeiten in ununterbrochenen Zügen zu ihren Brutfelsen zurückkehrten.

Mittwoch, 25. März. Hinter dem Kap im Südwesten dehnt sich unverändert der dunkle Wasserhimmel fast bis zum äußersten Westen aus. Er ist während des ganzen milden Wetters bei südwestlichem Wind schon seit Anfang des Monats da gewesen. Dort scheint immer offenes Wasser zu sein; denn sobald der Himmel überzogen ist, zeigt sich da auch der Widerschein des Wassers.

Wir beschäftigten uns jetzt eifrig mit unseren Vorbereitungen für die Fahrt nach Süden. Es war noch sehr viel zu tun. Wir mussten uns aus wollenen Decken neue Kleidung machen; die Windanzüge mussten geflickt und genäht, unsere Komager besohlt werden, aus Bärenfell waren Socken und Handschuhe herzustellen. Dann fertigten wir aus Bärenfell auch einen leichten, guten Schlafsack. Dies alles nahm Zeit in Anspruch, und wir arbeiteten vom frühen Morgen bis spät in die Nacht fleißig mit der Nadel. Die Hütte wurde zur Schneider- und Schusterwerkstätte. Seite an Seite saßen wir auf dem Steinlager im Schlafsack und nähten und dachten an die Heimkehr. Zwirn erhielten wir durch Auffasern einiger Proviantsäcke.

Natürlich sprachen wir stets über die Aussichten unserer Reise. Großen Trost fanden wir in dem dunklen Himmel im Südwesten, der nicht wankte und nicht wich und viel offenes Wasser in dieser Richtung andeutete. Infolgedessen meinte ich, dass wir auf der Fahrt nach Spitzbergen die Kajaks gut gebrauchen könnten. Weiter sprach die Tatsache für die Nähe des offenen Meeres, dass uns täglich Elfenbeinmöwen und Eissturmvögel, zuweilen auch Stummelmöwen besuchten. Die ersten Elfenbeinmöwen sahen wir am 12. März.

Die Zeit nahte jetzt heran, in der wir unser Lager abbrechen mussten. Fieberhaft arbeiteten wir an den Vorbereitungen. Die Kleidung war fertig. Was uns bekümmerte, war der Gedanke an alle die schönen Bärenfelle, die wir nicht mitnehmen konnten.

Die Eintragung für Dienstag, 12. Mai, lautete: „Nahm heute Abschied von meinen alten Hosen. Er fiel mir geradezu schwer, denn sie hatten mir wirklich treu gedient. Aber die neuen, leichten und einigermaßen fettfreien Hosen tragen sich sehr angenehm. Allerdings war zu fürchten, dass sie nicht bis Spitzbergen halten würden. Die Wolldecken, aus denen sie entstanden waren, waren nicht sehr fest. Wir haben deshalb innen und außen Stücke alter Unterhosen und eines Hemdes darauf geflickt.“

Bitter war es jetzt, dass wir nicht auf die Vorräte der *Fram* zurückgreifen konnten. Dort konnte das eine oder andere einmal fehlen, hier fehlte uns in der Tat alles. Was würden wir nicht für eine einzige Kiste Hundekuchen – für uns selbst – aus dem Überfluss des Schiffes gegeben haben? Wo sollen wir alles das hernehmen, was wir brauchten? Auf eine Schlittenreise muss man leichten, nahrhaften Proviant mitnehmen, leichte und warme Kleidung, starke und praktische Schlitten. Ja, wir kennen sie, diese Vorschriften des arktischen Reise-Abc. Es handelte sich zwar für uns nur darum, Spitzbergen zu erreichen; die Fahrt war trotzdem lang genug, alle Vorsichtsmaßregeln wichtig erscheinen zu lassen.

Schweres Eis

Als wir die Vorräte, die wir zu Beginn des Winters vergraben hatten, hervorholten und die Säcke öffneten, fanden wir nur noch wenige traurige Reste eines Proviants, der früher einmal gut gewesen, jetzt aber verdorben war. Das kostbare Mehl war schimmelig geworden. Wir mussten es wegwerfen. Die Schokolade hatte sich in der Feuchtigkeit aufgelöst und war nicht mehr vorhanden, der Pemmikan hatte ein seltsames Aussehen, und als wir ihn kosteten – pfui, weg damit! Es war noch ein wenig Fischmehl, etwas Aleuronatmehl und etwas feuchtes, halb verschimmeltes Brot übrig, das wir in Tran kochten, um es zu trocknen, weil die Feuchtigkeit durch das kochende Öl vertrieben wurde und um es durch das Fett nahrhafter zu machen. Nach unserer Meinung schmeckte es köstlich, und wir bewahrten es für festliche Gelegenheit und für die Zeit auf, wenn uns alle anderen Nahrungsmittel ausgegangen sein sollten. Hätten wir Bärenfleisch trocknen können, so hätten wir damit sehr guten Proviant gewonnen, aber es war zu kalt, sodass die Fleischstreifen nur halb trocken wurden. Es war weiter nichts zu tun, als so viel zerschnittenes, rohes Fleisch und Speck mitzunehmen, wie wir befördern konnten. Dann füllten wir die drei leeren Petroleumkannen mit Tranbrennstoff. Kochen wollten wir in dem Topf, der zum Kochapparat gehörte, die Lampe aber als Becken zum Brennen von Speck und Tran verwenden. Hoffentlich fanden wir reichlich Wild.

Eine größere Schwierigkeit waren die kurzen Schlitten, da wir sie nicht wieder länger machen konnten. Wenn wir auf dem ganzen Weg nach Spitzbergen kein offenes Wasser fanden und gezwungen waren, die Schlitten über das unebene Treibeis zu schleppen, konnten wir uns nicht vorstellen, wie wir mit den kurzen Dingern weiterkommen sollten, ohne dass die darauf liegenden Kajaks in Stücke gingen.

Wir schützten sie durch Bärenfelle darunter; dann stellten wir aus dem wenigen Holz, das wir noch besaßen, so gut es ging, Lager her und machten sie auf dem Schlitten fest. Das war keine leichte Sache, weil es darauf ankam, das Lager hoch zu machen, um die Kajaks so weit wie möglich in die Höhe zu bringen und dadurch vom Eis freizuhalten. Dann mussten die Kajaks gut festgebunden werden. Wir hatten aber keine Stricke und mussten sie uns erst aus Bären- und Walrosshaut herstellen, beides nicht gerade das allerbeste Material dafür. Jedoch lagen die Kajaks schließlich ruhig und gut. Den schwersten Teil der Ladung verstauten wir in der Mitte, damit die Enden nicht abbrachen.

Die persönliche Ausrüstung in Ordnung zu bringen war ebenso schwierig. Das Anfertigen der neuen Kleidung kostete die beiden ungeschickten Schneider viel Zeit. Sonst aber hatten wir allen Grund, auf das Ergebnis stolz zu sein. Die Anzüge sahen ganz stattlich aus, wenigstens dachten wir es. Die armseligen Überreste unserer Unterkleider mussten selbstverständlich gründlich gewaschen werden, bevor wir aufbrachen, damit wir uns darin bewegen konnten, ohne uns zu viele Löcher in die Haut zu reiben.

Die Fußbekleidung befand sich durchaus nicht in befriedigendem Zustand. Socken stellten wir aus Bärenfell her, aber das Schlimmste war, dass die Sohlen unserer Komager fast abgetragen waren. Es gelang uns jedoch, Sohlen aus Walrosshaut anzufertigen. Wir schabten die Haut bis auf die halbe Dicke ab und trockneten den Rest über der Lampe. Mit diesen Sohlen flickten wir die Komager, sodass sie wieder einigermaßen wasserdicht wurden.

So waren wir, was die Kleidung betraf, ziemlich gut ausgerüstet, obwohl man nicht sagen konnte, dass sie sich durch Sauberkeit auszeichnete. Als Schutz gegen Wind und Regen hatten wir noch die Windkleidung, die wir, so gut es ging, geflickt und zusammengenäht hatten; aber dies dauerte fürchterlich lange, weil sie aus nichts als Flicken auf Flicken bestand und, sobald man an der einen Stelle ein Loch gestopft hatte, an einer andern wieder aufplatzte, wenn man sie anzog. Die Ärmel waren besonders schlecht, schließlich riss ich sie heraus, um mich nicht mehr darüber zu ärgern.

Sehr wichtig war ein neuer leichter Schlafsack aus Bärenfell. Wir suchten die dünnsten Felle aus und fertigten ihn an. Er war nicht viel schwerer als der aus Rentierfellen, den wir von der *Fram* mitgenommen hatten.

Unser Seidenzelt war voriges Jahr abgenutzt und in Stücke zerrissen worden, und was davon übrig geblieben war, hatten die Füchse zerfetzt; denn wir hatten es im Herbst über den Fleisch- und Speckhaufen gebreitet, um ihn vor den Möwen zu schützen. Nach langem Nachdenken kamen wir auf den Ausweg, die Schlitten mit den Kajaks nebeneinander aufzustellen, die offenen Seiten mit Schnee zu schließen, obenauf die Schneeschuhe und Stöcke zu legen und über das Ganze unsere beiden Segel zu breiten, sodass sie bis auf den Boden reichten. Auf diese Weise stellten wir in der Tat einen wirksamen Schutz her. Er war bei Schneetreiben allerdings nicht ganz dicht, und wir mussten mit Mühe Löcher mit der Windkleidung und anderen Dingen verstopfen.

Den wichtigsten Teil unserer Ausrüstung bildeten jedoch die Gewehre; glücklicherweise waren sie in Ordnung. Wir reinigten sie gründlich und fetteten sie mit Tran ein. Wir hatten auch noch etwas Vaseline und Öl für die Schlösser. Erfreulicherweise besaßen wir noch 100 Kugel- und 110 Schrotpatronen, die notfalls auch für einige weitere Winter gereicht hätten.

Heimwärts!

Am Dienstag, 19. Mai, waren wir endlich zum Aufbruch bereit. Unsere Schlitten waren beladen. Zuletzt fotografierten wir noch die Hütte von außen und innen und ließen einen kurzen Bericht zurück. Er lautete:

> *Dienstag, 19. Mai 1896. Hatten uns am 22. September 1893 nördlich von Kotelnyj auf ungefähr 78° 43' n. Br. im Eis festgemacht. Trieben während des folgenden Jahres nordwestwärts, wie wir es erwartet hatten. Johansen und ich verließen die* Fram *am 14. März 1895 auf ungefähr 84° 4' n. Br. und 102° ö. L., um nordwärts vorzudringen. Der Befehl über den Rest der Expedition wurde Sverdrup übertragen. Fanden nordwärts kein Land. Am 6. April mussten wir auf ungefähr 86° 14' n. Br. und 95° ö. L. umkehren, da das Eis ungangbar geworden war. Richteten unseren Kurs auf Kap Fligely; kannten aber, da unsere Uhren stehen geblieben waren, unsere Länge nicht genau und trafen am 6. August 1895 bei vier mit Gletschern bedeckten Inseln im Norden dieser Inselkette auf ungefähr 81° 30' n. Br.* und ungefähr 7° östlich von diesem Platz ein. Erreichten diesen Ort am 26. August 1895 und hielten es für das Sicherste, hier zu überwintern. Lebten von Bärenfleisch. Brachen heute südwärts auf, um längs des Landes nach Spitzbergen zu gelangen. Wir vermuten, dass wir auf Gillis-Land sind.*
>
> *Fridtjof Nansen*

Diesen ersten Bericht über unsere Reise steckte ich in eine Messingröhre, die als Zylinder der Luftpumpe unseres Primus gedient hatte. Die Röhre wurde mit einem Holzpflock verschlossen und mit einem Draht an dem Dachbalken der Hütte befestigt.

Um sieben Uhr abends verließen wir das Winterlager und traten die Fahrt nach Süden an. Wir hatten den ganzen Winter über wenig Bewegung gehabt, und darum fiel uns jetzt das Gehen schwer und das Schlittenziehen auch. Deshalb marschierten wir am ersten Tag nur ein paar Stunden und schlugen dann das Lager auf. Es war ein wunder-

* Die Inseln liegen in Wirklichkeit nördlicher.

bares Gefühl, endlich unterwegs und auf dem Marsch nach Hause zu sein. Auch am nächsten Tag (Mittwoch, 20. Mai) machten wir nur einen kurzen Marsch. Am Tag darauf erreichten wir das Kap und schlugen dort unser Lager auf. Den ganzen Winter hatten wir es „Kap der Guten Hoffnung“ genannt, weil wir dort andere Verhältnisse zu finden hofften, die uns das Weiterkommen erleichterten. Unsere Hoffnungen wurden nicht getäuscht. Von dem Rücken des Berges aus sah ich nicht weit im Süden offenes Wasser und zwei neue, schneebedeckte Länder, ein großes vor uns in Süd 40° West und ein nicht viel kleineres im Westen, Süd 85° West. Es war vollständig mit Gletschereis überzogen und sah aus wie ein glatt gewölbter Schild. Wie die Küste lief, konnte ich nicht deutlich sehen. Sie schien sich aber nicht nach Südosten zu wenden, sodass wir also wahrscheinlich nicht in der Nähe von Kap Lofley waren.

Wir gedachten die Kajaks schon am nächsten Tag zu Wasser zu lassen und dann rasch in südwestlicher Richtung vorwärts zu kommen; aber infolge eines Schneesturms mussten wir bleiben, wo wir waren.

Am Sonnabend, dem 23. Mai, war das Wetter noch immer schlecht, doch gingen wir ein kleines Stück, um den Weg zu untersuchen. Wir mussten entscheiden, ob wir sofort auf das offene Wasser, das auf der anderen Seite einer Insel im Westen lag, zugehen oder auf dem Küsteneis am Land entlang nach Süden wandern wollten. Wir kamen zu einem Kap, das aus ungewöhnlich ausgeprägtem Säulenbasalt bestand. Wir nannten es wegen seiner seltsamen Form die „Burg“. Hier sahen wir, dass sich das Land in südlicher Richtung erstreckte und dass das offene Wasser in derselben Richtung lag und vom Land nur durch einen schmalen Streifen Küsteneis getrennt war. Da das Eis voll Spalten zu sein schien, beschlossen wir, über die Insel im Westen zu gehen und uns so rasch wie möglich einzuschiffen. Wir kehrten um und machten alles bereit.

Unsere Vorbereitungen bestanden zunächst und vor allen Dingen darin, dass wir die Nähte der Kajaks kalfaterten, indem wir geschmolzenes Stearin darüber gossen, und dann die Ladung so umstauten, dass wir Platz zum Sitzen bekamen. Am nächsten Tag (Sonntag, 24. Mai) zogen wir westwärts in Richtung auf die Insel weiter; da Ostwind war, setzten wir Segel auf die Schlitten und kamen ziemlich schnell über das flache Eis. Als wir uns aber der Insel näherten, wehte ein Sturm aus Südwesten. Die Schlitten schlugen mehrere Male um, es wurde neblig, doch arbeiteten wir uns gegen den starken Wind zum Land hinauf. Offenbar bekamen wir schlechtes Wetter.

Jetzt wurde das Eis trügerisch. Als wir uns dem Land näherten, trafen wir in allen Richtungen auf verschneite Spalten, die wir nur schwer sehen konnten. Während Johansen Segel und Mast auf dem Deck seines Kajaks festband, lief ich, so rasch ich konnte, voran, um einen Lagerplatz zu suchen. Plötzlich lag ich in einer breiten Spalte, die mir der Schnee verborgen hatte, im Wasser. Da die Schneeschuhe an den Füßen festgeschnallt waren, brachte ich sie aber durch die Schnee- und Eisklumpen nicht hindurch. Außerdem war ich auch durch das Zuggeschirr am Schlitten festgemacht, sodass ich mich nicht umdrehen konnte. Glücklicherweise hatte ich beim Fallen meinen Skistock in das Eis auf der anderen Seite des Spalts gestoßen, sodass ich mich an ihm mit einem Arm über dem Eis halten konnte. Geduldig wartete ich, dass Johansen mich herausziehen würde, wenn er vorbeikam.

Lange Zeit verging. Der Stock gab nach, und das Wasser kroch an meinem Körper immer höher herauf. Ich rief, erhielt aber keine Antwort. Ich rief noch lauter um Hilfe und hörte endlich weit zurück ein „Hallo!“ Als mir das Wasser schon bis zur Brust reichte und es nicht mehr lange dauern konnte, bis ich ganz drinnen war, kam Johansen und zog mich heraus. Er war so sehr mit seinem Schlitten beschäftigt gewesen, dass er mein Verschwinden nicht bemerkt hatte. Durch diese Erfahrung wurde ich vorsichtiger und ging in Zukunft nicht mehr mit Schneeschuhen auf gefährliches Eis. Ohne weitere Zwischenfälle erreichten wir endlich das Land und fanden einen Lagerplatz.

Während der folgenden Tage wütete ein Sturm, sodass wir liegen blieben. Die Eintragung für Dienstag, 26. Mai, lautet: „Gestern und heute haben wir wegen Schlechtwetters unter der Gletscherwand an der Nordseite dieser Insel gelegen. Der Schnee ist so nass, dass es schwierig ist, irgendwohin zu gelangen. Wir hoffen aber, dass die offene Straße draußen nicht weit entfernt ist und wir rasch weiterkommen, wenn der Sturm erst einmal nachlässt."

Unser Aufenthalt sollte länger dauern, als wir gedacht hatten. Am Donnerstag, 28. Mai, sagt das Tagebuch: „Wir waren gestern auf der Insel und sahen offenes Meer im Süden, liegen aber des schlechten Wetters wegen still. Ich verlegte nur unseren Zeltplatz ein wenig, da sich das Eis direkt unter uns zu öffnen drohte.

Es gibt hier sehr viele Walrosse, gehen wir durch das Eis, so folgen uns die Burschen und kommen in den Spalten neben uns in die Höhe. Wir hören oft, wie sie grunzen oder unter unseren Füßen ans Eis schlagen."

Endlich aber flaute der Sturm ab, und wir zogen südwärts längs der Küste der Insel weiter. Unterwegs trafen wir zwei oder drei Herden Walrosse. Sie lagen auf dem Eis. Über die Walrosse schrieb ich abends:

„Ich ging zu einer Herde von neun Stück, um sie zu fotografieren, und kam hinter einem Hügel ungesehen dicht heran; als ich mich erhob, sechs Meter von ihnen entfernt, stürzte sich ein Weibchen mit seinem Jungen durch ein Loch ins Wasser. Die Übrigen rührten sich nicht, soviel ich auch schrie. Dann kam Johansen und warf mit Schnee- und Eisstücken nach ihnen, aber sie wollten sich auch jetzt nicht bewegen; sie stießen nur ihre Hauer in die Eisstücke und schnüffelten daran. Als ich dicht an sie heranging, erhoben sich endlich die meisten, watschelten auf das Loch zu, machten Halt und schliefen beruhigt weiter. Zwei, die mir am nächsten lagen, hoben den Kopf, blickten mich verächtlich an, senkten den Kopf und schliefen wieder ein. Sie rührten sich kaum, als ich sie mit meinem Skistock in die Schnauze stach. Ich glaubte, nun genug Aufnahmen zu haben, und gab dem Walross, das mir am nächsten lag, zum Abschied mit dem Stock noch eins auf die Schnauze. Das Tier richtete sich gerade auf, grunzte unzufrieden, blickte mich mit den großen, runden Augen verwundert an, kratzte sich am Hinterkopf und legte sich beruhigt nieder. Endlich waren wir um das Vorgebirge herum und verloren die Herde aus den Augen."

Sonnabend, 30. Mai. Liegen des schlechten Wetters wegen an der Südseite der Insel; verstopfen das Zelt gegen Schneetreiben. Der Wind saust um uns herum. Mit knapper Not hielten wir uns in dieser Zeit einigermaßen trocken, der Schnee wurde auf allen Seiten durch die Ritzen auf uns und unseren Sack getrieben und durchnässte alles im Schmelzen.

Montag, 1. Juni. Gestern wurde es endlich etwas ruhiger und klärte sich auf; abends hatten wir hellen Sonnenschein. Wir freuten uns weiterzukommen, machten die Kajaks und alles Übrige zum Aufbruch fertig und krochen in den Sack, um heute in der Frühe zu einem schönen Tag aufzustehen. Das Einzige, was die Sache etwas zweifelhaft machte, war, dass das Barometer nicht mehr stieg und schon wieder um einen Millimeter gefallen war. Nachts wieder Sturm und Schneetreiben. Es ist des Guten zu viel. Ich fürchte ernstlich, dass die *Fram* vor uns nach Hause kommt. Gestern machte ich einen Gang ins Land hinein. Dort waren überall ebene Strecken Lehm und Kies. Ich sah Spuren von Gänsen und an einer Stelle einige weiße Schalen, die von einem Gänseei stammten. Wir nannten die Insel daher „Gänse-Insel".

Dienstag, 2. Juni. Lagen gestern Abend noch immer still, und heute war es windiger denn je. Aber jetzt, gegen Abend, hat es bei aufklarendem Himmel und hin und wieder Sonnenschein ein wenig nachgelassen. Hoffentlich ist das die Wendung zum Besseren. Wir liegen in einer Vertiefung im Schnee, werden immer nasser und denken daran, dass es schon Juni ist und zu Hause alles herrlich aussieht. Aber nun kann es nicht mehr lange dauern, bis wir dort sind. Es ist zu schön, daran zu denken! Wenn ich nur über das Schicksal der *Fram* Gewissheit hätte.

Am Mittwoch, 3. Juni, zogen wir endlich weiter; wieder hatte der Westwind das Eis landeinwärts getrieben, sodass zur Fahrt nach Süden kein offenes Meer mehr da war und uns nichts anderes übrig blieb, als auf dem Land über das Eis zu marschieren. Der Wind wehte jetzt aus Norden. Wir zogen ein Segel auf und kamen auf diese Weise schnell voran. Das Eis war dünn und schlecht. Da es weiter nach Süden noch schlimmer aussah, wandten wir uns dem Land zu. Wir gelangten unter eine hohe Basaltklippe, die von Alken umschwärmt war. Es war das erste Mal, dass wir diese Vögel in solcher Menge sahen, wir hielten es für ein Zeichen, dass wir uns belebteren Gebieten näherten.

Unsere Lebensmittel wurden jetzt sehr knapp; wir hatten auf Bären gehofft, aber nun, da wir sie brauchten, blieben sie weg. Wir beschlossen, Vögel zu schießen. Aber die Alken flogen zu hoch, und alles, was wir bekamen, waren ein paar Eissturmvögel. Als wir an einer Herde Walrosse vorbeikamen, schien uns diese sonst verschmähte Kost begehrenswert, und wir schossen eins. Es blieb auf der Stelle liegen. Bei dem Knall erhoben seine Gefährten den Kopf und senkten ihn gleich wieder, um weiterzuschlafen.

An Abhäuten, während alle anderen Tiere rundherum lagen, war nicht zu denken; wir mussten die Walrosse ins Wasser treiben. Aber das war gar nicht so leicht. Wir schrien und brüllten, aber sie blickten uns nur träge an und rührten sich nicht. Dann stießen wir sie mit den Skistöcken; sie wurden ärgerlich und hieben die Hauer ins Eis, dass die Späne flogen, aber noch immer wollten sie sich nicht bewegen. Endlich trieben wir durch fortwährendes Stoßen und Schlagen die Herde doch in ihr anderes Element. In stattlicher Prozession zogen sie sich zurück und schleppten sich langsam, eins hinter dem andern, zum Rand des Wassers. Hier blickten sie sich wieder nach uns um, grunzten unzufrieden und stürzten sich dann einzeln in die Flut. Während wir ihren Gefährten zerschnitten, kamen sie in der Spalte neben uns dauernd herauf und krochen halb auf das Eis, als wenn sie von uns Aufklärung über unser Tun verlangten.

Wir nahmen genügend Fleisch, Speck und Blut und schlugen in der Nähe das Zelt auf. Dann kochten wir eine ordentliche Portion Brei aus Blut, Fischmehl und Speck.

Wir hatten noch immer guten Wind und segelten mit den Schlitten die ganze Nacht durch. Als wir das Vorgebirge südlich von uns erreichten, kamen wir an offenes Wasser, das hier unmittelbar bis an den Rand des vergletscherten Landes reichte. Sofort brachten wir die Kajaks zu Wasser und fuhren an der Gletscherwand entlang weiter, zum ersten Mal in diesem Jahr auf offenem Meer. Es war ein eigenartiges Gefühl, wieder einmal die Paddel zu gebrauchen und überall Alken, Krabbentaucher und Stummelmöwen auf dem Wasser schwärmen zu sehen. Das Land war mit Gletschereis bedeckt, aus dem nur an zwei Stellen Basalt hervorragte. Auch Moränen lagen auf den Gletschern. Nicht wenig überraschte es uns, als wir eine Schar Eiderenten auf dem Wasser sahen. Nach mehrstündigem Paddeln wurden wir in unserer Fahrt nach Süden durch Küsteneis aufgehalten. Das offene Wasser dehnte sich in westlicher Richtung dem Land zu aus, das wir vorher schon dort gesehen hatten, das jetzt aber vom Nebel verhüllt wurde.

Wir waren sehr im Zweifel, welchen Weg wir wählen sollten, im Kajak westwärts nach Spitzbergen oder im Schlitten über das glatte Eis nach Süden. Obwohl wir nicht weit sehen konnten, waren wir überzeugt, auf dem Weg über das Eis endlich offenes Wasser an der Südseite der Inseln anzutreffen, zwischen denen wir standen. Vielleicht fanden wir dort einen kürzeren Weg nach Spitzbergen. Inzwischen war der Morgen (5. Juni) ziemlich weit vorgeschritten, und hoch befriedigt, dass wir so weit nach Süden gekommen waren, errichteten wir das Lager.

Am nächsten Tag (Sonnabend, 6. Juni) war es noch dunstig, und es wehte starker Nordwind. Wir gingen also über das Küsteneis nach Süden. Wieder konnten wir von den Segeln auf unseren Schlitten Gebrauch machen, und wir kamen besser denn je weiter. Oft ging es ganz ohne Anstrengung; jeder stand vor seinem Schlitten auf den Schneeschuhen und hielt den Steuerstock, ein Bambusrohr, das am Steven des Kajaks befestigt war, fest. So ließen wir uns vom Wind treiben. Bei starken Windstößen flogen wir wie Federn dahin. Wir fuhren bis tief in die Nacht hinein, quer über die breite Straße, die wir vor uns gehabt hatten, und hielten nicht eher an, als bis wir das Lager neben einer Insel auf der Südseite aufschlagen konnten.

Am nächsten Abend (Sonntag, 7. Juni) segelten wir mit demselben Nordwind weiter nach Süden. Die vielen Inseln, zwischen denen wir uns befanden, waren uns recht rätselhaft. Für diesen Tag finde ich folgende Eintragung in meinem Tagebuch: „Entdecken fortwährend neue Inseln oder Länder nach Süden zu. Jenseits, im Westen von uns, ist ein großes Schneeland, das sich weit nach Süden auszudehnen scheint."

Dieses Schneeland war äußerst geheimnisvoll; wir hatten noch nicht einen einzigen dunklen Fleck darauf entdeckt, überall nur Schnee und

Eis. Von seiner Ausdehnung konnten wir uns keinen klaren Begriff machen, da wir nur hin und wieder einen Schimmer davon sahen, wenn sich der Nebel etwas hob. Es schien ganz niedrig zu sein, aber größer als alle Länder, an denen wir bisher entlanggekommen waren. Nach Osten hin fanden wir auf dem ganzen Weg Insel auf Insel, Sunde und Fjorde. Wir nahmen alles auf, so gut wir konnten. Doch half uns das nicht herauszufinden, wo wir waren.

Das Eis, auf dem wir jetzt fuhren, war merkwürdig verschieden von dem, das wir höher im Norden, in der Nähe unserer Winterhütte, gehabt hatten; es war beträchtlich dünner und mit sehr tiefem Schnee bedeckt; aber der Wind war noch günstig, und wir segelten weiter.

Da sich das Land im Osten (es erwies sich später als die Hooker-Insel) nach Südosten zu wenden schien, steuerten wir zum südlichsten Punkt eines Landes südwestlich von uns. Es wurde immer aufregender. Wir rechneten aus, dass wir auf 80° 8' n. Br. sein müssten, aber noch immer hatten wir Land im Süden. Wenn es sich so weit in dieser Richtung ausdehnte, dann waren wir sicher nicht auf Franz-Joseph-Land – woran ich noch immer glaubte; bei diesem Dunst konnten wir jedoch nicht weit sehen.

Der Proviant wird knapp; wir haben noch wenig Fleisch für einen Tag, aber kein lebendes Wesen ist zu sehen, kein Seehund auf dem Eis, nirgends offenes Wasser. Wenn wir nicht bald wieder das offene Meer erreichen, wo es vielleicht Wild gibt, dann wird die Sache unangenehm.

Dienstag, 16. Juni. Die letzten Tage sind so ereignisvoll gewesen, dass keine Zeit zum Schreiben war. Ich muss es an diesem schönen Morgen tun, während die Sonne unter das Zelt guckt. Draußen liegt die blaue, glänzende See.

Am Freitag, 12. Juni, brachen wir um vier Uhr morgens mit den Segeln auf den Schlitten wieder auf. Es hatte gefroren. Nachts war es sehr windig gewesen, sodass wir auf ein gutes Tagewerk hofften. Aber der Wind ließ jetzt sehr nach, und auch das Eis wurde immer unebener – wir waren offenbar an das Treibeis gekommen. An der Luft sahen wir, dass im Süden offenes Wasser sein musste. Dann hörten wir zu unserer Freude die Brandung rauschen. Um sechs Uhr morgens hielten wir an und rasteten ein wenig. Als ich dann auf einen Hügel stieg, um eine Beobachtung zur Längenbestimmung zu bekommen, sah ich das Wasser nicht weit entfernt. Es dehnte sich zum Vorgebirge im Südwesten hin aus. Obgleich der Wind jetzt westlicher geworden war, hofften wir doch am Rand des Eises entlangzusegeln, und wandten uns auf dem kürzesten Weg dem Wasser zu.

Bald hatten wir die Kajaks zusammengebunden und das Segel gesetzt, dann stachen wir in See. Unsere Hoffnungen wurden nicht getäuscht, wir segelten den ganzen Tag. Zeitweilig war der Wind so stark, dass wir das Wasser durchschnitten und die Wellen unangenehm über die Kajaks spülten, aber wir kamen vorwärts, wenn wir dabei auch nass wurden. Bald passierten wir die Spitze, auf die wir gesteuert hatten, und dort sahen wir, dass das Land westwärts verlief, dass der Rand des ununterbrochenen Ufereises sich in derselben Richtung erstreckte und dass wir offenes Wasser vor uns hatten. Frischen Mutes segelten wir westwärts am Eisrand entlang. Endlich waren wir im Süden des Landes, in dem wir so lange umhergewandert waren und wo wir einen Winter zugebracht hatten. Es überraschte mich mehr denn je, dass diese Südküste trotz allem sehr wohl mit Leigh Smiths Karte von Franz-Joseph-Land übereinstimmte, aber dann erinnerte ich mich an Payers Karte und verwarf den Gedanken wieder.

Abends liefen wir den Eisrand an, um uns die Beine etwas zu vertreten; sie waren im Kajak ganz steif geworden. Als wir gelandet waren, überlegten wir, wie wir die Fahrzeuge vertäuen sollten.

„Nehmen wir eine Brasse!“, sagte Johansen.

„Ist sie auch stark genug?“

„Ja, ich habe sie während der ganzen Zeit als Fall an meinem Schlittensegel benutzt!“

„Nun gut, es braucht nicht viel, diese leichten Kajaks zu halten“, sagte ich, ein wenig beschämt, so ängstlich gewesen zu sein, und vertäute die Boote mit dem Fall, einem Streifen roher Walrosshaut.

Wir waren schon eine Weile auf dem Eis und spazierten in der Nähe der Kajaks auf und ab; der Wind hatte sehr abgeflaut und schien mehr nach Westen herumgegangen zu sein, sodass es zweifelhaft war, ob er uns noch länger nützte. Wir stiegen auf einen nahen Hügel, um es genauer festzustellen. Plötzlich schrie Johansen: „Die Kajaks treiben fort!"

Wir rannten, so schnell wir konnten, hinab. Sie waren schon ein Stück fort und trieben rasch weiter; die Fangleine hatte nachgegeben.

Ich gab Johansen meine Uhr und warf so rasch wie möglich einige Kleidungsstücke ab, um besser schwimmen zu können. Mich ganz auszuziehen, wagte ich nicht, um keinen Krampf zu bekommen. Ich sprang ins Wasser. Der Wind wehte vom Eis ab und trieb die leichten Kajaks mit ihrer hohen Takelung schnell weg. Das Wasser war eiskalt.

Es war schwer, in der Kleidung zu schwimmen, und die Kajaks trieben weiter und weiter, schneller, als ich schwimmen konnte. Ich zweifelte, ob ich sie einholen würde. Aber dort trieb unsere ganze Hoffnung! Alles, was wir besaßen, befand sich an Bord, wir hatten nicht einmal ein Messer bei uns. Ob ich einen Krampf bekam und unterging oder ob ich ohne die Kajaks umkehrte, wäre unter diesen Umständen schon fast auf dasselbe hinausgelaufen, also strengte ich mich bis zum Äußersten an. Als ich müde wurde, drehte ich mich um und schwamm auf dem Rücken; da sah ich, dass Johansen auf dem Eis auf und ab wanderte. Armer Junge! Es war ihm schrecklich, dass er nichts tun konnte. Er hatte nicht viel Hoffnung, dass ich die Boote erreichte. Es hätte unsere Lage nicht im Geringsten verbessert, wenn er sich ebenfalls ins Wasser geworfen hätte. Später sagte er mir, es seien die schlimmsten Augenblicke gewesen, die er je durchlebt habe. Als ich mich aber wieder umdrehte und sah, dass ich den Kajaks näher gekommen war, fasste ich wieder Mut, und ich verdoppelte meine Anstrengungen.

Allmählich wurden mir die Glieder steif, sie verloren alles Gefühl. Ich wusste, dass ich in kurzer Zeit nicht mehr fähig sein würde, sie zu bewegen. Aber jetzt war es nicht mehr weit; wenn ich nur noch ein wenig länger aushielt, waren wir gerettet – und ich schwamm weiter. Immer schwächer wurden die Schläge, aber die Entfernung wurde auch kürzer. Endlich streckte ich die Hand nach dem Schneeschuh aus, der quer über den Hecks lag; ich ergriff ihn, zog mich bis an den Rand des Kajaks – und wir waren gerettet.

Ich versuchte mich hinaufzuziehen, aber der Körper war von der Kälte ganz steif. Einen Augenblick dachte ich, dass es trotz allem zu spät war; endlich gelang es mir jedoch, ein Bein auf den Rand des Schlittens, der an Deck lag, zu schwingen und mich vollends hinaufzuarbeiten. Da saß ich nun, aber so steif, dass mir das Paddeln schwer wurde, doppelt schwer darum, weil ich mit zwei Fahrzeugen ruderte und erst ein oder zwei Schläge auf der einen Seite machen und dann in das andere Kajak übersteigen musste, um ein paar Schläge auf der anderen Seite zu tun. Ich ruderte so stark, wie ich nur konnte. Die Kälte hatte mir jedes Gefühl genommen; und der Wind schien, wie ich da in meinem dünnen, nassen Wollhemd stand, durch mich hindurchzugehen. Ich zitterte, die Zähne klapperten mir, ich konnte aber die Paddel noch immer handhaben. Wenn ich auf das Eis zurückkam, würde mir schon wieder warm werden.

Nahe vor dem Bug trieben zwei Alken; der Gedanke, Alken zum Abendessen zu haben, war verlockend, und außerdem brauchten wir etwas zu essen. Ich ergriff mein Gewehr und erlegte sie mit einem Schuss. Johansen erzählte mir nachher, er sei über den Schuss erschrocken gewesen und habe gedacht, es sei ein Unglück geschehen; er habe nicht begreifen können, was ich da draußen machte; als er mich rudern und zwei Vögel aufheben sah, habe er gedacht, ich hätte den Verstand verloren. Endlich erreichte ich den Rand des Eises, doch hatte mich die Strömung von unserem Landungsplatz abgetrieben. Johansen kam und sprang in das Kajak an meine Seite, und bald waren wir an unserem alten Platz zurück.

Ich war ziemlich erschöpft und konnte kaum an Land kriechen. Während ich klappernd dastand, musste mir Johansen die nasse Kleidung aus- und die wenigen trockenen Sachen, die ich noch besaß, anziehen und den Schlafsack auf dem Eis ausbreiten. Ich wickelte mich ordentlich in ihn ein, und Johansen deckte mich mit dem Segel zu. Die Füße waren wie Eiszapfen, und es dauerte lange, bis ich wieder warm wurde. Während Johansen das Zelt aufschlug und meine beiden Alken kochte, schlief ich ein; als ich aufwachte, war das Essen fertig. Die Alken und eine heiße Suppe verwischten bald die letzten Nachwehen meines Bades. Meine Kleidungsstücke hingen die Nacht über draußen und waren am nächsten Tag beinahe wieder trocken.

Da die Gezeitenströmung hier stark war und kein Wind zum Segeln wehte, mussten wir den Flutwechsel abwarten, um den Strom nicht gegen uns zu haben. Spät am nächsten Abend erst setzten wir die Fahrt fort. Wir ruderten und kamen gut weiter, bis wir gegen Morgen (14. Juni) mehrere große Walrossherden auf dem Eis antrafen. Unser Fleischvorrat war erschöpft, und wir hatten auch nicht mehr viel Speck. Lieber hätten wir zwar einen Bären gehabt, aber da wir lange keinen gesehen hatten, war es wohl am besten, uns hier zu versorgen.

Wir landeten und gingen auf eine Herde los, die hinter einem Hügel lag. Dann schoss ich ein Junges, weil junge Tiere leichter zu zerteilen sind.

Nun hatten wir wieder Speck und köstliches Fleisch für lange Zeit; denn junges Walrossfleisch schmeckt wie Hammelkeule, dazu kam noch ein Dutzend Alken, sodass jetzt unsere Vorratskammer voll war. Wenn wir mehr brauchten, war das Wasser voll von Alken, und wir fürchteten keinen Mangel.

Es gab hier ungewöhnlich viele Walrosse. Außer den großen Herden, die auf dem Eis gelegen hatten und jetzt verschwunden waren, lagen noch viel mehr im Wasser draußen. Auf jeder Seite schien es von großen und kleinen Tieren zu kochen, und wenn ich ihre Zahl auf wenigstens 300 schätzte, so war das gewiss nicht zu hoch.

Um halb zwei am nächsten Morgen (Montag, 15. Juni) setzten wir bei schönem, windstillem Wetter die Reise fort. Da es auf allen Seiten von Walrossen wimmelte, hatten wir keine Lust, allein zu rudern. Wir banden die Kajaks zusammen, weil wir wussten, wie aufdringlich diese Herren sein konnten. Am Tag vorher waren sie ziemlich nahe gekommen, neben meinem Kajak emporgetaucht und waren uns mehrere Male weite Strecken dicht gefolgt, ohne uns jedoch anzugreifen. Ich glaubte, dass es Neugier war und dass sie nicht wirklich gefährlich waren, aber Johansen war nicht so fest davon überzeugt. Den ganzen Tag sahen wir Herden, die uns oft weit folgten und sich um die Kajaks drängten. Wir hielten uns nahe am Rand des Eises, und wenn uns eins zu nahe kam, liefen wir auf einen Eisfuß. Der Eisfuß ist der Teil der Scholle, der oft unter der Wasseroberfläche ins Wasser hinausragt; er entsteht dadurch, dass das sommerwarme Oberflächenwasser des Meeres das Eis an der Oberfläche wegschmilzt.

Rasch glitten wir an der Küste entlang. Leider hing Nebel darüber, sodass wir nicht bestimmen konnten, ob zwischen den dunklen Flecken, die wir noch eben erkannten, Durchfahrten oder Gletscher waren. Ich hätte sehr gern ein wenig mehr von dem Land gesehen. Meine Vermutung, dass wir uns in der Nähe von Leigh Smiths Winterquartier befanden, war stärker denn je geworden. Unsere Breite, der Verlauf der Küste und die Lage der Inseln und Straßen stimmten überein.

Gegen Morgen ruderten wir eine Zeit lang, ohne Walrosse zu entdecken, und fühlten uns daher sicherer. Dann aber sahen wir einen einsamen Bullen umherschwimmen und etwas vor uns auftauchen. Johansen war vor mir und lief auf einen Eisfuß auf; obwohl ich das für allzu weit getriebene Vorsicht hielt, folgte ich seinem Beispiel. Noch ehe ich neben ihm war, schoss das Walross plötzlich neben mir in die Höhe, warf sich auf den Rand des Kajaks und fasste mit einer Vorderflosse weit über das Deck. Ich hielt mich so fest wie möglich, um nicht ins Wasser geworfen zu werden, und schlug das Tier mit dem Paddel auf den Kopf. Noch einmal erfasste das Walross das Kajak und kippte mich so weit über, dass das Deck beinahe unter Wasser war. Dann ließ es los und richtete sich gerade in die Höhe. Ich griff nach der Büchse. Aber im selben Augenblick drehte es sich um und verschwand so rasch, wie es gekommen war.

Die ganze Geschichte hatte sich in wenigen Sekunden abgespielt. Gerade wollte ich Johansen sagen, dass wir froh sein könnten, dieses Abenteuer ohne Schaden überstanden zu haben, als meine Beine nass wurden. Das Kajak leckte stark. Umdrehen und es auf den Eisfuß setzen war das Werk eines Augenblicks; aber dort sank ich auch schon. Der Rand des Eises war hoch und locker; doch ich kam hinauf. Johansen kippte das Kajak so weit nach steuerbord über, dass das Leck aus dem Wasser kam. Dann brachten wir das Boot auf das Eis. Alles, was ich besaß, schwamm darin umher. Besonders bedauerlich war, dass das

Wasser in den fotografischen Apparat gedrungen war und vielleicht die kostbaren Aufnahmen zerstört hatte.

So liegen wir hier nun, mit allen unseren irdischen Gütern zum Trocknen ausgebreitet und mit einem Kajak, das geflickt werden muss. Es ist ein ziemlich großer Riss, wenigstens 15 Zentimeter lang. Wie leicht hätte mich das Walross mit seinen Hauern am Oberschenkel verwunden können! Wir wanden den Schlafsack aus, kehrten das Haar nach außen und verbrachten eine vorzügliche Nacht darin.

Am Abend des gleichen Tages schrieb ich: „Kajak geflickt; alle Nähte in beiden Kajaks mit Stearin überholt. Hoffen, die Reise fortzusetzen. Inzwischen lagen die Walrosse draußen, starrten uns an, grunzten und schnaubten und klommen hin und wieder am Eisrand hinauf, als ob sie uns forttreiben wollten."

DIENSTAG, 23. Juni.

Was ist geschehen? Ich will es noch immer nicht fassen. Wie unerschöpflich sind die Wechselfälle dieses Wanderlebens? Vor einigen Tagen im Wasser um das nackte Leben kämpfend, von Walrossen angegriffen, das Leben von Wilden führend, das wir nun schon seit länger als einem Jahr ertragen haben mit der Gewissheit, eine weite Reise vor uns zu haben über Eis und Meer, durch unbekannte Gebiete, ehe wir einem menschlichen Wesen begegnet sind – und jetzt ein Leben des zivilisierten Europäers, umgeben von allem, was Luxus und Wohlleben bieten; im Überfluss Wasser, Seife, Handtücher, saubere, weiche Wollkleidung, Bücher. Was ist geschehen?

Es war kurz nach Mittag, als ich am 17. Juni aufstand und das Frühstück bereitete. Ich hatte Wasser geholt, Feuer angemacht, Fleisch zerschnitten und in den Topf gelegt und bereits einen Stiefel ausgezogen, um wieder in den Sack zu kriechen, als sich der Nebel über dem Land hob. Ich dachte, es sei ebenso gut, die Gelegenheit zu nutzen und Umschau zu halten, als zu schlafen. Ich zog den Stiefel wieder an und erstieg einen nahen Hügel.

Vom Land her kam eine sanfte Brise, die tausende von Vogelstimmen herübertrug. Während ich auf diese Laute des Lebens horchte und die

Scharen der über mir hin und her fliegenden Alken beobachtete, während mein Auge der Küstenlinie folgte, auf den dunklen, nackten Bergwänden ruhte und über die Eisebenen und Gletscher eines Landes glitt, das, wie ich glaubte, noch von keines Menschen Fuß betreten war, das in arktischer Majestät hinter seinem Nebelmantel ruhte: Da schlug plötzlich ein Laut an mein Ohr, der dem Bellen eines Hundes so ähnlich war, dass ich auffuhr. Es waren nur ein paar Belllaute, aber es konnte nichts anderes sein. Ich strengte das Gehör an, vernahm aber nichts mehr als nur den Lärm der Vögel. Ich musste mich geirrt haben; es waren Inseln im Westen. Dann kam das Bellen nochmals: erst einzelne Laute, dann ein richtiges Gebell; es war ein raueres und ein dünneres Bellen, ein tiefer und ein hellerer Ton; daran war nicht länger zu zweifeln.

In diesem Augenblick fiel mir ein, dass ich am Tag vorher zweimal ein Knallen gehört hatte, das wie Schüsse klang, die ich mir aber als Geräusch im Eis erklärt hatte. Ich rief Johansen. „Hunde?“ Er wollte es nicht glauben, sondern kam selbst herauf, um mit eigenen Ohren zu hören. Er bezweifelte die Möglichkeit sehr stark, glaubte aber doch, ein- oder zweimal etwas zu hören, was man für Hundegebell halten konnte. Doch dann ging es in dem Lärm der Vögel unter, und schließlich meinte er, das, was er gehört habe, seien wohl nichts anderes als Vogelstimmen gewesen. Ich sagte ihm, er möge glauben, was er wolle, jedenfalls würde ich mich so rasch wie möglich aufmachen.

Hastig stürzte ich das Frühstück hinunter. Ich hatte den letzten Rest Maismehl in die Suppe geschüttet in dem sicheren Gefühl, abends Mehlspeisen vorgesetzt zu bekommen. Während wir aßen, erörterten wir die Frage, wer es sein könne, unsere Landsleute oder Engländer. Wenn es die englische Expedition war, die man bei unserer Abreise nach Franz-Joseph-Land geplant hatte, was sollten wir dann machen?

„Wir bleiben nur ein oder zwei Tage bei ihnen“, sagte Johansen, „und gehen dann weiter nach Spitzbergen, sonst dauert es zu lange, bis wir nach Hause kommen!“

Über diesen Punkt waren wir uns einig; wir wollten aber dafür sorgen, dass wir von ihnen gute Lebensmittel für die Reise erhielten. Während ich voranging, sollte Johansen zurückbleiben, um auf die Kajaks aufzupassen, damit sie uns nicht noch einmal forttrieben.

Ich holte Schneeschuhe, Fernrohr und Büchse hervor und war fertig. Ehe ich mich aufmachte, stieg ich nochmals auf den Hügel, um zu lauschen und einen Weg über das unebene Eis landeinwärts zu erkunden. Es war kein Hundegebell zu hören, nur das schrille Geschrei von Alken und Krabbentauchern und das Gekreisch der Stummelmöwen. Ob es doch Vögel waren, die ich gehört hatte? Zweifelnd machte ich mich auf den Weg.

Dann sah ich vor mir frische Spuren eines Tieres. Es konnten kaum Fährten eines Fuchses sein; denn dann müssten die Füchse hier größer sein, als ich je gesehen hatte. Aber Hunde? Konnte ein Hund in der Nacht nur wenige hundert Schritte von uns entfernt gewesen sein, ohne zu bellen oder ohne dass wir es gehört hätten? Das schien unwahrscheinlich. Ein Wolf vielleicht? Ich ging weiter, voll wunderlicher Gedanken, zwischen Gewissheit und Zweifel schwankend. Sollten hier alle unsere Mühen, alle unsere Schwierigkeiten, Entbehrungen und Leiden enden? Es schien unglaublich, und doch – aus dem Nebelland des Zweifels begann Gewissheit aufzudämmern.

Wieder hörte ich es bellen, deutlicher als je vorher; ich sah immer mehr Fährten, die nur von Hunden herrühren konnten. Dazwischen befanden sich auch Fuchsfährten, aber wie klein sahen sie aus! Dann verging lange Zeit, und es war nichts weiter zu hören als der Lärm der Vögel. Wieder kamen mir Zweifel, ob nicht doch alles Täuschung sei. Vielleicht war es nur ein Traum. Dann aber fielen mir die Hundefährten ein, sie waren keine Täuschung. Wenn hier Menschen waren, dann konnten wir kaum auf Gillis-Land oder auf einem anderen neuen Land sein, wie wir den ganzen Winter geglaubt hatten. Wir mussten dann doch an der Südseite von Franz-Joseph-Land stehen, und die Vermutung, die vor einigen Tagen gekommen war, musste zu Recht bestehen, nämlich dass wir durch einen unbekannten Sund zwischen der Hooker- und der Northbrook-Insel hinausgeraten waren und uns jetzt auf der Höhe der Northbrook-Insel befanden, obwohl es unmöglich war, unsere Position mit der Karte Payers in Einklang zu bringen.

Plötzlich glaubte ich eine menschliche Stimme zu hören, eine fremde Stimme, die erste in drei Jahren. Wie mir das Herz klopfte, wie mir das Blut zum Kopf schoss, als ich auf einen Hügel hinaufrannte und mit der ganzen Kraft meiner Lungen schrie! Hinter dieser einen menschlichen Stimme inmitten der Eiswüste, hinter dieser einzigen Botschaft vom Leben standen Heimat und sie, die zu Hause auf mich warteten; weiter sah ich nichts, als ich mir einen Weg zwischen den Schollen und Eisrücken bahnte, so rasch mich meine Schneeschuhe trugen. Bald hörte ich wieder rufen, und dann sah ich von einem Rücken herab eine dunkle Gestalt, die sich landeinwärts zwischen den Hügeln bewegte. Es war ein Hund. Aber dahinter kam noch eine Gestalt, und das war ein Mensch! Wer war es? War es Jackson oder einer seiner Gefährten, oder war es vielleicht ein Landsmann? Rasch kamen wir einander näher; ich schwenkte den Hut, er tat dasselbe. Ich hörte ihn zu dem Hund sprechen und horchte. Es war Englisch. Schließlich glaubte ich Jackson zu erkennen, den ich einmal gesehen hatte.

Ich zog den Hut, und wir reichten uns die Hände mit einem herzlichen „Wie geht es Ihnen?“ Über uns ein Nebeldach, das die Welt rundherum ausschloss, zu unseren Füßen das holperige, treibende Packeis und im Hintergrund ein Schimmer von Land, alles Eis, Gletscher und Nebel. Auf der einen Seite der zivilisierte Europäer in einem karierten englischen Anzug und hohen Gummistiefeln, rasiert, gekämmt und, wie die geschärften Sinne des Wilden gleich bemerkten, nach guter Seife riechend. Auf der anderen Seite der Wilde, in schmierigen Lumpen, schmutzig von Öl und Ruß, mit langem, ungekämmtem Haar und zottigem Bart, schwarz von Rauch, mit einem Gesicht, in dem die natürliche Farbe durch die dicke Schicht von Fett und Ruß nicht zu erkennen war. Kein Mensch konnte vermuten, wer der Wilde war oder woher er kam.

Jackson: „Freue mich riesig, Sie zu sehen!“

„Danke, ich gleichfalls.“

„Haben Sie ein Schiff hier?“

„Nein, mein Schiff ist nicht hier!“

„Wie viele sind Sie?“

Begegnung mit Jackson

„Ich habe nur einen Gefährten draußen am Eisrand!"

Während wir sprachen, schritten wir weiter auf das Land zu. Ich nahm an, dass er mich erkannt hatte oder sich wenigstens dachte, wer sich hinter diesem wilden Äußeren verbarg, da ich nicht glaubte, dass ein vollkommen Fremder so herzlich aufgenommen werden würde. Plötzlich blieb er stehen, blickte mir voll ins Gesicht und fragte: „Sind Sie nicht Nansen?"

„Ja, das bin ich!"

„*By Jove*, es freut mich, Sie zu sehen!"

Darauf ergriff er meine Hand und schüttelte sie nochmals, während sein Gesicht ein einziges, lächelndes Willkommen war und die Freude über dieses unerwartete Zusammentreffen aus seinen dunklen Augen strahlte. „Woher kommen Sie jetzt?", fragte er.

„Ich habe die *Fram* auf 84° n. Br. verlassen, nachdem wir zwei Jahre getrieben waren, und 86° 15' erreicht. Dort mussten wir umkehren und uns nach Franz-Joseph-Land wenden. Wir haben den Winter im Norden von hier verbracht und sind jetzt auf dem Weg nach Spitzbergen!"

„Ich beglückwünsche Sie von ganzem Herzen! Sie haben eine tüchtige Reise gemacht, und es freut mich ungemein, dass ich der Erste bin, der Ihnen zu Ihrer Rückkehr gratulieren kann!"

Noch einmal ergriff er meine Hand und schüttelte sie herzlich. Wärmer hätte ich nicht willkommen geheißen werden können; dieses Händeschütteln war mehr als bloße Förmlichkeit. In seiner gastfreien englischen Weise sagte er sofort, er habe „eine Menge Platz" für uns und erwarte jeden Tag sein Schiff. Später stellte sich heraus, dass er mit dieser „Menge Platz" meinte, dass auf dem Boden seiner Hütte noch ein paar Quadratmeter übrig waren, die nachts von ihm und seinen Schlafgefährten nicht benutzt wurden. Aber Raum im Herzen macht Raum im Hause.

Sobald ich zu Wort kam, fragte ich, wie es zu Hause ginge, und Jackson konnte mir mitteilen, dass meine Frau und mein Kind gesund und wohlauf gewesen waren, als er sie gesprochen hatte. Freilich lag seine Abreise von Norwegen auch schon zwei Jahre zurück. Dann kamen Norwegen und die norwegische Politik an die Reihe, aber darüber wusste er nichts. Ich schloss daraus, dass auch darin alles in Ordnung war. Er fragte dann, ob wir nicht sofort hinausgehen und Johansen und unsere Habe holen sollten. Ich entgegnete, die Kajaks seien zu schwer, um sie zu dritt über das Eis zu schleppen; wenn er Leute genug habe, sei es sicher besser, sie hinzuschicken. Wenn wir Johansen durch eine Salve unserer Büchsen benachrichtigten, würde er geduldig warten. Wir feuerten jeder zwei Schüsse ab.

Bald darauf begegneten uns mehrere Leute: der Zweite im Kommando, Armitage, der Fotograf Child und der Arzt Dr. Koetlitz. Jackson sagte ihnen, wer ich war. Darauf wurde ich nochmals herzlich willkommen geheißen. Dann trafen wir noch andere: den Botaniker Fisher, Burgess und den Finnländer Blomqvist, dessen richtiger Name Melenius war. Fisher erzählte mir später, er habe sofort gedacht, dass ich es sein müsste, als er einen Mann draußen auf dem Eis gesehen habe; dann aber, als er mir begegnet sei, habe er diesen Gedanken wieder aufgegeben, da ich ihm als blond geschildert worden sei, während hier ein Mann mit schwarzem Bart und Haar erschien. Als alle versammelt waren, teilte ihnen Jackson mit, dass ich 86° 15' n. Br. erreicht hätte. Sieben kräftige Kehlen brachten ein dreifaches englisches Hurra auf mich aus. Jackson schickte Leute mit Schlitten, Johansen zu holen, während wir auf das Haus zu wanderten, das ich jetzt entdeckte.

Er erzählte mir, dass er Briefe für mich habe, die er im vorigen und in diesem Frühjahr, als er nach Norden gegangen sei, mitgenommen habe für den Fall, dass wir uns begegneten. Er war im März ziemlich nahe bei unserer Winterhütte gewesen; denn er hatte Kap Richthofen, etwa 65 Kilometer südlich von uns, erreicht. An dem offenen Wasser, über dem wir den ganzen Winter hindurch die dunkle Luft gesehen hatten, musste er aber umkehren. Erst als wir bei den Gebäuden anlangten, erkundigte er sich nach der *Fram* und unserer Drift, und ich erzählte ihm unsere Geschichte.

Später gestand er, dass er bei unserer Begegnung geglaubt habe, dass das Schiff zertrümmert worden sei und wir beide die einzigen Überlebenden der Expedition seien.

Das Expeditionshaus, eine niedrige russische Holzhütte, stand auf einer flachen Terrasse, einer alten Strandlinie unter dem Berg, 16 Meter über dem Meer. Es war von einem Stall und vier runden, zeltartigen Gebäuden umgeben, in denen Vorräte aufbewahrt wurden. Wir betraten inmitten dieser öden, winterlichen Umgebung ein behagliches, warmes Nest, dessen Dach und Wände mit grünem Tuch ausgeschlagen waren. An den Wänden hingen Fotografien, Radierungen, Lichtdrucke, und dazwischen standen Regale mit Büchern und Instrumenten; unter dem Dach trockneten Kleidung und Schuhe, und aus dem Ofen in der Mitte sandten mir die Flammen eines Kohlenfeuers ein warmes Willkommen entgegen.

Ein seltsames Gefühl überkam mich, als ich mich in dieser ungewohnten Umgebung auf einen bequemen Stuhl setzte. Mit einem Schlag hatte mich das Schicksal von jeder Verantwortung befreit und alle Schwierigkeiten fortgefegt, die mich drei Jahre lang bedrückten. Hier war ich inmitten des Eises in einem sicheren Hafen, und die sehnsüchtigen Wünsche dreier Jahre wurden von dem goldenen Sonnenschein des dämmernden Tages eingeschläfert. Meine Pflicht war erfüllt, meine Aufgabe beendet; jetzt konnte ich ruhen, ruhen und warten.

Eine sorgfältig zugelötete Blechbüchse wurde mir übergeben: Sie enthielt Briefe aus Norwegen. Meine Hände zitterten, mein Herz klopfte, als ich sie öffnete; es waren Nachrichten aus der Heimat, nur gute Nachrichten. Ein seliges Gefühl der Beruhigung senkte sich auf mich herab.

Dann wurde das Mittagessen gebracht. Wie schön war es, wieder Brot, Butter, Milch, Zucker, Kaffee und alles andere zu haben, ohne das wir uns ein Jahr lang beholfen und nach dem wir uns doch so gesehnt hatten! Das Behagen erreichte seinen Höhepunkt, als wir die schmutzigen Lumpen abwarfen, ein warmes Bad nahmen und den schlimmsten Schmutz abwaschen konnten; richtig sauber zu werden gelang uns erst nach mehreren Tagen und vielen Bemühungen. Dann, als wir in reiner Kleidung steckten, das Haar geschnitten und der zottige Bart rasiert waren, war die Umwandlung von Wilden in Europäer vollkommen, schneller, als sich das Umgekehrte vollzogen hatte. Wie angenehm, das saubere Zeug anzuziehen, ohne sich schmierig zu machen, besonders aber umherzugehen, ohne dass es bei jeder Bewegung am Körper festklebte!

Johansen erzählte mir, wie die warmherzigen Engländer ihn und die norwegische Flagge mit einem Hurra begrüßt hätten, als sie herangekommen waren und die Flagge neben einem schmutzigen wollenen Hemd an einem Bambusstock wehen sahen. Den Stock hatte Johansen auf meine Anweisung aufgerichtet, damit ich ihn wieder fand. Auf dem Weg hierher hatten ihm die Engländer nicht erlaubt, die Schlitten zu berühren; er musste daneben hergehen. Er hielt das von allen Arten, wie wir über das Treibeis gewandert waren, für die bequemste!

Jacksons Station auf Kap Flora

Ich erkenne den Gefährten der langen Winternacht nicht wieder und suche vergeblich nach Spuren von dem Vagabunden, der an der öden Küste am Fuß des steilen Gerölls und der dunklen Basaltklippe vor der niedrigen, unterirdischen Hütte auf und ab gewandert ist. Der schwarze, rußige Höhlenmensch ist verschwunden; an seiner Stelle sitzt ein gesund aussehender europäischer Bürger auf einem bequemen Stuhl, raucht eine kurze Pfeife oder eine Zigarre und hat ein Buch vor sich, aus dem er Englisch lernt. Mir scheint, dass er mit bedenklicher Geschwindigkeit von Tag zu Tag dicker wird.

Seit wir die *Fram* verlassen hatten, haben wir beide beträchtlich zugenommen. Als ich hier ankam, wog ich ungefähr 92 Kilo oder fast zehn Kilo mehr als beim Abschied von der *Fram*; Johansen wiegt 75 Kilo und hat sechs Kilo zugenommen. Das ist die Folge davon, dass man sich einen Winter hindurch im arktischen Klima von nichts als Bärenfleisch und Fett genährt hat. Es stimmt aber nicht ganz mit den Erfahrungen überein, die andere unter ähnlichen Verhältnissen gemacht haben; unsere Trägheit muss das also zustande gebracht haben.

Hier leben wir nun in Ruhe und Frieden und warten auf das Schiff aus der Heimat und auf das, was die Zukunft uns bringt. Alles wird getan, um uns die Entbehrungen des Winters vergessen zu machen. Wir hätten in keine besseren Hände fallen können, und es ist unmöglich, die unvergleichliche Gastlichkeit und Freundlichkeit, die wir von allen Seiten erfahren, und die Behaglichkeit zu beschreiben, die wir empfinden. Sind es die Entbehrungen eines Jahres und der Mangel an menschlicher Gesellschaft, sind es die gemeinsamen Interessen, die uns in der unwirtlichen Welt so zu diesen Leuten hinziehen? Ich weiß es nicht; aber wir werden des Plauderns nie müde, und es kommt mir vor, als kennten wir uns Jahre und nicht erst drei Tage.

Mittwoch, 24. Juni. Es sind jetzt drei Jahre her, dass wir die Heimat verlassen haben.

Als wir heute beim Mittagessen saßen, stürzte Hayward, der Koch, herein, es sei ein Bär draußen. Wir sprangen hinaus, Jackson mit der Kamera, ich mit der Büchse. Wir sahen den Kopf des Bären über dem Rand des Ufers, er sicherte nach der Hütte zu. Ein paar Hunde hielten sich in respektvoller Entfernung und bellten. Als wir uns näherten, kam er über den Rand direkt auf uns zu, blieb stehen, zeigte die Zähne und zischte, drehte sich dann herum und schritt langsam wieder zum Strand hinunter. Um ihn aufzuhalten, bis ihn Jackson fotografiert hatte, schickte ich ihm eine Kugel durch den Hinterkörper, gerade als er über dem Uferrand verschwand. Das half, und eine Kugel in die linke Schulter noch mehr. Von den Hunden umzingelt, hielt der Bär jetzt stand.

Die Hunde wurden nun kühner. Ein paar Kugeln aus Jacksons Revolver in die Schnauze machten den Bären wütend. Er sprang zuerst auf den Hund Misère los, packte ihn im Genick und schleuderte ihn über das Eis, dann wandte er sich gegen Nimrod, ergriff ihn bei einer Pfote und zerriss ihm eine Zehe. Darauf fand er eine alte Blechbüchse, biss sie platt zusammen und schleuderte sie fort. Eine Kugel hinter das Ohr erlöste ihn von seinem Leiden; es war ein Weibchen.

Sonntag, 5. Juli. Eins der ersten Dinge, nachdem wir zu Jacksons Station gekommen, war natürlich ein genaues Vergleichen unserer Uhren mit Jacksons Chronometer; auch war Armitage so freundlich, sorgfältige Zeitbeobachtungen für mich vorzunehmen. Es zeigte sich, dass wir unsere Uhren um ungefähr 26 Minuten falsch eingestellt hatten. Das macht in der Länge einen Unterschied von etwa sechseinhalb Grad aus. Eine längere Prüfung Armitages ergab, dass unsere Uhren fast genauso viel von der richtigen Zeit abwichen, wie wir angenommen hatten. Jetzt war ich imstande, unsere Längenbeobachtungen ziemlich genau auszurechnen; und eine der ersten Aufgaben, an die ich mich hier machte, da wir nun wieder Papier, Schreib- und Zeichengeräte hatten, bestand darin, eine Karte von Franz-Joseph-Land zu entwerfen, wie es nach unseren Beobachtungen sein musste. Jackson überließ mir seine Karte des von ihm erforschten Teiles des Landes. Dadurch wurde mir die Arbeit erspart, meine astronomischen Beobachtungen und Peilungen für diesen Teil auszurechnen.

Ich habe mit Jackson oft über die Benennung der Länder, die wir erforscht hatten, gesprochen. Ich fragte ihn, ob er etwas dagegen habe, wenn ich das Land, auf dem ich überwintert hatte, als kleines Zeichen unserer Dankbarkeit für seine Gastfreundschaft „Frederick-Jackson-Insel" benennen würde. Wir hatten entdeckt, dass diese Insel durch einen Sund von dem Land weiter nördlich getrennt war, das Payer Karl-Alexander-Land genannt hatte. Im Übrigen habe ich keiner von den Gegenden, die Jackson vor mir gesehen hatte, Namen gegeben.

Das Land um Kap Flora erwies sich in geologischer Beziehung als höchst reizvoll, und sooft es mir die Zeit erlaubte, untersuchte ich es entweder allein oder häufiger noch in Gesellschaft von Dr. Koetlitz, dem Arzt und Geologen der englischen Expedition. Wir hatten miteinander manchen Ausflug an den steilen Geröllhalden hinauf und hinunter gemacht und Versteinerungen gesucht, die wir an einzelnen Stellen in Mengen fanden.

Nach dem, was ich hier bei Kap Flora fand, rührte ein großer Teil des Basalts aus der Jurazeit her, er lag Juraschichten unmittelbar auf und zum Teil dazwischen. Ferner fanden wir oben auf dem Basalt Pflanzenversteinerungen, die aus dem jüngeren Jura stammen. Franz-Joseph-Land scheint also eine verhältnismäßig alte Bildung zu sein. Alle diese flachen Basaltdecken, die sich ungefähr in gleicher Höhe über sämtliche Inseln ausdehnen, deuten an, dass hier einmal eine zusammenhängende Landmasse vorhanden gewesen ist, die der Erosion durch Frost, Regen, Schnee, Gletscher und Meer ausgesetzt, im Lauf der Zeit zerspalten und zerstört worden und teilweise unter dem Meer verschwunden ist, sodass nur noch Inseln und Klippen übrig sind, die durch Fjorde und Straßen voneinander getrennt sind. Da man in Spitzbergen und Nordostland an mehreren Stellen ähnliche Bildungen findet, so kann man annehmen, dass diese beiden Inselgruppen ursprünglich zu derselben Landmasse gehört haben.

Wie weit sich die Inselgruppe von Franz-Joseph-Land nach Norden erstreckt, weiß man nicht. Nach unserer Erfahrung kann es in dieser Richtung kein Land von irgendwelcher größeren Ausdehnung geben. Allerdings hat Payer von Kronprinz-Rudolf-Land aus Petermann-Land und König-Oskar-Land gesehen, das eine im Norden, das andere im Westen; groß aber kann Petermann-Land jedenfalls nicht sein; denn wir haben kein Land gesehen, als wir auf dem Weg nach Süden östlich davon in geringer Entfernung vorbeikamen; auch schien das Eis ungehindert nach Westen zu treiben, als wir auf der Breite von Petermann-Land waren. Dass auch König-Oskar-Land nicht groß sein kann, scheint mir klar daraus hervorzugehen, dass der Wind im Winter und Frühling das Eis ungehindert vom Land forttrieb, was nicht möglich gewesen wäre, wenn im Norden oder Nordwesten eine größere zusammenhängende Landmasse läge.

Was mich auf der Insel Northbrook zur Untersuchung anregte, war

Basaltklippen auf Kap Flora (nach einer Radierung des Verfassers)

die Entdeckung, dass verschiedene Anzeichen auf Veränderungen der Höhe des Meeresspiegels hinwiesen. Ich habe bereits erwähnt, dass Jacksons Hütte auf einer alten Strandlinie oder Terrasse von ungefähr 13 bis 16 Meter Höhe lag; es waren aber noch mehrere andere tiefer und höher gelegene Strandlinien vorhanden. So fand ich, dass Leigh Smith, der ebenfalls auf diesem Vorgebirge überwintert hat, seine Hütte auf einer alten Strandlinie fünfeinhalb Meter über dem Meeresspiegel errichtet hatte, und an anderen Flecken stellte ich Strandlinien in der Höhe von ungefähr 26 Metern fest. Als ich im vorigen Herbst in den nördlichen Teil dieses Landes gekommen war, hatte ich auch schon Strandlinien entdeckt, zum Beispiel auf der Torup-Insel; wir hatten den ganzen Winter auf einer solchen Terrasse gelebt.

Jackson hatte bei Kap Flora mehrere Walskelette gefunden. Beispielsweise lag in der Nähe seiner Hütte in der Höhe von 16 Metern der Schädel eines Bartenwales, *(Balaena),* möglicherweise eines Grönlandwales *(Balaena mysticetus).* Weiter nördlich fanden sich Teile eines Skeletts, wahrscheinlich derselben Art. Der Unterkiefer war sechs Meter lang, die Knochen lagen in einer Höhe von mehr als drei Metern über dem gegenwärtigen Meeresspiegel. Ich fand auch andere Anzeichen, dass das Meer in verhältnismäßig neuer Zeit über diesen niedrigen Strandterrassen gestanden haben muss. Sie waren zum Beispiel an vielen Plätzen mit Muschelschalen besät. Dieses Land ist also den gleichen Niveauveränderungen unterworfen gewesen wie andere nördliche Länder.

Jackson und Dr. Koetlitz fanden eines Tages einen „Nunatak", eine Felsspitze, die aus einem Gletscher an der Nordseite von Kap Flora emporragte und an zwei Stellen mit Pflanzenversteinerungen durchsetzt war. Diese Entdeckung weckte natürlich auch meine Wissbegierde, und ich machte mich am 17. Juli mit Dr. Koetlitz dorthin auf den Weg. Die Felsspitze bestand aus Basalt, der an einigen Stellen eine deutliche säulenförmige Absonderung zeigt; die Spitze ragte in einer Höhe von ungefähr 200 bis 230 Meter mitten aus dem Gletscher heraus.

Leider hatten wir keine Zeit, die Höhe genau zu messen. An zwei

Punkten war die Oberfläche des Basalts mit unzähligen Sandsteinbruchstücken bedeckt. Beinahe an jedem dieser Brocken fanden wir Abdrücke, meist von Fichtennadeln, aber auch von kleinen Farnblättern. Wir sammelten von diesen Schätzen, soviel wir tragen konnten, und kehrten abends schwer beladen und höchst befriedigt heim. Spätere Untersuchungen dieser Fundstücke zeigten, dass Jackson und Dr. Koetlitz hier einen äußerst interessanten Fund gemacht haben.

Es war ein schroffer Übergang, als wir von unserm langen, untätigen Leben mitten im Winterlager, in dem wissenschaftliche Neigung wenig Anregung fand, mitten in diese wissenschaftliche Oase kamen, wo reiche Gelegenheit zur Arbeit vorhanden, wo Bücher und der ganze notwendige Apparat zur Hand waren und wo man wissenschaftliche Fragen mit Gleichgesinnten erörtern konnte. In dem Botaniker der Expedition, Harry Fisher, fand ich einen Mann voller Begeisterung für die Fauna und Flora der Polargebiete. Die Gespräche, in denen er mir seine Entdeckungen und Beobachtungen mitteilte, werde ich wohl schwerlich vergessen können. Ich kam mir vor wie ein ausgedorrter Boden, der nach der Trockenzeit eines ganzen Jahres den Regen in sich einsaugt.

Es gab auch noch andere Zerstreuungen. Wenn mir der Kopf von der ungewohnten Arbeit brummte, wanderte ich mit Jackson zum oberen Ende der Geröllhalde, um Alken zu schießen, die sich in Schwärmen unter den Basaltmauern aufhielten. Sie nisteten dort zu hunderten und aberhunderten; an anderen Stellen brüteten Stummelmöwen.

Es war ein erquickendes Bild voll Leben und Bewegung. Wenn wir dort oben 160 Meter hoch standen und weit hinaus über das Meer blickten, flogen die Alken in Schwärmen über unseren Köpfen hin und her. Jedes Mal wenn ein Schuss fiel, hallte der Knall aus allen Felsspalten wider, und tausende von Vögeln flatterten mit betäubendem Lärm von den Abhängen herab. Jackson hatte hier eine vortreffliche Vorratskammer. Fast jeden Tag war er oben unter den Klippen und schoss Alken; sie kamen täglich auf den Tisch. Im Herbst wurden große Vorräte davon für den Winter eingebracht. Jackson und Blomqvist sammelten auch die Eier; sie schleppten eine Leiter mit, auf der Jackson an den steilen Klippen emporkletterte. Diese Eierjagd zwischen den Basaltklippen, auf denen die losen Steine beständig unter den Füßen wegglitten, schien mir so tollkühn, dass ich mich nicht daran beteiligte. Ich kann allerdings nicht leugnen, dass die Eier köstlich waren, weich gekocht zum Frühstück oder als Eierkuchen zum Mittagessen.

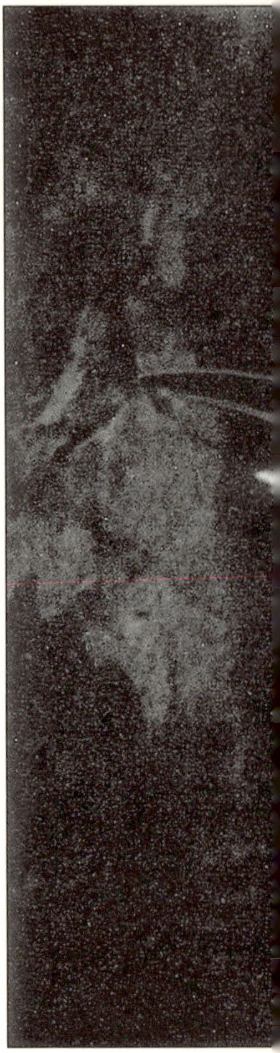

Es war merkwürdig, wie ungewandt ich beim Klettern an steilen Stellen war. Ich entsinne mich noch sehr wohl des ersten Ganges mit Jackson das Geröll hinauf. Ich musste alle hundert Schritte anhalten und Atem schöpfen, bevor ich weiterkonnte. Ohne Zweifel war das eine Folge unserer langen Faulenzerei; vielleicht war ich auch im Winterlager etwas blutarm geworden. Auch die Höhe und die Steilheit machten mir zu schaffen, es wurde mir fast schwindlig, und ich hatte große Mühe, wieder hinunterzukommen. Dabei rutschte ich mehr, als dass ich abwärts stieg. Nach einer Weile ging es vorüber, ich gewöhnte mich an die Höhen, litt weniger an Atemnot und konnte am Ende wieder klettern wie jeder Mensch.

Inzwischen vergingen die Tage, und wir sahen noch immer nichts von der *Windward*. Ich wurde allmählich ein wenig ungeduldig und Johansen mit mir. Es war möglich, dass das Eis dem Schiff den Weg versperrte. Dann mussten wir doch noch überwintern. Der Gedanke war nicht tröstlich, so nahe der Heimat zu sein, sie aber nicht erreichen zu können. Wir bedauerten, dass wir nicht sofort nach Spitzbergen weitergegangen waren. Vielleicht hätten wir um diese Zeit dann schon ein Schiff erreicht.

Weshalb waren wir überhaupt hier geblieben? Das war leicht zu erklären. Die Leute waren gegen uns so freundlich und gastfrei, dass es mehr als spartanisch gewesen wäre, ihrer Liebenswürdigkeit zu widerstehen. Und dann hatten wir sehr viel durchgemacht, und hier war ein

Stummelmöwe im Nest

warmes, behagliches Nest, hier hatten wir nichts zu tun, als uns hineinzusetzen und zu warten. Warten ist freilich nicht immer die leichteste Aufgabe, und wir dachten ernstlich daran, uns wieder auf den Weg nach Spitzbergen zu machen. Aber hatten wir nicht schon zu lange gezögert? Es war jetzt Mitte Juli, und wenn wir wahrscheinlich auch rasch genug vorwärts kamen, so konnten wir doch auf unerwartete Hindernisse stoßen und vielleicht einen Monat oder noch mehr brauchen, um die

Gewässer zu erreichen, in denen wir mit einem Schiff rechnen durften. Dann war Mitte oder Ende August, und wenn wir kein Schiff trafen, kam September heran, und dann würden wir uns trotz allem auf einen weiteren Winter gefasst machen müssen. Nein, am besten war es, hier zu bleiben. Die günstigste Zeit für die Schifffahrt in diesen Gewässern ist August und Anfang September, weil sich dann gewöhnlich das offene Wasser am weitesten ausdehnt. Darauf müssen wir vertrauen und im Übrigen die Zeit ihren Gang gehen lassen.

Außer uns gab es noch andere, die ungeduldig auf das Schiff warteten: Auch vier Mitglieder der englischen Expedition wollten nach zweijähriger Abwesenheit nach Hause zurückkehren.

Montag, 20. Juli. Wir werden wegen der Ankunft des Schiffes immer ungeduldiger, allerdings ist das Eis hier noch immer ziemlich dick. Jackson sagt, das Schiff hätte schon Mitte Juni hier sein sollen, und meint, es wäre wiederholt genügend offenes Wasser gewesen, um durchzukommen; ich bezweifle das.

Während der letzten Tage ist wieder mehr Eis von Osten hereingetrieben. Ich sehne mich danach fortzukommen. Hier den ganzen Winter eingeschlossen zu werden! Dann war es falsch getan, hier zu bleiben. Der Blick schweift hinaus über die unbegrenzte weiße Ebene. Nicht ein einziger Streifen dunkles Wasser – Eis! Eis! –, ausgeschlossen von der Welt, von dem Leben, das wir schon so nahe glaubten!

Tief unten am Horizont ein blauer Wolkenstreifen. In weiter Ferne, jenseits des Eises, ist offenes Wasser, und dort auf den langen, rollenden Wogen des großen Ozeans schaukelt vielleicht ein Schiff, das uns zu den vertrauten Küsten tragen soll.

Dienstag, 21. Juli. Haben endlich guten Wind aus Norden. Er treibt das Eis auf das Meer hinaus. Heute Abend ist nichts als offenes Meer zu sehen; jetzt ist vielleicht Hoffnung, dass das Schiff bald kommt.

Mittwoch, 22. Juli. Fortwährende Veränderungen, fortwährende Enttäuschungen. Gestern war die Hoffnung stark, heute hat sich der Wind nach Südosten gedreht und das Eis wieder hereingetrieben. Wir müssen wohl noch lange warten.

Sonntag, 26. Juli. Das Schiff ist angekommen! Heute Morgen wurde ich geweckt, jemand zog mich an den Beinen. Es war Jackson, der mir strahlenden Gesichts mitteilte, die *Windward* sei da. Ich sprang auf und sah aus dem Fenster; da war das Schiff am Eisrand; es dampfte langsam herein, um einen Platz zum Vertäuen zu suchen. Wundervoll, wieder ein Schiff zu sehen! Wie hoch die Takelung erscheint! Und der Rumpf, er gleicht einer Insel! An Bord gab es Nachrichten aus der großen Welt weit da draußen.

Es herrschte allgemeine Bewegung. Jeder war aufgestanden, um aus dem Fenster zu schauen. Jackson und Blomqvist stürzten davon. Da ich augenblicklich kaum etwas an Bord zu tun gehabt hätte, ging ich wieder zu Bett. Es dauerte aber nicht lange, bis Blomqvist keuchend zurückkehrte; Jackson war so aufmerksam, ihn zu schicken und mir mitzuteilen, dass zu Hause alles wohl sei und dass man von der *Fram* nichts gehört habe. Das war das Erste, wonach Jackson gefragt hatte. Das Herz wurde mir leicht. Blomqvist berichtete auch, dass Jackson den Leuten, die ihm auf dem Eis entgegengekommen waren, von uns und unserer Reise erzählt habe und dass sie die Nachricht mit drei kräftigen Hurras begrüßt hätten.

Ich hatte in dieser Nacht kaum zwei Stunden geschlafen und in der Nacht vorher auch nicht viel mehr. Ich versuchte weiterzuschlafen, aber an Ruhe war nicht mehr zu denken, und ich stand daher auf. Als ich mich dem Schiff näherte, stand die Mannschaft an Deck und begrüßte mich mit brausenden Hurras. Mit herzlichem Willkommen nahmen mich der Führer der *Windward*, Kapitän Brown, Dr. Bruce und Wilton, die beide bei Jackson überwintern wollten, und endlich die ganze Schiffsbesatzung auf. Wir stiegen in die geräumige, behagliche Kajüte hinab, lauschten gierig den Neuigkeiten und vertilgten dazu ein ausgezeichnetes Frühstück mit Kartoffeln und anderen köstlichen Dingen.

Es gab in der Tat merkwürdige Neuigkeiten. Eine lautete, dass man jetzt Menschen durch mehrere Zoll dicke Türen fotografieren könne. Diese so genannten X-Strahlen seien die Entdeckung eines deutschen Arztes namens Röntgen. Ich gestehe, ich spitzte die Ohren. Dass man eine Kugel im Körper fotografieren könne, war auch wunderbar, aber nichts gegen das. Und dann erfuhren wir, dass die Japaner die Chinesen geschlagen hatten, und noch vieles andere. Beinahe schmeichelhaft für uns war die Anteilnahme, die die ganze Welt jetzt an der Arktis zu nehmen schien. Spitzbergen war ein Land für Touristen geworden; eine norwegische Dampfergesellschaft hatte einen regelmäßigen Fahrgastdienst eingerichtet; ein Hotel war gebaut worden, es gab ein Postamt und Spitzbergen-Briefmarken! Und ferner erfuhren wir, dass Andrée in Spitzbergen auf guten Wind wartete, um in einem Ballon über den Pol zu fliegen.

Wären wir nach Spitzbergen weitergegangen, wären wir also mitten in all diesen Trubel hineingeraten. Wir hätten ein Hotel und Touristen vorgefunden und wären mit einem komfortablen, modernen Dampfer heimgebracht worden! Die Menschen pflegen es für unterhaltsam zu halten, sich selbst zu sehen, und ich bilde keine Ausnahme von der Regel. Ich hätte viel darum gegeben, wenn ich hätte beobachten können, wie wir in unserem ungewaschenen und unverfälschten Naturzustand, so wie wir aus dem Winterlager kamen, mitten in eine Schar englischer männlicher und weiblicher Touristen geraten wären! Ich bezweifle, dass es dort viel Umarmen und Händeschütteln gegeben hätte.

Jeder half jetzt dabei, die *Windward* zu entladen und die Proviantvorräte, Kohlen, Rentiermoos und andere Dinge, die das Schiff für die Expedition mitgebracht hatte, an Land zu schaffen. Bald war eine gute Straße auf dem holprigen Eis hergestellt, und nun wurde Ladung auf Ladung mit den Schlitten an Land gefahren. Nach einer knappen Woche war Kapitän Brown zur Rückkehr fertig und wartete nur noch auf die Briefe und Telegramme von Jackson. Das dauerte noch ein paar Tage, dann war alles bereit.

So sollten wir nun dieser letzten Station auf unserem Heimweg, wo wir so viel Herzlichkeit und Gastfreundschaft gefunden hatten, Lebewohl sagen. Ein fieberhafter Eifer bemächtigte sich der kleinen Kolonie. Die Heimkehrenden machten sich fertig, und die Zurückbleibenden brachten ihre Briefe und sonstigen Sachen an Bord. Das Schiff lag ungeduldig wartend und ließ unaufhörlich seine Dampfpfeife ertönen.

Endlich waren die Letzten an Land gegangen und wir, die wir heimkehrten, sämtlich an Bord; von der englischen Expedition der Botaniker Fisher, der Fotograf Child, Burgess, der Finnländer Blomqvist, außerdem Johansen und ich.

Als die Sonne über Kap Flora durch die Wolken brach, schwenkten wir die Hüte und sandten als Lebewohl ein letztes Hurra den sechs Männern zu, die wie ein kleiner dunkler Fleck auf einer Scholle in der großen Eiswüste aussahen. Unter vollen Segeln und Dampf traten wir bei gutem Wind am 7. August die Fahrt nach Süden an.

Das Glück begünstigte uns. Auf der Reise nach Norden hatte die *Windward* schwer mit dem Eis zu kämpfen, ehe sie sich endlich durchgearbeitet hatte. Auch jetzt trafen wir eine Menge Eis, doch war es lose und verhältnismäßig leicht zu durchfahren. An ein paar Stellen wurden wir aufgehalten und mussten uns mit der Maschine einen Weg bahnen. Doch das Schiff befand sich in guten Händen. Kapitän Brown wusste aus seiner langen Erfahrung als Walfänger mit größeren Schwierigkeiten fertig zu werden, als das dünne Eis bot, das wir hier trafen – das einzige Eis, das man in diesem Meer findet. Solange ein bisschen Eis in der Nähe war, saß Kapitän Brown vom Morgen bis zum Abend in der Tonne. Er ließ sich nur wenig Zeit zum Schlafen; wie er mir wiederholt sagte, kam es ihm darauf an, uns nach Hause zu bringen, bevor die *Fram* heimkehrte.

Mehr und mehr näherten wir uns der Heimat; wir konnten die Tage und Stunden zählen, die noch vergingen, bis wir einen norwegischen Hafen erreichen würden.

Nachdem wir etwa 220 Seemeilen durch das Eis zurückgelegt hatten, kamen wir am Ende einer langen Bai, die sich nordwärts ins Eis erstreckte, ans offene Meer. Nun sahen wir wieder den Ozean vor uns und setzten Kurs auf Vardö.

Es war eine unbeschreibliche Wonne, an Deck auf und ab zu schreiten, über das blaue Meer zu sehen und dabei mit jedem Herzschlag der Heimat näher zu kommen. Als wir eines Morgens auf die See hinausschauten, wurde unser Blick durch etwas gefesselt. Was konnte dort am fernen Horizont sein?

Wir eilten auf die Brücke und sahen durch das Fernglas. Das erste Segelschiff! Man stelle sich vor, wieder in Gewässern zu sein, wo andere Menschen hin- und herfahren! Dann sahen wir mehr Schiffe; im Lauf des Tages waren es noch vier große Ungetüme, englische Kriegsschiffe, die wahrscheinlich von Vardö kamen, wo sie wegen der Sonnenfinsternis am 9. August gewesen waren. Später am Abend (am 12. August) sah ich tief unten am Horizont etwas Dunkles voraus. Was war das?

Es war Land! Es war Norwegen!

Ich stand wie versteinert und blickte immer wieder in der Nacht zu dieser dunklen Linie hinüber.

Als ich am nächsten Morgen an Deck kam, waren wir dicht unter Land. Es war eine kahle, nackte Küste, an die wir gelangt waren, genauso wenig einladend wie das Land, das wir im Nebel des Eismeeres verlassen hatten – aber es war Norwegen!

Der Kapitän hatte sich während der Nacht in der Küste geirrt und war zu weit nördlich gekommen, es kostete daher noch einige Mühe, um gegen Wind und See hinzukreuzen, ehe wir Vardö erreichten. Wir fuhren an mehreren Schiffen vorüber und senkten die Flagge vor ihnen. Der Zollkutter kam längsseits, aber die Beamten hatten nichts bei uns zu tun und kamen nicht an Bord.

Dann stellten sich die Lotsen ein, ein Vater und sein Sohn. Sie begrüßten Brown, waren aber nicht darauf vorbereitet, einen Landsmann an Bord eines englischen Schiffes zu treffen. Sie waren etwas überrascht, als sie mich Norwegisch sprechen hörten, beachteten es aber nicht. Erst als Brown sie fragte, ob sie wüssten, wer ich sei, sah mich der alte Lotse nochmals an, und es stahl sich wie der Schimmer einer fernen Erinnerung über sein Gesicht. Und als von den Lippen des braven Brown der Name Nansen fiel, als er den Alten bei den Schultern fasste und ihn vor Freude schüttelte, dass er ihm eine solche Nachricht mitteilte, da trat ein Ausdruck in das wettergehärtete Gesicht des alten Lotsen, eine Mischung von Freude und starrem Staunen, die nicht zu beschreiben war. Er ergriff meine Hand und hieß mich als ins Leben zurückgekehrt willkommen, die Leute hier in der Heimat hätten mich längst ins Grab gelegt. Und dann folgten Fragen nach Neuigkeiten der Expedition und Neuigkeiten von zu Hause. Von der *Fram* hatte man noch nichts gehört, und mir fiel eine Last vom Herzen, als ich erfuhr, dass denen in der Heimat diese Sorge erspart geblieben war.

Dann glitt die *Windward* still und unbeachtet mit wehender Flagge in den Hafen von Vardö. Ehe noch der Anker gefallen, war ich mit Johansen im Boot auf dem Weg zum Telegrafenamt.

Wir legten am Kai an; von unserm früheren räubermäßigen Aussehen war immerhin noch so viel geblieben, dass uns niemand erkannte. Sie schauten uns kaum an, und das einzige Wesen, das den zurückgekehrten Wanderern einige Aufmerksamkeit schenkte, war eine kluge Kuh, die mitten in einer engen Straße stehen blieb und uns erstaunt anstarrte, als wir an ihr vorbeiliefen. Diese Kuh hatte etwas so angenehm Sommerliches an sich, dass ich versucht war, sie zu umarmen und zu streicheln. Jetzt war ich wirklich in Norwegen.

Nun kam ich zur Post; ich legte ein mächtiges Bündel auf den Tisch und sagte, es seien Telegramme, die ich gern so rasch wie möglich abgeschickt haben möchte. Es waren beinahe hundert, darunter zwei ziemlich lange, jedes von ein paar tausend Wörtern.

Der Chef des Telegrafenamts öffnete ruhig das Bündel; als sein Blick aber auf die Unterschrift des obersten Telegramms fiel, veränderte sich plötzlich sein Gesicht, er drehte sich kurz herum und ging zu der Telegrafistin, die am Tisch saß. Als er wieder zurück und auf mich zukam, strahlte sein Gesicht, und er hieß mich herzlich willkommen. Die Telegramme sollten so rasch wie möglich befördert werden, sagte er, aber man würde mehrere Tage und Nächte brauchen, um sie alle zu bewältigen. Und dann begann der Apparat zu klappern und zu klappern und in das Land, in die Welt hinein die Nachricht zu schicken, dass zwei Mitglieder der norwegischen Polarexpedition wohlbehalten und gesund zurückgekehrt waren und dass ich die *Fram* im Laufe des Herbstes zurückerwartete.

Ich bedauerte die vier jungen Telegrafistinnen in Vardö. Sie hatten während der nächsten Tage schwere Arbeit zu verrichten. Nicht nur mussten alle meine Telegramme versorgt werden, es strömten auch hunderte von außen herein, an uns und an die Leute in der Stadt, mit der Bitte um Nachrichten über uns.

Meine ersten Telegramme gingen an meine Frau, an den König von Norwegen und an die norwegische Regierung. Das letztere lautete:

Staatsminister Hagerup,
ich habe das Vergnügen, Ihnen und der norwegischen Regierung mitzuteilen, dass die Expedition ihren Plan ausgeführt, das unbekannte Polarmeer im Norden der Neusibirischen Inseln durchquert und das Gebiet nördlich von Franz-Joseph-Land bis 86° 14' n. Br. erforscht hat. Nördlich von 82° wurde kein Land gesehen.

Leutnant Johansen und ich verließen die Fram *und die übrigen Mitglieder der Expedition am 14. März 1895 auf 84° n. Br. und 102° 27' ö. L. Wir gingen nordwärts, um das Meer nördlich vom Kurs der* Fram *zu erforschen, und kamen dann südwärts nach Franz-Joseph-Land. Von dort hat uns die* Windward *jetzt hierher gebracht.*

Erwarte die Fram *in diesem Jahr zurück.*
Fridtjof Nansen

Als ich das Telegrafenamt verließ, sagte mir der Vorsteher, mein Freund Professor Mohn sei in der Stadt und wohne, wie er gehört habe, im Hotel. Man denke, Mohn, ein Mann, so eng mit der Expedition verbunden, war der erste Freund, dem ich begegnen sollte!

Noch während wir unsere Telegramme aufgaben, war die Kunde von unserer Ankunft in der Stadt bekannt geworden, und die Leute sammelten sich in Scharen, um die beiden Polarbären zu sehen, die durch die Straßen zum Hotel schritten. Ich stürmte hinein und fragte nach Mohn. Er sei auf seinem Zimmer, Nummer soundso, sagte man mir, halte aber seine Mittagsruhe. Ich hatte in diesem Augenblick keine Achtung vor Mittagsruhe, sondern donnerte an die Tür und riss sie auf.

Da lag Mohn auf dem Sofa, lesend, seine lange Pfeife im Mund. Er sprang auf und starrte wie ein Irrer unverwandt die lange Gestalt auf der Schwelle an; die Pfeife fiel zu Boden, sein Gesicht zuckte, und dann stieß er hervor: „Kann es wahr sein? Ist es Fridtjof Nansen?“

Sicher meinte er zunächst, ein Gespenst zu sehen; aber als er meine Stimme hörte, traten ihm die Tränen in die Augen. „Gott sei Dank, dass

Sie noch leben!", rief er und umarmte mich. Dann kam Johansen an die Reihe.

Ohne Ende gingen die Fragen hin und her. Es regnete Fragen ohne allen Zusammenhang, wie uns eins nach dem andern in den Kopf kam. Alles schien so unglaublich, dass lange Zeit verging, ehe wir uns nur genügend gesammelt hatten, um uns zu setzen, und ehe ich ihm leidlich zusammenhängend erzählen konnte, was wir im Laufe dieser drei Jahre erlebt hatten.

Aber wo war die *Fram*? Hatten wir sie verlassen? Wo waren die anderen? War ein Unglück geschehen? Diese Fragen sprudelte Mohn in seiner Besorgnis atemlos hervor, und es war ohne Zweifel schwer für ihn zu begreifen, dass nichts Schlimmes geschehen war und wir trotzdem unser prachtvolles Schiff verlassen hatten. Allmählich wurden ihm die Dinge klar, und dann herrschte eitel Freude, und sofort erschienen Champagner und Zigarren auf der Bildfläche.

Den ganzen Nachmittag saßen wir und plauderten. Aber inzwischen hatte die Stadt die Namen der neuen Gäste erfahren; als wir aus dem Fenster sahen, war die Straße voll von Menschen, und in der Stadt und im Hafen wehte überall die norwegische Flagge.

Und dann kamen die Telegramme, und alle brachten gute Nachrichten. Nun waren unsere Sorgen zu Ende.

Nur die *Fram* fehlte noch. Aber in dieser Hinsicht waren wir ganz zuversichtlich, sie würde bald kommen. Zunächst mussten wir, nun wir wieder auf norwegischem Boden standen, unsere Garderobe vervollständigen. Das war aber nicht einfach; traten wir in einen Laden, so war er bald von Leuten überfüllt.

Unvergessliche Tage verbrachten wir in Vardö und genossen eine verschwenderische und von Herzen kommende Gastfreundschaft. Nachdem wir unseren Gastgebern an Bord der *Windward* Lebewohl gesagt und gedankt hatten, lichtete Kapitän Brown am Morgen des 16. August, einem Sonntag, die Anker, um nach Hammerfest zu segeln; er wollte meine Frau besuchen, die uns dort treffen sollte.

Am 21. August traf ich mit Johansen in Hammerfest ein. Unterwegs hatten uns die Leute überall mit Blumen und Flaggen begrüßt, und als wir nun in den Hafen einsegelten, prangte die nördlichste Stadt Norwegens von der See bis hinauf zur höchsten Bergspitze im Festgewand, und tausende von Menschen erwarteten uns.

Zu meiner Überraschung traf ich hier auch meinen alten Freund Sir George Baden-Powell, dessen prächtige Jacht *Otaria* im Hafen lag. Er war soeben von einer erfolgreichen wissenschaftlichen Expedition nach Nowaja Semlja zurückgekehrt. Er hatte dort mit mehreren englischen Astronomen die Sonnenfinsternis vom 9. August beobachtet. Mit echt englischer Gastfreiheit stellte er mir seine Jacht zur Verfügung, und ich nahm seine Einladung sehr gern an.

Sir George Baden-Powell war einer der Letzten gewesen, die ich in England gesprochen hatte. Als wir uns trennten – es war im Herbst 1892 –, fragte er mich, wo man nach uns suchen müsse, wenn wir zu lange fortblieben. Ich antwortete ihm, es würde wenig nützen, nach uns zu forschen; denn es hieße eine Nadel in einem Heuhaufen suchen. Er sagte, ich dürfe nicht denken, dass sich die Leute begnügen würden, stillzusitzen und nichts zu tun. In England würde jedenfalls etwas geschehen; wohin sollte man also gehen?

„Nun", erwiderte ich, „ich kann mir kaum einen anderen Ort denken als Franz-Joseph-Land. Denn wenn die *Fram* zugrunde geht oder wenn wir das Schiff verlassen müssen, werden wir auf diesem Weg hinauskommen. Wenn aber die *Fram* nicht untergeht und die Drift so ist, wie ich glaube, dann werden wir die offene See zwischen Spitzbergen und Grönland erreichen!"

Sir George hielt jetzt die Zeit für gekommen, nach uns zu suchen. Er beabsichtigte, nach Abschluss seiner Expedition nach Nowaja Semlja am Rande des Eises entlangzufahren, um Nachrichten über uns einzuziehen. Da erschienen wir gerade im richtigen Augenblick in Hammerfest!

Abends kamen meine Frau und mein Sekretär Christofersen an. Wir nahmen an einem glänzenden Fest teil, das die Stadt Hammerfest uns zu Ehren gab, und bezogen unser Quartier an Bord der *Otaria*. Glückwunschtelegramme und Zeichen des Wohlwollens und der herzlichen Teilnahme trafen in ununterbrochenen Strömen aus aller Welt ein.

Aber die *Fram*? Ich hatte so stolz telegrafiert, dass ich sie im Lauf des Jahres zurückerwarte. Weshalb war sie nicht schon angekommen? Ich dachte nun öfter darüber nach, berechnete alle Aussichten und Möglichkeiten und kam zu dem Ergebnis, dass sie um diese Zeit bereits aus dem Eis heraus sein müsste, wenn sich nichts Schlimmeres ereignet hatte. Es war auffällig, dass ich schon hier war, und mit Grauen dachte ich an die Unruhe im nächsten Winter und Sommer, wenn der Herbst keine Nachricht von ihr brachte.

Gerade als ich am Morgen des 20. August aufgestanden war, klopfte Sir George an meine Tür und sagte, ein Mann sei da, der mich sprechen wolle. Ich antwortete, ich sei noch nicht angekleidet, würde aber sofort kommen. Das mache nichts, erwiderte er, ich solle nur kommen, wie ich sei. Ich wunderte mich nicht wenig, dass es so eilig sein sollte, und fragte, was es denn gäbe. Er entgegnete, er wisse es nicht, es sei aber offenbar etwas Dringendes. Ich zog mich an und ging dann in den Salon.

Dort stand ein Herr mit einer Depesche in der Hand, stellte sich mir als Chef des Telegrafenamtes vor und sagte, er habe mir ein Telegramm zu übergeben, das mich interessieren würde, er sei deshalb selbst gekommen. Etwas, was mich interessieren würde? Es gab nur noch eins in der Welt, was mich wirklich interessierte. Mit zitternden Händen riss ich das Telegramm auf:

> *Fridtjof Nansen,*
> Fram *heute in gutem Zustand angekommen. Alles wohl an Bord. Gehe sofort nach Tromsö. Willkommen in der Heimat!*
> *Otto Sverdrup*

Mir war, als sollte ich ersticken, und alles, was ich sagen konnte, war: „Die *Fram* ist angekommen!“

Sir George neben mir machte vor Freude einen Luftsprung, Johansens Gesicht strahlte, Christofersen war von der Freude überwältigt, und in unserer Mitte stand der Chef des Telegrafenamts und weidete sich an der Wirkung, die er hervorgerufen hatte. Im nächsten Augenblick schoss ich in meine Kabine und rief meiner Frau zu: „Die *Fram* ist angekommen!“ Schneller als sonst war sie draußen.

Ich wollte es noch nicht glauben; es schien mir wie ein Märchen. Ich las die Depesche wieder und wieder, ehe ich überzeugt war, dass es kein Traum war. Dann überkam mich eine eigentümliche, heitere Ruhe, wie ich sie nie vorher gekannt hatte.

Das gab ein Jubilieren an Bord und im Hafen und in der Stadt. Von der *Windward*, die gerade die Anker lichtete, um uns voran nach Tromsö zu fahren, hörten wir brausende Hurras für die *Fram* und die norwegische Flagge. Wir hatten beabsichtigt, am selben Nachmittag nach Tromsö abzufahren, kamen jetzt aber überein, so rasch wie möglich in See zu gehen und zu versuchen, die *Fram* in Skjärvö einzuholen. Ich hoffte das Schiff durch ein Telegramm an Sverdrup aufzuhalten, doch traf die Drahtnachricht zu spät ein.

An diesem Morgen ging es beim Frühstück lebhaft zu. Johansen schien es ebenso wie mir unglaublich, dass wir bald unseren Kameraden die Hände drücken sollten. Sir George war fast außer sich vor Freude; alle Augenblicke sprang er von seinem Stuhl auf, klopfte auf den Tisch und rief: „Die *Fram* ist angekommen! Die *Fram* ist wirklich angekommen!“ Lady Baden-Powell war im Stillen glücklich; sie freute sich über unsere Freude.

Am nächsten Tag liefen wir in den Hafen von Tromsö ein, und dort lag die *Fram*, stark, breit und wettergebräunt. Es war ein wundersames Gefühl, die hohe Takelung, den Rumpf wieder zu erblicken. Als wir das Schiff zuletzt gesehen hatten, war es halb im Eis begraben; jetzt schwamm es frei und stolz auf der See, in norwegischen Gewässern. Wir glitten längsseits der *Fram*. Die Mannschaft der *Otaria* begrüßte das wackere Schiff mit drei englischen Hurras, und von der *Fram* antwortete ein neunmaliges norwegisches Hurra. Dann ließen wir die Anker fallen, und im nächsten Augenblick war die prächtige Mannschaft der *Fram* an Bord der *Otaria*.

Das Wiedersehen, das jetzt folgte, werde ich nicht zu beschreiben versuchen. Ich möchte wissen, ob einer von uns mehr fühlt als das eine: Nun sind wir wieder alle beisammen, nun sind wir wieder in Norwegen, und die Expedition hat ihre Aufgabe erfüllt!

Dann machten wir uns miteinander längs der norwegischen Küste auf den Weg nach Süden. Zuerst kam der von der Regierung gecharterte Schlepper *Haalogaland*, dann die *Fram*, schwer und langsam, aber umso sicherer, und zuletzt die elegante *Otaria*, an deren Bord meine Frau und ich uns befanden; sie sollte uns nach Drontheim bringen. Wie schön war es, zuzusehen, wie andere die Führung übernahmen und den Weg suchten!

Überall, wo wir vorüberkamen, schlug uns das Herz des norwegischen Volkes entgegen, von den Dampfern, die mit festtäglich gekleideten Städtern überfüllt waren, wie von dem ärmsten Fischerboot, das einsam zwischen den Schären lag. Es schien, als ob die Mutter Norwegen stolz auf uns sei, als ob sie uns in fester, heißer Umarmung an sich drücke und uns danke für das, was wir getan hatten. Wir hatten nur unsere Pflicht getan, die Aufgabe erfüllt, die wir übernommen hatten; wir waren es, die ihr Dank schuldeten für das Recht, unter ihrer Flagge zu segeln.

Ich erinnere mich besonders eines Morgens.

Es war in Brönnöysund – es war noch grau und frostig –, als ich mit dem Hinweis geweckt wurde, es seien viele Leute da, die uns begrüßen möchten. Ich stieg noch halb im Schlaf an Deck. Der ganze Sund war gedrängt voll von Booten. Wir waren langsam gefahren, doch vergrößerte die *Haalogaland* vor uns jetzt ihre Geschwindigkeit ein wenig, und auch wir legten zu.

Ein Fischer quälte sich in seinem Boot mit Rudern ab, um auf gleicher Höhe mit uns zu bleiben, dann rief er zu mir herauf: „Sie wollen wohl keine Fische kaufen, oder?"

„Nein!"

„Vielleicht können Sie mir sagen, wo Nansen ist? Ist er an Bord der *Fram*?"

„Nein, ich glaube, er ist an Bord dieses Schiffes!"

„Ich möchte gern an Bord kommen und ihn sehen!"

„Das kann kaum geschehen, fürchte ich; man hat keine Zeit, jetzt anzuhalten."

„Das ist schade!"

Er ruderte weiter; es wurde immer schwerer, mit uns auf gleicher

Höhe zu bleiben, doch starrte er mich unverwandt an, während ich mich lächelnd über die Reling lehnte. Dann rief ich: „Da Sie den Mann so dringend zu sehen wünschen, kann ich Ihnen sagen, dass Sie ihn jetzt sehen!"

„Hab ich's mir doch gleich gedacht! Willkommen in der Heimat!"

Und dann ließ der Fischer die Ruder fallen, stand im Boot auf und nahm die Mütze ab.

Als wir weiterfuhren und auf der eleganten englischen Luxusjacht saßen, vor uns die schönste Küste in Sonnenlicht getaucht, da fühlte ich zum ersten Mal voll, wie nahe dieses Land und dieses Volk meinem Herzen standen. Wenn wir auch nur einen einzigen Sonnenstrahl auf sein Leben haben fallen lassen, dann waren diese drei Jahre nicht umsonst!

So kamen wir von Stadt zu Stadt, von Fest zu Fest. Es war am 9. September, als die *Fram* den Fjord von Christiania hinaufdampfte und einen Empfang erhielt, um den sie ein Fürst hätte beneiden können. Die starken, alten Kriegsschiffe *Nordstjernen* und *Elida*, die neue, elegante *Valkyrie* und flinke kleine Torpedoboote führten uns; Dampfer, schwarz von Menschen, schwärmten rundherum. Hoch und niedrig flatterten Flaggen; Kanonendonner, Hurras erdröhnten, Taschentücher und Hüte wurden geschwenkt, überall gab es strahlende Gesichter; der ganze Fjord war ein einziges riesenhaftes Willkommen!

Dort lag im Sonnenschein die Heimat, dort der wohl bekannte Strand, und auf dem Hausdach glitzerte es von Sonnenschein. Dann wieder Dampfer hinter Dampfer, Zurufe auf Zurufe; mit dem Hut in der Hand verbeugten wir uns, als Hurra auf Hurra erscholl.

Die ganze Bucht von Pepperviken war eine einzige Masse von Booten und Leuten und Flaggen und wehenden Wimpeln. Dann donnerten von jedem Kriegsschiff dreizehn Schüsse, und das alte Fort Akershus folgte mit 13 dröhnenden Salven, dass es von den Hügeln ringsum widerhallte.

Abends stand ich am Fjord. Der Lärm des Festes war verhallt, die Fichtenwälder lagen schweigend und dunkel. Auf der Felsenklippe draußen rauchten noch die letzten glimmenden Kohlen eines Freudenfeuers, und zu meinen Füßen plätscherte und flüsterte das Meer: „Jetzt bist du zu Hause!“ Der tiefe Frieden des Herbstabends senkt sich auf den ermüdeten Geist.

Ich entsann mich jenes regenschweren Junimorgens, als ich diesen Strand zum letzten Mal betreten hatte. Mehr als drei Jahre sind vorübergegangen; wir hatten gekämpft, wir hatten gesät, aber jetzt ist Erntezeit. Es schluchzte und weinte in mir vor Freude und Dankbarkeit.

Das Eis und die langen Mondnächte mit ihrer Qual erschienen mir wie ein ferner Traum aus einer anderen Welt, ein Traum, der entstanden und dahingeschwunden war. Aber welchen Wert hätte das Leben ohne seine Träume?

FRIDTJOF NANSEN: IN NACHT UND EIS
Die norwegische Polarexpedition 1893–1896

Die ungekürzte Ausgabe von *In Nacht und Eis* ist im Buchhandel erhältlich.
Die Kurzfassung in diesem Band erscheint mit Genehmigung des Verlages.
Dies gilt auch für Briefe, Zitate und Dokumente, die in leicht gekürzter Form wiedergegeben sein können.

177
Printed in Germany
3 89915 323 5